全国高等教育自学考试指定教材

法律专业(本科)

环境与资源保护法学

(含:环境与资源保护法学自学考试大纲)

(2013年版)

全国高等教育自学考试指导委员会 组编

主　编　汪　劲

撰稿人　(以编写章节先后为序)

　　　　李艳芳　王社坤　杜　群

　　　　王明远　宋　英

审稿人　吕忠梅　冷罗生　罗　丽

图书在版编目(CIP)数据

环境与资源保护法学:2013年版/汪劲主编. —北京:北京大学出版社,2013.4
(全国高等教育自学考试指定教材)
ISBN 978-7-301-22323-9

Ⅰ.①环… Ⅱ.①汪… Ⅲ.①环境保护法–法的理论–中国–高等教育–自学考试–教材 ②自然资源保护法–法的理论–中国–高等教育–自学考试–教材 Ⅳ.①D922.601

中国版本图书馆 CIP 数据核字(2013)第 057579 号

书　　　名：	环境与资源保护法学
	HUANJING YU ZIYUAN BAOHU FAXUE
著作责任者：	汪　劲　主编
责 任 编 辑：	郭瑞洁
标 准 书 号：	ISBN 978-7-301-22323-9/D·3302
出 版 发 行：	北京大学出版社
地　　　址：	北京市海淀区成府路205号　100871
网　　　址：	http://www.pup.cn
新 浪 微 博：	@北京大学出版社
电 子 信 箱：	编辑部 law@pup.cn　总编室 zpup@pup.cn
电　　　话：	邮购部 62752015　发行部 62750672　编辑部 62752027　出版部 62754962
印 刷 者：	河北滦县鑫华书刊印刷厂
经 销 者：	新华书店
	787毫米×1092毫米　16开本　19.75印张　432千字
	2013年4月第1版　2023年12月第19次印刷
定　　　价：	36.00元

未经许可,不得以任何方式复制或抄袭本书之部分或全部内容。
版权所有,侵权必究
举报电话:010-62752024　电子信箱:fd@pup.cn

组编前言

21世纪是一个变幻难测的世纪,是一个催人奋进的时代。科学技术飞速发展,知识更替日新月异。希望、困惑、机遇、挑战,随时随地都有可能出现在每一个社会成员的生活之中。抓住机遇,寻求发展,迎接挑战,适应变化的制胜法宝就是学习——依靠自己学习、终生学习。

作为我国高等教育组成部分的自学考试,其职责就是在高等教育这个水平上倡导自学、鼓励自学、帮助自学、推动自学,为每一个自学者铺就成才之路。组织编写供读者学习的教材就是履行这个职责的重要环节。毫无疑问,这种教材应当适合自学,应当有利于学习者掌握和了解新知识、新信息,有利于学习者增强创新意识,培养实践能力,形成自学能力,也有利于学习者学以致用,解决实际工作中所遇到的问题。具有如此特点的书,我们虽然沿用了"教材"这个概念,但它与那种仅供教师讲、学生听,教师不讲、学生不懂,以"教"为中心的教科书相比,已经在内容安排、编写体例、行文风格等方面都大不相同了。希望读者对此有所了解,以便从一开始就树立起依靠自己学习的坚定信念,不断探索适合自己的学习方法,充分利用自己已有的知识基础和实际工作经验,最大限度地发挥自己的潜能,达到学习的目标。

欢迎读者提出意见和建议。

祝每一位读者自学成功。

全国高等教育自学考试指导委员会
2011年10月

目　　录

环境与资源保护法学自学考试大纲

出版前言 ………………………………………………………………… (5)
Ⅰ　课程性质与课程目标 ………………………………………………… (7)
Ⅱ　考核目标 ……………………………………………………………… (10)
Ⅲ　课程内容与考核要求 ………………………………………………… (11)
Ⅳ　关于大纲的说明与考核实施要求 …………………………………… (25)
后记 ………………………………………………………………………… (42)

环境与资源保护法学

编者的话 …………………………………………………………………… (45)

第一章　导论 …………………………………………………………… (47)
　　第一节　环境与环境问题 …………………………………………… (47)
　　第二节　环境与资源保护法的产生和发展 ………………………… (54)
　　第三节　环境与资源保护法学的研究对象和方法 ………………… (62)

第二章　环境与资源保护法的基本理论 ……………………………… (65)
　　第一节　环境与资源保护法的概念 ………………………………… (65)
　　第二节　环境与资源保护法律体系 ………………………………… (71)
　　第三节　环境与资源保护法律关系 ………………………………… (75)

第三章　环境与资源保护法的基本原则与基本制度 ………………… (96)
　　第一节　环境与资源保护法基本原则与基本制度概述 …………… (96)
　　第二节　环境与资源保护法的基本原则 …………………………… (103)
　　第三节　环境与资源保护法的基本制度 …………………………… (116)

第四章　环境污染防治法 ……………………………………………… (143)
　　第一节　环境污染防治法概述 ……………………………………… (143)
　　第二节　物质污染防治法 …………………………………………… (146)
　　第三节　能量污染防治法 …………………………………………… (167)
　　第四节　清洁生产与循环经济促进法 ……………………………… (175)

第五章 自然保护与资源保护法 ··· (181)
第一节 自然保护与资源保护法概述 ····································· (181)
第二节 自然保护法 ··· (182)
第三节 自然资源保护法 ·· (203)

第六章 环境与资源保护法的法律责任 ···································· (237)
第一节 环境与资源保护法的法律责任概述 ··························· (237)
第二节 违反环境与资源保护法的行政责任 ··························· (238)
第三节 破坏环境资源保护罪的刑事责任 ······························ (243)
第四节 环境侵权的民事责任 ·· (257)

第七章 国际环境法 ·· (275)
第一节 国际环境法概述 ·· (275)
第二节 环境与资源的国际法律保护 ···································· (287)
第三节 中国与国际环境法的实施 ······································· (302)

参考文献 ·· (309)
后记 ·· (310)

全国高等教育自学考试
法律专业(本科)

环境与资源保护法学
自学考试大纲

全国高等教育自学考试指导委员会 制定

大纲目录

出版前言 ………………………………………………………………………… (5)
Ⅰ 课程性质与课程目标 ………………………………………………………… (7)
Ⅱ 考核目标 …………………………………………………………………… (10)
Ⅲ 课程内容与考核要求 ………………………………………………………… (11)
 第一章 导论 …………………………………………………………… (11)
  学习目的与要求 …………………………………………………… (11)
  课程内容 …………………………………………………………… (11)
  考核知识点与考核要求 …………………………………………… (12)
 第二章 环境与资源保护法的基本理论 ………………………………… (13)
  学习目的与要求 …………………………………………………… (13)
  课程内容 …………………………………………………………… (13)
  考核知识点与考核要求 …………………………………………… (14)
 第三章 环境与资源保护法的基本原则与基本制度 ………………… (15)
  学习目的与要求 …………………………………………………… (15)
  课程内容 …………………………………………………………… (15)
  考核知识点与考核要求 …………………………………………… (16)
 第四章 环境污染防治法 ……………………………………………… (17)
  学习目的与要求 …………………………………………………… (17)
  课程内容 …………………………………………………………… (17)
  考核知识点与考核要求 …………………………………………… (18)
 第五章 自然保护与资源保护法 …………………………………… (19)
  学习目的与要求 …………………………………………………… (19)
  课程内容 …………………………………………………………… (19)
  考核知识点与考核要求 …………………………………………… (20)
 第六章 环境与资源保护法的法律责任 …………………………… (21)
  学习目的与要求 …………………………………………………… (21)
  课程内容 …………………………………………………………… (21)
  考核知识点与考核要求 …………………………………………… (22)

第七章　国际环境法 …………………………………………………………（23）
　　　　学习目的与要求 ……………………………………………………………（23）
　　　　课程内容 ……………………………………………………………………（23）
　　　　考核知识点与考核要求 ……………………………………………………（24）
Ⅳ　关于大纲的说明与考核实施要求 …………………………………………（25）
附录一　环境与资源保护相关法律、法规、规章及司法解释目录 ……………（28）
附录二　样卷及参考答案 …………………………………………………………（35）
后记 …………………………………………………………………………………（42）

出版前言

为了适应社会主义现代化建设事业的需要,鼓励自学成才,我国在20世纪80代初建立了高等教育自学考试制度。高等教育自学考试是个人自学、社会助学和国家考试相结合的一种高等教育形式。应考者通过规定的专业课程考试并经思想品德鉴定达到毕业要求的,可获得毕业证书;国家承认学历并按照规定享有与普通高等学校毕业生同等的有关待遇。经过三十多年的发展,高等教育自学考试为国家培养造就了大批专门人才。

课程自学考试大纲是国家规范自学者学习范围、要求和考试标准的文件。它是按照专业考试计划的要求,具体指导个人自学、社会助学、国家考试、编写教材及自学辅导书的依据。

为更新教育观念,深化教学内容方式、考试制度、质量评价制度改革,更好地提高自学考试人才培养的质量,全国考委各专业委员会按照专业考试计划的要求,组织编写了课程自学考试大纲。

新编写的大纲,在层次上,专科参照一般普通高校专科或高职院校的水平,本科参照一般普通高校本科水平;在内容上,力图反映学科的发展变化以及自然科学和社会科学近年来研究的成果。

全国考委法学类专业委员会参照普通高等学校环境与资源保护法学课程的教学基本要求,结合自学考试法律专业的实际情况,组织编写了《环境与资源保护法学自学考试大纲》,经教育部批准,现颁发施行。各地教育部门、考试机构应认真贯彻执行。

全国高等教育自学考试指导委员会
2012年9月

Ⅰ 课程性质与课程目标

一、课程性质和特点

环境与资源保护法学是全国高等教育自学考试法律专业的必修课程。

环境与资源保护法学是法学的新兴边缘学科,也是法学的二级学科。它不仅涉及国际法、法理学、行政法、民法、经济法和刑法等法学学科,而且还涉及环境科学(生态学)、环境社会学、环境经济学和环境伦理学等其他自然科学和社会科学学科。但它主要还是一门具有特定内容的独立的法学学科。环境与资源保护法学是系统论述环境与资源保护法基本理论和基本知识的课程,涵盖了环境与资源保护法学科领域各主要门类或分支学科的主要内容。

环境与资源保护法学是一门在理论上具有综合性和探索性的课程。学习本课程,既要具备充实的法学基本理论知识、又要具备一定的自然科学知识。通过对本课程的学习,应当全面掌握环境与资源保护法的基本内容、环境与资源保护法的基本理论体系,从而为继续学习各部环境与资源保护法律奠定坚实的基础。

环境与资源保护法学也是一门应用性很强的课程。随着环境问题的不断加剧和对人类行为的不断反思,传统的思维方式和经济发展模式正在悄然地发生改变。现在我国正在努力建设和谐社会与生态文明,其中一个重要的因素就是人与自然和谐共处,并且我国也已将环境保护纳入国民经济指标体系,"绿色 GDP"的观念日益深入人心。因此,环境与资源保护法学可以直接服务于我国可持续发展战略的实施,并对我国环境与资源保护方针政策的制定与实施、对我国参与国际环境合作以及对有关环境与资源纠纷的处理等具有直接的运用价值。所以,在学习过程中应当注意培养将所学的环境与资源保护法知识运用于实践的能力;同时也应当通过课外实践,进一步加深对所学环境与资源保护法知识的理解。

二、课程目标

设置本课程的目标是:

第一,了解和掌握环境与资源保护法的基本理论、基本知识和基本技能,提高环境意识,增强环境法制观念。

第二,熟悉环境污染防治法、自然保护与资源保护法以及国际环境法规范,以及各类规范之间的相互联系,提高运用环境与资源保护法规范进行维权诉讼和处理环境与资源纠纷的能力。

第三,加深对环境与资源保护法和相关部门法的联系与区别的理解,学会正确适用各环境与资源保护法,保证环境与资源保护立法目的的实现。

第四,提高运用环境与资源保护法的能力,维护和促进我国社会、经济的可持续发展。

三、与相关课程的联系与区别

尽管我们说环境与资源保护法是一个独立的法律部门,但环境与资源保护法与相关法律部门之间的关系依然非常密切。

具体说来,环境与资源保护法与宪法的联系在于:宪法在一个国家中处于法律体系的最高位阶,它是国家的根本大法。因此,一切法律的规定首先来源于宪法,任何法律规范都必须首先符合宪法规定。因此,宪法关于环境与资源保护的规定是环境与资源保护立法的基础和依据。

环境与资源保护法与民法、民事诉讼法之间的关系应当视为特别法与一般法的关系。在国家尚未大量制定环境与资源保护法之前,多数环境纠纷是基于物权法或者侵权行为法的规定,依照民事诉讼法规定的程序解决的。此外,关于自然资源的法律保护也主要是通过物权法的相关规定实现的。

在环境与资源保护法与行政法的关系方面,首先,环境与资源保护行政机关的管理权限必须由环境行政组织法予以明确。其次,大量的环境与资源保护法律制度是以行政法规范的形式确立的,如环境与资源保护规划制度、环境影响评价制度、排污许可制度、自然资源许可制度等,由于这些制度所涉及的主要是行政机关同行政相对方在实施行政管理中的关系,所以它们也属于行政法的范畴。此外,在环境与资源保护纠纷处理方面,也要遵守行政诉讼法、行政复议法、行政处罚法的有关规定,如在环境行政诉讼中行政机关应当承担举证责任等。

环境与资源保护法与刑法的关系主要体现在两者对于破坏环境资源保护犯罪的调整上。刑法的功能在于通过刑罚的威慑及其实施以保护社会认可的多数、重要的价值。由此,环境与资源保护法与刑法的关系在于"借用"和"改造"刑罚措施以惩治有关破坏环境与资源保护的行为(犯罪),从而实现保护环境与资源的目的。

环境与资源保护法与国际法的关系主要表现在国际环境法这一分支学科之上。从环境与资源保护法的形式渊源看,它包括国内环境与资源保护法和国际环境法两大部分。可以这样讲,国际环境法是以国际环境条约和协定为主要研究对象的国际法分支学科或者环境与资源保护法分支学科。

由于环境与资源保护法是在传统部门法的基础上发展起来的,许多制度都沿袭了传统部门法的规定,因此考生在学习环境与资源保护法之前,必须具备传统部门法的知识。形象地说,环境与资源保护法相当于法学中的"高级"学科,其他部门法相当于法学中的基础学科,考生必须先掌握基础性的法学知识,才能够游刃有余地穿梭于环境与资源保护法的领地。例如,造成环境侵害应当承担的法律责任就包括民事责任、行政责任甚至刑事责任,而一般环境与资源保护法法教科书不会过多介绍这些不同责任的构成要件以及具体内容,这就需要考生事前就熟知相关部门法的知识。

四、课程的重点和难点

环境与资源保护法学的内容非常庞杂,考生不太可能从头到尾将教材都熟记,因此必须学会抓重点。

总体上说,就各章的重要程度而言,第二章、第三章、第六章最重要,第四章、第五章、第七章次之,第一章再次之。

从内容看,环境与资源保护法的基本原则、基本制度、法律责任等内容在考试中所占分值最多,同时也是最难掌握的内容。这几章的内容相当于环境与资源保护法学的"纲",只有熟练掌握这些"纲",才能"纲举目张",有利于理解和掌握环境与资源保护法各论的内容,从而顺利通过考试。

其他章节虽然加在一起的分值也不少,但由于内容比较分散导致分值也比较分散,而且具体到每道试题时分值也不会太高。因此学习起来会有一定的难度。

另外,需要提醒考生的是,在往年的选择题或者论述题中往往有一些试题会与当年度的时事紧密相连,这样就需要考生在平时注意关心与环境与资源保护相关的时事,特别要注意那些新颁布(修订)的环境与资源保护法律、法规的动向和新内容,以及当年度(包括过去)发生的重大环境与资源保护事件,并思考其与本教材相关内容的关系。

Ⅱ 考核目标

　　本课程要求考生学习和掌握的知识点内容都是考核的内容。为了使考核内容具体化和考核要求标准化，本大纲在列出各章考核内容的基础上，又规定了考核目标与具体要求。明确考核目标，使自学应考者能够进一步明确考核内容与要求，更有目的地系统学习教材；使考试命题者更能明确命题范围，更准确地安排试题的知识能力层次和难易度。

　　由于各知识点在课程中的地位、作用以及知识自身的特点不同，本大纲按照识记、领会、简单应用和综合应用四个层次规定各知识点应达到的能力层次要求。

　　四个能力层次是递进关系，各能力层次的含义是：

　　识记：要求考生知道有关的名词、概念、知识的含义，并能正确认识和表述。

　　领会：在识记的基础上，能全面把握基本概念、基本原理、基本方法，能掌握有关概念、原理、方法的区别与联系。

　　简单应用：在领会的基础上，能运用基本概念、基本原理、基本方法中的部分知识点，分析和解决一般的理论问题或实际问题。

　　综合应用：要求考生在简单应用的基础上，运用多个知识点，综合分析和解决较为复杂的理论和实际问题。

Ⅲ 课程内容与考核要求

第一章 导论

学习目的与要求

通过本章学习,了解环境、自然资源、生态系统、环境问题的基本概念,理解环境保护、资源保护及其与生态保护的关系,理解环境问题产生的原因及对策;了解环境与资源保护法的产生与发展过程,了解环境与资源保护法学的研究对象和方法;为进一步学习环境与资源保护法学课程打下基础。

课程内容

1.1 环境与环境问题

1.1.1 环境、自然资源和生态系统的概念
1.1.2 环境问题的成因和对策

1.2 环境与资源保护法的产生和发展

1.2.1 外国环境与资源保护法的产生和发展
1.2.2 中国环境与资源保护法的产生和发展

1.3 环境与资源保护法学的研究对象和方法

1.3.2 环境与资源保护法学是新兴法学学科
1.3.3 环境与资源保护法学的学习和研究

考核知识点与考核要求

（一）环境与环境问题

识记：① 环境的概念；② 自然资源的概念；③ 生态系统的概念；④ 环境问题的概念。

领会：① 环境的法律定义；② 环境、自然资源与生态系统的关系；③ 环境问题的成因；④ 环境问题的对策。

简单应用：① 运用环境的概念判断环境与资源保护法的保护对象

（二）环境与资源保护法的产生和发展

识记：① 外国环境与资源保护法发展阶段的划分；② 中国环境与资源保护法发展阶段的划分。

领会：① 外国环境与资源保护法各发展阶段的特征；② 中国环境与资源保护法各发展阶段的特征。

（三）环境与资源保护法学的研究对象和方法

识记：① 环境与资源保护法学的概念；② 环境与资源保护法学的研究对象。

领会：① 环境与资源保护法学的学科属性；② 环境与资源保护法学的学习方法。

第二章　环境与资源保护法的基本理论

学习目的与要求

通过本章学习,理解环境与资源保护法的概念、特征与目的及其与其他法律部门的关系,了解环境与资源保护法律体系的主要内容,了解环境与资源保护法律关系的概念与特征,理解环境与资源保护法律关系的主体、客体及其权利义务;为学习和掌握环境与资源保护法的具体内容奠定理论基础。

课程内容

2.1　环境与资源保护法的概念

2.1.1　环境与资源保护法的定义和特征
2.1.2　环境与资源保护法的目的
2.1.3　环境与资源保护法与其他法律部门的关系

2.2　环境与资源保护法律体系

2.2.1　环境与资源保护法律体系的概念
2.2.2　环境与资源保护法律体系的内容

2.3　环境与资源保护法律关系

2.3.1　环境与资源保护法律关系的概念
2.3.2　环境与资源保护法律关系的主体及其权利义务
2.3.3　环境与资源保护法律关系的客体

考核知识点与考核要求

（一）环境与资源保护法的概念

识记：① 环境与资源保护法的定义；② 我国环境与资源保护法的目的。

领会：① 环境与资源保护法的内涵；② 环境与资源保护法的特征；③ 目的一元论和目的二元论。

简单应用：① 正确认识环境与资源保护法和其他法律部门的关系。

（二）环境与资源保护法律体系

识记：① 环境与资源保护法律体系的定义；② 宪法中的环境与资源保护法律规范；③ 重要环境与资源保护专门法律的名称；④ 民法中的环境与资源保护法律规范；⑤ 刑法中的环境与资源保护法律规范。

领会：① 环境与资源保护法体系的构成；② 环境与资源保护专门法律的概念及其分类；③ 综合性环境与资源保护法。

（三）环境与资源保护法律关系

识记：① 环境与资源保护法律关系的定义；② 公众的定义；③ 环境与资源保护法律关系客体；④ 中国的环境与资源保护行政管理体制。

领会：① 环境与资源保护法律关系的特征；② 环境利用行为的概念与分类；③ 公众环境权益与环境保护义务的内容；④ 政府实施环境与资源保护管理的手段；⑤ 企业开发利用环境的权利与义务。

综合应用：① 运用环境与资源保护法律关系理论分析具体的环境与资源保护纠纷案件。

第三章 环境与资源保护法的基本原则与基本制度

学习目的与要求

通过本章的学习,了解环境与资源保护法基本原则的含义和确立依据,理解各项基本原则的含义、作用以及实施这些原则的制度措施;了解环境与资源保护法基本制度的含义、作用和意义,理解各项基本制度的产生和发展过程、基本内容及相关法律规定。

课程内容

3.1 环境与资源保护法基本原则与基本制度概述

3.1.1 环境与资源保护法基本原则概述
3.1.2 环境与资源保护法基本制度概述
3.1.3 综合性环境保护法与基本原则和基本制度的关系

3.2 环境与资源保护法的基本原则

3.2.1 经济社会发展与环境保护相协调原则
3.2.2 预防原则
3.2.3 受益者负担原则
3.2.4 公众参与原则

3.3 环境与资源保护法的基本制度

3.3.1 环境标准制度
3.3.2 环境与资源保护规划制度
3.3.3 环境影响评价制度
3.3.4 环境费制度
3.3.5 治理、恢复与补救制度

考核知识点与考核要求

（一）环境与资源保护法基本原则与基本制度概述

识记：① 环境与资源保护法基本原则的定义；② 环境与资源保护法基本制度的定义；③ 我国《环境保护法》的内容、地位和作用。

领会：① 确定环境与资源保护法基本原则的依据；② 确定环境与资源保护法基本制度的原理；③ 综合性环境保护法的产生背景；④ 我国《环境保护法》与环境与资源保护法基本原则和基本制度的关系。

（二）环境与资源保护法的基本原则

识记：① 经济社会发展与环境保护相协调原则的定义；② 预防原则的定义；③ 受益者负担原则的定义；④ 公众参与原则的定义。

领会：① 经济社会发展与环境保护相协调原则的实施措施；② 预防的含义；③ 预防原则的实施措施；④ 受益者负担原则的实施措施；⑤ 公众参与原则的实施措施。

简单应用：① 运用基本原则解释具体的环境与资源保护法律规范并处理环境纠纷。

（三）环境与资源保护法的基本制度

识记：① 环境标准的定义及分类；② 环境与资源保护规划的定义；③ 环境影响评价的定义；④ "三同时"的定义；⑤ 排污费的定义；⑥ 自然保护费的定义。

领会：① 环境与资源保护规划的类型② 环境与资源保护规划的效力；③ 环境标准的法律效力；④ 环境影响评价的对象；⑤ 环境影响评价文件的审查与审批；⑥ "三同时"制度和环境影响评价制度的关系；⑦ 征收排污费的类别与方法；⑧ 自然保护费的类别；⑨ 限期治理的适用条件和决定权限；⑩ 突发环境事件应急响应机制的内容。

简单应用：① 运用环境标准处理环境纠纷；② 运用环境影响评价制度的法律规定处理环评纠纷；③ 运用有关征收排污费的法律规定处理排污费纠纷。

综合应用：① 运用环境与资源保护法的基本制度判断环境利用行为的合法性，为解决环境纠纷提供法律分析意见。

第四章 环境污染防治法

学习目的与要求

通过本章学习,了解环境污染以及环境污染防治法的概念与特征,掌握我国《大气污染防治法》、《水污染防治法》、《海洋环境保护法》、《环境噪声污染防治法》、《固体废物污染环境防治法》、《放射性污染防治法》、《清洁生产促进法》、《循环经济促进法》等主要环境污染防治法律法规的立法沿革及其主要内容。

课程内容

4.1 环境污染防治法概述

4.1.1 环境污染的概念
4.1.2 环境污染防治法的概念

4.2 物质污染防治法

4.2.1 大气污染防治法
4.2.2 水污染防治法
4.2.3 海洋污染防治法
4.2.4 固体废物污染环境防治法
4.2.5 化学物质污染环境防治法

4.3 能量污染防治法

4.3.1 环境噪声污染防治法
4.3.2 放射性污染防治法
4.3.3 其他能量污染防治法

4.4 清洁生产与循环经济促进法

4.4.1 清洁生产促进法
4.4.2 循环经济促进法

考核知识点与考核要求

(一) 环境污染防治法概述

识记:① 环境污染的定义;② 环境污染防治法的定义。

领会:① 环境污染的特征和分类;② 我国环境污染防治法的体系;③ 环境污染防治的法律制度。

(二) 物质污染防治法

识记:① 大气污染防治的立法;② 防治废气、粉尘和恶臭等污染的法律规定;③ 水污染防治的立法;④ 防治农村与农业、船舶水污染的法律规定;⑤ 海洋污染防治的立法;⑥ 防治海岸工程、海洋工程、船舶污染的法律规定;⑦ 固体废物污染环境防治的立法;⑧ 生活垃圾管理的法律规定;⑨ 化学物质污染防治的主要法律规定。

领会:① 大气污染防治的一般规定;② 防治燃煤及机动车尾气污染的法律规定;③ 水污染防治的一般规定;④ 饮用水源保护的法律规定;⑤ 城镇污水集中处理及水污染事故处理的法律规定;⑥ 海洋污染防治的一般规定;⑦ 防治海洋倾废污染的法律规定;⑧ 固体废物污染防治的一般规定;⑨ 工业废物与危险废物管理的法律规定。

综合应用:① 结合大气污染防治、水污染防治、海洋污染防治、固体废物污染防治的法律规定分析相关案例,判定违法行为及其制裁措施,处理环境污染纠纷。

(三) 能量污染防治法

识记:① 环境噪声污染防治的立法;② 工业、社会生活噪声污染防治的法律规定;③ 放射性污染防治的立法;④ 核技术利用、放射性矿产管理的法律规定;⑤ 振动、电磁辐射及光照妨害的法律规定。

领会:① 环境噪声污染防治的一般规定;② 建筑施工、交通运输噪声污染防治的法律规定;③ 放射性污染防治的一般规定;④ 核设施与放射性废物管理的法律规定。

综合应用:① 结合环境噪声污染防治的法律规定分析相关案例,判定违法行为及其制裁措施,处理环境污染纠纷。

(四) 清洁生产与循环经济促进法

识记:① 清洁生产的概念;② 循环经济的概念。

领会:① 清洁生产促进的主要法律规定;② 循环经济促进的主要法律规定。

第五章　自然保护与资源保护法

学习目的与要求

通过本章学习,了解自然保护与资源保护的基本概念及立法概况,掌握我国《野生动物保护法》、《自然保护区条例》、《土地管理法》、《水法》、《森林法》、《草原法》、《渔业法》、《矿产资源法》、《可再生能源法》等主要自然保护与资源保护法律法规的立法沿革及主要内容。

课程内容

5.1　自然保护与资源保护法概述

5.2　自然保护法

5.2.1　野生生物保护法
5.2.2　自然区域保护法

5.3　自然资源保护法

5.3.1　土地利用与保护的法律规定
5.3.2　森林利用与保护的法律规定
5.3.3　草原利用与保护的法律规定
5.3.4　水资源利用与保护的法律规定
5.3.5　渔业资源利用与保护的法律规定
5.3.6　海域利用与保护的法律规定
5.3.7　矿产资源与能源利用与保护的法律规定

考核知识点与考核要求

（一）自然保护与资源保护法概述

识记：① 自然保护法与自然资源法的异同；② 我国自然保护与资源保护法律体系的内容。

（二）自然保护法

识记：① 野生动物保护的立法；② 野生动物的概念与权属；③ 野生植物保护的立法及其主要法律规定；④ 外来入侵物种的概念及法律控制概况；⑤ 自然保护区的概念及其立法的一般规定；⑥ 风景名胜区、城市景观与文化遗迹地保护的主要法律规定；⑦ 海岛保护的立法及主要规定。

领会：① 野生动物保护的一般规定；② 野生动物资源管理的法律规定；③ 自然保护区建设的法律规定；④ 自然保护区管理的法律规定；⑤ 海洋生态保护的法律规定。

简单应用：① 运用野生动物保护及自然保护区管理的法律规定分析案例，判定违法行为及其制裁措施，处理纠纷。

（三）自然资源保护法

识记：① 土地利用与保护的立法；② 控制建设用地的法律规定；③ 水土保持与防沙治沙的立法及其主要规定；④ 森林利用与保护的立法及森林保护的法律规定；⑤ 草原利用与保护的立法及草原保护的法律规定；⑥ 水资源利用与保护的立法及水资源保护的法律规定；⑦ 渔业资源利用与保护的立法及渔业资源增殖保护的法律规定；⑧ 海域利用与保护的立法及海洋功能区划的法律规定；⑨ 矿产资源利用与保护立法中有关环境保护的规定；⑩ 可再生能源、节约能源立法的主要规定。

领会：① 土地利用与保护的一般规定；② 耕地保护的法律规定；③ 森林利用与保护的一般规定；④ 森林经营管理的法律规定；⑤ 草原利用和保护的一般规定；⑥ 草原利用管理的法律规定；⑦ 水资源利用与保护的一般规定；⑧ 水资源利用管理的法律规定；⑨ 渔业养殖与捕捞管理的法律规定；⑩ 海域利用与保护的一般规定及海域使用金的法律规定；⑪ 矿产资源利用与保护的一般规定。

简单应用：① 运用土地、森林、草原、水、渔业、海域、矿产资源利用与保护的法律规定分析相关案例，判定违法行为及其制裁措施，处理纠纷。

第六章 环境与资源保护法的法律责任

学习目的与要求

通过本章学习,了解环境与资源保护法的法律责任的含义和种类;理解环境与资源保护法的行政责任的含义,行政处罚、行政处分的种类与适用程序;理解破坏环境资源保护罪及其刑事责任的含义,主要罪名及其犯罪构成要件和具体的刑罚适用规则,追究破坏环境资源保护罪的程序;理解环境侵权的含义和分类,环境侵权的归责原则、构成要件、免责事由、损害赔偿和诉讼时效,环境侵权纠纷的证据规则和行政处理程序。

课程内容

6.1 环境与资源保护法的法律责任概述

6.2 违反环境与资源保护法的行政责任

6.2.1 环境与资源保护行政处罚
6.2.2 环境与资源保护行政处分

6.3 破坏环境资源保护罪的刑事责任

6.3.1 破坏环境资源保护罪概述
6.3.2 我国《刑法》关于破坏环境资源保护罪的规定
6.3.3 追究破坏环境资源保护罪刑事责任的程序

6.4 环境侵权的民事责任

6.4.1 环境侵权民事责任概述
6.4.2 生态破坏侵权的民事责任

6.4.3 环境污染侵权的民事责任
6.4.4 环境侵权纠纷的解决方式

6.5 环境侵权诉讼

考核知识点与考核要求

（一）环境与资源保护法的法律责任概述

识记：① 环境与资源保护法的法律责任的定义；② 环境与资源保护法的法律责任的种类。

（二）违反环境与资源保护法的行政责任

识记：① 环境与资源保护法的行政责任的概念；② 环境与资源保护法的行政责任的种类。

领会：① 环境与资源保护行政处罚的种类；② 环境与资源保护行政处罚的程序；③ 责令改正环境与资源违法行为的执行措施；④ 环境与资源保护行政处分的种类。

简单应用：① 正确运用行政诉讼的有关规定解决或处理环境行政纠纷。

（三）破坏环境资源保护罪的刑事责任

识记：① 破坏环境资源保护罪的概念；② 破坏环境资源保护罪的刑事责任；③ 破坏环境资源保护罪的立法模式；④ 与破坏环境资源保护罪相关的犯罪；⑤ 追究破坏环境资源保护罪刑事责任的程序。

领会：① 破坏环境资源保护罪的构成要件特征；② 污染环境类犯罪的构成要件及刑罚；③ 破坏自然资源类犯罪的构成要件及刑罚。

简单应用：① 正确认定破坏自然资源类犯罪；② 正确认定与破坏环境资源保护罪相关的犯罪。

综合应用：① 正确认定污染环境类犯罪并量刑。

（四）环境侵权的民事责任

识记：① 环境侵权的概念；② 生态破坏侵权的归责原则与构成要件；③ 环境污染侵权的无过错责任原则；④ 环境侵权损害赔偿的范围；⑤ 环境侵权的诉讼时效。

领会：① 环境侵权的分类；② 环境污染侵权的构成要件；③ 环境污染侵权的免责事由；④ 环境污染侵权中侵害排除的适用条件；⑤ 环境侵权纠纷的行政处理；⑥ 环境侵权诉讼的证据规则。

简单应用：① 运用生态破坏侵权的法律规定认定侵权责任，处理侵权纠纷。

综合应用：① 正确运用环境污染侵权的法律规定认定侵权责任，处理侵权纠纷。

第七章　国际环境法

学习目的与要求

通过本章学习,理解国际环境法的定义和特点、渊源和体系、主体和客体,了解国际环境法的历史发展,理解国际环境法的基本原则,了解国际环境法实施的手段、方法和监督措施,理解国际环境损害赔偿及其争端的解决途径;了解大气环境保护、海洋与淡水、废弃物与有毒有害物质、生物多样性、贸易与环境等五个领域中重要国际条约的主要内容。

课程内容

7.1　国际环境法概述

7.1.1　国际环境法的概念
7.1.2　国际环境法的产生与发展
7.1.3　国际环境法的一般原则
7.1.4　国际环境法的实施
7.1.5　国际环境法律责任和争端解决

7.2　环境与资源的国际法律保护

7.2.1　大气环境
7.2.2　海洋和淡水
7.2.3　危险废弃物和有毒有害物质
7.2.4　生物多样性
7.2.5　贸易与环境

7.3　中国与国际环境法的实施

7.3.1　中国法与国际法的关系

7.3.2 国际环境条约在中国的实施
7.3.3 中国对全球环境问题的立场

考核知识点与考核要求

（一）国际环境法概述

识记：① 国际环境法的定义；② 国际环境法的发展阶段；③ 国际环境法的渊源；④ 国际环境法基本原则的定义；⑤ 国际环境法实施的手段与方法；⑥ 国际环境损害的概念；⑦ 国际环境损害赔偿争端的解决。

领会：① 国际环境法与国内环境法的关系；② 国际环境法的主体；③ 国际环境法的客体；④ 国家主权与不损害管辖范围以外环境原则的内涵；⑤ 谨慎原则的内涵与实施；⑥ 共同但有区别责任原则的内涵与实施；⑦ 国际环境损害赔偿的归责原则。

简单应用：① 运用国际环境法的基本理论分析国际环境争议。

（二）环境与资源的国际法律保护

识记：① 控制越界大气污染的国际条约；② 外层空间利用和保护的国际条约；③ 海洋环境保护的国际条约与主要国际组织；④ 淡水资源保护利用的国际条约；⑤ 放射性物质管制的国际条约；⑥ 危险化学品和农药国际贸易管制的国际条约；⑦ 持久有机污染物管制的国际条约；⑧ 海洋生物资源养护和开发利用的国际条约；⑨ 迁徙物种保护的国际条约；⑩ 生境保护的国际条约。

领会：① 臭氧层保护的国际条约；② 应对全球气候变化的国际条约；③ 控制危险废弃物越境转移的国际条约；④ 生物多样性保护的国际条约；⑤ 濒危物种贸易管制的国际条约；⑥ 南极保护的国际条约；⑦ 世界文化和自然遗产保护的国际条约。

（三）中国与国际环境法的实施

识记：① 中国实施国际环境条约的状况。

领会：① 中国法与国际法的关系；② 中国应对全球环境问题的立场。

Ⅳ 关于大纲的说明与考核实施要求

一、自学考试大纲的目的和作用

《环境与资源保护法学》自学考试大纲是根据专业自学考试计划的要求、结合自学考试的特点而确定的,其目的是对个人自学、社会助学和课程考试命题进行指导和规定。

该课程自学考试大纲明确了课程学习的内容以及深度与广度,规定了课程自学考试的范围和标准。因此,它是编写自学考试教材和辅导书的依据,是社会助学组织进行自学辅导的依据,是自学者学习教材、掌握课程知识范围和程度的依据,也是进行自学考试命题的依据。

二、课程自学考试大纲与教材的关系

课程自学考试大纲是进行学习和考核的依据,教材是学习掌握课程知识的基本内容与范围,教材的内容是大纲所规定的课程知识和内容的扩展与发挥。大纲与教材所体现的课程内容应基本一致;大纲里面的课程内容和考核知识点,教材里一般也要有。但教材里有的内容,大纲里就不一定体现。

三、自学教材

《环境与资源保护法学》,全国高等教育自学考试指导委员会组编,汪劲主编,北京大学出版社2013年版。

四、自学要求与自学方法指导

本大纲的课程基本要求是依据专业考试计划和专业培养目标而确定的。课程基本要求还明确了课程的基本内容以及对基本内容的掌握程度。基本要求中的知识点构成了课程内容的主体部分。因此,课程基本内容的掌握程度、课程考核知识点是高等教育自学考试考核的主要内容。

在自学要求中,对各部分内容掌握程度的要求由低到高分为四个层次,其表达用语依次是:识记;领会;简单应用;综合应用。

本课程共4学分。

在自学考试法学学科中环境与资源保护法学的通过率相对来说不算很高。究其原因,本课程内容庞杂是一方面,考生复习时方法不得当也是一个重要方面。考生如果想尽量有效地掌握本课程的知识点,应当切实注意如下几点:

1. 考生在全面系统学习的基础上，应当掌握基本知识、基本理论、基本方法和环境与资源保护法律法规的基本规定。本课程是一门综合性和实践性很强的法律专业课程，其内容涉及环境与资源保护法律和环境与资源保护法学原理的各个方面，教材各章内容之间既有联系又有区别。

在自学方法上，首先，要全面系统地学习各章，应当熟记识记的内容，深入理解基本理论。就全书的体系和内容的结构而言，最好的学习顺序就是从第一章开始，因为教材的先后顺序是从基本知识和基本理论循序渐进地展开的，主要内容体现在教材的第一、二、三章之中。学好了这三章，就等于给学习以后各章打下了坚实的基础。

其次，要准确把握各章内容的联系，正确理解其异同，学会利用"对比"法来掌握貌似庞杂的内容。例如，第四、五章主要是对我国现行的环境与资源保护法律法规作出的论述和阐释。而我国的环境与资源保护立法都有一些共同之处，如监督管理原则、制度以及管理方法、政府与主管部门的职权和职责、单位和公民的权利和义务、法律责任等，这些内容又与第二、三、六章的内容直接关联。通过比较，可以发现这些法律法规的规定存在着许多相通之处，经过初步的筛选就可以排除许多具有重复性的问题，从而大大提高学习效率。

最后，在全面学习的基础上掌握重点，有目的地深入学习重点章节，切忌在没有全面学习教材的情况下孤立地学习重点。

2. 考生在学习本课程时，必须高度重视对环境与资源保护法律法规的理解和掌握。我国现行环境污染防治法律以及自然保护与资源保护法律法规的规定等是本课程研究的主要对象。因此，必须结合教材掌握我国环境与资源保护法律、法规以及有关规章规定的内容。有时，在教材中不易明了的问题往往可能会是一个非常简单的问题，如果随手有一本环境与资源保护法律法规汇编或材料就非常容易将这些规定弄清楚。

3. 考生应当重视理论联系实际，训练并逐渐提高运用所学理论知识分析和解决实际案例的能力。由于本课程阐述的内容与我国环境与资源保护立法在实施中所遇到的问题紧密相关，学习者应当在全面系统学习教材的基础上，注意在可能情况下收集、了解和分析实际案例，以便更深入地领会教材的内容，提高分析和解决实际问题的能力。

五、对社会助学的要求

1. 本课程为 4 学分，正常情况下至少需要安排 60 课时，并且在讲授的时候应当注意突出重点。

2. 社会助学者应当根据本大纲规定的考试内容和考核目标，认真研究指定教材，明确本课程与其他课程不同的特点和学习要求，对考生进行切实有效的辅导，帮助他们端正学习态度，不断改进自学方法，掌握教材内容，提高分析问题、解决问题以及应考的能力。

3. 要正确处理好重点和一般的关系。课程内容虽然有重点和一般之分，但是考试内容却是全面的，而且重点和一般也不是截然分开的。因此，社会助学应当指导考生全面系统地学习教材，了解每章的学习目的和要求，掌握全部考试内容和考核知识点，在此基础上再突出重点。要把教材中的重点、难点、疑点分析透彻,帮助学习者将学习重点与兼顾一般结合起来,避免和杜绝猜题、押题或其他对理解和掌握基本知识有害的不良学习方式。

4. 本课程的考试内容,包括《环境与资源保护法学》出版后,至考试之日 6 个月以前国家颁布的重要环境与资源保护法律法规或规章。社会助学者必须对新颁布的环境与资源保护法律法规或规章等内容进行辅导,以适应本课程考试命题的要求。

六、考试涉及的法律、法规、规章及司法解释

考试涉及的环境与资源保护法律、法规、规章及司法解释目录见附件一。

在考试之日起 6 个月前,新颁布或修订的环境与资源保护法律、法规、规章及司法解释均属于考试范围。

凡大纲、教材内容与现行法律、法规、规章及司法解释不符的,应以现行法律、法规、规章及司法解释为准。

七、关于考试命题的若干要求

1. 本课程考试采用闭卷笔试形式,考试长度是 150 分钟,满分 100 分,60 分为及格线。

2. 本大纲中各章所规定的基本要求、知识点及知识点下的知识细目(例如教材中的文字、数据等),都属于考核的内容。考试命题覆盖到各章,并适当考虑课程重点、章节重点,加大重点内容的覆盖度。

3. 命题不应超出大纲中考核知识点的范围,考核目标不应高于大纲中所规定的最高能力层次要求。命题主要着重考核考生对基本概念、基本知识和基本理论是否了解或掌握,对基本方法是否会用或熟练,不应当出现与基本要求不符的偏题或怪题。

4. 本课程在试卷中对不同能力层次要求的分数比例大致为:识记占 20%;领会占 30%;简单应用占 30%;综合运用占 20%。

5. 试卷应当合理安排难易度的结构。难易度可分为易、较易、较难、难四个等级。每份试卷中不同难易度试题的分数比例一般为:易占 20%;较易占 30%;较难占 30%;难占 20%。必须注意,试题的难易度与能力层次不是一个概念,各能力层次都会存在不同难易度的问题。

6. 本课程考试试卷采用的题型是:单项选择题、多项选择题、简答题、论述题以及案例分析题等,请参见附录二:样卷及参考答案。

附录一 环境与资源保护相关法律、法规、规章及司法解释目录

说明:效力层级中·表示法律、◆表示行政法规、*表示规章、Δ表示司法解释。

效力层级	名称	制定机关	发布日期	生效日期	修订(修正)日期
●	宪法	全国人大	1982年12月4日	1982年12月4日	1988年4月12日; 1993年3月29日; 1999年3月15日; 2004年3月14日
●	立法法	全国人大	2000年3月15日	2000年7月1日	
●	民法通则	全国人大	1986年4月12日	1987年1月1日	
●	物权法	全国人大	2007年3月16日	2007年10月1日	
●	侵权责任法	全国人大常委会	2009年12月26日	2010年7月1日	
●	民事诉讼法	全国人大	1991年4月9日	1991年4月9日	2007年10月28日; 2012年8月31日
Δ	关于民事诉讼证据的若干规定	最高人民法院	2001年12月21日	2002年4月1日	2008年12月31日
●	行政处罚法	全国人大	1996年3月17日	1996年10月1日	2009年8月27日
*	环境行政处罚办法	环保部	2010年1月19日	2010年3月1日	
*	环境保护行政处罚听证程序规定	环保部	2010年12月27日	2011年1月1日	
●	行政监察法	全国人大常委会	1997年5月9日	1997年5月9日	2010年6月25日
◆	行政机关公务员处分条例	国务院	2007年4月22日	2007年6月1日	
*	环境保护违法违纪行为处分暂行规定	监察部、环境保护总局	2006年2月20日	2006年2月20日	
●	行政复议法	全国人大	1999年4月29日	1999年10月1日	2009年8月27日
◆	行政复议法实施条例	国务院	2007年5月29日	2007年8月1日	
*	环境行政复议办法	环保部	2008年12月30日	2008年12月30日	

(续表)

效力层级	名称	制定机关	发布日期	生效日期	修订(修正)日期
●	行政许可法	全国人大常委会	2003年8月27日	2004年7月1日	
*	环境保护行政许可听证暂行办法	环境保护总局	2004年6月23日	2004年7月1日	
♦	政府信息公开条例	国务院	2007年4月5日	2008年5月1日	
*	环境信息公开办法(试行)	环境保护总局	2007年4月11日	2008年5月1日	
●	突发事件应对法	全国人大常委会	2007年8月13日	2007年11月1日	
●	行政强制法	全国人大常委会	2011年6月30日	2012年1月1日	
*	环境信访办法	环境保护总局	2006年6月24日	2006年7月1日	
●	刑事诉讼法	全国人大常委会	1979年7月7日	1980年1月1日	1996年3月17日; 2012年3月14日
♦	行政执法机关移送涉嫌犯罪案件的规定	国务院	2001年7月9日	2001年7月9日	
●	刑法	全国人大	1979年7月1日	1980年1月1日	1997年3月14日; 1999年12月25日; 2001年8月31日; 2001年12月29日; 2002年12月28日; 2005年2月28日; 2006年6月29日; 2009年2月28日; 2011年2月25日
△	关于审理破坏土地资源刑事案件具体应用法律若干问题的解释	最高人民法院	2000年6月19日	2000年6月22日	
△	关于审理破坏森林资源刑事案件具体应用法律若干问题的解释	最高人民法院	2000年11月22日	2000年12月11日	
△	关于审理破坏野生动物资源刑事案件具体应用法律若干问题的解释	最高人民法院	2000年11月27日	2000年12月1日	

（续表）

效力层级	名称	制定机关	发布日期	生效日期	修订(修正)日期
△	关于审理非法采矿、破坏性采矿刑事案件具体应用法律若干问题的解释	最高人民法院	2003年5月29日	2003年5月29日	
△	关于审理破坏林地资源刑事案件具体应用法律若干问题的解释	最高人民法院	2005年12月26日	2005年12月30日	
△	关于审理环境污染刑事案件具体应用法律若干问题的解释	最高人民法院	2006年7月21日	2006年7月28日	
△	关于审理环境污染刑事案件具体应用法律若干问题的解释	最高人民法院	2006年7月21日	2006年7月28日	
△	关于渎职侵权犯罪案件立案标准的规定	最高人民检察院	2006年7月26日	2006年7月26日	
●	环境保护法	全国人大常委会	1989年12月26日	1989年12月26日	
◆	排污费征收使用管理条例	国务院	2003年1月2日	2003年7月1日	
*	环境标准管理办法	环境保护总局	1999年4月1日	1999年4月1日	
●	环境影响评价法	全国人大常委会	2002年10月28日	2003年9月1日	
◆	建设项目环境保护管理条例	国务院	1998年11月29日	1998年11月29日	
◆	规划环境影响评价条例	国务院	2009年8月17日	2009年10月1日	
*	环境影响评价公众参与暂行办法	环境保护总局	2006年2月14日	2006年3月18日	
*	建设项目竣工环境保护验收管理办法	环境保护总局	2001年12月27日	2002年2月1日	2010年12月22日
●	大气污染防治法	全国人大常委会	1987年9月5日	1988年6月1日	1995年8月29日；2000年4月29日

(续表)

效力层级	名称	制定机关	发布日期	生效日期	修订(修正)日期
●	水污染防治法	全国人大常委会	1984年5月21日	1984年11月1日	1996年5月15日;2008年2月28日
◆	防止拆船污染环境管理条例	国务院	1988年5月18日	1988年6月1日	
*	限期治理管理办法(试行)	环保部	2009年7月8日	2009年9月1日	
●	海洋环境保护法	全国人大常委会	1982年8月23日	1983年3月1日	1999年12月15日
◆	海洋石油勘探开发环境保护管理条例	国务院	1983年12月29日	1983年12月29日	
◆	海洋倾废管理条例	国务院	1985年3月6日	1985年4月1日	2011年1月8日
◆	防治陆源污染物污染损害海洋环境管理条例	国务院	1990年6月22日	1990年8月1日	
◆	防治海岸工程建设项目污染损害海洋环境管理条例	国务院	1990年6月25日	1990年8月1日	2008年1月1日
*	近岸海域环境功能区管理办法	环境保护总局	1999年12月10日	1999年12月10日	2010年12月22日
◆	防治船舶污染海洋环境管理条例	国务院	2009年9月9日	2010年3月1日	
*	海洋自然保护区管理办法	国家海洋局	1995年5月29日	1995年5月29日	
*	海洋特别保护区管理办法	国家海洋局	2010年8月31日	2010年8月31日	
●	固体废物污染环境防治法	全国人大常委会	1995年10月30日	1996年4月1日	2004年12月29日
◆	废弃电器电子产品回收处理管理条例	国务院	2009年2月25日	2011年1月1日	
◆	危险化学品安全管理条例	国务院	2002年1月26日	2002年3月15日	2011年3月2日
*	化学品首次进口及有毒化学品进出口环境管理规定	环境保护总局	1994年3月16日	1994年5月1日	2007年10月8日

(续表)

效力层级	名称	制定机关	发布日期	生效日期	修订(修正)日期
*	新化学物质环境管理办法	环保部	2009年12月30日	2010年10月15日	
●	环境噪声污染防治法	全国人大常委会	1996年10月29日	1997年3月1日	
●	放射性污染防治法	全国人大常委会	2003年6月28日	2003年10月1日	
◆	民用核设施安全监督管理条例	国务院	1986年10月29日	1986年10月29日	
◆	核材料管理条例	国务院	1987年6月15日	1987年6月15日	
*	城市放射性废物管理办法	环境保护总局	1987年7月16日	1987年7月16日	
◆	核电厂核事故应急管理条例	国务院	1993年8月4日	1993年8月4日	2011年1月8日
◆	放射性物品运输安全管理条例	国务院	2009年9月14日	2010年1月1日	
◆	放射性废物安全管理条例	国务院	2011年12月20日	2012年3月1日	
●	清洁生产促进法	全国人大常委会	2002年6月29日	2003年1月1日	2012年2月29日
●	循环经济促进法	全国人大常委会	2008年8月29日	2009年1月1日	
●	野生动物保护法	全国人大常委会	1988年11月8日	1989年3月1日	2004年8月28日
◆	陆生野生动物保护实施条例	国务院	1992年3月1日	1992年3月1日	
◆	水土保持法实施条例	国务院	1993年8月1日	1993年8月1日	2011年1月8日
◆	水生野生动物保护条例	农业部	1993年9月17日	1993年10月5日	
●	野生植物保护条例	国务院	1996年9月30日	1997年1月1日	
*	水生动植物自然保护区管理办法	农业部	1997年10月17日	1997年10月17日	
*	农业野生植物保护办法	农业部	2002年9月6日	2002年10月1日	
●	进出境动植物检疫法	全国人大常委会	1991年10月30日	1992年4月1日	2009年8月27日
●	文物保护法	全国人大常委会	1982年11月19日	1982年11月19日	1991年6月29日；2002年10月28日
◆	文物保护法实施条例	国务院	2003年5月18日	2003年7月1日	

(续表)

效力层级	名称	制定机关	发布日期	生效日期	修订(修正)日期
♦	自然保护区条例	国务院	1994年10月9日	1994年12月1日	
*	自然保护区土地管理办法	国家土地管理局	1995年9月15日	1995年9月15日	
♦	风景名胜区条例	国务院	2001年9月19日	2001年12月1日	
♦	历史文化名城名镇名村保护条例	国务院	2008年4月22日	2008年7月1日	
*	森林和野生动物类型自然保护区管理办法	林业部	1985年7月6日	1985年7月6日	
●	土地管理法	全国人大常委会	1986年6月25日	1987年1月1日	1988年12月29日；1998年8月29日；2004年8月28日
♦	土地管理法实施条例	国务院	1998年12月27日	1999年1月1日	2011年1月8日
♦	基本农田保护条例	国务院	1998年12月27日	1999年3月1日	2011年1月8日
♦	土地复垦条例	国务院	2011年3月5日	2011年3月5日	
●	防沙治沙法	全国人大常委会	2001年8月31日	2002年1月1日	
●	水土保持法	全国人大常委会	1991年6月29日	1991年6月29日	2010年12月25日
●	森林法	全国人大常委会	1984年9月20日	1985年1月1日	1998年4月29日
*	森林采伐更新管理办法	林业部	1987年9月10日	1987年9月10日	2011年1月8日
♦	森林防火条例	国务院	1998年1月16日	1998年3月15日	2008年12月1日
♦	森林病虫害防治条例	国务院	1989年12月18日	1989年12月18日	
♦	森林法实施条例	国务院	2000年1月29日	2000年1月29日	2011年1月8日
♦	退耕还林条例	国务院	2002年12月14日	2003年1月20日	
*	林木和林地权属登记管理办法	国家林业局	2000年12月31日	2000年12月31日	2011年1月25日
*	占用征用林地审核审批管理办法	国家林业局	2001年1月4日	2001年1月4日	2011年1月25日
●	畜牧法	全国人大常委会	2005年12月29日	2006年7月1日	
●	草原法	全国人大常委会	1985年6月18日	1985年10月1日	2002年12月28日
♦	草原防火条例	国务院	1993年10月5日	1993年10月5日	2008年11月29日
*	草畜平衡管理办法	农业部	2005年1月19日	2005年3月1日	
*	草种管理办法	农业部	2006年1月12日	2006年3月1日	

(续表)

效力层级	名称	制定机关	发布日期	生效日期	修订(修正)日期
*	草原占用审核审批管理办法	农业部	2006年1月27日	2006年3月1日	
●	水法	全国人大常委会	1988年1月21日	1988年7月1日	2002年8月29日
◆	取水许可和水资源费征收管理条例	国务院	2006年2月21日	2006年4月15日	
●	渔业法	全国人大常委会	1986年1月20日	1986年7月1日	2000年10月31日；2004年8月28日
◆	渔业法实施细则	国务院	1987年10月20日	1987年10月20日	
●	海域使用管理法	全国人大常委会	2001年10月27日	2002年1月1日	
●	海岛保护法	全国人大常委会	2009年12月26日	2010年3月1日	
●	矿产资源法	全国人大常委会	1986年3月19日	1986年10月1日	1996年8月29日
●	煤炭法	全国人大常委会	1996年8月29日	1996年12月1日	
●	可再生能源法	全国人大常委会	2005年2月28日	2006年1月1日	2009年12月26日
●	节约能源法	全国人大常委会	1997年11月1日	1998年1月1日	2007年10月28日
◆	公共机构节能条例	国务院	2008年8月1日	2008年10月1日	
◆	民用建筑节能条例	国务院	2008年8月1日	2008年10月1日	

附录二 样卷及参考答案

样 卷

一、单项选择题(本大题共 20 小题,每小题 1 分,共 20 分)在每小题列出的四个备选项中只有一个是符合题目要求的,请将其代码填写在题后的括号内。错选、多选或未选均无分。

1. 环境与资源保护法保护的环境要素范围是(   )
   A. 与人类生存发展有直接或者间接关系的一切环境要素
   B. 科学研究证明对人类生存发展有重大影响的环境要素
   C. 以整个生物界为中心、为主体的外部空间和物质构成的环境要素
   D. 对人类生存发展有影响且人类行为可以影响、调节或支配的环境要素

2. 率先提出"可持续发展"概念的文献是(   )
   A.《里约宣言》   B.《我们共同的未来》
   C.《21 世纪议程》   D.《增长的极限》

3. 我国《宪法》第一次规定重要的自然资源为全民所有(即国家所有)是在(   )
   A. 1954 年   B. 1972 年
   C. 1978 年   D. 1982 年

4. 我国第一个综合性的国家污染物排放标准是(   )
   A.《工业"三废"排放试行标准》   B.《大气污染物综合排放标准》
   C.《污水综合排放标准》   D.《固体废物综合排放标准》

5. 按照《环境影响评价法》的规定,下列选项中属于专项规划的是(   )
   A. 海域建设规划   B. 土地利用规划
   C. 城市建设规划   D. 区域开发规划

6. 单位或个人通过自然资源使用权的买卖、出租、承包等取得自然资源使用权的方式属于(   )
   A. 确认取得   B. 授予取得
   C. 转让取得   D. 开发利用取得

7. 确认环境是否已被污染的根据是(   )
   A. 环境质量标准   B. 污染物排放标准
   C. 环境方法标准   D. 环境基础标准

8. 我国《环境保护法》规定,环境污染危害的赔偿责任和赔偿金额纠纷,当事人可以

选择行政处理和司法解决等程序。其中"行政处理"一般是指(　　)
  A. 行政仲裁　　　　　　　　　B. 行政处罚
  C. 行政调解　　　　　　　　　D. 行政裁决

9. 我国《侵权责任法》第65条规定:"因污染环境造成损害的,污染者应当承担侵权责任。"这一规定体现的归责原则是(　　)
  A. 过错推定责任原则　　　　　B. 无过错责任原则
  C. 严格责任原则　　　　　　　D. 危险责任原则

10. 我国《大气污染防治法》规定的"两控区"是指(　　)
  A. 灰霾控制区和二氧化氮控制区　　B. 酸雨控制区和二氧化氮控制区
  C. 灰霾控制区和二氧化硫控制区　　D. 酸雨控制区和二氧化硫控制区

11. 我国《海洋环境保护法》规定,对造成海洋环境污染事故的单位,由行使海洋环境监督管理权的部门根据所造成的危害和损失处以罚款,计罚依据为(　　)
  A. 按照直接损失的10%计算,但最高不超过10万元
  B. 按照直接损失的20%计算,但最高不超过20万元
  C. 按照直接损失的30%计算,但最高不超过30万元
  D. 按照直接损失的50%计算,但最高不超过50万元

12. 我国《水污染防治法》规定,不符合国家产业政策的小型造纸、制革、印染、染料、炼焦、炼硫、炼砷、炼汞、炼油、电镀、农药、石棉、水泥、玻璃、钢铁、火电以及其他严重污染水环境的生产项目,由所在地的市、县人民政府(　　)
  A. 责令限期治理　　　　　　　　B. 责令关闭
  C. 环境保护行政主管部门处以罚款　D. 环境保护行政主管部门责令关闭

13. 我国《环境噪声污染防治法》规定,歌舞厅发出的噪声属于(　　)
  A. 建筑施工噪声　　　　　　　　B. 交通运输噪声
  C. 工业噪声　　　　　　　　　　D. 社会生活噪声

14. 我国《森林法》规定,用于营造、抚育、保护和管理提供生态效益的防护林和特种用途林的基金是(　　)
  A. 森林生态效益补偿基金　　　　B. 森林植被恢复基金
  C. 林业基金　　　　　　　　　　D. 退耕还林补偿基金

15. 在我国放射性污染防治标准中,涉及放射工作、辐射应用、放射性物质的主要标准是(　　)
  A. 核电厂环境辐射防护规定　　　B. 核设施流出物监测一般规定
  C. 核辐射环境质量评价一般规定　D. 辐射防护规定

16. 我国《土地管理法》规定,省、自治区、直辖市划定的基本农田应当占本行政区域内耕地的(　　)
  A. 80%以上　　　　　　　　　　B. 75%以上
  C. 70%以上　　　　　　　　　　D. 65%以上

17. 主管全国林区内野生植物和林区外珍贵野生树木的监督管理工作的部门是（　　）

　　A. 国务院农业主管部门　　　　B. 国务院林业主管部门
　　C. 国务院建设主管部门　　　　D. 国务院环境保护主管部门

18. 我国《固体废物污染环境防治法》规定，境外的固体废物（　　）

　　A. 在交纳一定费用后可以进境倾倒、堆放
　　B. 经批准可以进境倾倒、堆放
　　C. 只能进境处置，不能堆放
　　D. 禁止进境倾倒、堆放和处置

19. 我国《草原法》规定，草原的所有权属于（　　）

　　A. 国家、集体或个人　　　　B. 国家或集体
　　C. 国家　　　　　　　　　　D. 集体

20. 《渔业资源增殖保护费征收使用办法》规定，渔业资源增殖保护费包括（　　）

　　A. 水生动物资源费和水生植物资源费
　　B. 鱼类渔业资源费和海藻类渔业资源费
　　C. 海洋渔业资源费和内陆渔业资源费
　　D. 淡水渔业资源费和海水渔业资源费

二、**多项选择题**（本大题共8小题，每小题2分，共16分）在每小题列出的五个备选项中至少有两个是符合题目要求的，请将其代码填写在题后的括号内。错选、多选、少选或未选均无分。

21. 国家对环境与资源管理除了遵循国家管理的一般性原则外，还应遵守的特殊原则有（　　）

　　A. 综合性原则　　　　　　　B. 区域性原则
　　C. 规划和协调性原则　　　　D. 预测性原则
　　E. 技术性原则

22. 我国环境与资源保护法的基本原则必须（　　）

　　A. 由政府政策决定　　　　　B. 属于环境与资源保护法所特有
　　C. 体现于环境与资源保护法之中　　D. 适用于所有的法律部门
　　E. 对环境与资源保护行为具有普遍的指导性

23. 我国《环境影响评价法》规定对建设项目的环境影响评价实行分类管理，其具体规定包括（　　）

　　A. 可能造成重大环境影响的，应当编制环境影响报告书
　　B. 可能造成轻度环境影响的，应当编制环境影响报告表
　　C. 可能造成轻度环境影响的，应当编制环境影响报告书
　　D. 对环境影响很小、不需要进行环境影响评价的，应当填报环境影响登记表
　　E. 对环境影响很小、不需要进行环境影响评价的，应当向建设项目的主管部门进行

申报登记

24. 适用我国《固体废物污染环境防治法》的固体废物包括（　　）
　　A. 工业固体废物　　　　　　　　B. 城市生活垃圾
　　C. 置于容器中的气态废物　　　　D. 危险废物
　　E. 放射性固体废物

25. 依照我国《海洋环境保护法》的规定,污染海洋环境给国家造成重大损失,可以由行使海洋环境监督管理权的部门代表国家对责任者提出损害赔偿要求的生态破坏情形是（　　）
　　A. 破坏海洋生态　　　　　　　　B. 破坏海洋工程
　　C. 破坏海洋保护区　　　　　　　D. 破坏海洋水产资源
　　E. 破坏海岸工程

26. 自然资源的特征包括（　　）
　　A. 可使用性　　　　　　　　　　B. 相对性
　　C. 整体性　　　　　　　　　　　D. 地域性
　　E. 有限性

27. 依照我国《水法》规定,归农村集体经济组织使用的水资源是（　　）
　　A. 农村集体经济组织范围内的地下水
　　B. 流经农村集体组织的河流中的水
　　C. 由农村集体经济组织修建管理的水库中的水
　　D. 农村集体经济组织所在地的湖泊水
　　E. 农村集体经济组织的水塘中的水

28. 国际环境法实施手段中的"命令—控制措施"包括（　　）
　　A. 环境标准　　　　　　　　　　B. 环境影响评价
　　C. 风险评估　　　　　　　　　　D. 许可证
　　E. 限制或禁止性措施

三、简答题(本大题共4小题,每小题6分,共24分)

29. 简述我国《环境保护法》和《刑法》关于制裁环境监管失职人员的规定。

30. 简述海洋功能区划制度的定义及其作用。

31. 简述我国《土地管理法》关于征地审批权限的规定。

32. 简述《联合国气候变化框架公约》第4条至第12条对缔约方具体义务的规定。

四、论述题(本题15分)

33. 不当的资源开发及其建设活动会造成水土流失,导致泥石流、洪水等自然灾害的发生。早在20世纪50年代我国就制定了防治水土流失的法规,1991年我国颁布实施了《水土保持法》。试论《水土保持法》就开发建设活动规定的水土保持措施。

五、案例分析题(本大题共2小题,第34题10分,第35题15分,共25分)

34. 2009年2月,云南某县村民武某未经批准擅自闯入某国家级自然保护区打猎。

进入保护区后,武某发现前方有一只老虎,遂隐藏在树丛中用随身携带的枪支将老虎打死。后经鉴定:武某所杀的老虎是一只印支虎,属国家一级保护野生动物。

问:(1)本案中武某是否构成破坏环境资源保护罪?如果构成,具体罪名是什么?(5分)

(2)对于本案,政府是否有权要求武某就其杀害老虎的行为及其造成的损害向国家承担赔偿责任?为什么?(5分)

35. A矿业公司通过私设的暗管向邻近的河流超标排污,被附近的养殖户及居民屡次投诉并受到环境保护部的点名批评。但由于A公司是当地的纳税大户和排污费缴纳大户,当地政府和环保局并未依法要求A公司采取整改措施。2010年6月的某一天,A公司邻近的河流散发出刺鼻的异味并出现大量死鱼现象。附近养殖户纷纷向当地环保局反映A公司私设暗管并偷排未经处理的污水的情况,要求环保部门责令A公司拆除暗管并治理污染。但环保局主管局长张某既未指示工作人员进行调查,也未采取任何其他措施。2010年7月初,当地连降大雨,A公司污水池中储存的大量污水在雨水的冲击下通过其私设的暗管溢流至邻近的河流,致使下游养殖户养殖的300多万公斤鱼死亡,直接经济损失超过2000万元。

问:(1)根据2008年新修订的《水污染防治法》的规定,对于造成本案所属级别的污染事故的企业,应当如何计算罚款?(5分)

(2)A公司认为:污染事故是天降大雨造成的,属于不可抗力,因此其无需赔偿养殖户的经济损失。A公司的抗辩是否成立?为什么?(5分)

(3)A公司和当地环保局主管局长张某是否已构成犯罪?如果构成,罪名分别是什么?(5分)

参考答案

一、单项选择题(本大题共20小题,每小题1分,共20分)

1. D 2. B 3. A 4. A 5. C 6. C 7. A 8. C
9. B 10. D 11. C 12. B 13. D 14. A 15. D 16. A
17. B 18. D 19. B 20. C

二、多项选择题(本大题共8小题,每小题2分,共16分)

21. ABCD 22. BCE 23. ABD 24. ABCD
25. ACD 26. ABCDE 27. CE 28. ABCDE

三、简答题(本大题共4小题,每小题6分,共24分)

29.（1）环境保护监督管理人员滥用职权、玩忽职守、徇私舞弊,尚未构成犯罪的,由其所在单位或者上级主管机关给予行政处分。

（2）负有环境保护监督管理职责的国家机关工作人员严重不负责任,导致发生重大环境污染事故,致使公私财产遭受重大损失或者造成人身伤亡的严重后果的,追究刑事责任。

30.（1）海洋功能区划,是根据海区的自然属性并结合社会需求确定的各类海洋功能区。

（2）海洋功能区划能全面反映海域的功能类型,为海洋环境管理提供依据。

31.（1）征用基本农田、基本农田以外的耕地超过35公顷、其他土地超过70公顷的都必须由国务院批准；

（2）征用上述以外的土地的,由省、自治区、直辖市人民政府（或省级人民政府）批准,并报国务院备案。

32.（1）缔约方应制定并定期公布和修订向缔约方大会提交的有关所有温室气体的各种人为排放"源"和各种"汇"的清除国家清单,以及实施公约的措施。

（2）奉行共同但有区别的责任原则,对不同的缔约方规定了不同的义务。

四、论述题(本题15分)

33.《水土保持法》要求从事可能造成水土流失的开发建设活动者必须采取相应的水土保持措施。主要包括：

（1）从事林业活动应采取的水土保持措施：采伐林木应当采用合理采伐方式,严格控制皆伐,对采伐区和集材道采取防止水土流失的措施,并在采伐后及时完成更新造林任务；在林区采伐林木的,采伐方案中必须有采伐区水土保持措施；在5度以上坡地上从事林业生产活动的,必须采取水土保持措施,防止水土流失。

（2）修建铁路、公路和水工程应采取的水土保持措施：修建铁路、公路和水工程,应当尽量减少破坏植被；废弃的砂、石、土必须运至规定的专门存放地存放,不得向江河、湖泊、水库和专门存放地以外的沟渠倾倒；在铁路、公路两侧地界以内的山坡地,必须修建护坡或者采取其他土地整治措施;工程竣工后,取土场、开挖面和废弃的砂、石、土存放地的裸露土地,必须植树种草,防止水土流失。

(3)开办大中型工业企业应采取的水土保持措施:企业排弃的剥离表土、矸石、尾矿、废渣等必须堆放在规定的专门存放地,不得向江河、湖泊、水库和专门存放地以外的沟渠倾倒;因采矿和建设使植被受到破坏的,必须采取措施恢复表土层和植被,防止水土流失。

五、案例分析题(本题共25分)

34.(1)构成。构成非法猎捕、杀害珍贵、濒危野生动物罪。

(2)因为《野生动物保护法》规定野生动物资源属于国家所有,因此猎杀野生老虎就侵犯了国家的所有权。根据我国民事法律的规定,侵害国家、集体或者他人民事权益的,应当承担侵权责任。因此,政府有权要求武某承担赔偿责任。

35.(1)根据新修订的《水污染防治法》的规定,对造成重大或者特大水污染事故的,按照水污染事故造成的直接损失的30%计算罚款。

(2)A公司抗辩不成立。在本案中,该公司私设暗管是导致最终发生污染事故的主要原因。该公司不能免责。

(3)A公司和张某均构成犯罪。A公司构成重大环境污染事故罪。张某构成环境监管失职罪。

后 记

《环境与资源保护法学自学考试大纲》是根据全国高等教育自学考试法律专业(本科)考试计划的要求,由全国考委法学类专业委员会组织编写。

《环境与资源保护法学自学考试大纲》由北京大学汪劲教授担任主编,参加编写的有中国人民大学李艳芳教授、武汉大学杜群教授、清华大学王明远教授、北京大学宋英副教授与北京大学王社坤博士。

全国考委法学类专业委员会于 2012 年 9 月对本大纲组织审稿。北京师范大学冷罗生教授担任主审,湖北经济学院吕忠梅教授、北京理工大学罗丽教授参加审稿并提出改进意见。

本大纲编审人员付出了辛勤劳动,特此表示感谢。

全国高等教育自学考试指导委员会

法学类专业委员会

2012 年 9 月

全国高等教育自学考试指定教材
法律专业(本科)

环境与资源保护法学

全国高等教育自学考试指导委员会　组编

编者的话

受全国高等教育自学考试指导委员会法学类专业委员会的委托,1999年由北京大学金瑞林教授主编了《环境与资源保护法学》自学考试教材。

进入21世纪以后,我国有关环境与资源保护的立法有了长足的发展。全国人大常委会已经制定(含修订)实施了二十多部环境与资源保护法律,立法总量约占全国人大及其常委会立法的1/10,内容涉及综合性环境保护、环境影响评价、环境污染防治、自然资源保护以及循环经济等领域,全国人大常委会与中国政府还批准、签署和参加了许多重要的国际环境保护条约与协定。此外,由国务院各部门制定的有关环境与资源保护规章更是多达数百部之巨。

环境与资源保护法学是法学的二级学科。按照全国高等教育自学考试指导委员会法学类专业委员会有关修订编写原《环境与资源保护法学》教材的要求,2005年年初由金瑞林教授和汪劲教授根据2000年《环境与资源保护法学自学考试大纲》和教材的内容,结合高等教育自学考试法律专业的特点,修订编写了《环境与资源保护法学自学考试大纲》(2006年版),并重新编写了《环境与资源保护法学》(2006年版)教材。

近五年来,我国环境与资源保护法学研究与法治建设又取得了较大进展。2010年,全国高等教育自学考试指导委员会法学类专业委员会开始组织编写《环境与资源保护法学》(新编本)。由于原教材主编金瑞林教授病逝,全国高等教育自学考试指导委员会法学类专业委员会决定由汪劲教授负责主持教材的新编工作。

此次新编本在保持原教材体系和基本理论的基础上,结合环境与资源保护法学教学与研究的最新成果,对教材的体系和内容进行了适当调整、更新、补充、完善。同时,根据全国高等教育自学考试指导委员会法学类专业委员会缩减教材篇幅的要求,在撰写新编本时大幅压低了文稿字数,在行文风格上更强调内容的条理性和明确性。

《环境与资源保护法学》(新编本)由汪劲担任主编,参加新编本各章的编写人员以及编写分工如下(以编写章节先后为序):

汪劲(法学博士,北京大学教授、博士生导师)——第一章,第二章第三节,第三章第一节、第三节;

李艳芳(法学博士,中国人民大学教授、博士生导师)——第二章第一节、第二节,第三章第二节;

王社坤(法学博士,北京大学讲师)——第四章,第六章第一节、第二节、第三节;

杜群(法学博士,武汉大学教授、博士生导师)——第五章;

王明远(法学博士,清华大学教授、博士生导师)——第六章第四节;

宋英(法学博士,北京大学副教授、硕士生导师)——第七章。

《环境与资源保护法学》(新编本)的初稿先由王社坤进行统稿修改,经与各章节撰稿人讨论后由汪劲统一修改定稿。

参加《环境与资源保护法学》(新编本)教材审稿会并提出修改意见的有:湖北经济学院吕忠梅教授、北京师范大学冷罗生教授与北京理工大学罗丽教授。在此谨向他们表示诚挚的谢意!

《环境与资源保护法学》教材编写组
2012 年 8 月

第一章 导　　论

学习目标：通过本章学习，了解环境、自然资源、生态系统、环境问题的基本概念，理解环境保护、资源保护及其与生态保护的关系，理解环境问题的产生原因及对策；了解环境与资源保护法的产生与发展过程，了解环境与资源保护法学的研究对象和方法；为进一步学习环境与资源保护法学课程打下基础。

第一节　环境与环境问题

一、环境、自然资源和生态系统的概念

（一）环境

在不同场景或语境下，人们对环境的表述与理解是不同的。例如，环境既可以被描绘为一个有限的范围，又可以被描绘为物质要素或者无限的空间。对环境和环境问题进行全面、系统研究的是环境科学。环境科学中的环境，是指人群周围的境况及其中直接、间接影响人类生活和发展的各种自然因素和社会因素的总体，包括自然因素的各种物质、现象和过程及在人类历史中的社会、经济成分。环境既包含了自然因素，也包含了社会和经济等因素。

在环境与资源保护立法中，环境的定义直接影响着环境法的目的、适用范围和实施效力，所以立法上一般将环境的范畴确定在以人类为中心的环境利用行为范围之内，例如1972年的联合国《人类环境宣言》就使用了"人类环境"的概念。

目前，各国环境与资源保护立法给环境下定义的方法包括三类。

第一类是采用概括的方法在立法上对环境的内涵进行描述。例如，1991年保加利亚《环境保护法》和1987年葡萄牙《环境基本法》将环境定义为现实中所有的自然环境和人类环境。概括性描述的优点在于包容性，但某些场合下个别物质或者要素是否属于法律上"环境"的范畴则需要立法机关另行解释。

第二类是采用列举的方法在立法上对环境的外延进行描述。例如，1969年美国《国家环境政策法》将环境分为自然环境和人为环境两大类，并列举为包括但不限于空气和水（包括海域、港湾、河口和淡水）以及陆地环境（包括森林、干地、湿地、山脉、城市、郊区和农村环境）。而1993年日本《环境基本法》则直接列举了大气、水、土壤、静稳、森林、农地、水边地、野生生物物种、生态系统的多样性。由于类别化和列举式描述没有对环境作定性解释，因此需要由单项法律重新规定或者由立法机关或司法机关对未在立法中列举的物质或者要素根据实际作出解释。

第三类是采用概括加列举式的方法在立法上对环境的内涵和外延都作出规定。例如，我国1989年《环境保护法》第2条将环境定义为："影响人类生存和发展的各种天然的和经过人工改造的自然因素的总体，包括大气、水、海洋、土地、矿藏、森林、草原、野生生物、自然遗迹、人文遗迹、自然保护区、风景名胜区、城市和乡村等。"

较之于第一类和第二类方法而言，概括加列举式的方法在适用时显得更加灵活。因为概括性解释虽然反映了环境概念的基本特性，但比较抽象，适用时难以把握；而列举性解释虽然简明扼要，但存在着举一漏万的缺陷，适用时同样不易把握。

我国《环境保护法》给环境下的定义中包含着三方面的含义：第一，环境的范畴被限定在对人类生存与发展有影响的自然因素范围内，不包括社会、经济等其他因素；第二，这种自然因素既包括各种天然的环境要素与自然资源，也包括经过人工改造的环境；第三，历史遗迹与自然状态也因其自然的本质属性而属于环境的范畴。

科学技术的进步使人类对地球环境乃至外空环境的影响越来越大，人类对环境的认识也开始从以人类为中心向以生物圈和地球整体为中心的方向转变，形成了"非人类中心的环境准则"。在这个背景下，全球环境、生态系统以及气候等与环境相关的概念在环境立法中的使用频率也越来越高。2011年6月，由国务院发布的《全国主体功能区规划》首次提出了与环境性质相似的"国土空间"的概念，即国家主权与主权权力管辖下的地域空间，是国民生存的场所和环境，包括陆地、陆上水域、内水、领海、领空等。从政府环境管理的范围上看，国土空间的概念已将环境概念的外延予以了扩大，更加强调了地域空间对人类生存和环境的整体影响与作用。

（二）自然资源

在环境与资源保护立法中自然资源是与环境并列、经常被使用的概念。

1972年联合国环境规划署给自然资源下的定义是：在一定时间条件下，能够产生经济价值，提高人类当前和未来福利的自然环境因素的总称。

1987年我国颁布的《中国自然保护纲要》对自然资源作了如下概括性解释：在一定的技术经济条件下，自然界中对人类有用的一切物质和能量都称为自然资源，具体包括土地、森林、草原和荒漠、物种、陆地水资源、河流、湖泊和水库、沼泽和海涂、海洋矿产资源、大气以及区域性的自然环境与资源等。

自然资源与环境密不可分，属于环境要素中可被人类利用的自然物质和能量，例如《中国自然保护纲要》所列举的自然资源大多都已包含在《环境保护法》所列举的环境之中。人类对自然资源的开发利用行为会直接对环境的结构产生影响和改变，从而导致环境问题。

我国《宪法》第9条规定，国家保障自然资源的合理利用，保护珍贵的动物和植物。禁止任何组织或者个人用任何手段侵占或者破坏自然资源。《宪法》所谓的自然资源，指的就是与环境融为一体、天然存在的、具有经济价值的环境要素。

此外，我国《宪法》还对自然资源的权属作出了规定，《物权法》第46条至48条则对这些规定进行了细化。根据《物权法》的规定，矿藏、水流、海域属于国家所有。城市的土地,属于国家所有;法律规定属于国家所有的农村和城市郊区的土地,属于国家所有。森林、山岭、草原、荒地、滩涂等自然资源,属于国家所有,但法律规定属于集体所有的除外。

案例 1.1

某省人大常委会通过的《气候资源探测和保护条例》规定:气候资源,是指能为人类活动所利用的风力风能、太阳能、降水和大气成分等构成气候环境的自然资源。气候资源为国家所有。

讨论:你认为该条例有关气候资源属于国家所有的规定是否合理、合法?

提示:从自然资源的概念与我国宪法和法律关于自然资源权属的规定两个角度进行分析。

(三) 生态系统

生态系统是指在一定时间和空间内,生物与其生存环境以及生物与生物之间相互作用,彼此通过物质循环、能量流动和信息交换,形成的不可分割的自然整体。在生态学研究中,生态系统是自然界的基本功能单元。它不仅包括生物群落,而且还包括环境条件,它们在一定范围内共同组成了一个动态的平衡系统。

生态系统在结构上包括生产者、消费者、分解者、无生命物质四大部分,构成生态系统的各个要素与环境要素基本重合。与环境概念不同的是,生态系统是以整个地球上的生物及其环境等客观存在为中心,而不是以人类为中心,地球上所有生物(包括人类)与环境都是生态系统的组成部分。

生态学研究认为,生态系统内部种群之间呈动态的相互作用,所以生态系统一直保持着相对的动态平衡。在一定时期某些物种的数量可能增加,而在另一定时期它们又可能减少甚至被其他物种所取代。如果排除人类行为的干预,一个平衡的生态系统的变化是非常缓慢的。

我国《宪法》第26条第1款规定:"国家保护和改善生活环境和生态环境,防治污染和其他公害。"其中"生态环境"的本意就是生态系统,既包含了环境,也包含了自然资源。

(四) 环境保护、自然资源保护与生态保护的关系

环境、自然资源与生态系统在性质上属于自然存在的、不以人类意志为转移而存在的有机和无机物质的统一体。当人类以一种静态的眼光来看待围绕人类存在的全部自然界这个整体时,就出现了环境的概念;当人类以是否对人类有用的角度来看待自然界这个整体时,就出现了自然资源的概念;当人类从生物的生存条件以及相互关系的角度来看待自然界这个整体时,就出现了生态系统的概念。

通常我们会使用环境保护的概念来概括对环境、自然资源和生态系统三者的保护,因为它们是决定人类社会、经济发展的外部条件。然而,当我们了解到三者在概念上的异同之后,就不难发现对三者进行保护的目的也存在着差别。

环境保护的目的是维持人类社会发展的外部条件,为人类的繁衍和健康奠定生存基础。自然资源保护的目的是维持人类经济发展的外部条件,为人类福利的持续增长奠定

物质基础。生态保护的目的则是将人类还原到自然的原始存在之中,从生物圈平等的境界强调人类及其发展的所有外部条件都应当符合生态系统平衡的自然规律。也就是说,只有将地球上唯一具有创造和改造自然能力的人类的思想和行为统一到符合生态系统平衡的规律上来,才能为人类社会的可持续发展奠定基础、提供保障。

从一般意义上讲,环境保护和生态保护的外延较大,目的是实质性地协调人类环境利用行为与其生存环境之间的关系。自然资源保护的外延较小,目的主要在于维持人类对自然资源的持续利用,同时间接实现自然保护的目的。只有认识到这一点,我们才能进一步辨析各单项环境与资源保护法律立法目的的不同。

二、环境问题的成因和对策

(一) 环境问题的产生与发展

环境问题是指由于人类活动或自然原因使环境条件发生不利于人类的变化,以致影响人类的生产和生活,给人类带来灾害的现象。

根据环境问题产生原因的不同,一般将环境问题分为两大类:一是由自然原因引起的自然灾害,这被称为第一环境问题或原生环境问题;二是由人为原因引起的环境污染或生态破坏,这被称为第二环境问题或次生环境问题。

随着人类对环境问题本质认识的深入,许多过去被认为是由于自然原因引起的第一环境问题,现在看来也与人类的活动有关。因为当人类活动对自然环境的干扰达到一定的程度时,就可能演变成表现为第一环境问题的自然灾害。尽管这种干扰的进程很慢,但是它们积累到一定程度时必然会反映出来。

作为环境与资源保护立法控制对象的环境问题,主要是指第二环境问题。根据第二环境问题的具体表现形式,它主要又可以分为环境污染问题和生态破坏问题两种。前者是指由于人类在生产、生活等活动过程中,将大量污染物质以及未能完全利用的能量排放到环境之中,致使环境质量发生明显不利变化的现象;后者是指由于人类不合理开发利用自然资源,以及从事大规模建设活动或其他对环境有影响的活动(如核试验、生物实验等)而给环境带来显著不利变化的现象。

综观现代环境问题的演变历程,可以将其分为地域环境问题时期、国际环境问题时期以及全球环境问题时期三个阶段。

环境问题的第一个阶段为地域环境问题时期(18世纪以后至20世纪60年代)。

自18世纪西方工业革命以后,由于工业化、都市化的进程和人类健康水平的提高,人类因生产、生活活动所排放的污染物和废弃物对环境的压力也越来越大。这个时期的环境问题主要表现在各国工业区、开发区一带的局部污染损害和生态破坏方面。到20世纪五六十年代,以环境污染为突出表现的环境问题在主要工业国家发展到了顶峰。

在环境问题的对策方面,各国主要采取了"头痛医头、脚痛医脚"的方法,在法律对策上也主要采取的是对污染受害者进行事后救济的损害赔偿措施。

环境问题的第二个阶段为国际环境问题时期(20世纪60—80年代)。

第二次世界大战以后,随着世界和平局面的发展扩大,发展经济开始成为世界各国,特别是发达国家追求的目标。在资源开发、原材料的输入输出、工业生产以及贸易往来等活动中所产生的环境污染和破坏越来越多,污染物排放总量也越来越大并超过了自然环境的净化能力。伴随污染物在大气中的扩散以及国际水道的流动,环境问题便从地域化开始向国际化的方向演变。

针对环境问题不断扩大的现实,联合国在1972年召开了以环境问题国际化为议题的人类环境会议。这次会议对各国加强环境保护和开展国际环境合作产生了重大影响,同时也促进了国内和国际环境与资源保护法的迅速发展。

环境问题的第三个阶段为全球环境问题时期(20世纪80年代至今)。

尽管人类共同采取措施保护环境,但由于环境问题演变的惯性以及环境风险的不确定性等因素,导致人类在发展经济与环境保护的关系问题上把握不定。多数场合下,企业和各国经济与商务主管部门在可见的既得利益面前往往会侥幸地认为环境问题在现代科技面前会迎刃而解。再加上各国政治、经济利益以及复杂的国际关系等背景,使得国际环境条约和全球环境保护对策无法全面、实际地得到实施。

在世界经济一体化、全球化进程中,发达国家由于自然资源相对短缺和人力资源成本相对较高,加上国内不断严厉的环境与资源保护法律和标准等因素,它们一方面将发展的目标瞄准技术含量和附加值高的产业,另一方面以向发展中国家投资等方式将传统生产型企业以及废弃物等输出到发展中国家并从中获利。而发展中国家则与此相反,它们既面临着引进资金和技术的困难,又面临因引进淘汰的落后工艺设备带来的国内环境污染和资源破坏的双重压力。

在这种背景下,环境问题的演变呈现出两种景象:一是过去几个世纪发达国家在发展过程中对环境的破坏性影响仍然存在,尚未消除;二是发展中国家大量开发和利用自然资源导致污染物排放量的增大以及生态破坏。其结果,尽管各国采取了相应的对策措施,局部环境问题得以缓解,但由于污染物的长期积累和生态系统的逐渐破坏,导致环境问题正向全球化的方向演变,突出表现在全球气候变化、臭氧层破坏、生物多样性破坏、海洋污染、危险废物越境转移、人类共同遗产与国际公域破坏等方面。

全球环境问题的最大特征在于环境问题的累积性、渐进性,它使得人们无法将其形成和演变的责任归咎于特定的国家(地区)或者从事环境与资源开发利用活动的主体。在这个意义上,不同时期人类社会的发展对全球环境问题的形成或多或少都有"贡献",因此环境保护是全人类共同的责任和义务。

(二) 环境问题的成因

从自然科学层面考察,环境问题产生的根本原因是人地关系恶化。而从人类社会的制度构建层面考察,政治和经济学家则普遍认为,当决定使用环境资源的决策人物忽视或低估环境破坏给社会造成的代价时就会出现环境问题。综上,环境问题的成因主要可以归结为如下几个方面:

1. 市场失灵

市场失灵是指市场不能正确估计和分配环境资源,从而导致商品和劳务的价格不能完全反映它们的环境成本。[①] 市场失灵的表现主要包括：

第一,环境的成本外部化。即产品消耗的环境成本由他人承担而他人并未通过市场得到补偿。由于很难区分和履行对环境(如大气)的所有权及其使用权,所以不存在环境(质量)的市场,产品的价格就不能体现污染物的有害影响,结果导致大量的污染。

第二,对生态系统估值不当。在环境的总体经济价值中,环境资源的直接使用价值最容易量化,它等于由资源提供的实际产品和劳务的价值。一种资源的某些用途(如热带雨林)能够出售,而其他用途(如它对流域的保护)却不能。因此导致资源存在的不能出售的那部分用途被忽视,从而导致资源被过度利用。

第三,产权界定不清。对资源的开放式管理会促使它们可为任何人开发利用(如对巴西亚马逊河流域热带雨林的开发等),而资源的环境效应并不能被使用者所认识,结果导致资源的破坏。在一国范围内因环境资产缺少产权而造成的环境退化,可能破坏相邻国的生态系统;一个国家在作出资源使用决策时,更容易忽视它对全球环境的影响。

2. 政策失误

政策失误是指政府在经济决策过程中未能充分考虑经济活动可能带来的不良环境影响,使得经济活动实施后产生环境污染或自然破坏结果的现象。

以中国为例,当经济高速发展策略占据政府经济政策的主导地位、经济指标被作为干部短期政绩考核的主要指标时,各级政府官员就会"以经济建设为中心"不顾一切地牺牲环境和资源以换取经济的发展。据世界银行统计,"七五"到"九五"计划时期,中国政府的投资决策失误率在30%左右。

在许多场合,政府看似合理的行动(例如低水价政策等)有时也在鼓励低效能和资源浪费,而这些低效能反过来又会引起环境的破坏。此外,地方对本地产品的保护措施、国际贸易中关税和非关税壁垒等也会导致政策干预失灵,并加剧已有的市场失灵和环境政策干预失灵。

3. 科学不确定性

科学不确定性是指依靠现有科学技术不能就某一行为可能造成的不良影响得出明确和确定结论的现象。如果某一行为对环境造成的不良影响还存在着科学不确定性因素的话,就会导致决策风险的提高,并影响到成本效益分析结果的可靠性,形成"决策于未知之中"[②]的情形。

科学不确定性因素会促使经济功利主义者忽视对环境利益的考虑,如果加上当前显著经济利益的驱使、结合对行为所致环境问题的风险没有充分证据的支持,更容易造成决策者为求当前的经济利益而忽视长远的环境利益,造成了许多不可恢复的自然资源破坏

---

① 参见经济合作与发展组织编:《贸易的环境影响》,丁德宇等译,中国环境科学出版社1996年版,第3页。
② 参见叶俊荣:《环境政策与法律》,台湾月旦出版公司1993年版,第87页。

和环境损害,并造成上一代人决策、下一代人承担不良后果的局面。

4. 国际贸易的影响

20世纪后期,贸易与环境问题的联系才开始受到国际社会的关注。在全球经济一体化进程中,环境管制越严,就会越妨碍自由贸易;而自由贸易越发达,环境污染和自然破坏就会越严重。

能够对环境产生不良影响的国际贸易活动主要表现在三个方面:第一,对环境有影响的商品交易,包括从发达国家或地区流向发展中国家或地区的有害废弃物交易活动,以及濒危野生动植物的国际贸易等。第二,能够引起环境问题的贸易,包括热带木材贸易、水产品类贸易等。第三,因国际投资带来的环境影响,这类贸易活动主要是发达国家利用发展中国家劳动力成本低、环境标准宽松而将污染企业或落后的生产技术、设备转移到发展中国家。

(三) 环境问题的对策

环境问题对人类社会发展的影响主要表现在四个方面:一是妨害人类正常生活并导致人类心理和感观上对环境与自然舒适性认识的降低;二是导致人类生命健康损害、财产损失和自然环境破坏;三是导致环境质量下降造成环境的生态服务功能退化以及历史和文化遗产价值的逸失;四是造成自然资源枯竭、生物多样性减少。

环境问题的演进虽然经历了几个世纪,但是真正以"环境问题"为对象而有针对性地提出解决方法的理论研究只是在20世纪中期以后才出现的。20世纪中叶在西方国家相继出现了反环境污染的理论。例如,针对资本主义的生产方式提出的资本积累和垄断资本是环境污染根源的资本理论;针对人口增多和工业经济增长以及资源有限提出的零速增长理论;针对自然资源的开发和破坏提出的返回原始状态的理论等等。

环境问题的多学科研究以及环境管理的实践,促进了人类对环境问题的更深层次的认识。20世纪70年代以后,随着环境科学在世界范围内的迅猛发展,环境保护的措施和方法也逐渐统一,各学科的环境保护思想也被有机地统一在一起:以经济手段来推进市场对环境价值的认识,并且以成本效益分析的方法来判断环境政策的效果;以行政手段来推行环境管理政策,控制环境污染和自然资源的开发利用;以法律手段来规范人类行为,确立公民的环境权益和企业的环境责任,保障环境保护的经济、行政措施得以有效实施;以科学技术的进步为基础,提高自然资源和能量的利用效率,减少污染物的产生。

到20世纪80年代以后,整合型的环境保护理念基本形成,这就是"可持续发展"思想和战略的出现。在1992年联合国里约环境与发展大会上,"可持续发展"已经成为环境保护领域的国家行动以及国际合作的关键词。

上述应对环境问题的思想和方法,为当代环境与资源保护法的产生和发展奠定了理论和实践的基础。

第二节　环境与资源保护法的产生和发展

一、外国环境与资源保护法的产生和发展

总体考察各国环境与资源保护立法的历史沿革，可以将其分为城市环境污染控制立法时期、生活环境与自然保护立法并重时期以及整合型环境与资源保护立法时期三个阶段。

（一）城市环境污染控制立法时期(18世纪中叶至20世纪初叶)

外国环境与资源保护立法的历史，最早可以溯及中世纪以前的欧洲。在中古时期的11世纪，西欧兴起了城市，环境卫生和空气污染问题便开始产生。现在欧洲有据可查的最早的环境法律是英国国王爱德华一世在1306年颁布的禁止在伦敦使用露天燃煤炉具的条例。据资料记载，在14世纪的伦敦，曾有一名男子由于燃烧煤烟而被绞死；在公元14世纪，法国的查尔斯六世(Charles Ⅵ)禁止在巴黎"散发臭味和令人厌恶的烟气"。[1]

18世纪中叶开始，铁路建设、道路建设以及对煤和水力等能源的开发促进了欧洲工业的全面发展，牧场以及森林在欧洲各地遭到了极大的破坏。19世纪以后，城市化的进程使生活环境卫生成为当时环境保护立法的主要控制对象。1810年10月，法国《民法典》开始在法国、比利时和荷兰等国适用，其相邻关系条款被适用于消除工厂或车间散发的不卫生和危险的臭气妨害案件。另外，英格兰、卢森堡、意大利等国也各自制定了防止工业空气污染的法律。"妨害"和"相邻关系"的概念还被运用到欧洲各国处理越界污染的案件之中。除了污染控制立法之外，各国国内和国际有关环境与资源保护立法的目的主要是保护经济性自然资源，如森林、渔业资源等。1930年，罗马尼亚通过了世界上首部保护自然遗迹的法律，并且设立了36个自然保留地。

在美国，1785年以后国会制定了一系列关于土地勘探开发的法律，准许开发西部土地并予以出售。19世纪初叶，美国《宪法》确立了联邦资源管理制度和卫生安全保护措施的框架。为了快速地处理土地纠纷，还制定了矿业、木材、沙漠土地等联邦法律。从19世纪90年代开始，美国进入都市化和工业化社会，日益增多的废气、污水、噪声和垃圾引发了美化城市运动，城市改良者开始意识到制定地方法律以控制地方的污染问题。从此，美国的环境与资源保护立法开始分化为自然资源和污染防治两大部分。

日本在1874年建立了自然公园制度，1898年制定了《森林法》。到19世纪末，在强力发展工业的政策指导下，日本国内对资源和能源的需求量急骤增加。1888年，大阪市因纺织厂煤烟污染发生了市民防止煤烟运动，因此大阪府制定了《煤烟管理令》。1912年日本制定了《工场法》对煤烟的规制作出规定。进入20世纪后，日本于1919年制定了《狩猎法》以禁止和限制捕获野生鸟兽；于1920年制定《都市计划法》规定了"风致地区保全

---

[1] See A. Kiss, D. Shelton, *Manual of European Environmental Law*, Cambridge University Press, 1994, p.9.

制度";于1932年制定了《国立公园法》。

(二) 生活环境与自然保护立法并重时期(20世纪初叶至20世纪60年代)

从20世纪初叶开始直至20世纪中叶,由于工业化和都市化进程,环境污染逐渐加重;因城市人口不断增多,污染损害也大面积展开。在这种背景下,仅靠传统私法的事后救济已无济于事,各国人民通过各种反污染斗争,要求政府采取积极的对策。为此,以控制环境污染为中心的环境与资源保护立法开始在发达国家制定。随着国际环境问题的出现,国际环境立法也逐步受到重视。

在欧洲,20世纪60年代的环境与资源保护立法主要是采取行政控制的方法对污染物排放进行管理。但之后,环境立法的目的开始发展转变:与其在出现损害后对原因物质作出反应,不如采取事先预防环境损害的措施,并且开始提倡环境影响评价、公众参与环境政策以及监督环境状况。另一方面,也开始谋求在体制上和国际上的立法中保护一个安全和卫生的环境的权利。[1]

在20世纪20年代田纳西州水资源开发过程中,对防治洪水和土壤保护等问题的讨论掀起了美国第二次环境保护浪潮。在罗斯福"新政"运动时期,厉行节俭的政策促使美国联邦将经济学中的成本效益分析方法运用到立法之中,并于1936年制定了《公共汽车尾气控制法》。后来,这种方法还广泛地应用到联邦水资源利用项目。[2] 据统计,从1948年到1972年,美国在持续生产、空气污染和水污染控制、机动车管理、固体废弃物处理、空气和水质量管理、公民权利、野生生物、土地和水保持基金、野外优美景观、河流、国家标志、历史遗迹保护等许多方面都制定了详尽的法律。1969年,美国国会通过了《国家环境政策法》,规定任何联邦活动及其方案都必须进行环境影响评价。

日本在第二次世界大战以后曾一味追求经济高速增长,给环境带来了严重的破坏,因公害造成的人体健康损害和财产损失短期内大幅上升。1959年日本制定了《水质综合保护法》和《工场排水法》,1962年制定了《煤烟控制法》。举世闻名的"四大公害事件"[3]促使日本于1967年制定了《公害对策基本法》,开始走上综合且有计划地防治公害的道路。

(三) 整合型环境与资源保护立法时期(20世纪70年代以后)

进入20世纪70年代,无论是发达国家还是发展中国家,环境与资源保护立法都成为国家立法的一个重要领域。由于国际环境法的发展以及环境问题的"全球性",国内环境与资源保护立法和国际环境立法在目标上达成一致,全球一体化的环境与资源保护立法也开始形成。

1. 发达国家环境与资源保护立法的全方位展开

20世纪70年代以来,西方发达国家国内环境与资源保护立法除了呈爆发式发展以外,在立法目的上也具有一定的阶段性特征:从20世纪70年代至80年代,注重完善控制

---

[1] See A. Kiss, D. Shelton, *Manual of European Environmental Law*, Cambridge University Press,1994, p.10.
[2] See Campbell-Mohn, Breen, Futrell, *Sustainable Environmental Law*, West Publishing Co.,1993, p.32.
[3] 日本经济高速发展的20世纪五六十年代,因公害造成不特定多数居民受害的熊本水俣病、新泻水俣病、富山痛痛病及四日市哮喘病被称作四大公害事件。

区域污染的环境立法,同时将自然保护立法从自然资源开发利用立法中独立出来;修改传统刑法和民法,以适应保护环境的需要;从 20 世纪 80 年代至 90 年年代,从注重对污染的末端控制转变到对资源利用的全过程管理;完善处理国际环境问题的国际立法;注重国内环境与资源保护立法与国际环境立法的协调,强调越界污染损害的国家责任以及探索国际环境保护合作;20 世纪 90 年代以后,以国际环境法为统帅,将重点放在应对全球环境问题的立法上,在全球环境保护的理念下修改国内环境法;为实现可持续发展战略,各国还制定了有关促进循环经济和废物再利用的法律。

在欧洲,从 20 世纪 60 年代起直至 20 世纪 90 年代初,各国除主要制定了作为环境基本法的《环境保护法》或《联邦污染控制法》外,在有关水污染、大气污染、汽车尾气、放射性污染、废弃物再生利用、噪声、土地、渔业、林业、狩猎、海洋环境保护、自然保护、野生生物、海岸带保护、公共卫生、自然遗迹、化学废弃物、自然规划、有害健康和环境的产品、环境和安全情报、工作场所卫生和安全以及环境责任和环境犯罪等方面都制定了相应的法律。[①] 20 世纪 90 年代欧盟成立以后,欧洲主要国家还按照欧盟的指令在促进循环经济与确保废弃物合理处置、废旧机动车部件再利用等方面也制定了国内法律。例如,德国于 1994 年在原《废弃物清除法》和《回避废弃物与最终处理法》的基础上修改制定了《循环经济和废物处置法》,还于 1991 年制定了《包装废弃物政令》。

在美国,20 世纪 70 年代主要通过了《清洁空气法》、《职业安全卫生法》、《联邦水污染控制法》、《海岸带管理法》、《联邦杀虫剂、杀真菌剂和灭鼠剂法》、《海洋保护、研究和庇护法》、《濒危物种法》、《安全饮用水法》、《深水港法》、《林业和山地可更新资源规划法》、《资源保护和回收法》、《渔业保护和管理法》、《联邦土地政策和管理法》、《国家森林管理法》、《水土资源保持法》、《地面矿产控制和开垦法》、《国家能源法》等法律。20 世纪 80 年代,美国还制定了《综合环境反应、赔偿和责任法》。[②]

在日本,1970 年年底召开的第 64 届临时国会一次通过了新制定和修订的 14 部环境与资源保护法律,内容涉及公害基本对策、费用负担、海洋污染、水质污染、大气污染、农地污染、噪声控制、废物处理、公害犯罪、下水道、农药、自然公园、毒品及剧毒物品、道路交通等方面。这次国会也因此被称为"公害国会"。之后日本相继制定了《环境厅设置法》、《公害等调整委员会设置法》、《关于特定工场整备防止公害组织的法律》、《自然环境保全法》、《公害健康损害补偿法》、《恶臭防止法》等法律。1993 年,日本制定了新的《环境基本法》。进入 21 世纪以后,日本的环境与资源保护立法开始注重全过程环境保护和管理,朝向再生利用和物质循环管理的方向发展,分别制定了推进循环型社会形成、废弃物处理、促进再生资源利用、促进容器包装分类回收及其再商品化、特定家用电器再商品化、促进家畜排泄物适当化管理与利用、废弃物处理设施整备、促进有关产业废弃物处理特定设施整备以及机动车再资源化等法律。

---

① A. Kiss,D. Shelton, *Manual of European Environmental Law*, Cambridge University Press,1994, pp. xxx—xxxiii.
② Campbell-Mohn, Breen, Futrell, *Sustainable Environmental Law*, West Publishing Co. ,1993, p. 43.

20世纪80年代以后,发达国家环境与资源保护立法控制的范围业已扩大到工业、商业、金融和贸易等领域。另外,环境与资源保护法律已经将焦点放到了鼓励发展循环经济以预防环境污染和自然破坏。到20世纪90年代,发达国家环境与资源保护立法体系的整备基本完成,以环境基本法为首的环境与资源保护法律体系已经基本建立,环境与资源保护法的重点也开始转移到法律的实施上来。

2. 发展中国家和地区的环境与资源保护立法

20世纪70年代以后,鉴于国内环境问题日趋严重,同时受1972年人类环境会议的影响并在发达国家的援助下,大部分发展中国家也逐渐开始重视环境与资源保护立法。

在拉丁美洲国家,殖民时期结束后的第一步是采用以资源保护为本位的立法取代以资源利用为本位的立法。许多国家修改了土地、水以及矿业法,并且采用法典编纂的方式编撰资源法典,其总的原则是资源保护第一、资源利用第二。例如,1942年委内瑞拉制定了《森林、土壤与水法》,哥伦比亚制定了《国家可更新自然资源和环境保护法》。

在东亚一些国家和地区,环境与资源保护立法受日本的影响较大,各国和地区纷纷以日本公害立法为模式开展环境与资源保护立法。例如,韩国自1965年以来,分别在环境基本政策、环境污染损害纠纷处理、大气环境保全、噪声振动控制、水质环境保全、有害化学物质管理、海洋污染等领域制定了法律。

二、中国环境与资源保护法的产生和发展

以1949年新中国成立为界,可以将中国环境与资源保护法的历史发展分为两个阶段:一是新中国成立以前的环境与资源保护法;二是新中国成立以后的环境与资源保护法。

(一)新中国成立前的环境与资源保护法

新中国成立前的环境与资源保护法又可以分为两个历史阶段,一是中国古代的环境与资源保护思想及其影响下的封建社会相关立法;二是辛亥革命之后至新中国成立之前的环境与资源保护的相关立法。

中国古代的环境与资源保护思想可以追溯到公元前11世纪的西周时期。西周颁布的《伐崇令》规定:"毋坏屋,毋填井,毋伐树木,毋动六畜。有不如令者,死无赦。"这些命令本为军事纪律,但是它却包含了将资源作为财产予以保护的内容。据《全上古代秦汉三国六朝文》记载,夏代规定"春三月,山林不登斧斤,以成草木之长;夏三月,川泽不入网罟,以成鱼鳖之长"。这一规定体现了维持自然资源持续开发利用的思想。

经过一千年的发展,至秦汉之前中国的环境与资源保护思想已逐步完善。在秦代《秦律十八种》的《田律》中规定的生物资源保护措施,就体现了先秦时期处于萌芽状态的生态学"以时禁发"的思想。[①] 西汉时期,淮南王刘安邀集门人编撰了《淮南子》,其中《主术

---

① 参见袁清林编著:《中国环境保护史话》,中国环境科学出版社1990年版,第170页。

训》(卷九)专门总结了先秦关于生产与保护、开发与抚育的基本思想。

此后,在《唐律》"杂律"一章中对主管人员失职导致资源破坏、土地荒芜以及堤防失修,或者侵占田间街道种植作物、随意向环境排放污物、毁坏树木庄稼等行为也规定了详细的处罚条文。之后,各个朝代的律令均沿用了《唐律》的规定。

从文献记载的中国早期环境与资源保护规范看,它们的主要目的是为了保障统治者对自然资源的持续利用,以维护封建社会的统治秩序。这时的自然资源只是作为财产的一种形式予以保护的。在自然哲学相对发达的古代中国,"持续利用"和"节约使用"自然资源可以说是早期环境与资源保护立法的基本理念,这与我国古代思想家的自然哲学观对统治者思想的影响有关。

新中国成立之前,我国的农业经济占主要地位,沿海一带现代工业有所发展。环境与资源保护的相关立法主要有《渔业法》(1929年)、《森林法》(1932年)、《土地法》(1930年)、《狩猎法》(1932年)和《水利法》(1942年)等。另外,在中国共产党领导的革命根据地,也制定过一些类似的规定,如《闽西苏区山法令》(1930年)、《晋察冀边区禁山办法》(1939年)、《晋察冀边区垦荒单行条例》(1938年)、《陕甘宁边区森林保护条例》(1941年)、《晋察冀兴修农田水利条例》(1943年)、《东北解放区森林保护暂行条例》(1949年)等。

(二) 新中国成立后的环境与资源保护法

1. 环境与资源保护法的产生时期

从20世纪50年代起至70年代末,是我国环境与资源保护法的产生时期。

20世纪50年代我国开始实行社会主义计划经济,兴建了一大批基础骨干工业企业。由于农业经济是当时我国国民经济的主要组成部分,因此这时局部发生的工业污染仅仅被看做是职业病防护的卫生问题。

我国1954年《宪法》确立了"矿藏、水流,由法律规定为国有的森林、荒地和其他资源,都属于全民所有"的自然资源国家所有制。这一时期,政府较为重视对作为农业命脉的自然环境要素的保护,并在水土保持、森林保护、矿产资源保护等方面制定了若干纲要和条例。

20世纪50年代末,我国开展了"大跃进"运动,由于盲目追求经济建设的高速度,在"大办钢铁""以粮为纲、全面发展"的口号下发动了狂热的"群众运动",给我国的自然资源和自然环境造成了第一次大规模的冲击和破坏。在防治工业污染方面,国务院各行政主管部门通过部门规章、标准和技术规范的形式,在工业企业设计卫生、工厂安全卫生、生活饮用水卫生以及放射性卫生防护等方面作出了规定。

20世纪60年代中叶开始的"文化大革命"导致我国发生了一场具有全局性长远影响的政治灾难,国民经济走向崩溃,许多过去依靠行政手段建立起来的规章制度也被否定。

20世纪70年代,在经历了一系列重大公害事件对经济和社会发展带来的严重冲击后,西方各国开始大量进行环境与资源保护立法,由此也形成了全球性的环境保护浪潮。国际上关于环境问题加剧和环保立法发展的讨论,引起了我国党和国家领导人的警觉。

1971年10月25日,第26届联合国大会以压倒性多数通过了恢复中华人民共和国在联合国组织中合法席位的决议。1972年6月5日,我国派团出席了联合国人类环境会议。由于这是我国在恢复联合国合法席位后参加的首次联合国大型会议,所以我国参加会议的主要目的是政治斗争。但是通过对大会散发的文件,特别是对《只有一个地球》(大会的非正式报告)等资料的阅读,使我国的与会者了解到了世界环境污染问题的严重性。同时,通过对照也发现我国的环境问题已经相当严重,除城市和江河污染的程度大体与西方国家持平外,自然生态的破坏程度却远比西方国家恶劣。[①] 因此,联合国人类环境会议不仅是世界环境保护运动的里程碑,而且也是我国环境保护事业的转折点。以此为契机,我国拉开了国家环境保护事业的序幕。

1973年,国务院召开了第一次全国环境保护会议,将环境保护提上了国家管理的议事日程。会后国务院批转了由原国家计划委员会制定的《关于保护和改善环境的若干规定(试行草案)》,首次确立了"全面规划,合理布局,综合利用,化害为利,依靠群众,大家动手,保护环境,造福人民"的环境保护32字方针;并就全面规划、工业合理布局、老城市环境改造、综合利用、除害兴利与对土壤、植物、江河、海域、森林、野生动植物的保护,以及环境监测、环境科学研究和宣传教育,环境保护投资和设备等方面都作出了规定。这个规定实际上是中央政府对国家环境保护政策的宣示,在当时的历史条件下起着国家环境保护基本法的作用。根据这个规定,国务院于1974年成立了环境保护领导小组,它标志着国家级的环境保护行政机构在我国诞生。

从1973—1978年,我国制定了一系列的国家环境保护政策和规划纲要,并且在实践中形成了一些环境污染防治的制度或措施,如"三同时"制度、限期治理制度等。在防治沿海海域污染、放射性防护等方面制定了一些行政法规和规章,还制定了以《工业三废排放试行标准》为首的有关污染物排放、生活饮用水和食品工业等方面的标准,使国家环境管理有了定量的指标。

我国1978年修改的《宪法》第11条专门规定:"国家保护环境和自然资源,防治污染和其他公害。"这一规定为我国制定专门的环境与资源保护法律奠定了宪法基础。1978年11月,中共中央十一届三中全会提出了应当制定包括环境保护法在内的多部国家重要法律的立法主张。同年年底,中共中央批转了国务院环境保护领导小组起草的包括制定《环境保护法》设想在内的《环境保护工作汇报要点》。

1979年9月,五届全国人大常委会第十一次会议原则通过了环境保护法草案,并以"试行"的形式颁布实施。《环境保护法(试行)》是新中国第一部关于保护环境和自然资

---

① 参见曲格平:《序》,载〔美〕沃德等著:《只有一个地球——对一个小小行星的关怀和维护》,《国外公害丛书》编委会校译,吉林人民出版社1997年版,第3页。

源、防治污染和其他公害的综合性法律,在中国社会主义法制建设刚刚起步的阶段,该法的制定和实施特别令人瞩目,标志着我国环境与资源保护法律体系开始建立。

2. 环境与资源保护法的发展时期

从1979年《环境保护法(试行)》的颁布实施到1989年《环境保护法》修改颁布之前,是我国环境与资源保护法的发展时期。

1982年,全国人大再次对《宪法》作出修改,修改后的第26条规定"国家保护和改善生活环境和生态环境,防治污染和其他公害"。此外,《宪法》第9条、第10条,第22条也对自然资源合理开发、利用和保护作出了规定。所有这些修改为全方位环境与资源保护立法提供了依据。

从1982—1989年,全国人大常委会分别制定了海洋环境保护、水污染防治、大气污染防治等环境保护的法律以及森林、草原、渔业、土地、水资源、野生动物保护等自然资源管理和保护的法律。此外,在一些重要的民事、行政和诉讼等基本法律与企业法律中也规定了环境与资源保护的内容。

国务院及其环境资源主管部门还以上述法律为依据分别制定了有关排污收费、建设项目环境保护管理、拆船污染防治、工业污染防治、核电站环境管理、污染事故报告处理、植树造林、农药管理、水产资源保护、水土保持、珍稀野生动植物保护、环境监测管理、环境保护标准管理、乡镇和街道企业环境保护管理、自然资源综合利用、对外开放地区环境管理、城市环境综合整治、自然保护等方面的行政法规或部门规章;各地也制定了相应的环境与资源保护地方性法规与规章。

除制定国内环境与资源保护立法外,我国还积极参加国际环境合作,加入或签署了一些重要的国际环境保护公约、协定或双边协定,如《濒危野生动植物国际贸易公约》、《保护世界文化和自然遗产公约》以及我国和日本两国签署的《保护候鸟及其栖息环境协议》等。

在完善环境与资源保护法的同时,我国还依法制定和颁布实施了包括大气、水质、噪声在内的有关环境质量标准、污染物排放标准、环保基础和方法标准等国家或地方环境标准。

至此,我国环境与资源保护法律体系初步形成。

然而,自《环境保护法(试行)》颁布实施以后,因各级政府热衷于抓经济发展,使得环境与资源保护法律的实施在各地一直处于"纸上谈兵"的状态。从"六五"至"七五"计划时期,中央政府制定的环境保护目标并没有实现,环境问题总体上呈"局部有所改善、总体还在恶化、前景令人担忧"之势。

3. 环境与资源保护法的改革完善时期

从1989年修改颁布《环境保护法》到1999年修改颁布《海洋环境保护法》,是我国环境与资源保护法的改革完善时期。

从1989年开始,我国社会主义经济体制开始由社会主义计划经济转向有计划的商品经济,进而全面转向社会主义市场经济。在这个时期,环境与资源保护立法也面临着既要制定新法律,同时又要修改已不适应新形势下环境与资源保护需要的原有法律的局面。

最先提上立法议程的是修改《环境保护法（试行）》。实际上，鉴于《宪法》在 1982 年已作了修改，早在 1983 年我国就开始对该法进行修改。然而由于当时国内经济立法出现了"拥挤"现象，加上改革开放初期部分高级官员对环境保护的认识存在分歧，所以对《环境保护法（试行）》的修改远不如该法制定之初那样顺利。其结果是在修改过程中"不能因环保阻碍经济发展"的观点占了上风，使得这次修法的初衷并没有实现，一些在国外环保法律实践中行之有效的法律制度被认为不符合国情而未予以采纳。1989 年 12 月，全国人大常委会通过了修改后的《环境保护法》。

到 20 世纪 90 年代我国已经加入了许多国际环境条约，为履行条约规定的国际环境义务，需要对我国的国内环境与资源保护法律进行修改和完善。为加强环境与资源保护法制建设，全国人大于 1993 年设立了环境保护委员会（后更名为"环境与资源保护委员会"），意在由国家立法机关全面统筹和合理安排环境与资源保护立法和执法监督工作。

此间，全国人大常委会在水土保持、固体废物污染防治、环境噪声污染防治等方面制定了新的法律并修改了《大气污染防治法》、《矿产资源法》、《森林法》、《水污染防治法》、《海洋环境保护法》、《土地管理法》等法律。值得注意的是，1997 年修改的《刑法》在第六章第六节专门规定了"破坏环境资源保护罪"。同时全国人大常委会还组织实施了多次环保执法大检查活动。国务院也在环境噪声污染防治、农药管理、城市市容和环境卫生管理、城市绿化、海洋污染防治以及自然保护区、野生植物保护等领域制定了行政法规。此外我国还加入了包括《京都议定书》、《国际油污防备、反应和合作公约》在内的重要国际环境条约。

由于这个时期各级政府高层领导主要关注经济发展政绩，导致综合部门宏观调控不力，在经济决策时对环保考虑不够，贯彻环境保护的基本国策还是流于一般号召。因此，环保指标还是没有全部实现，主要污染物排放量远远超过环境容量，一些深层次环境问题没有取得突破性进展，环保滞后于经济发展的局面也没有改变，环境污染和生态破坏在一些地区已成为危害人民健康、制约经济发展和社会稳定的重要因素。

4. 环境与资源保护法的强化时期

从 2000 年修改颁布《大气污染防治法》至今，是我国环境与资源保护法的强化时期。

1999 年 3 月，九届全国人大二次会议将"依法治国"的基本方略写入新通过的宪法修正案之中，这是我国法治进程中的重大事件。从 2000 年开始，我国开始加强并且不断规范环境与资源保护立法活动。

鉴于 1993 年北京申奥失败与大气污染有关，2000 年全国人大常委会再次对《大气污染防治法》进行了修改，确立了重点大气污染物排放许可制度和超标排污违法制度。

2003 年 10 月召开的中国共产党十六届三中全会提出了"科学发展观"，其基本内涵是"坚持以人为本，树立全面、协调、可持续的发展观，促进经济社会和人的全面发展"。2006 年全国人大通过的"十一五"规划首次改"计划"为"规划"，并首次将与环境保护和节约资源与能源有关的指标确立为约束性指标。在"十一五"规划中，还将经济发展的表述从"又快又好"调整为"又好又快"，将原来的"经济增长方式"改为"经济发展方式"，这都反映了我国经济发展理念的一大转变。2012年,胡锦涛同志在"十八大"报告中明确提出要大力推进生态文明建设,自觉地把全面协调可持续作为深入贯彻落实科学发展观的基本要求,全面落实经济建设、政治建设、文化建设、社会建设、生态文明建设五位一体总体布局,促进现代化建设各方面相协调",这是对科学发展内涵的进一步深化。

总的来说,这个时期环境与资源保护法取得了丰硕的成果,法律制度和法律责任规定也不断严格。全国人大常委会制定了《环境影响评价法》、《防沙治沙法》、《放射性污染防治法》、《海域管理使用法》、《可再生能源法》、《清洁生产促进法》、《畜牧法》、《城乡规划法》、《突发事件应对法》、《循环经济促进法》和《海岛保护法》;修改了《渔业法》、《水法》、《野生动物保护法》、《节约能源法》、《水污染防治法》和《水土保持法》;批准了《〈防止倾倒废物和其他物质污染海洋的公约〉1996年议定书》;通过了《关于积极应对气候变化的决议》;在《物权法》和《侵权责任法》中,也分别规定了与自然资源保护和环境污染侵害救济有关的内容;在《刑法修正案(八)》中,将重大环境污染事故罪修改为污染环境罪。此外,国务院还修改或制定了《排污费征收使用管理条例》、《危险化学品安全管理条例》、《全国污染源普查条例》和《规划环境影响评价条例》等行政法规。

2010年6月,国务院通过了《全国主体功能区规划》,在国家层面上将国土空间划分为优化开发、重点开发、限制开发和禁止开发四类区域,并明确了各自的范围、发展目标、发展方向和开发原则。

总体上看,这个时期"十一五"规划确立的节能减排指标基本完成,局部地区环境质量有所改善。但是,环境恶化的总体趋势尚未得到遏制,环境形势依然严峻,环保压力继续加大。

鉴于我国社会主义法律体系的不断完善、单项环境与资源保护法律制度的不断健全、环保机构改革的不断推进、公众环境意识的不断提高以及环境司法保障的不断增强,2011年年初全国人大常委会决定将《环境保护法》修改纳入立法工作计划之中。

总而言之,从1979年颁布实施第一部《环境保护法(试行)》至今,我国环境与资源保护立法已经历了三十多年的时间。在这三十多年里,我国陆续颁布实施了近三十部环境、资源、能源、清洁生产与循环经济促进等方面的法律。此外,还有十多部国家重要的基本法律也规定了和环境与资源保护相关的内容。这些法律的实施对控制环境污染和自然破坏、合理开发利用资源与能源都起到了积极的作用。

第三节 环境与资源保护法学的研究对象和方法

一、环境与资源保护法学是新兴法学学科

法学新学科的兴起是伴随一定领域法律部门的不断完善且调整对象的逐渐特定化而形成的。环境与资源保护法学的发展源于20世纪60年代,它是人类在运用传统法手段和方法仍不能遏制环境问题从而大量制定环境与资源保护法的背景下,将有关环境与资

源保护的法律制度进行综合研究，逐渐从传统部门法学分离出来的一门新兴法学学科。

20世纪60年代以来至今，各国最活跃的立法活动当属环境与资源保护立法。由于环境与资源保护问题涉及传统法律部门和社会关系的各个领域，因此各国法学工作者开始关注环境与资源保护法的研究，高等法学院校也开设了相关课程，从传统法原理出发研究人类环境利用行为的调整、环境问题的行政规制和环境被害救济的法律对策和措施。

我国的环境与资源保护法学创始于20世纪70年代末，它与中国环境保护事业的开展和环境与资源保护立法的发展密切相关。1978年中共中央决定起草我国第一部环境保护法草案，北京大学法律学系、中国社会科学院法学研究所的部分法学研究人员参与了起草工作，以此为契机拉开了我国环境与资源保护法学教学研究的序幕。

伴随我国环境保护立法的不断完善和法学界对环境法学教学研究的不断重视，从1984年开始环境法学课程纳入教育部颁发的综合大学法学院校法律专业的教学计划。1997年在对我国法学学科进行重新分类和调整的基础上，教育部将环境法学和自然资源法学两个法学新兴学科合并整合为"环境与资源保护法学"作为法学二级学科。2007年教育部高校法学学科教学指导委员会决定将《环境与资源保护法学》新增为法学核心课程。

尽管环境与资源保护法学属于法学的分支学科，但由于它需要围绕"人类—环境—社会"关系展开研究，因此环境与资源保护法学也属于具有多元性学科特点的环境科学学科的范畴。与环境科学相比，它同传统法学学科的联系则更为紧密，所以说它主要是一门法学学科。

我国环境与资源保护法学体系通常分为总论和分论。总论包括环境与资源保护法的一般理论、适用于各类污染防治和资源保护的共通性问题，如环境与资源保护法的概念、历史沿革、立法目的、基本原则和基本制度等；分论主要包括污染防治法、自然保护与资源保护法、国际环境法等。

二、环境与资源保护法学的学习和研究

学习环境与资源保护法学应当注意以下两点：

第一，环境与资源保护法学是一门在理论上具有综合性和探索性的课程。学习本课程，既要具备充实的法学基本理论知识，又要具备一定的自然科学知识。通过对本课程的学习，应当全面掌握环境与资源保护法的基本内容、环境与资源保护法学体系的基本内容，从而为继续学习和深入研究各单项环境与资源保护法律奠定坚实的基础。

第二，环境与资源保护法学是一门应用性很强的课程。随着环境问题的不断加剧和对人类行为的不断反思，传统的思维方式和经济发展模式正在悄然地发生改变。因此，环境与资源保护法学可以直接服务于我国可持续发展战略的实施，并对我国环境与资源保护方针政策的制定与实施，对我国参与国际环境合作以及对有关环境纠纷的处理等具有直接的运用价值。因此，在学习环境与资源保护法学过程中，应当注意培养将所学知识运用于实践的能力；同时，通过实践还能进一步加深对所学知识的理解。

目前，国内教科书关于环境与资源保护法学研究方法的论述较多，虽然论述各有不同,但它们不外乎包括分析的、综合的、历史的、哲学的、比较的、社会学的方法等等,需要根据不同的研究目的而单独或者综合运用。由于环境与资源保护法学是介于法学和环境科学之间的交叉学科,因此对环境与资源保护法的学习和研究必须注意学会运用生态学、环境经济学、环境伦理学的理论与方法。

本章小结:

环境一般指影响人类生存和发展的各种天然的和经过人工改造的自然因素的总体。各国环境与资源保护立法给环境下定义的方法包括三类,即采用概括的方法对环境的内涵进行描述、采用列举的方法对环境的外延进行描述或者采用概括加列举式的方法对环境的内涵和外延都作出规定。

环境、自然资源与生态系统在性质上属于自然存在的、不以人类意志为转移而存在的有机和无机物质的统一体。因环境、自然资源和生态系统的概念、划分依据和价值取向上的不同,环境保护、自然资源保护和生态保护的目的和性质也是不同的。这种不同也决定了单项环境与资源保护立法的不同价值取向。

环境问题有第一环境问题(原生)和第二环境问题(次生)之分。环境问题的发展经历了地域环境问题时期和国际环境问题时期,目前处于全球环境问题时期。环境法所要规制的环境问题是指人为原因导致的第二环境问题。环境问题的原因很多,从制度和决策层面分析,主要可以归咎于市场失灵、政策失误、科学不确定性以及国际贸易的影响等方面。因此,环境问题的解决是多方面的,应当综合运用科技、教育、社会、经济、政治、法律等方法和手段。

现代环境法产生于工业发达国家,大体经历了产生阶段、发展阶段和完备阶段三个发展阶段。以1949年新中国成立为界,可以将中国环境与资源保护法的历史分为两个阶段:一是新中国成立以前的环境与资源保护法,二是新中国成立以后的环境与资源保护法;后者又可以分为产生阶段、发展阶段、改革完善阶段与强化阶段。

环境与资源保护法学是法学的新兴学科,它以环境与资源保护法的理论与实践及其发展规律为研究对象。环境与资源保护法学具有明显的自然科学和社会科学交叉渗透的特点,所以也是法学与环境科学的交叉、边缘学科。环境与资源保护法学既是一门研究法规范的学问,又是一门法学方法论的学问。环境与资源保护法学研究除了要运用传统法学的理论和方法外,还应当注重对环境科学相关理论和方法的运用。

思考题:

1. 环境、自然资源和生态系统的概念有什么异同?
2. 环境与资源保护立法定义"环境"的方式有哪些?
3. 什么是环境问题?环境问题的成因有哪些?
4. 外国环境与资源保护法的发展经历了哪几个阶段?各阶段有哪些特征?
5. 我国环境与资源保护法的发展经历了哪几个阶段?各阶段有哪些特征?

第二章 环境与资源保护法的基本理论

学习目标:通过本章学习,理解环境与资源保护法的概念、特征与目的及其与其他法律部门的关系,了解环境与资源保护法律体系的主要内容,了解环境与资源保护法律关系的概念与特征,理解环境与资源保护法律关系的主体、客体及其权利义务;为学习和掌握环境与资源保护法的具体内容奠定理论基础。

第一节 环境与资源保护法的概念

一、环境与资源保护法的定义和特征

(一)环境与资源保护法的定义

环境与资源保护法是指以保护和改善环境、预防和治理人为环境侵害为目的,调整人类环境与资源利用关系(也称环境利用关系)的法律规范的总称。

这一定义包含如下内涵:

第一,环境与资源保护法的调整对象是人类在从事环境利用行为中形成的环境利用关系。本书所谓的环境利用行为,是指人类为满足生存和发展需要有意识地获取环境要素或者从环境要素中谋取利益的活动。

第二,环境与资源保护法的目的是保护和改善人类赖以生存的环境与资源,预防和治理人为环境破坏。

第三,环境与资源保护法的范畴既包含直接确立合理开发利用和保护环境与资源行为准则的法律规范,也包括其他部门法中有关环境与资源保护的法律规范。

此外,环境与资源保护法所要控制的是可事前预见的人为原因导致的环境污染或生态破坏。而以预防事前不可预见、不能克服和不能避免的自然灾害为目的的法律规范,理论上都不属于环境与资源保护法的范畴。

与环境与资源保护法相关的概念主要有环境法、环境保护法等。在中国法学研究领域,环境与资源保护法同环境法或者环境保护法的内涵与外延基本一致。

(二)环境与资源保护法的特征

环境与资源保护法的特征是它不同于其他法律部门的内在本质的表现形式,我国环境与资源保护法的特征可以归纳为社会性、政策性、科学技术性与综合性四个方面。

1. 社会性

环境与资源保护法的社会性(也称公益性)是环境与资源保护法区别于其他法律部门的最主要特征。环境与资源保护法的社会性特征是由两个因素决定的:一是环境要素

具有公共产品属性。大多数环境要素要么属于公共所有,例如水、森林、海洋、野生生物;要么不属于任何人所有,例如大气、阳光。二是破坏与维护环境的受害或者获益群体具有广泛性。环境污染也被称为"公害",意即公众受害;反之,环境保护的受益群体也是公众,不仅包括当代人,而且包括后代人。

当然,环境与资源保护法的社会性特征并不能成为否认其阶级性和民族性的理由。例如,在当前国际应对气候变化谈判、跨界水道的开发利用等问题方面并不存在超国家的利益,每个国家所代表的本国与本民族的利益都是十分明显的,有时甚至针锋相对。

2. 政策性

环境与资源保护法的政策性根源于国家和政府对环境公共产品和环境公共利益的自觉保护,主要体现在三个方面。

第一,政策的法律化与法律的政策化。政策的法律化是指环境与资源保护法往往是政策先行的结果,当环境政策长期实行变成稳定的制度时,再经过国家的立法程序上升为法律。法律的政策化是指环境与资源保护法的内容有明显的政策性色彩,其实施通常主要通过政府制定政策加以落实。受此影响,美国1969年制定的环境与资源保护的综合性立法直接被命名为《国家环境政策法》。

第二,环境与资源保护法需要根据环境质量的变化频繁修改。调整社会基本关系的传统法律部门虽然也会随着时代的变迁进行修正,但总体上其稳定程度较高,如《法国民法典》、《德国民法典》等可以上百年不变。但是,环境质量的变化远比社会基本关系的变化快得多,人类治理环境的手段和措施特别是技术也日新月异,因而环境政策必须根据环境质量的变化适时调整,环境与资源保护法也因此需要不断修改。

第三,环境与资源保护法的执行受国家宏观经济形势和经济政策的影响。在经济发展与经济政策稳定时,环境与资源保护执法就比较严格;相反,在社会面对诸如金融危机等复杂的经济情势时,环境与资源保护执法就比较宽松。

3. 科学技术性

环境与资源保护法的科学技术性是由科学技术在环境保护中的重要地位决定的,主要体现在三个方面。

第一,环境与资源保护法的制定必须遵循生态平衡等自然规律。各国进行专门环境立法的一个重要原因是为了控制人为原因导致的环境问题,即以法律手段将人类向环境排放的污染物数量控制在环境容量以内,以保护生态平衡。

第二,环境与资源保护法的内容以环境科学、生态科学为基础。无论是大气、水、海洋还是其他环境要素污染防治法,均以自然科学为基础,没有科学技术基础,环境与资源保护法如同没有手足。

第三,环境与资源保护法的实施必须依靠环境标准、环境监测等科技手段。环境质量标准是判断环境质量好坏的标准,污染物排放标准是判断排污者是否行政违法的标准,环境监测被称为环境保护的耳目。离开环境标准和环境监测这些科技手段,环境与资源保护法就难以实施。

4. 综合性

环境与资源保护法的综合性是指环境与资源保护法所采用的保护手段具有多样性,主要体现在三个方面。

第一,环境与资源保护法是公法与私法的融合。环境与资源保护法对环境的保护既利用私法性的民事手段,也采用公法性的行政与刑罚手段。

第二,环境与资源保护法是程序法与实体法的融合。环境与资源保护法主要是关于环境与资源保护法主体权利与义务的实体性规范。但由于环境问题的特殊性,对环境纠纷的处理也需要特殊的处理程序。因此,环境与资源保护法通常也包括有关环境纠纷处理的特殊程序法。

第三,环境与资源保护法是国内法与国际法的融合。局限于一国主权范围内的环境问题由一国的国内法解决,但是由于环境的整体性和流动性,环境问题可能由局部问题发展成为区域性问题甚至全球问题,因而在主要依靠国内法解决的同时,也需要国际合作,通过国际环境法解决全球性和区域性环境问题。

二、环境与资源保护法的目的

环境与资源保护法的目的,是立法者拟实现的环境与资源保护的理想和目标,是确立环境与资源保护法基本原则和基本制度的依据。理论上,可以把环境与资源保护法的目的分为两种:一是基础的直接的目的,二是最终的目的。

各国环境与资源保护法的直接目的基本一致,即协调人与环境的关系,保护和改善环境;但是在最终目的上出现了分歧,产生了目的一元论和目的二元论。[①] 目的一元论,是指环境与资源保护法的最终目的是唯一的,即为了"保护人类健康"或者"环境优先论";目的二元论是指环境与资源保护法的最终目的不仅在于保护人体健康,而且还要促进经济的可持续发展。

20世纪90年代之后,随着"可持续发展"的理念逐渐被国际社会所接受,各国环境与资源保护法的最终目的逐渐演变为"可持续发展"。

我国1989年制定的《环境保护法》第1条规定:"为保护和改善生活环境与生态环境,防治污染和其他公害,保障人体健康,促进社会主义现代化建设的发展,制定本法。"《环境保护法》之所以作出这样的规定,是基于当时的发展阶段和国情。第一,生存与发展仍然是首要需求。中国是发展中国家,仍然有数量庞大的贫困人口。因而,经济发展仍然是社会进步的主导因素。第二,只有经济发展才能为环境问题的解决提供资金。环境与经济是一个问题的两个方面,环境问题一方面是经济发展导致的,另一方面也需要经济发展提供充分的资金。如果片面追求环境的品质,而不顾经济的发展,也有可能最终影响到环境的保护和改善。

经过二十多年的发展,随着中国经济的变化和人们生活质量的改善,特别是"可持续

---

① Joseph L. Sax, Defending the Environment: A Strategy for Citizen Action. Copyright 1970 by Joseph L. Sax.

发展"理念被我国政府接受以后,我国环境与资源保护法的立法目的也随之发生调整和改变。自1998年修改的《土地管理法》确立了"促进社会经济的可持续发展"的最终立法目的以来,后续制定或修订的环境与资源保护法律中,均明确地将"可持续发展"作为最终立法目的。

三、环境与资源保护法与其他法律部门的关系

目前,在全国人大宣布的中国特色社会主义法律体系中,环境与资源保护法不是独立的法律部门。环境与资源保护法中的环境污染防治立法被归到行政法部门,而自然资源立法则被归到了经济法部门。这种对污染防治立法和自然资源立法的法律部门归属的处理虽然有一定的合理之处,但是它把环境与资源保护法的两个有机组成部分人为地割裂开来,否定了环境与资源保护法的独立部门法地位,从根本上来看不利于我国环境保护事业发展和生态文明建设。

本书认为,环境与资源保护法理应作为我国社会主义法律体系的独立组成部分。其根本原因在于环境与资源保护法有其特殊的产生背景与特定的调整对象。

从环境与资源保护法的产生看,它是在利用传统法律部门无法对环境实施有效保护的背景下产生的。传统法律部门的手段和方法在救济环境与资源侵害方面存在如下局限性:第一,传统法律部门的救济基本上都属于事后救济,这与公众要求对环境污染实施预防和避免损害的预期有较大差距。第二,传统法律部门对环境问题的救济通常属于个案救济,这与环境污染或生态破坏的大规模、连续性、潜伏性损害对公共环境利益的影响不相符。第三,传统法律部门对环境问题的救济属于分散救济,这与环境要素之间的相互关联性、生态系统的整体性不符。在传统法律部门对环境问题无能为力的情况下,环境与资源保护法作为对环境问题进行事前预防、事中控制、整体解决的法律部门应运而生。

在我国,划分法律部门的主要标准是法的调整对象。环境与资源保护法将人类生存环境作为保护对象、将人们在利用环境过程中产生的社会关系作为其调整的特定社会关系。这种因环境利用产生的社会关系在主体地位、权利义务内容和客体指向等方面一般具有交叉、牵连和复合型的特征,很难简单地用某种传统法律部门所调整的社会关系来概括和表述。

如果不承认环境与资源保护法所调整的社会关系具有特殊性这一点,将环境与资源保护相关法律、法规、规章分别划入民法、经济法或行政法之中,不仅会出现这些法律部门不可能对环境问题予以专门、全方位的关注,还会因这些法律部门调整的社会关系分散、不一而导致环境与资源保护法律的目的不能实现,此外还会出现许多环境与资源保护的法律、法规、规章难以纳入某一法律部门之中的现象。

环境与资源保护法是较晚形成的法律部门,而且由于它使用综合性的法律手段解决环境问题,所以与其他法律部门存在千丝万缕的联系。

(一) 环境与资源保护法与民法

环境与资源保护法和民法的联系主要表现在三个方面:

第一,在专门的环境污染防治法出现之前,环境污染问题主要依靠民事侵权救济机制加以解决。即使在当前,民事救济机制对于污染受害人的救济、环境损害的赔偿依然具有特别重要的意义。为此,我国《侵权责任法》设专章对环境污染侵权责任进行了明确规定。

第二,民法中有关民事权利的规定如人身权、财产权是环境污染受害人寻求救济的权利依据。在环境权作为独立的民事权利获得法律承认之前,环境污染受害人主要还是依据民法所规定的人身权和财产权对遭受的环境污染损害寻求司法救济。

第三,民法物权制度、相邻权制度对自然环境要素的保护、公众环境权益的维护也起到了一定的作用。

环境与资源保护法和民法的区别十分明显,主要表现在三个方面:

第一,公私法属性不同。民法对环境的保护属于私法的保护,环境与资源保护法则更多地运用公法的手段对环境加以保护。在公私法分野比较明确的国家,一般将环境与资源保护法归为公法,而将民法归为私法。在承认第三法领域——社会法的国家,将环境与资源保护法归为社会法。但不论哪一个国家,一般都不将环境与资源保护法归为私法。

第二,民法对环境的保护属于事后救济;环境与资源保护法对环境的保护包括事前、事中和事后三个阶段,并且更侧重于事前预防,因此民法的救济相对比较被动,环境与资源保护法则趋向于主动。

第三,民法对环境受害者的救济是个案救济,侧重于对个人利益或者私益的维护;环境与资源保护法对污染的预防和治理则更倾向于对环境整体的保护,侧重于对环境公共利益的维护。

(二) 环境与资源保护法与经济法

环境与资源保护法和经济法都是公私交融的法律部门,二者在政府主导性、政策性、综合性等方面具有相同的特质。自然资源既是环境要素也是经济要素,再加上环境问题本身是经济发展过程或者企业在创造社会价值时的副产品以及产业政策、财税、价格、金融等经济法的宏观制度在环境与资源保护法中的运用,使得环境与资源保护法与经济法之间的关系更加密切。这也是我国长期以来将环境与资源保护法置于经济法学科体系之下的主要原因之一。

但是20世纪末期以来,随着环境问题的突出,国家有关环境污染防治和资源保护的立法逐渐形成一个庞大的体系。环境与资源保护法在立法目的(保护环境与人体健康)、价值追求(可持续发展)、内容体系(污染防治与自然保护)上与经济法也存在明显差异,再将环境与资源保护法置于经济法中不仅无助于彼此的成长,还会影响经济法体系的科学性。因此,环境与资源保护法应逐渐从经济法中分化出来成为一个独立的法律部门。

(三) 环境与资源保护法与宪法、行政法

宪法是国家的根本大法,是其他法律制定的依据,任何法律都不得与宪法相违背。因此,宪法是环境与资源保护法制定的根据,环境与资源保护法不得与宪法相违背。我国《宪法》第9条、第10条、第26条的规定即是环境与资源保护法制定的依据。近些年来,随着环境意识和权利观念的深入人心,有关环境权入宪的呼声越来越高,而宪法最终是否能够从公民权利的角度对环境权加以规定,还取决于国家如何在经济发展与环境保护之间进行适当的利益平衡。

行政法是国家干预之法或者行政权力运用之法。现代国家的重要特征就是广泛运用行政之手干预社会生活的方方面面,以纠正"市场失灵"。环境与资源保护法就是政府干预手段在环境保护领域的体现并且法制化的结果。因此,环境与资源保护法在许多国家被视为行政法的组成部分。即使在我国,全国人大在中国特色社会主义法律体系的部门法划分中也将环境与资源保护法最核心的部分"污染防治法律"作为了行政法部门的组成部分。这说明环境与资源保护法与行政法之间的关系甚为密切,这种密切关系也决定了环境与资源保护法具有政府主导性、政策性等特征。

但是,环境与资源保护法与行政法还是存在较大差异。第一,立法目的不同。环境与资源保护法以保护环境和人体健康、促进经济社会的可持续发展为立法宗旨;行政法则以规范行政行为、控制行政权的滥用为宗旨。第二,运用的手段不同。行政手段只是环境与资源保护法所使用的一种手段,而不是全部,环境与资源保护法还运用经济、科技、法律等多种手段保护环境;反过来,环境保护只是政府干预的一个方面,而不是政府干预的全部。第三,专业性不同。环境问题既是国内的社会问题,也是全球性问题,有关环境保护的国际立法和国内立法已成为一个庞大的专业领域,甚至与外交、军事、国家安全、国际政治等密切相关,远远超出了行政法的范畴。

(四) 环境与资源保护法与刑法

用刑罚手段保护环境是现代各国的共同做法。这是因为,如果没有刑事处罚这种最严厉的手段,就不足以达到威慑严重的环境污染或生态破坏行为、更好地保护环境的目的。为此,我国《刑法》专门规定了破坏环境资源保护罪,环境刑法正在成为刑法体系的重要组成部分。

但是应当认识到,用刑罚保护环境,只是解决环境问题的一种手段,环境问题主要还应当通过教育手段、技术手段、经济手段、行政手段以及民事手段等加以解决。

(五) 环境与资源保护法与国际法

环境与资源保护法与国际法的结合点是国际环境法。在环境问题区域化、国际化之后,国际社会有关环境保护的公约、条约和议定书大量出现,这些公约、条约和议定书既是国内法的重要渊源也是国际法的重要渊源。因此,国际环境法一方面是国际法的研究对象,另一方面又是环境与资源保护法研究的对象。

事实上,因为国际环境法中的权利义务主体主要是国家和政府间组织,非国家参与者在国际环境法中尚不具有明确的法律地位,而且因环境问题引发的国际争端的解决与责任承担机制主要依据的是国际法的原则与规则,与国内法有较大差距,因而国际环境法主要还是属于国际法的范畴。但是,由于国际环境法和环境与资源保护法在解决环境问题的手段与措施上的相似性,以及国际环境法要通过国内环境与资源保护法予以实施,也决定了二者的密切关系。不过,在环境与资源保护法学研究中,通常将国际环境法视为一个相对独立的领域。

第二节 环境与资源保护法律体系

一、环境与资源保护法律体系的概念

一般而言,环境与资源保护法律体系包括环境与资源保护法的渊源体系和立法体系。

环境与资源保护法的渊源体系是指由环境与资源保护法的外在表现形式所组成的有机整体。在我国,环境与资源保护法的渊源包括国内法渊源与国际法渊源。

环境与资源保护法的国内法渊源包括宪法中的环境与资源保护法律规范、环境与资源保护专门法律、其他法律中有关环境与资源保护的条款、环境与资源保护行政法规、环境与资源保护部门规章、环境与资源保护地方性法规与规章、有关环境与资源保护的司法解释等。

环境与资源保护法的国际法渊源主要指中国缔结或参加的国际环境公约、条约、协定和议定书。

环境与资源保护法的立法体系是指有立法权的机关按照立法权限和程序制定的环境与资源保护规范性文件组成的有机整体,包括环境与资源保护法律、环境与资源保护行政法规、环境与环境保护部门规章、环境与资源保护地方性法规和规章,但不包括环境与资源保护国际条约、公约、协定和议定书,也不包括司法解释。

通常,我们是在法的渊源体系的意义上来定义环境与资源保护法律体系的。

二、环境与资源保护法律体系的内容

(一) 宪法中的环境与资源保护法律规范

宪法作为国家的根本大法,对国家的一切根本性事务作出最权威的规定,是所有部门法的当然渊源。在环境与资源保护领域,宪法对国家、公民在环境与资源保护中的责任、权利和义务进行了原则规定。

《宪法》第 26 条规定:"国家保护和改善生活环境和生态环境,防治污染和其他公害。国家组织和鼓励植树造林,保护林木。"第 9 条规定:"国家保障自然资源的合理利用,保护珍贵的动物和植物。禁止任何组织或者个人用任何手段侵占或者破坏自然资源。"第 10 条规定:"一切使用土地的组织和个人必须合理地利用土地。"

宪法关于环境与资源保护的规定是我国环境与资源保护立法的基本依据。

(二) 环境与资源保护专门法律

环境与资源保护专门法律,主要是指由国家立法机关制定的有关环境与资源保护的综合性法律和单行法律。综合性环境与资源保护法一般对国家环境与资源保护的宗旨、原则、基本制度、管理体制与机构、法律责任等加以规定。单行环境与资源保护法律是指根据环境与资源要素的不同或者污染物的不同而分门别类地制定的法律。环境与资源保

护专门法律是环境与资源保护法渊源体系的重要组成部分,也是决定一国环境与资源保护法制水平的重要指标。目前,我国已经制定了近三十部环境与资源保护专门法律。

1. 综合性环境与资源保护法律

我国于 1979 年制定了《环境保护法(试行)》,并于 1989 年修订颁布了《环境保护法》。《环境保护法》是我国最重要的一部综合性环境与资源保护法律,二十多年来对依法保护环境与资源发挥了积极作用。

总结我国环境与资源保护法律制定的发展历程,可以看出我国环境与资源保护立法选择的是"总则"与"分则"相结合的路径。在环境与资源保护法产生之初,我国需要综合性法律,对环境与资源保护的基本方面和主要问题作出规定;但在单行环境与资源保护法律比较完备的情况下,《环境保护法》面面俱到的规定则容易导致与其他单行环境与资源保护法律的重复。

2. 污染防治法律

污染防治法律的目的在于预防、控制向环境进行的污染物排放,以减轻排污行为对环境的危害,从而达到保护人体健康的目的。当代环境与资源保护法就是在污染防治法的基础上发展起来的。工业发达国家如英国、日本早期的环境与资源保护法就是污染防治法或者公害防治法。虽然晚近各国环境与资源保护法趋向于综合,不过污染防治法仍然是环境与资源保护法的重要组成部分。在我国环境与资源保护法律体系中也是如此。

在环境污染防治方面,我国已经颁行了《海洋环境保护法》、《水污染防治法》、《大气污染防治法》、《固体废物污染防治法》、《环境噪声污染防治法》、《放射性污染防治法》等法律。这些法律对于防治环境污染、改善环境质量发挥了重要作用。

需要指出的是,在我国环境与资源保护法律体系中,还有《清洁生产促进法》和《循环经济促进法》等法律,它们的目的在于对资源开发利用的全过程实施科学管理,通过源头控制与物质循环利用,提高资源利用效率,减少污染物的产生。因此,本书也将其纳入污染防治法律之中。

3. 自然资源法律

自然资源法律是指为了合理开发、利用和保护自然资源,促进经济社会与环境可持续发展,对不同的自然资源分门别类制定的法律。由于自然资源既是人类生存的重要的环境要素,同时也是人类社会发展的物质基础,因而我国一直比较重视自然资源的立法工作。

目前,我国已经颁行的自然资源法律包括《水法》、《森林法》、《草原法》、《渔业法》、《土地管理法》、《矿产资源法》、《节约能源法》、《海域使用管理法》、《可再生能源法》等法律。

但是传统上,有关自然资源的法律偏重于规范自然资源权属、自然资源的开发利用与管理,而忽视对自然资源的保护,因此在部门法的划分上,通常将自然资源法作为民法、经济法的组成部分。

近二十多年来,随着可持续发展观的不断深化,我国自然资源法律的立法宗旨也发生重大转变,从侧重于经济价值转向经济价值与生态价值并重,从侧重于开发利用,转向开发利用与保护并重。因而,自然资源法律在内容上也发生了重大变化,即大量增加了有关自然资源保护的规范。

4. 自然保护法律

自然保护法律是指国家为了保护自然生态环境而制定的专门法律。

自然保护法律与自然资源法律的区别在于,自然保护法律通常将对自然生态环境的保护作为唯一价值,而自然资源法律则具有多元的价值目标,除了对自然资源的保护外,也强调对自然资源的开发利用。

目前,我国已经颁行了《野生动物保护法》、《海岛保护法》、《自然保护区条例》等自然保护法律法规。从总体上看,我国在自然保护法律的制定方面相对比较薄弱。虽然自然资源和自然生态环境要素多是重合的,保护自然资源也就是对自然环境的保护,但是也有一些仅具有生态价值,没有明显经济价值的自然环境,如果仅依靠自然资源法律就难以对其进行保护,比如湿地、生物多样性等。因此,我国应当进一步加强自然保护法律的制定工作。

(三) 其他法律中有关环境与资源保护的条款

1. 民事法律中有关环境与资源保护的条款

我国 2007 年颁布的《物权法》第 46 条至 49 条对自然资源国家所有权进行了规定,第 122 条至 123 条对自然资源用益物权进行了规定。此外,第 90 条还对环境相邻关系进行了规定,即不动产权利人不得违反国家规定弃置固体废物,排放大气污染物、水污染物、噪声、光、电磁波辐射等有害物质。这些法律规范对明确自然资源权属关系,规范自然资源开发利用秩序,实现可持续发展具有重要作用。

我国 2009 年颁布的《侵权责任法》第 65 条至 68 条对环境污染侵权责任作了规定。这些法律规范对追究环境污染侵害人的民事责任、救济环境污染受害人有十分重要的作用,也是环境与资源保护法律体系的组成部分。

我国于 2012 年 8 月修正的《民事诉讼法》第 55 条对包括环境公益诉讼在内的公益诉讼进行了原则性规定,这一规定是环境与资源保护法律体系的重要组成部分,将极大地推动我国环境与资源保护事业的发展。

2. 行政法律中有关环境与资源保护的条款

受政府主导这一特征的影响,一方面,各级环境与资源保护行政主管部门需要依据各种行政法律的规定依法行使环境与资源保护行政职权;另一方面,当环境与资源保护行政主管部门在行使职权中侵犯或影响到相对人的合法权益时,相对人也可以依据相关行政法律的规定寻求救济。由此,《行政许可法》、《行政处罚法》、《行政强制法》、《行政复议法》、《行政诉讼法》等行政法律中的有关条款也成为环境与资源保护法律体系的重要组成部分。

3. 刑事法律中有关环境与资源保护的条款

随着环境问题的恶化,各国加大了环境与资源保护的力度,用刑罚手段保护环境与资源逐渐成为各国的共同做法。我国《刑法》第六章第六节"破坏环境资源保护罪"对破坏环境与资源犯罪行为的刑事责任进行了规定,也是我国环境与资源保护法律体系的组成部分。

4. 其他法律中有关环境与资源保护的条款

其他法律如《公司法》、《证券法》等经济法律中有关环境与资源保护的条款也是环境与资源保护法体系的组成部分。

（四）环境与资源保护行政法规

环境与资源保护行政法规是指由国务院依据宪法和法律、按照法定权限和程序制定的有关环境与资源保护的规范性文件。依据《立法法》的规定,行政法规的效力仅次于宪法和法律。

依据《立法法》的规定,有下列情形之一的,可以制定环境与资源保护行政法规：一是为执行环境与资源保护法律的规定需要制定行政法规的事项；二是《宪法》第89条规定的国务院行政管理职权的事项。

我国在环境与资源保护领域颁行了大量的行政法规,如《建设项目环境保护管理条例》、《废弃电器电子产品回收处理管理条例》、《防治船舶污染海洋环境管理条例》、《规划环境影响评价条例》、《放射性物品运输安全监督管理条例》、《民用建筑节能条例》、《公共机构节能条例》等。

（五）环境与资源保护部门规章

环境与资源保护部门规章是指由享有环境与资源保护监督管理职权的国务院各部门,根据法律或国务院的行政法规、决定、命令,在本部门的职权范围内制定的有关环境与资源保护的规范性文件。环境与资源保护部门规章往往因其具体、可操作性强而在环境与资源保护实践中发挥了巨大作用。

环境保护部、国土资源部、国家海洋局等国务院环境与资源保护主管部门已经单独或者联合发布了大量环境与资源保护规章,如《环境影响评价公众参与暂行办法》、《环境信息公开办法(试行)》、《环境行政处罚办法》、《建设项目环境保护设施竣工验收管理规定》、《电磁辐射环境保护管理办法》、《环境信访办法》等。

（六）环境与资源保护地方性法规与规章

我国幅员辽阔,各地经济、社会、资源、人口、环境等有较大差异,全国性法律、行政法规难以应对各地的环境与资源保护特殊需要。因而,在保持国家环境与资源保护法制统一的前提下,应当允许地方制定地方性法规与规章,有针对性地解决地方面临的环境与资源保护问题。这些地方性法规和地方政府规章也是环境与资源保护法律体系的组成部分。

我国几乎所有的省、自治区、直辖市人大和政府都制定了大量的有关环境污染防治、资源与生态保护的地方性法规和规章。如针对北京严重的空气污染问题,北京市人大制定了《北京市实施〈中华人民共和国大气污染防治法〉条例》,北京市政府发布了近二十个控制大气污染的通告。

案例 2.1

我国《行政诉讼法》第 41 条规定，认为具体行政行为侵犯其合法权益的公民、法人或者其他组织，可以依法提起行政诉讼。最高人民法院《关于执行〈中华人民共和国行政诉讼法〉若干问题的解释》第 12 条规定，与具体行政行为有法律上利害关系的公民、法人或者其他组织对该行为不服的，可以依法提起行政诉讼。

2009 年颁布实施的《贵阳市促进生态文明建设条例》第 23 条第 2 款规定：检察机关、环保公益组织为了环境公共利益，可以依照法律对涉及环境资源的具体行政行为和行政不作为提起诉讼，要求有关行政机关履行有利于保护环境防止污染的行政管理职责。

讨论：你认为《贵阳市促进生态文明建设条例》第 23 条第 2 款的规定是否合法、合理？为什么？

提示：从我国《立法法》规定的法律效力等级、法律保留事项以及环境与资源保护的实际需求等角度进行分析。

（七）有关环境与资源保护的司法解释

司法解释是指由最高人民法院、最高人民检察院依照法定程序分别就法律的具体适用作出的解释。如最高人民法院《关于审理环境污染刑事案件具体应用法律若干问题的解释》和最高人民检察院《关于渎职侵权犯罪案件立案标准的规定》。这两个司法解释分别就环境污染犯罪的定罪量刑和环境监管渎职犯罪的立案标准进行了规定，直接影响了当事人的权利义务，也决定了国家对环境与资源保护的力度。

有关环境与资源保护的司法解释也是环境与资源保护法律体系的重要组成部分。

（八）对中国生效的国际环境条约和公约

随着环境问题和环境保护运动的全球化，国际环境条约和公约的数量在不断上升。我国参加了大量的国际环境条约和公约，其中对我国影响较大的国际环境条约和公约包括《防止海洋石油污染的国际公约》、《捕鱼与养护公海生物资源公约》、《国际捕鲸管制公约》、《东南亚及太平洋植物保护协定》、《南极条约》、《国际油污损害民事责任公约》、《世界文化和自然遗产保护公约》、《防止因倾弃废物及其他物质而引起海洋污染的公约》、《保护臭氧层维也纳公约》、《控制危险废物越境转移及处置的巴塞尔公约》、《联合国气候变化框架公约》、《生物多样性公约》等。

对中国生效的国际环境条约、公约也是我国环境与资源保护法律体系的组成部分。

第三节　环境与资源保护法律关系

一、环境与资源保护法律关系的概念

（一）环境与资源保护法律关系的定义

环境与资源保护法律关系是指受法律调整的环境利用行为主体间发生的具有权利义

务内容的环境利用关系。

考察环境与资源保护法的历史发展,早期的立法主要调整平等主体间的环境利用关系,如开发利用资源带来的民事权益改变以及污染致害产生的特殊侵权。由于开发利用行为的扩张性与环境资源的有限性导致地球生态系统正在发生不利于人类生存的改变,必须有序地规制开发利用行为、保护公众环境权益以实现人类社会与经济的可持续发展。这样就需要通过立法授权代表国家行使环境与资源管理权和代表公众利益的政府运用行政权力介入和规制环境利用行为。

这样一来,环境与资源保护法律关系的主体和内容就发生了根本性改变,政府公权力因素的介入使得环境与资源保护法律关系兼具公法和私法的复合性特征。环境利用关系的主体已由过去的平等主体双方改变为政府、开发利用者以及公众(自然人及其代表)三方,在某一环境利用关系中公权力(权利)和各类私权利因素经常同时存在,而各类主体之间的利害关系也呈此消彼长之势。

(二) 环境与资源保护法律关系的特征

1. 环境与资源保护法律关系是具有多重牵连性质的法律关系

在传统法中,因物的利用所产生的民事关系由私法调整,行政关系则由公法调整。因环境利用行为所产生的环境与资源保护法律关系则比较复杂和特殊,单纯采用传统的公、私法方法确立的法律关系明显不适应环境与资源保护法律关系的复杂属性。

现实中,不论所有权关系如何,实际都存在着不同利用行为的多个主体同时从某些环境要素及其功能与效益上获益的现象。它们既存在民事关系,也存在行政关系,需要同时采用公法和私法的手段和方法予以调整。

案例 2.2

A 公司超标排放大气污染物,致使工厂附近农民 B 种植的果树大量死亡。B 向当地环保部门 C 投诉,要求查处 A。C 经调查后对 A 公司的超标排污行为进行了处罚。同时,B 还向 A 提出了索赔要求,并请求 C 对赔偿金额进行调解处理。

讨论:A、B、C 之间存在哪些法律关系?

提示:从民事、行政法律关系的角度进行分析。

2. 环境与资源保护法律关系以人类平等利用环境的权利和义务为主要内容

受科学发展和认知水平的限制,早期对环境价值的认识主要表现为自然资源的经济价值。这时的法律是把自然资源作为物的一种纳入物权客体的范畴,物权主体依法享有对它们占有、使用、收益和处分的权利。20 世纪 50 年代以后,环境科学研究发现,环境提供给人类的价值是多元的和有限的,环境的某些重要价值与功能(如物种和生物多样性的生态效应)在人类尚未认识之前就因不合理的开发利用行为而丧失殆尽。因此,环境与资源保护立法从维护环境多元价值与功能的角度出发,设立了人类平等地利用环境的权利和义务。

国家通过环境与资源保护立法确立平等地利用环境的权利或者在法律中明确规定公

民的环境权益,是现代法律保护人类本能利用环境行为并限制过去受到法律保护的开发利用环境与资源行为的表现。它表明国家意识到保护本能利用行为对人类生存的重要性,要求人类对环境的开发利用应以不危害本能利用为限。这也是天赋人权这一自然法思想在20世纪中后期的一种新的复兴。

3. 环境与资源保护法律关系是结合并体现自然生态规律的人类意志

与一般社会关系不同,环境与资源保护法律关系是建立在环境利用行为之上的人与人的关系。调整人与人之间的关系并不是环境与资源保护法的唯一目的,通过调整环境利用关系来防止人类活动对环境的损害,从而协调人与自然的关系,才是环境与资源保护法的终极目的。为了实现这个目的,环境与资源保护法律关系就必须体现自然生态规律。

鉴于哲学、伦理学对"自然权利"的定义中还包含有生态系统中其他物种的权利,西方学者还提出了"自然的权利"的主张。承认自然的价值、尊重自然、主张人与自然和谐相处等基本理念,也开始成为现代法学研究的课题。

二、环境与资源保护法律关系的主体及其权利义务

由于环境与资源保护法律关系的多重构造,参与环境利用关系的主体除了公民(自然人)与环境保护团体外,还包括各种企事业单位以及国家和国家机关。

(一)公众及其环境权益

1. 公众的概念

公众一般包括公民(自然人)和由公民组成的各种团体。公民(自然人)是环境质量和生态效益的受益者,是本能利用环境的主体。从生态学意义上看,公民(自然人)是构成生态系统的组成部分;从宪法意义上讲,公民(自然人)的权利是人权的核心内容。因此,公民(自然人)理所当然是环境与资源保护法律关系的主体。

由于公民(自然人)在社会中处于个体、散在的弱势地位,因此在环境与资源保护法律关系中,公民(自然人)总是受保护的主体。一般情况下国家会通过立法赋予公民(自然人)优美环境享受权、决策参与权和与之相应的民事和行政诉讼请求权。

基于公民(自然人)在一国社会中的弱势地位和政府公权力介入开发利用环境行为的不足,各国开始出现了由公民(自然人)结社组成的以保护环境为宗旨的环境保护组织,以通过集体的力量对抗不当或者违法开发利用的环境行为。

环境保护组织也称非政府环境组织,一般指由公民依法自发成立的以环境保护为目的的社会团体。由于环境保护利益的公共性和散在性特征,决定了由公民(自然人)为主体成立的环境保护组织在环境与资源保护法律关系中具有特殊且重要的地位。在许多国家,环境公益诉讼主要是由环境保护组织提起的,其本质是保存自然环境的原生状态和保护公民对环境的本能利用。

2. 我国公众的环境权益与环境保护义务

(1)环境权益理论的沿革与发展。公众环境权益理论源于西方国家法学界倡导的环境权论,是20世纪70年代依据宪法基本人权保障规定引申出来的一种新的权利形态。

目前,各国和国际组织对环境权的一般表述是"人类享有在健康、舒适的环境中生存的权利"。环境权虽然已为一些国家的宪法所确立,但由于环境权的性质、内容和范围的不确定性及其与传统权利的交叉和冲突,因而在法学界还存在着极大的争议。

从西方国家环境权理论的发展看,美国学者提出的"公共信托论"和日本律师与学者共同提出的"环境支配权论"对环境权理论的贡献最大。

1968年,萨克斯教授出版了《保卫环境——公民行动战略》一书,针对政府环境行政决定过程公众参与程度低、环境诉讼中存在诉讼资格障碍等问题,首次根据公共信托原理提出了"环境权"理论。他认为,公共信托理论有三个原则可以适用于环境保护领域:第一,对于公众而言,他们对大气和水享受的利益非常重要,不应当将其作为私的所有权的对象。第二,自然给人类提供了巨大恩惠,所有公众都可以自由利用,这与利用者是企业还是个人无关。第三,建立政府的主要目的是增进一般公益,不能为了私利而将原本可一般利用的公共物进行限制或改变其分配形式。因此"在不妨害他人财产使用时使用自己的财产"的古代格言不仅适用于财产所有者之间的纠纷,而且适用于诸如工厂所有者与清洁大气的公共权利之间的纠纷、不动产者与水资源和维持野生生物生存地域的公共权利之间的纠纷、挖掘土地的采掘业者与维持自然舒适方面的公共利益之间的纠纷。①

1970年3月,在日本召开的公害国际研讨会上,与会代表共同发表了《东京决议》,首次明确提出了"请求将全人类健康和福祉不受灾难侵害的环境享受权利,以及当代人传给后代人的遗产中包括自然美在内的自然资源享受权利作为基本人权之一种,并将该原则在法的体系中予以确立"的环境权主张。之后,由日本大阪律师会成立的环境权研究会认为,环境权是"支配环境和享受良好环境的权利"。对于过分污染环境,影响居民舒适的生活或者造成妨害的,可以基于这项权利请求排除妨害以及采取预防措施。与此同时,公众负在一定忍受限度范围内忍受公害的义务。因此,可将环境权理解为私权的一部分,即以环境为直接支配对象的支配权。②

由于环境权具有与传统物权和人格权所不同的性质,日本法院判决认为:"环境是一定社会的自然状态,在对环境的认识和评价上居民普遍存在着差异,不可能共同享有排他的支配权,在立法没有规定的情况下不能将环境权理解为私权的对象。""环境问题应通过民主主义机构决定。"环境权只能作为单个居民的"环境自主权"对待。目前日本的各种环境权利的表述被法理学界称为"新的权利",包括日照权、厌烟权、知悉权、舒适权、平等的生存权等。③

我国规定公众"环境权益"的环境与资源保护法律,首见于2002年《环境影响评价法》。该法第11条规定:"专项规划的编制机关对可能造成不良环境影响并直接涉及公众环境权益的规划,应当在该规划草案报送审批前,举行论证会、听证会,或者采取其他形

---

① Joseph L. Sax, Defending the Environment: A Strategy for Citizen Action. Copyright 1970 by Joseph L. Sax.
② 参见〔日〕大塚直:《环境法(第三版)》(日文),有斐阁2010年版,第57页。
③ 参见〔日〕田中成明:《法的规范与适用》(日文),大藏省印刷局1990年版,第188页。

式,征求有关单位、专家和公众对环境影响报告书草案的意见。"①这为环境权益理论研究和司法实践奠定了法律基础,实践中应当依其原意做扩张性解释。

此外,国务院在2009年和2012年发布的《国家人权行动计划》中均将"环境权利"作为人权的重要组成部分纳入了中国公民的经济、社会和文化权利体系之中。②《国家人权行动计划(2012—2015)》规定,政府将通过加强环境保护等措施,着力解决重金属、饮用水源、大气、土壤、海洋污染等关系民生的突出环境问题以保障公众环境权利的实现。

环境权概念的出现源于政府不当开发决策和企业不当开发利用环境行为造成的环境污染和生态破坏的结果,可能妨害或侵害公民(自然人)个人或全体公众自由、本能地利用环境的利益。然而,因公民个人不具有独占环境的权利,除环境污染和生态破坏致公民个人权益侵害的场合外,公民个人并不能主动、独立地要求和主张环境利益。与之相反,公众则是一个群体概念,而环境利益又属于群体公益,如果不通过法律赋予公众作为环境利益的主体,那么当环境公益受到侵害时便没有利益主体表达社会群体的主张。

本书认为,公众环境权益既是公民基本权利中与享受优美环境相关的、非独占性的权利和利益的集合,也是公民对其正常生活和工作环境享有的不受他人干扰和侵害的权利与利益。由于该项权益的实现与公众稳定的生存环境密切相关,所以任何改变环境状况的行为都可能侵害公众的环境权益。

当环境权益适用于公众要求政府采取措施保护环境、或者据以参与环境决策的场合时,公众的环境权益就会与公权力发生关系而与人权或宪法性权利相吻合,从而衍生公众的知情权、参与权、建议权以及相应的救济请求权。

而当环境权益适用于物权法的相邻关系或者侵权的场合时,公众的环境权益就会与开发利用环境和资源的行为人发生关系而具有私权的性质。需要说明的是,公众在私权意义上适用环境权益时,不必等到妨害或侵害的实际发生才可以行使权利,消除危险、排除妨害以及补偿可得的利益损失等具有预防效果的民事责任形式也是一种可行的法律救济方法。

因此,环境权在公民要求国家保护环境或者据以参与环境监督和管理的意义上使用时,因其与公权力发生关系属于人权或宪法性权利,主要具有共益权的性质;当环境权用于私主体之间的法律关系时,因其具有自益权的性质而成为一种实质上的私权。

(2) 公众环境权益的内容。

第一,优美、舒适环境的享受权。享受优美、舒适环境质量的权利是每个公民(自然人)的生存本能,既包括对清洁环境要素的生理享受,也包括对优美景观、原生自然状况的精神和心理享受。具体而言,优美、舒适环境的享受权包括清洁空气权、清洁水权、安宁权、采光权、通风权、眺望权、观赏权、静稳权及在优美、舒适环境的条件下工作或休息的权利等。

---

① 《环境影响评价法》中的"公众环境权益"在草案中原为"公众利益",因公众利益的范围过大,不具有特定性,所以《环境影响评价法》在通过前将其改为"公众环境权益"。作者据立法资料注。
② 在2012年6月国务院第二次发布的《国家人权行动计划(2012—2015年)》中,"经济、社会和文化权利"包括七项,它们分别是:工作权利、基本生活水准权利、社会保障权利、健康权利、受教育权利、文化权利、环境权利。

本书认为，优美、舒适环境的享受权中有一部分权利与国家对自然资源的所有权相竞合，另有一部分是作为自然人特有的权利。因此，当表现为不特定多数的自然人特有的权利受到不当决策行为或者开发利用行为侵害时，公众可以通过环境公益诉讼请求加害人消除危险、排除妨害和恢复原状。

第二，开发利用环境决策与行为知悉权，即对可能造成不良环境影响的政府开发与环境决策行为、企事业单位开发利用环境行为等，公众有了解和知悉的权利。例如，依照《循环经济促进法》的规定，公民有权了解政府发展循环经济的信息并提出意见和建议；依照《政府信息公开条例》的规定，除行政机关依法公开的政府环境信息外，公众有权根据自身生产、生活、科研等特殊需要向各级政府及其主管部门申请获取相关政府环境信息。

案例 2.3

A 公司超标排污，环保部门依法对其进行了处罚并依法公开了其名称和违法行为。环保团体 B 从环保部门的网站上看到 A 公司的违法行为后，要求 A 公司公开其主要污染物的名称、排放方式、排放浓度和总量以及环保设施的建设和运行情况。A 公司以涉及商业秘密为由拒不公开。

讨论：A 公司是否应当依 B 的请求公开相关环境信息？

提示：根据《环境信息公开办法（试行）》关于企业环境信息公开的规定进行分析。

第三，开发利用环境决策建言权，即对可能造成不良环境影响的政府开发与环境决策行为、企事业单位开发利用环境行为等，公众有提出主张或意见、建议的权利。当行政机关审批的某项环境与资源行政许可直接关系公众重大利益的，利害关系人有被告知、陈述和申辩的权利；对行政机关作出的准予环境与资源行政许可决定公众有权查阅。

公众对开发利用环境决策意见或建议还应当受到政府或主管部门以及建设单位等的尊重并被慎重考虑。例如，依照《环境影响评价法》的规定，公众就规划或建设项目环境影响报告书草案提出的意见和建议有被政府审批或批复机关认真考虑，并获得相关说明的权利。

第四，监督开发利用环境行为及其检举和控告权。在监督权方面，公众有权对开发利用环境与资源的企业实行监督。例如，《清洁生产促进法》规定，公众有权监督企业实施清洁生产的状况。列入污染严重企业名单的企业，应当按照规定公布主要污染物的排放情况，接受公众监督。

检举和控告一般指公众以举报、揭发等方式向有环境与资源监督管理权的部门报告环境与资源违法行为。例如，《循环经济促进法》规定，公民有权举报浪费资源、破坏环境的行为；《水污染防治法》规定，任何单位和个人有权对污染损害水环境的行为进行检举。

第五，环境权益侵害救济请求权。当公民认为自身环境权益受到或可能受到不当或不法的政府决策或企事业单位开发利用环境行为的影响或者侵害的，有权依法申请行政复议、提起行政诉讼或者民事诉讼请求救济。当公众的环境权益受到或可能受到不当、不法政府与主管部门决策或企事业单位行为侵害时,可以请求法律规定的机关、社会组织提起环境公益诉讼。

环境公益诉讼是20世纪70年代源于美国公民诉讼的一种新的诉讼形态,其宗旨不在于通过诉讼维护专属于原告的利益,而在于通过私人诉讼保护因私人或政府机关的违法行为而受损的环境公共利益。

环境公益诉讼并非独立的诉讼领域,而只是一种与原告资格认定相关的诉讼方式和手段。这种诉讼既可以在行政诉讼中采用,亦可以适用于民事诉讼程序。如被诉的对象是对环境公益造成侵害或有侵害之虞的行政机关或者其他公权力机构,即为适用行政诉讼的环境行政公益诉讼;如被诉对象是企业、公司、其他组织或个人,即为适用民事诉讼的环境民事公益诉讼。

根据我国《行政诉讼法》第41条的规定,提起行政诉讼的原告必须是认为具体行政行为侵犯其合法权益的相对人,或与具体行政行为有法律上利害关系的公民、法人或者其他组织,这就为环境行政公益诉讼提供了法律空间。目前,我国已在行政诉讼的司法实践中认可了第三人诉讼和撤销诉讼的诉讼形态。

2012年,我国修改后的《民事诉讼法》第55条规定:"对污染环境、侵害众多消费者合法权益等损害社会公共利益的行为,法律规定的机关和有关组织可以向人民法院提起诉讼。"这为环境公益诉讼提供了明确的法律依据。但是,该规定只将环境民事公益诉讼的原告资格赋予了法律规定的机关和有关组织,公民个人尚不是提起环境民事公益诉讼的适格原告。

从我国已有的环境公益诉讼司法实践看,能够提起环境公益诉讼的"机关"主要包括检察机关和行使环境与资源保护监督管理权的行政机关;能够提起环境公益诉讼的"有关组织"主要是指以环境保护为宗旨的非政府组织,既包括在民政部门登记注册的社会团体,也包括民办非企业单位。上述机关和组织要提起环境公益诉讼还需有"法律规定"作为依据。目前,我国仅有《海洋环境保护法》第90条第2款明确规定:对破坏海洋生态、海洋水产资源、海洋保护区,给国家造成重大损失的,由行使海洋环境监督管理权的部门代表国家对责任者提出损害赔偿要求。

案例2.4

2009年9月以来,昆明某公司在排污管网及污水防治设施未建成时允许养殖户进入生态畜牧小区从事生猪养殖,造成村民饮用水源污染。2010年8月12日,昆明市环保局向昆明市中级人民法院提起诉讼,要求该公司立即停止对环境的污染,赔偿全部治理费用和鉴定费用432万元。昆明市中级人民法院一审判决被告支付为治理污染发生的费用417.21万元,并赔偿因此次诉讼产生的环境污染评估费13万余元。被告不服,提起上诉,云南省高级人民法院二审维持原判。

讨论:由环保部门提起公益诉讼的做法是否合理、合法?

提示:从环境公益诉讼的制度功能及《民事诉讼法》的相关规定两个角度进行分析。

(3) 公民的环境保护义务。

首先,是关心和保护环境的一般义务。公民除了享有与之相应的环境权益外,还负有关心环境与合理实施本能环境利用行为的义务。《环境保护法》第6条规定:"一切单位和个人都有保护环境的义务。"

公民的一般环境保护义务除了关心和保护环境外,还包括在日常生产生活活动中减少自身行为对环境负荷的义务,例如,倡导节约精神、减少资源与能源的消费以及减少购买和使用污染环境的产品等等。

其次,是忍受一定限度环境污染或生态破坏的特别义务。忍受义务是衡平各类环境利用关系的法律选择。向环境排放一定数量的污染物或开发一定数量的自然资源,均会造成部分地域环境质量或者功能的破坏,并导致不同环境利用行为人之间产生利益冲突。对此种利益冲突的协调机制是:一方面通过行政许可限制开发利用行为人对环境和资源的利用,另一方面则要求公民对开发利用行为予以容忍。只要排污行为或者开发行为不超过排放(控制)标准或者行政许可的限度和范围,行为的影响未对公民构成可测定(计量)、可预判和可证实的妨害或者潜在风险的威胁,公民就有义务在行政许可的限度内对排污行为或者开发行为予以忍受。

忍受义务来自法律规定,即只要法律不禁止某个干扰行为的存在,公民就应当予以忍受。如一定限度的相邻噪声干扰或者符合标准要求的排污行为。德国学者认为,公民在政府监督之下的容忍义务可以分为两类:一类是公民有容忍第三人为环境保护的作为的义务;另一类则是公民有容忍第三人为法律所允许的环境污染的义务。①

一般情况下,忍受的判断标准是排放行为是否具有合法性,它以行为是否构成实质性影响为判断标准。在德国,某种妨害是否具备实质性一般从理性的正常人的理解出发进行利益衡量,并以生活习惯以及被妨害的不动产的用途来评价妨害的程度和持续时间,此外还要考虑基本权利体现的价值和公众利益。是否应当许可或者忍受实质性影响,取决于两个条件:一是行为是否为当地通行,二是影响是否可以通过经济上可行的措施克服。值得一提的是,某些噪声影响即使没有超过技术性排放标准也可能被认为具备了实质性妨害,因为技术标准只具有参考性。②

与忍受相关的问题是政府在规划和审批环境利用行为时负有使该行为尽可能不对相邻人产生妨害或者带来危害风险的注意义务。

按照受益者负担原则,开发利用环境行为人应当依法向政府支付环境费,用于政府组织环境治理和恢复工作。因此,公民在容忍的同时有权对环境费的收支和使用状况进行监督。

当环境污染和生态破坏的干扰和妨害超过了常人的忍受限度时就属于权利滥用的行为,受害人可以依法提出消除危险和排除妨害的请求。

---

① 参见 Vgl. Kloepfer, Umweltrech, 1998,5,Rdnrn. 133 ff. 转引自陈慈阳:《环境法总论》,台湾元照出版有限公司2000年版,第383页。

② 参见〔德〕F. 沃尔夫:《物权法》,吴越等译,法律出版社2002年版,第172—174页。

当然,还存在着需要根据科技发展而适时修订环境标准的问题。如果科技发展已经明确某种污染物即使达标排放也可能因"小剂量、长时期"的接触而导致人体健康受害的话,政府就有义务适时修订污染物的排放标准或者废止原来的标准。因此,公民有权利敦促政府适时修订环境标准。

(二)企业及其开发利用环境的权利和义务

1. 企业开发利用环境的一般权利与义务

从环境利用行为的角度看,开发利用环境资源的企业是环境和自然资源的主动利用者。开发利用环境行为的特征在于单向性和破坏性,即利用环境容量向环境排放污染物或者为索取环境要素的经济价值而开发利用自然资源。由于开发利用环境行为的后果均对环境保护不利,所以开发利用环境资源的企业在环境与资源保护法律关系中主要处于受制的被动地位。

我国实行社会主义公有制,主要自然资源属于国家所有。因此,企业开发利用自然资源,首先要取得由政府特许的自然资源开发利用权或者向环境排放污染物的权利,然后按照自然资源规划或者环境保护规划实施开发利用环境的行为。与此同时,企业还必须接受国家对其利用行为开展的宏观调控和管理监督。当环境利用行为触犯国家和地方环境与资源保护法律法规时,还必须接受依法对它们实行的行政与刑事制裁。当向环境排放污染物造成环境侵害或者开发自然资源造成生态破坏时,还应当依法承担相应的民事责任。

(1)开发利用自然资源的权利与义务。地球上的自然资源一直在为人类社会的繁衍和进步提供非凡的经济价值,自然资源的所有权人以及依法取得自然资源开发、使用和经营管理权者有开发和利用自然资源并获取相应利益的权利。

对自然资源的开发利用和恢复更新应当符合自然规律,这样才能使自然资源可持续地为人类所利用。另外,自然资源不仅作为物或者财富为人类社会发展提供经济支撑,而且作为环境要素它们还是地球生态系统平衡和人类生存繁衍的条件和基础。从这个意义上讲,开发利用自然资源的权利还应当受到环境与资源保护法律的限制。例如,开发利用者有义务合理开发利用自然资源、承担对自然资源的养护责任、适当考虑自然资源开发利用对环境的不良影响,并负有遵守法律规定的其他干预性、给付性、计划性以及禁止性和命令性等义务性规范。

(2)利用环境容量排污的权利与义务。利用环境容量排污的权利又称排污权,它是行政机关依法赋予排污者依照法律规定的污染物排放(控制)标准向环境排放污染物的权利,而非宪法上的基本权利。利用环境容量排污者有义务遵守行政机关依法许可的排污范围、排污方法、排污途径以及按照排污标准所限定的种类、浓度和数量等排放污染物,并依法履行环境影响评价和"三同时"、排污申报登记、缴纳排污费、接受现场检查等法定义务以及负有遵守法律规定的其他干预性、给付性、计划性以及禁止性和命令性等义务性规范。

当造成环境污染侵害时,即使主观上无过失或排污行为符合行政法规和排放标准,也有义务依法向受害者承担相应的消除危险、排除妨害或赔偿(补偿)损失的责任。

2. 企业的环境社会责任

(1) 企业环境社会责任的概念。

法律意义上的企业环境责任,是指企业违反环境与资源保护法上的强制性规定所应承担的不利法律后果。而企业环境社会责任,则是指实施开发利用环境行为的企业作为一类社会群体对社会以及其他公众承担的除强制性法律规范外的环境保护义务。

企业环境社会责任具有两个特征:第一,责任主体为实施开发利用环境行为(排污或者开发资源)的企业,它们同时也属于公众的范畴,是社会群体的一种类型;第二,这种责任并非来源于法律的强制性规范,而是源于开发利用环境资源的企业用以维系和调整与本能利用环境的公民之间和谐关系的一种道义责任。

企业环境社会责任的履行可以分为两个层次。第一个层次是企业对环境立法有关强制性规范的遵守,这是企业最基本的义务和社会对企业的最基本要求,如果企业达不到这个要求就谈不上履行环境社会责任。第二个层次是企业自主地承担环境社会责任,包括对环境与资源保护法律法规中的指导性、任意性规范的履行,或者企业主动地适用被各种社会组织推荐的有利于环境保护的规则,或者自主树立环境保护理念并付诸实施。

从国外的实践看,企业主动承担环境社会责任的目的主要有四个方面:一是宣示环境友好性和社会公益性,以提升企业的国际影响而有利于国际贸易;二是迎合消费者高涨的"绿色消费"意识,提高社会对企业的认同感,从而促进产品的销售;三是节约能源和资源,削减能源、资源采购方面的成本;四是事前回避环境风险,预防因环境污染而引起的巨额赔偿。

当然,企业要通过承担环境社会责任得到更大的利益,需要具备两个前提条件。首先,必须是环境立法给企业确立了一系列明确、具体且公平的法律运行机制和指导开发利用环境的行为模式,包括权利行使、利益获取和违法制裁等内容;其次,必须是政府及其主管部门严格和平等地执行法律,避免出现企业可以通过违法获利却由国家和社会公众承担环境污染与生态破坏后果的现象。

(2) 企业履行环境社会责任的表现。

第一,通过环境质量体系认证或获得绿色标签认定。为了迎合企业履行环境社会责任的需求,各国政府及一些国际组织向企业提供了社会认可的环境质量体系认证或者实行绿色标签,以鼓励企业在守法经营的基础上履行更高的环境保护义务。例如,企业可以主动要求通过国际标准化组织制定的 ISO14000 环境标准系列的认证,以标榜自己的生产过程与产品符合环境友好的社会理念,同时实现自由贸易与环境保护的统一。

此外,各国以环境资源耗费补偿为中心建立了环境审计制度,可以为企业提供相关环境和经济信息,并反映环境对经济的贡献以及经济活动对环境的影响。企业可以通过会计系统以及其他途径采集的环境信息以年度报告的形式向外界披露,以公示其履行环境社会责任的程度。

第二,推行清洁生产。推行清洁生产的方式,一方面是改进生产工艺,提高资源利用率和回收率,避免粗放式的生产模式,从而用更少的资源生产出更多的产品;另一方面,则要改进排污设施,降低污染物的排放数量,减少或避免企业在运营过程中对生态环境造成的不利影响。可以说,推行清洁生产是企业的利己性和利他性的良好结合,既可以提高企业自身的经济效益,同时也切实地履行了自身的环境社会责任。

第三,主动对外宣示企业环境保护守则。许多企业为了占领更多的市场,还积极宣扬自身的环境保护理念或者主动按照政府或环保团体的引导制定环境保护准则。例如,在生产链上实行"绿色供应",即向上游供应企业提供"绿色供应标准书",规定产品、材料、部件的各种标准,优先选取具有"ISO14000"认证资格或推行"环境管理体系构建"的企业作为供应商,采购对环境影响小的部件、材料、原料。有的企业还按照政府的指导性要求或者社区与环保团体的请求,自愿与周边居民签署防治污染协议或者污染物减排计划。

案例2.5
A是一家世界知名的运动品牌企业,B是一家中国的纺织企业,其主要业务是为A代工生产运动服装。为了降低生产成本,B在生产过程中一直超标排污,导致严重的环境污染。A对此一直知情,但由于B的做法也降低了A的采购成本,因此A一直保持沉默。B超标排污的事情被媒体曝光之后,公众认为A也应当承担责任。A则认为,B是独立的法人,其环境违法行为与A无关。
讨论:A是否应当对B的环境违法行为承担责任?
提示:从法律责任与社会责任两个方面进行分析。

(三) 政府及其主管部门的监管职能
1. 政府环境监管职能概述
从环境保护的规范对象看,只要有可能造成环境污染或生态破坏的行为都要加以规范,因此环境保护不限于对企业行为的直接控制或者间接诱导,还需要政府通过制定相应的环境政策来落实,通过设立相应的环境保护管理机关来主管和协调。[①]

为使环境行政权力得以有效运行,20世纪70年代以后西方国家除大量制定防治环境污染和生态破坏的法律外,还设立了高级别的专门环境行政机关。与其他关联行政机关的职能不同,专门环境行政机关的宗旨和职能是专门针对环境问题采取各种对策。如1970年美国成立的联邦环保署、1971年日本成立的环境厅(现为环境省)等。

目前,西方国家环境行政机构体系的基本格局,是一种以环境部或环境行政机关的专门环境行政为中心,以关联行政机关的个别环境行政为辅佐的协同模式。

2. 中国各级人民政府的环境与资源保护职能
(1) 对环境与资源的保护和管理既是对国家财产的保护,也是对公众环境权益的保护。根据我国《宪法》的规定,构成自然资源的所有环境要素除法律规定属于集体所有的外,全部属于国家所有,即全民所有。在这个意义上,环境污染和生态破坏形式上侵害了

---

① 参见陈慈阳:《环境法总论》,台湾元照出版有限公司2000年版,第251页。

公众的环境权益,但本质上是对国家环境资源所有权的侵害。从法理推演,可以认为中国公众的环境权益主要是建立在环境资源的国家所有制基础之上的。因此,与实行私有制或者其他所有制形式的国家相比,中国政府的环境保护行政职能具有两方面的意义:一是对国家所有的环境与资源财产的保护;二是对公众环境权益的保护。

为了切实履行《宪法》规定的国家职能,我国环境与资源保护立法授权中央政府及其主管部门行使对国家环境与资源保护的监管职权,并根据各届中央政府机构改革方案不断进行着调整。各级地方人民政府也根据法律、行政法规以及中央政府机构改革方案的要求,设立了本地的环境与资源保护行政主管部门。

(2) 环境保护是中国的一项基本国策。在中国,通过政策和法律宣示为国家基本国策的事业有四项,即计划生育、环境保护、耕地保护和节约资源。①

1983年12月,在第二次全国环境保护大会上,国务院根据当时的国情决定将环境保护作为中国的一项基本国策确立下来。作出这个决定的背景是:首先,防治环境污染、维护生态平衡,是保证中国农业发展的基本前提;其次,制止环境的进一步恶化,不断改善环境质量,是促进中国经济持续发展的重要条件;再次,创设一个适宜、健全的生活环境和生态环境,是国家现代化建设的重要目标;最后,远近结合、统筹兼顾,是中国实现持续发展的重大利益。②

将环境保护作为中国的一项基本国策提出以来,我国政府的环境行政管理有了一个长足的进展,国家和地方的环境保护机构建设也在日益加强。

(3) 建设资源节约型和环境友好型社会是政府的重要目标。从1980年至今,中国经济高速增长,创造了GDP年均增长超过8%的世界奇迹。与此同时,中国在社会、环境与资源、能源等许多方面也付出了巨大的代价。2003年,中共十六届三中全会提出了"统筹人与自然和谐发展"和"坚持以人为本,树立全面、协调、可持续的发展观,促进经济社会和人的全面发展"的新时期重要发展战略。2004年3月,国务院在向全国人大作的《政府工作报告》中提出,科学发展观和正确的政绩观是政府工作的新理念。2005年,中共十六届五中全会进一步提出了"加快建设资源节约型、环境友好型社会"的主张。2007年,中共十七大报告提出"必须把建设资源节约型、环境友好型社会放在工业化、现代化发展战略的突出位置,落实到每个单位、每个家庭"。在国民经济和社会发展"十二五"规划中,也把建设资源节约型、环境友好型社会作为加快转变经济发展方式的重要着力点。

目前中央和地方各级人民政府的主要工作,是继续采取更加有力的措施,更有效地利用资源,更有效地保护环境,从根本上转变高消耗、高排放的粗放型经济发展方式。

(4) 建设生态文明,是关系人民福祉、关乎民族未来的长远大计。

胡锦涛同志在"十八大"报告中指出,面对资源约束趋紧、环境污染严重、生态系统退化的严峻形势,我们必须把生态文明建设放在突出地位,将生态文明融入经济建设、政治

---

① 在2005年《中共中央关于制定国民经济和社会发展第十一个五年规划的建议》中提出,要把节约资源也作为基本国策。

② 曲格平:《中国环境问题及对策》,中国环境科学出版社1984年版,第138页。

建设、文化建设、社会建设各方面和全过程,努力建设美丽中国,实现中华民族永续发展。

为实现上述目标,我们必须坚持节约资源和保护环境的基本国策,坚持节约优先、保护优先、自然恢复为主的方针,着力推进绿色发展、循环发展、低碳发展,形成节约资源和保护环境的空间格局、产业结构、生产方式、生活方式,从源头上扭转生态环境恶化趋势,最终形成人与自然和谐发展的现代化建设新格局。

3. 中国的环境保护行政管理体制

由于环境保护所涉及的行业、事项和部门较多,因此中央政府的环境保护行政实行环保部门统一监督管理与其他相关部门分工负责管理的体制。依照《环境保护法》的规定,国务院环境保护行政主管部门,对全国环境保护工作实施统一监督管理。县级以上地方人民政府环境保护行政主管部门,对本辖区的环境保护工作实施统一监督管理。国家海洋行政主管部门、港务监督、渔政渔港监督、军队环境保护部门和各级公安、交通、铁道、民航管理部门,依照有关法律的规定对环境污染防治实施监督管理。县级以上人民政府的土地、矿产、林业、农业、水利行政主管部门,依照有关法律的规定对资源的保护实施监督管理。

依照中国环境与资源保护法律和国务院机构改革方案对国务院环境保护行政体制与职责的规定,除了少数法律直接授权政府管理的环境保护事务外,行使环境保护行政职权的专门行政机关大体分为两类:一类是国务院环保部门(即环境保护部),对环境保护实施统一的监督管理;另一类是国务院与环境与资源保护有关的主管部门,它们在各自职权范围内对环境保护实施分工负责的监督管理。

依照《环境保护法》规定,地方各级人民政府对本辖区的环境质量负责,采取措施改善环境质量。地方政府的环境行政机构的构建基本上与国务院相同。所不同的是,依照我国《宪法》和《立法法》的规定,地方的某些环境与资源保护管理事项还可以由地方立法确立。也就是说,地方政府及其环境行政机构除了享有国家环境与资源保护法律所赋予的职权外,还享有地方立法赋予的执行地方环境保护事务的职权。

地方各级人民政府设立的行政机关既要依法对地方各级人民政府负责,也要依法接受国务院各对口部委的业务指导。

(1) 专门对环境保护实施统一监督管理的机关。

根据《环境保护法》的规定,国务院环保部门对全国的环境保护工作实施统一的监督管理;县级以上地方人民政府环保部门对本辖区的环境保护工作实施统一的监督管理。

国务院环保部门经历了从临时到常设、从内设机构到独立机构的发展历程。1974年,国务院成立了由20多个有关部、委组成的环境保护领导小组,其日常工作由下属的领导小组办公室负责。1982年,我国成立了城乡建设环境保护部,内设环保局,同时撤销了国务院环境保护领导小组。1984年,城乡建设环境保护部内设的环保局改为部委归口管理的国家环境保护局;同年我国成立了国务院环境保护委员会,领导和组织协调全国的环境保护工作,办事机构设在国家环境保护局。1998年,国家环境保护局升格为国务院直属的国家环境保护总局,同时撤销了国务院环境保护委员会。2008年,国家环境保护总局进一步升格为环境保护部,成为了国务院的组成部门之一。

从国务院环保部门的职权看,统一的监督管理一般包括两方面的内容:一是对全国环境保护监督管理工作进行统一规划、部署与协调;二是对本部门、本系统以及国务院其他相关行政主管部门各自在职权范围内行使的环境保护监督管理行为进行统一指导。

目前,国务院环保部门职权范围所涉及的领域非常广泛,包括执行工业污染防治、城市环境综合整治、自然生态环境保护以及中国承担的有关全球环境保护义务等事项。具体而言有对大气污染、水污染、土壤污染以及有害废物、有毒化学品、噪声、振动、恶臭、放射性、电磁波辐射等污染的控制,也有对生态环境、生态农业、海洋环境保护和自然保护区、野生动植物、濒危物种的监督管理等等。

(2) 其他对环境保护实施分工负责监督管理的机关。

根据中国环境与资源保护法律的规定,中央和地方政府设置的其他行政机关也依法在职权范围内享有一定的环境保护监督管理权。按照环境问题来源和政府机构职权等的不同,可以将它们分为环境污染防治分工负责机关和自然环境保护分工负责机关两大类。

第一类是环境污染防治分工负责机关。依照环境污染防治法律的规定,依法享有分工负责管理职权的机关包括海洋行政主管部门(国家海洋局)、港务监督机关(归口交通部)、渔政渔港监督机关(归口农业部)、军队环保部门(全军环境保护局)以及公安、交通、铁道、民航管理部门。

第二类是自然环境保护分工负责机关。依照自然资源管理法律的规定,依法享有分工负责管理职权的机关包括土地管理机关(归口国土资源部)、矿产资源管理机关(归口国土资源部)、林业行政主管部门(国家林业局)、农业行政主管部门、水利行政主管部门。

另外,政府设置的宏观调控、专业经济管理机构的职权中也有许多涉及环境保护工作。例如,国家发展和改革委员会负责研究提出包括环境保护规划在内的国民经济规划和社会发展规划,资源开发、生产力布局和生态环境建设规划,安排管理国家拨款建设项目和国家重大建设项目等,对社会事业等与整个国民规划和社会发展进行平衡,推进可持续发展战略的实施,协调环境保护产业政策和发展规划等事项。住房和城乡建设部负责城市规划、村镇规划与建设,指导园林、市容和环卫工作以及城市规划区的绿化工作,负责对国家重点风景名胜区的保护监督,指导城市规划区内地下水的开发利用与保护,指导城市市容环境治理等工作事项。

依照《治安管理处罚法》的规定,公安部门可以对与环境安全和环境保护有关的扰乱公共秩序、妨害公共安全、侵犯人身权利、财产权利、妨害社会管理等具有社会危害性、但尚不够刑事处罚的行为给予行政处罚。

4. 政府实施环境与资源保护管理的手段

(1) 行使环境与资源保护行政管理权。

我国环境与资源保护行政包含污染防治行政和自然保护(含自然资源保护)行政两大部分,行使环境与资源保护行政权力的主体既包括各级人民政府,也包括各级政府主管部门。环境与资源行政管理的权力应当根据国家环境与资源保护法律法规的授权行使。

我国立法所确立的环境与资源保护基本制度以及由单项环境与资源保护法律法规确立的各该领域特有的制度措施,均授权由环境与资源保护行政管理机关运用公权力执行。归纳起来看,我国环境与资源保护行政权力主要包括开发利用环境决定权、开发利用环境许可权、开发利用环境监督管理权以及法律赋予的规章制定权、行政强制权、行政处罚权等。

第一,开发利用环境资源的决策权,即由国家环境与资源保护法律法规授权的政府及其主管部门,就开发利用与保护环境与资源制定策略、编制规划以及发布命令并组织实施的行政权力。

第二,开发利用环境资源及其相关行为的许可权(也称审批权),即由国家环境与资源保护法律法规授权的政府及其主管部门,赋予申请人实施开发利用环境的权利或者资格的行政权力。这类权力既包括对使用(占用)环境容量和开发利用自然资源的特许与专营,也包括对与环境与资源保护有关行为的登记(备案)、认可和核准,还包括对利用自然环境及其功能行为的许可。

第三,开发利用环境与资源的监督管理权,即由国家环境与资源保护法律法规授权的政府及其主管部门或行政执法机构,通过现场检查与实地调查、实行环境监测等方式,对开发利用环境的行为实行监督管理的行政权力。

环境监测是指政府监测机构或依法接受委托的社会检测机构及其工作人员,按照环境标准和技术规范的要求,运用物理、化学、生物或遥感等技术手段对影响环境质量因素的代表值进行测定,并评价环境质量状况、分析环境影响趋势的活动。环境监测一般包括环境质量监测、污染源监测与应急监测等三大类。

依照我国环境与资源保护法律的规定,环保部门、水行政主管部门和海洋主管部门分别对环境、水环境质量和海洋环境监测享有管理权限。自然资源管理部门在各自职权范围内享有对自然保护与自然资源监测(如水与水文、土地、湿地、森林、草原、渔业、野生动植物和生物多样性、矿产、气象等)以及自然灾害监测等的管理权限。

目前,政府行使开发利用环境资源监督管理权的主要机构包括环境监察机构、中国海监机构、森林资源监督机构、渔政监督机构、土地监督机构、矿产资源监督机构、水利稽查与水务稽查机构、海事监督机构、草原监理机构、自然保护区与风景名胜区管理机构、国家濒危物种进出口管理办公室(林业部门负责陆生和水生野生生物管理的机构)等。通常情况下,这些执法机构也同时行使其主管部门的环境监测职能。

第四,规章制定权、行政强制权与行政处罚权。

规章制定权是由法律授权的环保部门和其他行使环境与资源保护监督管理权的机关,在本部门的权限范围内制定执行环境与资源保护法律或行政法规的规范性文件的权力。

行政强制权包括行政强制措施和行政强制执行的权力。行政强制措施的种类包括限制公民人身自由,查封场所、设施或者财物,扣押财物,冻结存款、汇款等;行政强制执行的具体方式包括加处罚款或者滞纳金,划拨存款、汇款,拍卖或者依法处理查封、扣押的场所、设施或者财物,排除妨碍、恢复原状,代履行等。

行政机关依法作出要求当事人履行排除妨碍、恢复原状等义务的行政决定,当事人逾期不履行且经催告仍不履行,其后果已经或者将造成环境污染或者破坏自然资源的,行政机关可以代履行,或者委托没有利害关系的第三人代履行。此外,我国环境与资源保护法律还规定,对既存的环境与资源保护违法现象(如在临时占用的草原上修建永久性建筑物、构筑物的)可以依法采取强制执行(拆除)措施。

行政处罚权是指对公民、法人或者其他组织违反行政管理秩序的行为,由行政机关按照法律、法规或者规章的规定对行为人给予行政制裁的权力。环境与资源保护行政处罚的种类包括警告、罚款、没收违法所得、责令停止生产或者使用、吊销许可证或者其他具有许可性质的证书以及环境与资源保护法律、法规规定的其他种类的行政处罚。

当事人不服行政处罚申请行政复议或者提起行政诉讼的,不停止行政处罚决定的执行。当事人逾期不申请行政复议,不提起行政诉讼,又不履行处罚决定的,由作出处罚决定的行政主管部门申请人民法院强制执行。

(2) 代表国家对环境与资源损害行使民事索赔权。

我国《宪法》规定:"社会主义的公共财产神圣不可侵犯。国家保护社会主义的公共财产。禁止任何组织或者个人用任何手段侵占或者破坏国家的和集体的财产。"我国《物权法》也规定,国家的物权受法律保护,任何单位和个人不得侵犯。

由我国宪法、物权法以及环境与资源保护法律分析,国务院是最高国家行政机关,有关环境与资源保护的事务则由国务院各职能部门行使。因此,按照责权相一致的原理,既然我国法律法规将环境与资源保护和监督管理的行政职能授权国务院各职能部门行使,那么当这些职能部门管理的国家环境与资源因环境污染或生态破坏造成重大损失时,它们理所当然地应当享有代表国家行使民事索赔的权利。

实际上,这一权利可以从我国《海洋环境保护法》第 91 条第 2 款关于"对破坏海洋生态、海洋水产资源、海洋保护区,给国家造成重大损失的,由依照本法规定行使海洋环境监督管理权的部门代表国家对责任者提出损害赔偿要求"的规定中得以体现。

此外,最高人民法院《关于为加快经济发展方式转变提供司法保障和服务的若干意见》(2010 年 6 月)中有关"依法受理环境保护行政部门代表国家提起的环境污染损害赔偿纠纷案件"的规定也表明,我国最高司法机关也认同行使国家环境保护职权的部门享有代表国家行使民事索赔的权利。

目前,国家海洋局等行使海洋环境监督管理权的部门已经提起过数起海洋生态损害索赔诉讼。从这些案例看,生态损害的赔偿范围一般包括如下几个方面:清除环境污染和采取减轻损害等预防措施的费用,包括由于采取预防措施造成的次生污染或者损害的损失;生态服务功能损失(包括环境容量损失);修复受损生态以及由此产生的调查研究、制订修复技术方案等合理费用;受损生态无法修复的,重建替代有关生态功能的合理费用;为确定生态损害的性质、程度而支出的监测、评估以及专业咨询、法律服务的合理费用;其他必要的合理费用。

案例 2.6

2012年8月,A公司的环保设施发生故障,无法正常处理污染物。但A公司为了尽快完成订单,仍然正常生产,所产生的污水直接排入白马江,结果导致重大水污染事故。环保部门在依法对A进行处罚的同时,要求A赔偿其违法行为给国家造成的生态损失。但A认为环保部门要求其赔偿生态损失的要求于法无据。

讨论:环保部门是否有权要求污染者赔偿对国家造成的生态损失?

提示:结合《宪法》、《物权法》等规定的自然资源国家所有权以及《民事诉讼法》关于公益诉讼的规定角度进行分析。

三、环境与资源保护法律关系的客体

环境与资源保护法律关系的客体,是指权利主体的权利与义务所指向的对象,这些对象的共同特征在于它们应当为环境与资源保护法所确认,并可能受人为活动的控制或者影响。简单地讲,环境与资源保护法律关系的客体就是人类的环境利用行为与环境要素及其性状。

(一)环境利用行为

作为环境与资源保护法律关系客体的行为,是指环境与资源保护法律关系主体从事的、由立法所确认的对环境有影响的行为,包括积极的作为和消极的不作为。如保护行为、行政行为、开发利用行为、排污行为、消费和废弃行为、回收和恢复行为、旅游观光行为以及军事行为等,其中与法律关系主体及其权利义务最为密切的行为是环境利用行为。

环境利用行为的构成要件有三:第一,环境利用行为的主体是人(含自然人和法律拟制的人);第二,行为在主观上是为了满足人的生存与发展需要;第三,行为的结果是获取环境要素或者从环境要素中谋取利益。根据环境利用行为的不同目的,可以将环境利用行为分为本能利用行为与开发利用行为两大类。

1. 本能利用行为

本能利用行为,是指行为人在自然状态下为了生存繁衍、适应环境变化所进行的利用和改变环境的活动。人类为了基本生存而本能地利用环境要素及其产生的生态效益,是古典自然法学派主张的自然权利(天赋人权)的思想渊源。

伴随人类社会所有权制度的出现,有形的环境要素(如自然资源)逐渐成为所有权的客体,以财产的名义受到法律的保护。而自然状态下的无形环境要素及依附全部环境要素产生的生态效益,则因人类对环境价值认知的不足及其不符合财产(物)的法律特征而被忽略。然而,在人类社会实现工业化和城市化之后,自然资源逐渐减少、环境污染逐渐加剧的现象则使环境的自然属性发生了根本性变化,致使人类的本能利用行为受到限制。

目前,人类已可利用现代科学技术衡量环境对人类的舒适度、环境的质量状况以及生态系统的效益,并科学地判断人类开发利用自然资源与排污活动的影响,如污染物排放总量、自然资源利用程度、地域开发强度、人口居住密度等。

2. 开发利用行为

开发利用行为,是指行为人以牟取环境容量与自然资源的经济利益为目的,向环境排放废弃物质与能量或者开发自然资源等利用和改变环境的活动。根据开发利用行为的方式,可以将它们分为环境容量利用行为和自然资源利用行为两大类。它们的区别在于前者以排放为特征,后者以索取为特征。

(1) 环境容量利用行为。环境容量一般指某一环境单元(空间)所能容纳污染物质的最大量。

环境容量利用行为,是指经行政机关许可的特定主体(企业)为牟取经济利益而利用环境容量向环境排放污染物或抛弃废物的行为。由于环境自身具有净化和分解进入环境中有害物质的作用,因此人类可以在环境容量的范围内向环境排放污染物而不致环境质量状况恶化。

为协调排放行为与人类本能利用行为的关系,规范环境容量利用行为以保障环境质量,各国环境立法均规定禁止未经许可向环境排放污染物,同时还创设了污染物排放总量控制制度。

(2) 自然资源利用行为。自然资源利用行为,是指经行政机关许可的特定主体(企业)为牟取经济利益从环境要素中获取利益的行为,如取水、伐木、狩猎、养殖、放牧以及修建水坝等。作为环境要素的组成部分,自然资源具有生命的周期性、循环性以及损害的可恢复性和可更新性,因此人类可以在不损害这些特性的基础上对它们重复利用。在这个意义上,尽管自然资源利用行为受到财产(物权)法律的保护,但在更大程度上还应当受到人类本能利用行为和生态规律的制约。

为协调资源利用行为与人类本能利用行为的关系,规范开发利用行为,保护自然环境和生态系统,各国相继制定了合理开发、利用和保护自然资源的法律。鉴于人类在过去几个世纪开发自然资源的总量超过了维持地球生态系统稳定发展的能力,导致全球生态系统不断退化,各国还创立了自然保护法律制度,对自然区域、物种和生物多样性进行特殊保护。

总而言之,尽管任何环境利用行为的总体目标都是为了促进人类的发展和福祉的提高,但本能利用行为主要以满足人类所有群体的基本生存为目标,利用环境提供的自然物质与生态效益;开发利用行为则以人类部分群体的物质财富和经济利益为目标,利用环境提供的纳污容量和自然资源,它总体上也可以促进人类发展。但是,由于地球环境的有限性,致使这两类环境利用行为之间实际上存在着此消彼长的利益竞争关系。

环境与资源保护法存在的意义就是要在具有竞争关系的本能利用和开发利用行为之间确立一个利益平衡点,既要保护人类发展的经济利益,也要维护人类生存的根本利益。

(二) 客观现实的物质财富、非物质财富与环境功能

1. 客观现实的物质财富

对于环境与资源保护法而言,客观存在的物质财富一般是指权利人可以主张的、应当受到法律保护的环境要素及其自然性状,如大气、水、海洋、土地、矿藏、森林、草原、野生生

物、自然遗迹、人文遗迹、自然保护区、风景名胜区、城市和乡村等。

作为环境与资源保护法律关系客体的自然物，绝大多数也是可以产生经济价值的自然资源并已经依法确立了其所有权。所以将这些自然物作为环境与资源保护法律关系的客体对待时，还应当从民法所有权的角度对它们进行分析。例如，某些可以作为财产权利对象的自然物，如土地、森林、草原、山脉、矿藏、水流等，依照我国法律规定只能成为国家或集体所有权的客体，而不能成为私人所有权的客体。还有一些作为环境要素的自然物，如空气、风力、光照等，只能作为环境与资源保护法律关系的客体，而不能成为具有财产权内容的法律关系，如民事法律关系的客体。

按照传统的民法学原理，某些濒危、珍稀的野生动物，如动物园和马戏团里的熊猫、老虎等，在它们脱离自然界失去环境要素的功能时，就不再是环境与资源保护法律关系的客体而是民事法律关系的客体。但是近代社会鉴于对珍稀、濒危野生动物价值认识的提高，对它们的处分也通过环境立法作出了非常严格的限定。例如，我国《野生动物保护法》第17条规定，驯养和繁殖国家重点保护野生动物的，应当持有许可证。此外法律还禁止出售、收购、猎捕、杀害国家重点保护野生动物。这时，即使是个人或集体驯养、繁殖的国家重点保护野生动物，由于它们同时也是环境与资源保护法律关系的客体，因而不能简单地将其作为民事法律关系的客体对待。

另外，某些人工制造物或人为划定的一定区域，如开发区、工矿企业、机器设备、排污设施和治理设施、移动性交通工具以及生产和消费过程中产生的污染物或废弃物等，由于只有通过义务人的积极行为才能使权利人的利益得到满足，它们也可以作为环境与资源保护法律关系的客体。

2. 客观现实的非物质财富与环境功能

在确定环境与资源保护法律关系的客体时我们还应当注意环境的功能，即人类向环境排放污染物时所利用的环境容量以及自然物为人类和生态系统平衡所提供的环境效益。自然物对环境和生态平衡所提供的这些效能，只能成为环境与资源保护法律关系的客体。

具有环境效能的非物质财富也是环境与资源保护法律关系的客体，它主要表现为一定的环境效应、生态功能等。具有环境效能的非物质财富既可能通过人类的主观感受，如碧海蓝天、青山秀水等表现出来，也可能是通过人类的被动接受，如呼吸清新的空气、享受静稳和舒适的状态等而实际获益。需要说明的是，传统法并不将清新的空气视为法律关系的客体，因为它尚不能为人类自由地控制和支配。但是，现代科学技术已经发展到可以对空气质量予以人为测定和控制的水平，因此空气可以成为环境与资源保护法律关系的客体。

另外，由于生态系统循环和自然规律不以人的意志而转移，因此自然物还存在着非人类利用价值（自然的内在价值），这些价值和功能也直接影响着人类的生存和社会的发展。因此它们也应当成为环境与资源保护法律关系的客体。

自然物在传统法中只能是法律关系的客体，但是随着环境伦理学的发展，也出现了要求将某些自然物作为法律关系的主体看待的理论主张。尽管自然物是否能够成为环境与资源保护法律关系的主体尚未明确,但环境与资源保护法在强调环境对人类的经济价值将其作为权利义务关系客体的同时,也要开始强调自然物独立于经济价值的生态价值以及环境要素在保持生物多样性方面所表现出的内在价值。

本章小结:

环境与资源保护法是指以保护和改善环境、预防和治理人为环境侵害为目的,调整人类环境利用关系的法律规范的总称。

环境与资源保护法的调整对象是人类在从事环境利用行为中形成的环境利用关系。环境与资源保护法的目的是保护和改善人类赖以生存的环境与资源,预防和治理人为环境破坏。环境与资源保护法的范畴既包含直接确立合理开发利用和保护环境与资源行为准则的法律规范,也包括其他部门法中有关环境与资源保护的法律规范。与环境与资源保护法相关的概念主要有环境法、环境保护法等。在中国法学研究领域,环境与资源保护法同环境法或者环境保护法的内涵与外延基本一致。

各国环境与资源保护法的直接目的一般是协调人与环境的关系,保护和改善环境,最终目的一般都是为了促进"可持续发展"。

通常我们是在法的渊源体系的意义上来定义环境与资源保护法律体系的。我国环境与资源保护法律体系的内容包括宪法、环境与资源保护法律、环境与资源保护行政法规、国务院各部门有关环境与资源保护的行政规章、地方性环境与资源保护法规与规章、有关环境与资源保护的司法解释、中国缔结或参加的国际环境公约、条约、协定和议定书。

环境与资源保护法律关系是指受法律调整的环境与资源开发利用行为主体间发生的具有权利义务内容的环境利用关系。环境与资源保护法律关系的主体包括国家、国家机关以及企事业单位、社会组织和公众。

公众一般包括公民(自然人)和由公民组成的各种团体。公众环境权益的内容包括优美、舒适环境的享受权,开发利用环境决策与行为知悉权,开发利用环境决策建言权,监督开发利用环境行为及其检举和控告权,环境权益侵害救济请求权。公民的环境保护义务包括关心和保护环境的一般义务与忍受一定限度环境污染或生态破坏的特别义务。

企业开发利用环境的权利包括开发利用自然资源的权利与利用环境容量排污的权利两大类。企业行使开发利用环境的权利时有义务遵守法律规定的干预性、给付性、计划性以及禁止性和命令性等义务性规范。企业环境社会责任是指从事开发利用环境行为的企业作为一类社会群体对社会以及其他公众所承担的、除强制性法律规范外的一种道义上的环境保护义务。其主要内容包括通过环境质量体系认证或获得绿色标签认定,推行清洁生产,主动对外宣示企业环境保护守则等。

我国实行统一监督管理与分部门分工负责管理的环境与资源保护行政管理体制。环保部门对环境保护工作实施统一的监督管理;海洋、国土、林业、农业、水利、建设等部门依法在职权范围内享有一定的环境保护监督管理权。

政府实施环境与资源保护管理的手段包括行使环境与资源保护行政管理权与代表国家对环境资源损害行使民事索赔权;前者的主要内容包括开发利用环境与资源的决策权,开发利用环境与资源及其相关行为的许可权,开发利用环境与资源的监督管理权,规章制定权、行政强制权与行政处罚权。

环境与资源保护法律关系的客体是人类的环境利用行为与环境要素及其性状。环境利用行为分为本能利用行为与开发利用行为两大类,环境利用行为的主体是人(含自然人和法律拟制的人),行为在主观上是为了满足人的生存需要,行为的结果是获取环境要素或者从环境要素中谋取利益。环境要素及其性状具体表现为客观现实的物质财富、非物质财富与环境功能。

思考题:
1. 什么是环境与资源保护法,它区别于其他法律部门的特征有哪些?
2. 我国《环境保护法》的立法目的是什么?
3. 我国环境与资源保护法律体系的主要内容有哪些?
4. 公众及其环境权益的主要内容是什么?
5. 企业开发利用环境的权利及其义务的内容有哪些?
6. 政府及其主管部门的环境与资源保护管理职能有哪些?
7. 什么是环境利用行为?

第三章 环境与资源保护法的基本原则与基本制度

学习目标：通过本章的学习，了解环境与资源保护法基本原则的含义及确立依据，理解各项基本原则的概念、作用以及贯彻实施方法。了解环境与资源保护法基本制度的含义、作用和意义；理解各项基本制度的产生和发展过程、基本内容及相关法律规定。

第一节 环境与资源保护法基本原则与基本制度概述

一、环境与资源保护法基本原则概述

环境与资源保护法的基本原则是指能够反映环境与资源保护法的本质、体现环境与资源保护法的精神、贯穿于环境与资源保护法始终，并能指导环境与资源保护立法、执法和司法的法律规范。

确立环境与资源保护法基本原则的重要意义表现在三个方面。

第一，反映一国环境与资源保护法的精神和本质。正如平等、自愿、等价、有偿等民法的基本原则反映民法的精神和本质特点一样，环境与资源保护法的基本原则也反映环境与资源保护法的精神。环境与资源保护法的历史和现状决定了环境与资源保护法基本原则不像其他已经成熟的法律部门一样那么完备。但是经过几十年的发展，反映环境与资源保护法精神的基本原则也正在逐渐形成，如经济社会发展与环境保护协调发展原则。

第二，弥补法律规定的不足。法律是稳定的，社会生活是不断变化发展的。在出现诸如新型环境利用关系等新问题、新社会现象需要环境与资源保护法加以调整和规范时，具体立法有可能滞后或者存在空白。在这种情况下，基本原则可以弥补法律规定的不足，指导环境与资源保护执法和司法，并防止法律的滥用。

第三，指导环境与资源保护立法。基本原则的确立可以有效地推动环境与资源保护立法的进程。我国环境与资源保护法确立的基本原则，如预防原则、公众参与原则，在推动环境影响评价、"三同时"、环境信息公开等制度的立法进程中发挥了积极作用。

在一定时期由于环境问题的主要表现及其解决问题的法律方法不同，各国和地区环境与资源保护立法对基本原则的解释与认识也有所不同。例如协调发展原则，在日本1967年的《公害对策基本法》中就将其解释为环境保护必须与经济的健全发展相协调，意即当环境保护与经济发展出现矛盾时以经济发展优先。这个条款在1970年日本修改该法时被删除，到1993年日本在制定《环境基本法》时又将该原则解释为环境优先。此外我国台湾地区2002年《环境基本法》也明确规定了环境优先的原则。

确定环境与资源保护法基本原则的主要依据包括五个方面。

第一,环境与资源保护法的基本原则应当具有法律规范的特性,以便于执法者、司法者解决环境与资源保护实践中可能产生的各种纠纷与矛盾。

第二,环境与资源保护法的目的不能等同于环境与资源保护法的基本原则。环境与资源保护法的基本原则属于比较抽象的法律规范,而环境与资源保护法的目的则属于比较具体和直接的法律规范。例如,环境与资源保护法的目的包括促进经济发展、保障人体健康,但这些不是环境与资源保护法的基本原则。

第三,环境与资源保护法基本原则必须是环境与资源保护法的特有原则,与其他部门法共有的原则不应成为环境与资源保护法的基本原则。

第四,环境与资源保护法基本原则应当贯穿于整个环境与资源保护法规范之中,并对环境与资源保护法的规范体系具有指导与纲领作用。环境与资源保护法基本原则应当在环境与资源保护立法、执法、司法等各个环节和所有领域普遍、广泛适用。如果一项原则只适用于某个环节、某个领域,就不能够成为环境与资源保护法的基本原则。

第五,环境与资源保护法的基本原则应该内容明确、具有可操作性。战略性、宣示性的口号不宜直接作为环境与资源保护法的原则。例如,1979年《环境保护法(试行)》所确立的"全面规划,合理布局,综合利用,化害为利,依靠群众,大家动手,保护环境,造福人民"的环境保护方针,就不宜作为环境与资源保护法的基本原则加以规定。

据此,本书将经济社会发展与环境保护相协调原则、预防原则、受益者负担原则、公众参与原则四项原则作为环境与资源保护法的基本原则。

二、环境与资源保护法基本制度概述

在我国环境与资源保护法中,制度一词通常与政策结合使用,但两者在性质上却是不同的。政策是执政者在一定时期内确立的行为目标或希望达到的结果,不具有法的拘束力,但可以对制度的执行和变革产生影响;而制度是由法律确立的行为模式或行为准则,具有法的拘束力,同时在执行中可能要求执政者采取有利于制度实施的政策。

理论上,环境与资源保护法律制度有基本制度和特别制度之分。环境与资源保护的基本制度,是指按照环境与资源保护立法的目的和基本原则确立的、具体表现并普遍适用于环境与资源保护各个领域的法律规范的总称。环境与资源保护的特别制度,是指在各单项环境与资源保护立法中为实现立法目的而确立的具有领域性、针对性和特殊性的法律规范的总称。由于环境与资源保护法律体系的范畴既包含环境污染防治法律,又包括自然保护与资源保护法律,因此在单项环境与资源保护立法中,必须为实现立法的特殊目的而确立与环境和资源要素保护相关的具体措施和方法。

结合环境与资源保护立法的实践,本书认为我国环境与资源保护法的基本制度是依据如下原理确定的。

第一,具体体现环境与资源保护法的基本原则。环境与资源保护法的基本原则蕴涵着环境与资源保护法的本质和它所认可的根本价值,但是环境与资源保护法的基本原则一般只具有法的模糊性、概括性或指引性,并且大多数不具有法的拘束力,必须通过明确的法律规范来具体确定和体现。

第二,具体反映环境与资源保护法律的共通性和本质性的法律措施。在国内环境与资源保护法学教科书中,一般将环境保护计划、环境标准、环境影响评价、"三同时"、排污申报登记、排污收费、排污许可、现场检查、环境监测、限期治理、污染事故报告处理等作为基本制度加以阐述。在中国的环境保护实践中,还有以政府环保部门提出的环境保护基本法律制度为依据的分类方法,如环境影响评价制度、"三同时"制度、排污收费制度、城市环境综合整治制度、排污申报登记制度、限期治理制度、污染物排放许可制度、企业环境保护责任制度、现场检查制度。本书则从环境与资源保护法律的内在联系、规制方法及其本质出发,将具体确立于各单项环境与资源保护法律之中具有共通性的法律规范作为环境与资源保护法的基本制度。

第三,依据基本国情和社会经济发展水平,通过对法的"立、改、废"逐步完善。20世纪80年代初,中国在修改颁布的《宪法》中就将环境保护作为国家的责任予以规定。为此,中国制定和完善了一系列的环境与资源保护法律法规,并逐步确立了一些行之有效的环境与资源保护法律制度。但是中国是一个发展中国家,面临着发展经济以提高人民物质生活和文化需要与巨大的人口、资源压力以及工业基础设施陈旧落后和管理水平低下等矛盾和问题,因此不可能将所有已被西方国家实施并证明的成功的法律制度全部适用于中国。为此,环境与资源保护基本制度是在充分研究了中国国情的基础上,结合现有科学技术的发展水平,将那些经济、适用、可行的方法和措施确立为基本制度的。

本书按照上述原理将环境与资源保护的基本制度分为环境标准制度,环境与资源保护规划制度,环境费制度,环境影响评价制度,治理、恢复与补救制度五类。

需要指出的是,中国现行的环境与资源保护立法主要起始于20世纪80年代以来国家有关环境与资源保护的政策和措施,因这个时期环境与资源保护工作的重点是环境污染的治理,这使得中国环境与资源保护法的基本制度存在着突出环境污染防治的阶段性特点。从可持续发展的观念出发,环境保护应当包含对资源和能源的保护以及对资源的循环利用等各个方面。例如,"十八大"报告就指出:为保护生态环境,我们必须要建立国土空间开发保护制度,完善最严格的耕地保护制度、水资源管理制度、环境保护制度。为此,中国目前正加强对自然资源和能源保护的立法,以完善自然资源保护和促进循环经济的基本法律制度。所以中国环境与资源保护法的基本制度还会随着立法的发展而不断完善。

三、综合性环境保护法与基本原则和基本制度的关系

(一) 综合性环境保护法的概念

综合性环境保护法也称环境基本法,是指由国家立法机关制定的,在一国环境与资源保护法律体系内处于最高位阶,对立法、行政和司法以及法律的适用具有指导地位的法律。综合性环境保护法的产生具有两方面的背景。

第一，与经济利益相抗衡的环境利益不能及时在国家政治，尤其是宪法上得到充分反映。

近代宪法是以保护个人利益为本位的资本主义生产关系的产物。20世纪中后期，伴随环境问题的出现导致各国社会关系领域许多重大事项发生改变。然而，许多国家鉴于修宪程序繁杂、涉及社会关系领域众多等原因，轻易不会修改宪法。这样就使环境问题所导致的社会关系的改变不容易通过宪法表现和调整，而只能选择对该领域制定一部高位阶的、新的法律予以应对。

但是，由于涉及环境问题的社会关系非常复杂，并非大量单项环境与资源保护立法就可以解决。所以各国开始将以应对环境问题为中心的法律共同集合成为一个法律部门，在此基础上以一部高位阶的综合性环境保护政策法或基本法作为"统领"，以弥补国家宪法有关环境保护规范的不足。

第二，环境问题的对策措施关系到社会、生活、文化和经济等各个领域，需要综合平衡和统一协调社会各方利益。

环境问题的产生是与人类社会进步和经济发展相互交织的，由于诸多环境保护对策仅从问题的结果出发单一确立应对策略的做法脱离了国家经济、社会以及法治发展的现实，并且环境保护的行政权力分属于政府各部门，也难以从总体上达成国家的环境政策和目标。

为此，各国发现，只有通过制定一部高位阶的法律统合国家应对环境问题的各项法律与策略，明示环境保护的基本原则和基本制度以及其他国家法律在环境保护领域的适用关系，才能够多层次、多方位地综合调整由环境问题引发及改变的社会关系。

例如，20世纪50年代西方主要国家分别在大气、水、噪声、废弃物、野生动植物、森林、土地、河流、海洋、草原、自然保护区与优美景观保护等领域制定实施了大量单项法律，之后各国和地区开始重视综合性环境保护法立法。美国于1969年制定了《国家环境政策法》；德国于1959年和1974年分别制定了《自然保护法》和《污染控制法》；日本于1968年和1972年分别制定了《公害对策基本法》和《自然环境保全法》，1993年又将这两部法律合二为一修改成为《环境基本法》。我国台湾地区也在完善环境立法的基础上于2002年制定了新的"环境基本法"。

在一国环境与资源保护法律体系中，综合性环境保护法一般处于最高位阶，它确立了国家环境与发展关系的基本准则，通过明确的法律规定将其他现行政策、法律原则统一到环境与资源保护的政策或原则上来。因此，环境基本法或者综合性环境保护法也被称为"环境宪法"。

从法律条文上考察，综合性环境保护法的篇幅一般较为简短，目的主要在于确立国家综合性环境保护方针策略、调整环境与发展的关系、明确政府的环境责任、设立专门的环境问题对策委员会以及确立有关环境纠纷处理的法律适用问题。从法律规范的内容上考察，综合性环境保护法对政府环境责任的规定较多，义务性、鼓励性和授权性规范也运用得较多，但很少对政府各行政主管部门的职权职责作出直接规定。

(二) 我国现行《环境保护法》的内容、地位和作用

我国现行《环境保护法》是1989年由全国人大常委会通过的,至今已实施了二十多年。

此前,我国曾于1979年制定了《环境保护法》(试行)。20世纪70年代末,我国社会主义法制建设尚处于恢复重建时期。在这个背景下,立法者借鉴了国外环境立法有关"基本法加单项法"的模式来构建我国的环境与资源保护法律体系,即在各单项环境与资源保护法律尚未制定的情况下,先行制定《环境保护法》(试行)并将其作为环境与资源保护领域的基本法。该法在内容上只规定了国家环境与资源保护的基本方针和政策,而对环境与资源保护领域的具体规定则考虑在未来制定各单项法律法规或实施细则时予以解决。

20世纪80年代中叶,我国修改《宪法》,确立了社会主义有计划的商品经济体制,同时国家已制定实施了一系列单项环境与资源保护法律和行政法规。因此,有必要对国家的环境与资源保护的基本方针和政策进行调整,以适应国内政治和经济形势发展的需要。由于那时经过几次机构改革,国务院有关部门的环境与资源保护监督管理职权的界限也逐步清晰,所以对《环境保护法》(试行)进行修改的重点主要是围绕国家环保部门的职权范围展开的。这样就使得修改草案所确立的基本原则和基本制度,一开始就具有浓厚的环境污染防治和管理的特征,而有关自然与资源保护的内容则因为领域广泛、主管部门职权交叉较多等问题而留待于其他单项自然资源立法另行作出规定。

在环境与资源保护法学界,一般按照《环境保护法》在我国环境与资源保护法律体系中的地位和作用,将《环境保护法》视为我国的环境基本法。但在《立法法》所确立的现有国家立法体制与框架内,《环境保护法》并非国家基本法,所以在立法实践中也将其称为环境与资源保护法律领域的牵头法。

《环境保护法》在内容上共分总则、环境监督管理、保护和改善环境、防治环境污染和其他公害、法律责任以及附则六章。

"总则"的内容主要包括立法目的、"环境"的定义、法的适用范围、环境保护规划与国民经济和社会发展计划的关系、协调发展原则、发展环保科教事业、单位和个人检举和控告破坏环境的权利、环保行政监督管理的职权职责与部门划分、奖励规范等一般性规定。

"环境监督管理"主要确立了环境质量标准和污染物排放标准的制定与效力、环境监测与环境状况公报制度、环境保护规划制度、建设项目的环境影响评价制度、现场检查制度、跨行政区环境污染和环境破坏的处理原则等。

"保护和改善环境"主要确立了生态环境的保护原则,内容包括地方人民政府对本辖区环境质量负责以及保护自然区域的职责。此外,鉴于我国有关单项自然资源与自然环境保护的立法正在逐步完善,因此该法分别就风景名胜区和自然保护区建设、开发利用自然资源行为中的生态保护、农业环境保护、土地保护、海洋环境保护、城市环境保护和改善以及城乡建设环境保护等作出了原则性规定。

"防治环境污染和其他公害"的内容主要包括产生环境污染和其他公害单位的义务、环境保护责任制度、环境污染与其他公害的类型、工业企业技术改造的环保要求、"三同

时"制度、排污申报登记、排污收费和超标排污费制度、限期治理制度、禁止引进不符合我国环境保护规定要求的技术和设备的措施、污染事故报告处理制度、环境污染事故应急措施、经营有毒有害物品者的守法义务以及防止污染转嫁措施。

"法律责任"的内容主要包括违反该法的行政处罚和行政处分责任、环境污染损害的无过失责任制度、环境损害诉讼的特殊诉讼时效以及造成环境污染事故应当承担刑事责任的准用性规定。

"附则"的内容主要包括国际环境条约在中国的适用和该法的生效时间。

历史地考察,我国在环境保护事业和社会主义法制建设起步时期制定的《环境保护法》(试行)与 1989 年通过的《环境保护法》,在保护和改善环境、防治污染和其他公害,以及完善环境与资源保护法律体系与促进社会、经济的协调发展方面都起到了重要作用。

首先,率先将中国环境保护事业纳入法治轨道,明确了国家环境保护的基本方针、基本任务和基本政策。1979 年《环境保护法》(试行)确立了"将环境保护纳入计划统筹安排"、"预防为主、防治结合、综合治理"、"谁污染,谁治理"等环境保护的基本原则,确定了环境标准、环境影响评价、"三同时"、排污收费、限期治理等一系列环境保护的基本法律制度;1989 年《环境保护法》又相对完善了有关基本制度及其相关的法律责任。

其次,为中国环境与资源保护法律体系的完善和发展奠定了基础。1979 年《环境保护法》(试行)颁布实施以后,中国开始制定单项环境与资源保护法律、行政法规和部门规章,一些地方也依法制定了地方性环境与资源保护法规。1979 年至今我国已在环境、资源、能源以及清洁生产和循环经济领域制定了近三十部法律,中国的环境与资源保护法律体系已经基本形成。

再次,确立了环保部门统一监督管理与其他相关部门分工负责管理的环境保护行政体制,促进了环境保护行政机构的建立和发展。1979 年以后中国从中央到地方自上而下地建立健全了环保行政监督管理机构,逐步完善了环境监测网络。另外,在军队以及一些国有企事业单位也相继建立了环保机构。

最后,促进了全民法律意识和环境意识的提高,推动了其他部门法在修订时纳入与保护环境与资源相关的条款。自 20 世纪 80 年代以来,在司法部持续开展的全国普法教育活动中,《环境保护法》一直都是国家普法教育的主要内容之一。对《环境保护法》的宣传教育将环境保护与法律有机地结合在一起,它以公民所关心的环境问题为实证,在普法教育中唤起了中国公众的环境意识。此外,由于环境与资源保护所涉及的法律不仅体现在行政管理方面,更多的保障措施必须依靠其他部门法和国家相关基本法共同完成。为此,我国在刑法、民法、诉讼法以及行政法、经济法等有关立法中也相应规定了与环境和资源保护相关的条款。

(三)《环境保护法》与基本原则和基本制度的关系

1.《环境保护法》和环境与资源保护法基本原则的关系

比较各国环境与资源保护立法,对基本原则作出明确规定的一般是综合性环境保护法或者环境法典之总则部分。而环境与资源保护单项法律一般不对基本原则作明文宣示,而是通过对具体环境与资源保护法律制度的规定,隐晦地表现出基本原则的指导性以及对基本原则的从属性。

在我国《环境保护法》之中,既有通过明文规定确立的基本原则如协调发展原则,又有间接通过一个或几个具体法律条文确立的基本原则,如预防原则。

2.《环境保护法》和环境与资源保护基本制度的关系

第一,《环境保护法》初步确立和完善了环境与资源保护的基本制度体系。

我国环境与资源保护基本制度中的环境标准制度、环境与资源保护规划制度、环境影响评价制度与"三同时"制度、排污收费制度以及限期治理制度等都是由《环境保护法》创立的。

本着从预防、治理和救济等三方面解决环境问题的思路,我国《环境保护法》所确立的环境与资源保护基本制度在制度设计、顺位安排及其相互关系上也相辅相成,有利于政府开展环境与资源保护监督管理工作。

例如,从预防环境利用行为可能带来的环境污染和资源破坏的思路出发,《环境保护法》在基本制度的设计上首先确立了环境标准制度、环境与资源保护规划制度和环境影响评价制度,为政府制定和开展对环境利用行为的事前监管措施提供法律依据。然后,从治理现有环境污染和生态破坏的实际出发,《环境保护法》确立了排污收费制度以及其他自然保护的准用性规范,为环境与资源保护的过程管理奠定了执法基础。最后,从救济可能存在的环境侵害以及防治环境污染和生态破坏的需要出发,《环境保护法》还确立了限期治理制度、突发环境事件处理制度以及环境侵害的民事责任制度。

在后来制定并不断修订的单项环境与资源保护立法以及执法实践中,各单项环境与资源保护立法结合环境与资源保护要素与领域的实际,又逐步发展和完善了这些基本制度。

第二,《环境保护法》所确立的环境与资源保护基本制度,为单项环境与资源保护法律确立特别制度奠定了基础。

总体上看,开展环境与资源保护工作除了政府要安排专门的财政资金进行环境保护以外,主要的对策措施还是围绕环境问题的源头展开的,即合理控制环境容量利用和自然资源开发利用等环境利用行为。因此环境与资源保护特别法律制度的构建,需要在基本制度之外针对单项污染要素和有害因素等迁移转变规律以及结合自然资源开发与保护方式、方法的特点予以确立,从而达到对基本制度予以补充的目的。

此外,由于基本制度并非一成不变,所以有些环境与资源保护的特别制度还可以上升为基本制度,它们也需要通过修订《环境保护法》的方式予以实现。

目前,我国《环境保护法》和单项环境与资源保护法律已基本建立,它们所确立的法律制度共同构成了以基本制度为主导,以特别制度为补充的环境与资源保护制度体系。

第二节 环境与资源保护法的基本原则

一、经济社会发展与环境保护相协调原则

(一) 经济社会发展与环境保护相协调原则概述

1. 经济社会发展与环境保护相协调原则的含义

经济社会发展与环境保护相协调原则(以下简称协调发展原则)是指经济社会发展要充分考虑环境与资源的承载力,使环境和资源既能满足经济社会发展目标的需要,又能够使环境资源保持在满足当代人和后代人对适当环境质量要求的水平上,从而使经济社会发展与环境保护相互促进,共同发展,实现经济效益、社会效益与环境效益的统一。协调发展原则的内涵包括三个方面:

第一,协调发展是指经济建设、社会发展与环境保护在发展过程中的统一协调。尽管社会发展有很多目标,也有多种利益关系需要平衡。但是,只有处理好环境与发展的关系,人类社会才可能在保证生存环境的基础上,继续进步繁荣。

第二,协调发展的实质是重视环境与资源的保护,不能为了经济发展而牺牲环境利益。在发展初期,多数国家都是重视经济发展而忽视环境保护的。但是环境危机使人类认识到片面强调经济的发展,尤其是过分追求短期经济利益,最终还是会制约经济的长期稳定发展,因而必须重视环境与资源的保护。

第三,协调发展的目标是实现国家的可持续发展。1992年里约会议通过的《里约宣言》确立了"可持续发展"战略,即"既满足当代人的需要,又不对后代人满足其需要的能力构成危害的发展"。可持续发展的核心包括两个方面,即发展与限制。无论对于发达国家还是发展中国家,都需要通过发展而实现社会的进步,因此发展是首要的。但是这种发展必须是可持续的,即对传统的发展模式和发展速度加以适当的限制,经济的发展必须考虑环境、资源、能源的承载力,并为后代人的发展留下空间。可持续发展理念经过20年的发展,已经成为国际及各国环境保护的基本战略。我国也将可持续发展作为国家发展的战略。协调发展原则从经济建设与环境保护之间利益平衡的角度探索实现可持续发展的道路,既体现了可持续发展关于限制与发展的本质和内涵,又比较具体并具有较强可实施性,是具有中国特色的处理环境与发展关系的法律原则。

2. 协调发展原则的形成

协调发展原则的形成与对经济发展和环境保护关系的争论密切相关。关于经济发展与环境保护之间的关系,可以概括为三种不同的理论,即"经济发展优先论"、"环境保护优先论"与"协调发展论"。

"经济发展优先论"主张,为了经济发展而"先污染后治理"。赞同这种观点的人认为,"先污染后治理"是客观规律,经济发达国家均走过"先污染后治理"的道路,发展中国家也不可能例外。只有国家经济发展水平提高了,人民生活改善了,国民才会有提高生存

质量和生活环境的需求。这时,环境保护的重要性就会自然出现,人们也才会自觉地保护环境。没有经济的发展,或者经济发展尚未达到相当的程度,即使强行保护环境,也不能达到环境保护的目的。

与"经济发展优先论"相反,"环境保护优先论"认为,经济的指数式发展会给环境资源带来难以承受的压力,并在某个时间达到极限,经济陷入"灾难性崩溃"。因而必须停止增长,保护环境,并将环境保护置于优先地位。①

"协调发展论"是对"经济发展优先论"和"环境保护优先论"的折中。协调发展论认为,经济发展优先论与环境保护优先论的共同特点是将经济发展与环境保护对立了起来,片面强调经济发展和片面强调环境保护均有一定的问题,人类只有恰当处理好经济发展与环境保护之间的关系,让两者平衡、协调地发展,社会才能进步和繁荣。

我国在处理经济发展与环境保护关系、选择发展道路时,吸取和借鉴了发达国家的经验,理性地分析了各种道路的利弊。

首先,先污染后治理的道路在中国走不通。中国当前所处条件与工业化国家过去所处的历史条件存在巨大不同,特别体现在资源与能源的匮乏、劳动力成本的提高、利润率的下降、已经被发达国家严重污染了的全球环境等等。在此条件下,如果走先污染后治理的道路,中国必然会比发达国家付出更加沉重的环境代价。但是,在环境与资源保护法的实际执行过程中,地方各级政府还是本着"先污染后治理"的思想行事,环境与资源保护领域有法不依现象还非常严重。

其次,环境保护优先论在中国同样也走不通。中国拥有庞大的人口规模,经济基础落后于发达国家,而国民又期望美好的生活质量。如果中国将"环境保护优先"作为处理经济与环境之间关系的方法,那么在现实中,可能会面临许多两难的选择,如就业岗位、脱贫致富、能源供应、汽车出行等与环境保护的矛盾与冲突等。即便是美国这样发达的超级大国,仍然在经济发展与环境保护之间进行着某种利益平衡,为了维护国内能源企业的利益、就业岗位等,甚至不惜选择放弃全球应对气候变化领军者的地位。

因而,经济与环境保护"协调发展"是中国的必然选择。牺牲其中的任何一种利益以换取另一种利益,都可能导致利益失衡、社会发展停滞或者环境代价过大的后果。

3. 关于协调发展原则的法律规定

我国《环境保护法》规定:"国家制定的环境保护规划必须纳入国民经济和社会发展计划,国家采取有利于环境保护的经济、技术政策和措施,使环境保护工作同经济建设和社会发展相协调。"这就使得协调发展原则被法定化了。

案例3.1

A县生态环境十分优越,具有很好的旅游资源和野生生物资源开发前景。但是,为促进本地经济发展,县政府决定将一片湿地填埋后建设一个工业园区,希望通过发展工业来提高本地财政收入并增加就业机会。

---

① 〔美〕丹尼斯·米都斯等著:《增长的极限》,李宝恒译,吉林人民出版社1997年版,第17页。

讨论：县政府的决定是否是最好的选择？
提示：根据协调发展原则的内涵进行分析。

然而，在贯彻落实协调发展原则的过程中，通常却是让环境保护被动地与经济发展相协调，或者从属于经济发展，一些地方政府甚至让环境保护让路于经济发展。

为了克服环境保护的被动局面，国务院在2006年发布的《关于落实科学发展观加强环境保护的决定》中明确提出"经济社会发展必须与环境保护相协调"，即经济建设受环境保护制约，强调经济发展与环境保护的适应性。并进一步要求"各地区要根据资源禀赋、环境容量、生态状况、人口数量以及国家发展规划和产业政策，明确不同区域的功能定位和发展方向，将区域经济规划和环境保护目标有机结合起来"，从而进一步具体化了协调发展原则的内容。

4. 协调发展原则的意义

将协调发展原则作为我国环境与资源保护法的一项基本原则，对于我国经济、社会、环境的发展具有三方面的意义。

第一，正确处理了经济发展与环境保护之间的关系。严格说来，我国协调发展原则的形成早于可持续发展概念的提出，这也表明我国比较早地寻找到了一条处理发展与环境关系的道路。只不过协调发展是从事物之间横向联系的角度提出了处理发展与环境之间矛盾的对策，而可持续发展则从纵向、长远的角度提出了处理发展与环境之间矛盾的对策。因而，协调发展与可持续发展在本质上是完全一致的。我们在处理环境与发展关系时，需要既重视横向的利益平衡，也需要重视纵向的可持续发展。持续发展的基础仍然在于平衡协调、妥善处理经济建设与环境保护之间的关系。

第二，有利于实现中国经济发展方式的转变。一直以来，我国环境质量恶化的主要根源之一是"高消耗、高排放、高污染"的粗放式经济发展方式。这种发展方式的不良后果是有限资源和能源的枯竭，环境与生存环境质量的不断下降。多年来，我国一直致力于转变经济发展方式。协调发展原则强调环境资源承载力对经济发展的制约，强调对资源的节约与环境的保护，对于转变经济发展方式具有积极意义。

第三，有利于实现社会的长久繁荣与发展。协调发展原则要求在经济利益与环境利益之间寻求平衡，实质上是要求为人们提供健康适宜的生存环境。因为如果生存环境被破坏，人的健康和生命难以保证，经济的发展及其成果的取得就没有任何价值。可见，协调发展原则也是实现社会长久发展的基础。

(二) 实施协调发展原则的制度措施

1. 通过环境影响评价制度实现经济发展与环境保护一体化决策

我国《环境影响评价法》明确地将"实施可持续发展战略，预防因规划和建设项目实施后对环境造成不良影响，促进经济、社会和环境的协调发展"作为立法目的，并将规划和一切对环境有影响的建设项目纳入环境影响评价的范围。通过实施规划环评和项目环评，可以实现经济与环境保护的一体化决策，从而保证在宏观和微观经济决策活动两个方面实现"经济与环境"的协调发展。

2. 通过"三同时"制度保障经济建设与环境保护同步进行

"三同时"制度旨在与环评制度相衔接,通过建设项目环保设施与主体工程同时设计、同时施工、同时投产来落实环评报告书中所提出的防治污染的措施。"三同时"制度重在防范从事具体经济活动的排污行为可能给环境带来的影响,更进一步将"协调发展"落在了实处。

3. 通过循环经济制度将经济发展建立在环境承载力的基础上

循环经济是指在生产、流通和消费等过程中,减少资源消耗和废物产生,对废物进行再使用或者将废物作为原料进行利用与再生利用的经济发展方式。其目的仍然在于转变我国传统粗放式的经济发展方式,走"资源节约型、环境友好型"的发展道路,以促进经济建设与资源环境相协调。我国还专门颁布实施了《循环经济促进法》,建立了一系列大力发展循环经济的制度与措施。

4. 通过实施清洁生产制度实现经济发展与环境保护双赢

清洁生产是指不断采取改进设计、使用清洁的能源和原料、采用先进的工艺技术与设备、改善管理、综合利用等措施,从源头削减污染,提高资源利用效率,减少或者避免生产、服务和产品使用过程中污染物的产生和排放,以减轻或者消除对人类健康和环境的危害。如果说循环经济是以资源与废物为核心来预防污染的,那么清洁生产是以生产过程或者环节为核心来预防污染。它从设计、原料、工艺、管理、产品、废物等经济过程的多个环节,预防因企业生产可能对环境带来的影响,达到"清洁的原料、清洁的生产、清洁的产品",实现经济与环境双赢。

5. 通过清洁能源制度解决环境对经济的制约

以煤为主的能源结构是导致我国环境问题严重的一个重要原因。煤的优点是价低、量大、热能高、经济效益明显,但是它的缺点是"肮脏"、环境成本大。虽然我国一直致力于改善能源结构,但可替代的清洁能源有限,这严重制约了经济的发展,也影响了环境保护。为此,我国制定了《可再生能源法》,以促进风能、太阳能、生物质能等清洁的可再生能源的发展,解决能源对经济发展的制约。同时,我国也正在研究制定《原子能法》,试图通过发展核电进一步优化能源结构。

6. 通过绿色GDP核算等经济政策促进和保障协调发展原则的实现

绿色GDP是指一个国家或地区扣除了资源损耗成本和环境降级成本后经济活动的最终成果,代表了国民经济增长的净正效应。实行"绿色GDP"核算指标以后,资源损耗部分和环境污染等外部效应部分将从GDP总量中扣除,由于资源成本在GDP总量中所占比重较大,"绿色GDP"核算体系的建立可有效地遏制地方政府的投资冲动,实现经济与环境协调发展。

二、预防原则

（一）预防原则概述

1. 预防原则的含义

预防原则，也称环境损害预防原则，是指针对一切可能影响环境的活动和行为，事先采取经济、技术、法律、行政等各种手段和措施，防止环境污染和生态破坏等损害结果的发生。

预防原则的内涵包括三个方面：第一，预防的对象是环境损害，这种损害是科学上确定的、形成共识的。例如二氧化硫等空气污染物造成的酸雨损害、有毒有害物质对人体的伤害等都是科学上确定无疑的。第二，预防的目的是避免或者减少环境损害。预防原则的核心在于预防损害的发生，即"防患于未然"，它实质上是对末端治理方式即"治理于已然"的转变。第三，预防的性质属于事前积极控制。预防原则是相对损害发生后的治理而言的。损害发生后的治理，虽然也是对环境的保护，但它是消极被动的；而预防损害的发生，则是事前的积极控制，是主动的。

预防原则是国际社会公认的环境与资源保护法原则，该原则也被视为环境与资源保护领域的"黄金规则"。

除损害预防以外，随着环境保护的深入展开，在国际环境法中产生了一个新的原则——风险预防原则，也称谨慎原则。它是指遇有严重或不可逆转损害的威胁时，不得以缺乏科学充分确实证据为理由，延迟采取符合成本效益的措施防止环境恶化。

损害预防与风险预防的区别在于：第一，预防的对象不同。风险预防原则适用于预防严重的或者不可逆转的环境威胁，而损害预防原则适用于所有环境损害，包括环境污染和环境破坏。第二，科学确定性的判断不同。风险预防所预防之"损害"具有科学性不确定性，而损害预防原则所预防之损害在科学上是确定无疑的。

本书认为，随着国内有关气候变化、转基因生物等立法进程的加快，风险预防也已成为我国环境与资源保护法中的预防原则的应有之义。

案例 3.2

2003 年，国家发改委规划在怒江干流上建设 2 库 13 级的水电站，此举引起了重大争议。赞成方认为，云南怒江州辖区内的四个县均为国家级贫困县，接近一半的农村人口处于贫困状态。但是，怒江州拥有丰富的水电资源，建设大型的水电项目可以帮助当地脱贫。反对方则认为，怒江水电开发可能会给怒江流域沿岸的生态环境带来灾难性影响，在把这些重大不利环境影响讨论清楚之前，怒江的开发应当慎之又慎。

讨论：你如何看待怒江水电开发争议？

提示：从协调发展原则与预防原则的角度进行分析。

2. 预防原则的形成

西方工业发达国家早期的环境保护策略是末端废物管理和污染控制,在环境法律和政策方面体现为针对排污口的反应性政策和单项治理措施。从20世纪80年代开始,这些国家开始调整环境保护战略,从末端治理向源头治理、反应性向预防性转变。

20世纪90年代以后,预防性环境战略逐渐在各国立法中得到反映。1990年美国通过《污染预防法》对污染实行预防或者源消减,这标志着美国环境政策从末端治理向源头控制转变。同期,其他工业发达国家也进行了类似的政策调整。例如经济合作与发展组织在1991年提出的《关于综合污染防治的建议》中号召成员国采取措施,实行污染综合控制。

我国长期实行计划经济,对污染预防的提出实际上早于发达国家。早在1973年国务院发布的《关于保护和改善环境的若干规定(试行草案)》就提出要贯彻"预防为主"的方针。我国《环境保护法》虽然没有明确规定预防原则,但是其规定的一系列基本制度已经充分体现了预防为主的要求,例如环境影响评价制度、许可证制度等。各环境与资源保护单行法中也有许多相关规定,2002年制定的《清洁生产法》和《环境影响评价法》更是对从源头上预防污染、实行清洁生产作了具体规定,全面体现了预防为主、防治结合、综合治理的原则。这也标志着中国的污染防治工作已经从末端治理为主进入到以源头预防为主、综合治理的阶段。

3. 预防原则的意义

首先,采取预防措施可以用较低成本获得较大的环境效益。环境污染或者生态破坏一旦产生,通常都会造成巨大的经济损失和生态损失。例如,我国的松花江水污染事件、康菲石油海洋污染事件[①]、紫金矿业污染事件[②]等都给国家、地方以及公众的财产和人身造成了巨大损失,而且这些事件对生态环境造成的损失也难以估算,特别是造成的水生生物、海洋生物等损失甚至可能是难以逆转的;另外,国家、企业和个人还要花费巨资进行污染治理和生态恢复。但是,如果能够预防这些污染,则即便投入了一些人财物,也会大大低于治理污染的成本。因此预防是一种低成本的环境保护战略。

其次,采取预防措施有利于扭转我国环境保护的被动局面。环境保护的历史证明,"头痛医头、脚痛医脚"是"治不胜治"、"医不胜医"的,而且环境问题的复杂性远远不是污染本身那么简单,它的潜在影响、散发性影响过大,甚至影响社会安定,也影响民族的健康和未来。因此,必须通过预防,防止一切行为和活动可能对环境产生的影响,从而使环境

[①] 2011年6月4日,中海油与康菲中国合作的蓬莱19-3油田发生漏油事故,造成渤海大面积污染,河北、辽宁两地大批渔民和养殖户损失惨重。2012年,经国务院调解,中海油集团与作业方康菲中国及中国农业部就解决漏油事故造成的渔业损失赔偿和补偿问题达成协议,康菲中国出资10亿元设立赔偿基金,用作解决河北、辽宁省部分区县养殖生物以及渤海天然渔业资源损害赔偿和补偿问题。同时中海油和康菲分别出资1亿元和2.5亿元设立环境保护基金,用于天然渔业资源修复和养护、渔业资源环境调查监测评估和科研等方面的工作。

[②] 2010年7月,福建省紫金矿业集团有限公司发生铜酸水渗漏,导致汀江严重污染。9月,茂名市的信宜紫金矿业有限公司发生溃坝事件,造成重大人员伤亡和财产损失。事发后,当地多名官员被停职检查或责令辞职,相关企业负责人被刑事拘留。2010年10月,福建省环保厅对紫金矿业作出罚款956.313万元人民币的行政处罚决定。

保护工作从被动变为主动,从消极转变为积极。

(二) 实施预防原则的制度措施

1. 通过环境影响评价制度在决策阶段落实预防原则

环境影响评价制度是最有效、操作性最强的环境预防措施。环境影响评价制度的目的就是预防因规划和建设项目实施后对环境造成不良影响,因此,我国《环境影响评价法》特别注重从环境影响评价的过程与程序来控制规划与项目可能对环境造成的影响。

根据《环境影响评价法》的规定,规划环境影响评价是在规划编制过程中进行环境影响评价,有关人民政府在审批规划的环境影响报告书时,应当将环境影响评价结论作为决策的重要根据;建设项目可行性研究阶段对建设项目可能对环境造成的影响进行可行性分析,建设项目的环境影响评价文件,由建设单位按照国务院的规定报有审批权的环境保护主管部门审批;建设项目的环境影响评价文件未经法律规定的审批部门审查或者审查后未予批准的,该项目审批部门不得批准其建设,建设单位不得开工建设。通过这些规定,可以有效预防规划和建设项目可能给环境造成的影响。

2. 通过"三同时"制度在建设阶段落实预防原则

如果说环境影响评价制度是在规划和项目的起草或可行性研究阶段的早期预防措施,那么"三同时"制度是在项目的设计、施工、投产阶段的预防措施。大多数国家都建立了环境影响评价制度,但"三同时"制度是我国首创的有中国特色的预防制度。

通过"三同时"制度,对环境影响评价报告书中提出的防范对策加以落实,并与环境影响评价评价制度相配合,对建设项目从可行性研究、设计、施工、投产所有重要环节予以把控,预防其可能对环境带来的污染和破坏。

3. 通过清洁生产制度在生产阶段落实预防原则

美国《污染预防法》的核心是"源消减",即指在进行再生利用、处理和处置之前,减少流入或释放到环境中的任何有害物质、污染物或其组分的数量,减少这些有害物质、污染物或其组分对公共健康和环境的危害。

我国建立清洁生产制度的初衷,实际上就是借鉴美国将"污染预防的战略"持续地应用于生产过程的思路,建立我国的污染预防法律制度,"减少或者避免污染物的产生"。

4. 通过循环经济制度在资源废物循环阶段落实预防原则

循环经济制度与清洁生产制度的共同之处在于两者都侧重于预防污染的发生,只不过清洁生产制度以"生产过程"为中心,而循环经济则以资源的再生利用、重复利用为中心。循环经济以"节水、节地、节材、节能"和"综合利用"五个方面预防对环境的污染和损害,因此与传统以"排污口"达标和"废物管理"的污染治理模式存在明显不同。

5. 通过排污许可证制度在排污阶段落实预防原则

为了预防和控制环境污染,国家对从事生产与经营的企业向环境排放废气、废水、固体废物、噪声等行为实行许可证管理。国家通过颁发许可证来控制可能向环境排放污染物的总量,以使排污量不超过环境容量,从而预防环境质量的恶化。我国《大气污染防治法》、《水污染防治法》、《固体废物污染环境防治法》等都规定了排污许可证制度。

三、受益者负担原则

(一) 受益者负担原则概述

1. 受益者负担原则的含义

受益者负担原则是指开发利用环境和资源或者排放污染物,对环境造成不利影响和危害者,应当支付由其活动所造成的环境损害费用,并承担治理其造成的环境污染与破坏的责任。受益者负担原则包括"谁开发谁保护,谁破坏谁恢复,谁利用谁补偿,谁污染谁治理"四个方面的内容。

"谁开发谁保护"是指开发自然资源与环境的企业和个人,必须在开发自然资源的同时,负担保护生态环境的责任和义务。造成我国生态环境恶化的一个十分重要的原因就是"边开发边破坏"的传统的自然资源开发方式。为此,我国在"西部大开发"中,提出"边开发边保护"、"先保护后开发"战略。

"谁破坏谁恢复"是指环境与资源的破坏者,应当承担修复生态环境功能的责任和义务。在交通、水利、房地产开发、工矿企业的建设过程中,都可能对土地、森林、草原等自然生态系统造成破坏,影响生态环境的功能。因而由破坏者负责对已破坏的生态环境进行恢复,如进行土地复垦、水土保持、植树造林等生态恢复是十分必要的。

"谁利用谁补偿"是指环境与资源的利用者,应当承担生态补偿的责任和义务。强调利用者的补偿责任是十分重要的,因为我国各地资源禀赋不均衡,经济发达地区往往是资源匮乏地区,经济落后的地区往往是资源富集的地区。落后地区的资源通常被富裕地区利用,而落后地区则因为资源的开发造成严重的生态破坏。因而由经济发达地区的资源利用者对资源富集地区的资源出让者进行经济补偿,是符合公平原则的。

"谁污染谁治理"是指环境的污染者,应当承担治理污染的责任和义务。让污染者承担治理污染的责任,如同让"欠债者还钱"、"杀人者偿命"一样具有正当性。[①] 污染者治理污染除了符合公平正义等理念外,还有利于降低治污的成本,形成公平的竞争环境。

通常,我们对开发者、破坏者、利用者、污染者不加以区分,因为他们同为环境污染与破坏的"受益者"。但事实上,将环境责任的承担者具体化,并对开发者、破坏者、利用者、污染者的责任加以区分,是十分必要的。开发者一般是能源、矿山企业;破坏者则可能是土地开发利用企业、林木经营部门;利用者则可以是任何单位与个人;污染者则通常是从事工业生产、商业经营活动的企业。开发者、破坏者、利用者负责原则意在强调对生态环境的保护,污染者负责意在强调对污染的治理。

近年来,受益者负担原则的内涵有进一步扩展的趋势,即将地方政府对所辖行政区域的环境质量负责也纳入环境责任的范畴。因此,我国环境与资源保护法中的受益者负担原则是一个涵盖资源保护、污染防治,并包括开发者、利用者、破坏者、污染者以及地方政府在内的广泛责任主体的责任体系。

---

① 参见陈泉生:《环境法原理》,法律出版社 1997 年版,第 76 页。

在理解受益者负担原则时,有两点需要特别强调。第一,受益者负担实质上是一种义务的概念,即主体所应承担的法律义务,而非违反义务所应承担的法律后果。因而它与环境法律责任中所强调的法律制裁是完全不同的。第二,"受益者"所承担的主要是经济责任,并不影响它因违反环境与资源保护法律法规或者造成他人财产人身损害所应承担的刑事、行政以及民事赔偿责任。

案例3.3

1998年长江爆发洪灾之后,国家对长江上游全面实施天然林保护工程。位于长江上游的云南省丽江市按照国家要求,停止市内天然林采伐,地方财政收入也因此大幅下降。

讨论:丽江因保护生态环境而丧失的发展机会成本应当如何进行补偿?

提示:从受益者负担原则的角度进行分析。

2. 受益者负担原则的形成

受益者负担原则是由经济合作与发展组织(OECD)于1972年提出的"污染者负担原则"逐渐演变、并结合中国实际情况形成的。

20世纪70年代初,经合组织注意到其成员国用政府公共资金控制污染和治理环境,不但会导致污染者生产的商品的价格不能反映其真实的成本,而且会形成政府的变相补贴,从而扭曲和干扰污染者与其商业对手之间竞争的公平性。同时,政府公共财政资金来源于纳税人,让全体纳税人对污染者造成的污染损害负担,也有损于公平原则。为此,经合组织率先提出了污染者负担原则,并通过了《关于实施污染者负担原则的建议》,以促使将污染者造成的环境成本内在化,解决"企业排污赚钱、政府买单(社会承担)治理污染"的不公平现象。

"污染者负担原则"提出后,得到了工业发达国家的广泛认同,很快被各国的国内立法采纳,成为各国通用的环境保护原则。目前,污染者负担原则还体现在国际环境法中,成为国际环境法的一项基本原则。

我国并未照搬"污染者负担"原则,而是参照"污染者负担原则",确立了"谁污染谁治理"原则。在1979年《环境保护法(试行)》第6条中规定:"已经对环境造成污染和其他公害的单位,应当按照谁污染谁治理的原则,制订规划,积极治理,或者报请主管部门批准转产、搬迁。"

1989年《环境保护法》删除了"谁污染谁治理"原则,其主要原因是认为,"谁污染谁治理"只明确了治理责任,容易被理解为只是让污染者承担治理污染的责任,而实际上国家与地方政府也承担着综合治理污染的责任。另外也会让人认为污染者只承担治理污染的责任,不承担对污染造成损失的赔偿责任。[①]

现行《环境保护法》虽然没有明确规定污染者负担原则,但体现了污染者负担原则的

---

① 金瑞林主编:《环境法学》,北京大学出版社1999年版,第135页。

精神。《环境保护法》第 24 条规定:"产生环境污染和其他公害的单位,必须把环境保护工作纳入计划,建立环境保护责任制度;采取有效措施,防治在生产建设或者其他活动中产生的废气、废水、废渣、粉尘、恶臭气体、放射性物质以及噪声、振动、电磁波辐射等对环境的污染和危害。"第 28 条规定:"排放污染物超过国家或者地方规定的污染物排放标准的企业事业单位,依照国家规定缴纳超标准排污费,并负责治理。"第 16 条规定:"地方各级人民政府,应当对本辖区的环境质量负责,采取措施改善环境质量。"

1990 年,国务院发布了《关于进一步加强环境保护工作的决定》,提出"凡产生环境污染和其他公害的企事业单位,必须把消除污染、改善环境、节约资源和综合利用作为技术改造和经营管理的重要内容,建立环境保护责任制度和考核制度",并提出按照"谁开发谁保护,谁破坏谁恢复,谁利用谁补偿"方针,加强资源管理和生态建设。

随着环境保护的范围从污染防治扩大到自然保护和物质消费领域,污染者负担原则的适用范围也在逐步扩大。我国 2004 年修改的《固体废物污染环境防治法》明确规定"产品的生产者、销售者、进口者、使用者对其产生的固体废物依法承担污染防治责任";2008 年制定的《循环经济促进法》也明确规定由产品生产者、销售者、使用者等共同承担产品及其废弃物的环境影响成本。

至此,我国形成了比发达国家"污染者负担原则"更加丰富的"受益者负担原则"。

3. 受益者负担原则的意义

第一,实现社会公平。受益者负担原则的本质是将污染者的污染成本内在化,让污染成本进入产品的价格,促进资源的合理分配,从而有利于企业的公平竞争。同时,污染成本内在化,也减少政府公共支出,减轻纳税人的负担。

第二,降低环境保护的成本。让开发者保护、破坏者恢复、利用者补偿、污染者治理,实际上是让最知情者、最有经验者、最方便者对环境进行保护、对污染进行治理,这实际上是对资源的最合理的配置,也是最有效率的环境保护方法,从而有利于降低环境保护的成本,取得经济效益与环境效益的双赢。

第三,最大程度地保护环境质量。让开发者保护、利用者补偿、破坏者恢复、污染者治理,其中包含着将经济活动与环境保护同步进行的意蕴,也是对及早预防、及时治理、防患于未然的另一种解读,以此最大程度地达到保护环境的目的。

(二) 实施受益者负担原则的制度措施

1. 实行排污收费制度

征收排污费被公认为是环境成本内在化的有效手段,也是世界各国在环境保护中广泛使用的一种经济手段。我国 1979 年《环境保护法(试行)》中就确立了排污收费制度,1989 年《环境保护法》也明确规定了排污收费制度。虽然我国排污费收取标准偏低,但是将排污费作为企业支出的一部分并纳入成本核算,有效地引导了企业治污的积极性。未来,我国还需要进一步提高排污费的征收标准,使得对排污者征收的排污费等于其给社会其他成员造成的损失。

2. 实行生态补偿制度

生态补偿制度是指根据生态系统服务价值、生态保护成本、发展机会成本,综合运用行政和市场手段,调整生态环境保护和建设与利用者等相关各方之间利益关系的环境经济政策和环境与资源保护法律制度。"生态补偿"的本质是由生态服务功能受益者向生态服务功能提供者付费,真正体现了"受益者负担原则"。

我国现行《环境保护法》并没有明确规定生态补偿制度,但是生态补偿的实践却在中国已经进行了许多年。早在1989年,国家环保部门会同财政部门,在广西、江苏、福建、陕西榆林、山西、贵州和新疆等地试行征收生态环境补偿费。1998年,国家又开始实行"退耕还林、以粮代赈"政策,并开展森林生态效益补偿机制、草原生态效益补偿机制、水资源开发生态补偿机制、能源矿产开发生态补偿机制等。同时,国家正在建立生态补偿专项资金,加大财政转移支付中生态补偿的力度,资金的安排使用着重向欠发达地区、重要生态功能区、水系源头地区和自然保护区倾斜。2012年"十八大"报告也明确提出"建立反映市场供求和资源稀缺程度、体现生态价值和代际补偿的资源有偿使用制度和生态补偿制度"的生态文明建设目标。

3. 征收环境税

为了进一步实施受益者负担原则,国家正在研究开征环境税。开征环境税有三种方案:一是一般环境税,以筹集资金为主要目的,根据"受益者付费"原则进行普遍征收。二是污染排放税,根据"污染者付费"原则征收,税基与污染物数量直接相关。三是污染产品税,依据"使用者付费"原则征收,征收对象是有潜在污染的产品。

4. 实行土地复垦制度

土地复垦,是指对生产建设活动和自然灾害损毁的土地,采取整治措施,使其达到可供利用状态的活动。生产建设活动损毁的土地,按照"谁损毁,谁复垦"的原则,由生产建设单位或者个人(土地复垦义务人)负责复垦。我国《土地管理法》规定了土地复垦制度,之后,国务院于1988年发布了《土地复垦规定》,2011年又修订为《土地复垦条例》,进一步明确规定了土地复垦人的义务。

四、公众参与原则

(一) 公众参与原则概述

1. 公众参与原则的含义

公众参与原则,也称环境民主原则、依靠群众保护环境原则,是指公众对可能造成环境影响的开发决策、建设项目有相应的知情、参与决策和监督的权利。公众参与原则包括四个方面的内涵。

第一,参与主体是公众。公众即社会大众、普通民众,亦即受经济活动影响的社会个体及其集合。在美国等发达国家,由于公众的环境意识较高,加之民主制度比较健全,因而环境保护中的公众参与大多以社会团体尤其是环境保护非政府组织的形式进行。例如,美国的塞拉俱乐部、自然资源保护委员会等非政府组织经常以原告身份出现在美国的各类环境诉讼中。在我国,虽然也有一些环境保护非政府组织,但由于这些组织并不发达,环境保护的公众参与主要还是普通民众的个人行为,或者公众为某个事项而临时集结。

第二,参与的对象主要是影响到公众环境利益的建设项目。无论是发生在北京"西上六"输电工程案①、苏家坨垃圾焚烧案②,还是发生在厦门的 PX 案③,均因为这些建设项目影响到公众的环境利益,特别是影响到公众的身体健康和财产利益,而成为广受关注的公众参与案例。

第三,参与方式主要是通过法定的程序进行。例如,我国《环境影响评价法》对公众参与规划环境影响评价和建设项目环境影响评价等均有明确规定。

第四,公众参与的内容包括公众的环境知情权、参与决策权与监督权。近年来,我国在保证公众的环境知情权、参与决策权和监督权方面进行着不断的努力,并正在取得突破性进展。我国环境信息公开制度、环境影响评价公众参与制度、环境公益诉讼制度的建设都极大地保障了公众参与实质内容的开展。

2. 公众参与原则的形成

早在 1973 年召开的第一次全国环境保护会议上提出的环境保护 32 字方针中,就包含有"依靠群众、大家动手"这种朴素的公众参与环境保护的思想。这项方针虽然在 1979 年的《环境保护法》(试行)中加以承认,但是有关依靠群众保护环境的内容并没有具体的措施和制度加以保障,仅停留在口号式的宣传上。

1989 年颁布的《环境保护法》对这一口号式方针未加保留,代而取之的是规定"一切单位和个人都有保护环境的义务,并有权对污染和破坏环境的单位和个人进行检举和控告"。虽然学界普遍认为这条规定是我国《环境保护法》关于公众参与环境保护的规定,但是因为这条规定也过于原则,操作性比较差,也广受诟病。

公众参与环境保护的原则在我国得到广泛承认和深入人心,应当始于 1992 年的里约会议。《里约宣言》的原则十宣称:环境问题最好是在全体有关市民的参与下,在有关级别上加以处理。在国家一级,每一个人都应能适当地获得公共当局所持有的关于环境的资料,包括关于在其社区内的危险物质和活动的资料,并应有机会参与各项决策进程。各国应通过广泛提供资料来便利及鼓励公众的认识和参与。应让人人都能有效地使用司法和行政程序,包括补偿和补救程序。

---

① 2004 年 2 月开建的西沙屯—上庄—六郎庄 220 KV/110 KV 架空输电线工程,由于可能影响颐和园景观和对近万名居民构成电磁污染,引起了较大争议。受影响的百旺家苑小区居民通过行政复议、行政诉讼乃至静坐等方式抵制该建设项目,并引起了社会各界的广泛关注和重视。

② 北京市"海淀区循环经济产业园再生能源发电厂工程",即垃圾焚烧厂建设项目初定选址于海淀区六里屯,后因当地居民抵制,于 2011 年年初被当时的国家环境保护总局叫停,后来迁址苏家坨镇大工村。2011 年,该项目环评在公众参与不充分的情况下悄然通过,由于建设单位、环评单位资质等问题,继续受到环保组织和公众的强烈质疑。

③ 2004 年 2 月国务院批准立项、2005 年 7 月国家环保总局审查通过了项目环评的厦门 PX 项目,由于潜在的环境健康风险,引发厦门市民的强烈反对和大规模的反对游行。此后厦门市政府积极应对、听取民意,举行了较为公开、可参与的市民座谈会。最终该项目迁至漳州。

里约会议之后,国务院于1994年通过的《中国21世纪议程——中国21世纪人口、环境与发展白皮书》明确提出:实现可持续发展目标,必须依靠公众及社会团体的支持和参与,公众与社会团体的参与方式和参与程度,将决定可持续发展目标实现的进程;公众既需要参与有关环境与发展的决策过程,特别是参与那些可能影响到他们生活和工作的社区决策,也需要参与对决策执行的监督。此外,还就妇女、青少年、少数民族、工人、科技界参与环境保护提出了具体方案。

我国《环境影响评价法》第5条明确规定:"国家鼓励有关单位、专家和公众以适当方式参与环境影响评价。"此外,《清洁生产促进法》、《循环经济促进法》、《大气污染防治法》、《水污染防治法》、《固体废物污染环境防治法》等都不同程度地对环境保护的公众参与进行了规定。

(二) 实施公众参与原则的制度措施

1. 环境影响评价中的公众参与制度

《环境影响评价法》是我国将公众参与原则制度化的第一部环境与资源保护立法,它在推动我国公众参与环境保护方面功不可没。

但是,《环境影响评价法》的规定还是比较原则。为了推进和规范环境影响评价的公众参与,原国家环境保护总局于2006年颁布了《环境影响评价公众参与暂行办法》,对环境影响评价中的公众参与的范围、环境影响评价信息的公开、征询公众意见的组织形式和程序等内容进行了详尽的规定,使环境影响评价中的公众参与制度更加规范和可操作。

2. 环境行政许可和环境行政处罚中的公众参与制度

为了保障公众参与,推动环境行政决策的科学性和民主性,国务院环保部门还根据《行政许可法》、《行政处罚法》制定了《环境保护行政许可听证暂行办法》、《环境保护行政处罚听证程序规定》等规章,对环境行政许可听证与环境行政处罚过程中的公众参与进行了规定。

3. 建立环境信息公开与披露制度

为了推动公众参与环境保护,原国家环境保护总局于2007年根据《清洁生产促进法》、《政府信息公开条例》等制定了《环境信息公开办法(试行)》。根据该办法,政府环保部门应当主动公开环境保护规划、环境质量状况、主要污染物排放总量指标分配及落实情况、排污许可证发放情况等政府环境信息,公开方式包括政府网站、公报、新闻发布会以及报刊、广播、电视等便于公众知晓的方式。同时,也鼓励企业自愿公开企业排放污染物种类、数量、浓度和去向以及企业环保设施的建设和运行情况等公众关注度较高的企业环境信息。

4. 鼓励各类非政府环保组织代表公众参与环境决策

目前,我国非政府环境保护组织虽然不如发达国家成熟,但是近年来也有许多非政府环境保护组织在组织公众参与环境保护方面发挥了积极作用,如中华环保联合会、自然之友、绿家园等。它们在代表公众维护环境权益,参与国家环境决策方面发挥了积极作用,如绿家园在中国水电建设决策的公众参与方面成效显著。

5. 建立公众参与的司法保障制度

司法作为公众权利与利益的最后防线,在保障公众参与方面也同样具有积极作用。虽然环境公益诉讼制度的建设进程颇费周折,不过成效也还比较明显。一方面,2012年修改的《民事诉讼法》增加规定了包括环境公益诉讼在内的有关公益诉讼的规定,这将从根本上保障环境保护的公众参与。另一方面,贵阳、云南、江苏等省市试点建立了环保法庭,并制定了一些有关环境公益诉讼的规范性文件。实践中也出现了一些成功的环境保护公益诉讼案例,如中华环保联合会与江阴市居民朱正茂等诉江苏省江阴港集装箱有限公司环境污染案[①]等。

第三节 环境与资源保护法的基本制度

一、环境标准制度

(一) 概述

环境标准是指为了保护人群健康、保护社会财富和维护生态平衡,就环境质量以及污染物的排放、环境监测方法以及其他需要的事项,按照法律规定的程序制定的各种技术指标与规范的总称。环境标准通过客观、科学的数据对相关领域的人类活动及其所产生的环境负荷进行定量分析,以量化的方法来预测、判断和说明环境承载能力,约束人类的环境利用行为,间接地实现了对环境污染和生态破坏行为的"事前控制"。

各国环境与资源保护立法一般将行政行为适用的强制性环境标准直接在法律中明确规定。例如,依照日本《环境基本法》的规定,环境标准包括有关人体健康项目的标准和有关生活环境项目的标准两大类。

而依照我国《环境保护法》的规定,环境标准主要包括环境质量标准和污染物排放(控制)标准两大类。除此之外,在具体实施监测、测定和技术分析时,还要按照一定的科学方法来进行,因此除强制性环境标准外还存在着一些基础性、方法性的技术规范,这些标准在中国也属于环境标准的范畴。

总体上环境标准包括环境质量标准、污染物排放(控制)标准以及环境监测方法标准、环境标准样品标准、环境基础标准等五类。此外,根据我国《环境标准管理办法》的规定,环境保护部(原国家环保总局)还可以制定环境保护部标准。

我国《标准化法》第7条规定:"国家标准、行业标准分为强制性标准和推荐性标准。保障人体健康、人身、财产安全的标准和法律、行政法规规定强制执行的标准是强制性标准,其他标准是推荐性标准。省、自治区、直辖市标准化主管部门制定的工业产品的安全、

---

① 2009年7月,中华环保联合会与江苏省江阴市居民朱正茂作为共同原告,向江苏省无锡市中级人民法院状告江苏江阴港集装箱有限公司,该案是这是我国首例由社团组织提起的环境公益民事诉讼,最终以江阴港集装箱公司停止环境污染行为、采取全面整改措施后,由法院调解告终。

卫生要求的地方标准,在本行政区域内是强制性标准。"[①]在环境标准中,环境质量标准、污染物排放(控制)标准属于强制性标准,必须执行。环境质量标准、污染物排放(控制)标准以外的环境标准属于推荐性环境标准。此外,国家鼓励采用推荐性环境标准,推荐性环境标准若被强制性环境标准引用,也必须强制执行。

国家环境质量标准和国家污染物排放标准由环保部提出编制计划,经国家质监总局下达计划后由环保部制定,并由环保部、国家质监总局联合发布。另外,环境基础标准、环境标准样品标准以及环境监测方法标准等三类国家标准则由环保部提出计划、组织制定,并由国家质监总局下达计划、审批后联合发布。

由于环保工作涉及其他有关部门,如卫生、建设、交通、水利、国土资源、农业、林业以及海洋等部门,这些部门也有权依法制定其职权范围内涉及环保工作的标准。鉴于中国的环境标准是各类性质和目的不同的技术指标和规范的统称,因其制定机关、适用对象和强制性等的不同,导致它们本身的规范性也不确定。

(二) 环境质量标准与污染物排放标准

1. 环境质量标准

环境质量标准,是为保护自然环境、人体健康和社会物质财富,限制环境中的有害物质和因素所作的控制规定,如《环境空气质量标准》、《海水水质标准》、《地面水环境质量标准》、《土壤环境质量标准》、《渔业水质标准》、《景观娱乐用水水质标准》等等。

环境质量标准是满足环境达到规定使用功能和生态环境质量的基本要求。编制环境质量标准的主要依据是各主要环境要素的使用功能、使用目的和保护目标,在此基础上对该环境要素所处在的区域分为不同类别的功能区,分别确立污染物的最大数值或环境保护的项目。

环境质量标准分为国家和地方两级。依照《环境保护法》第10条的规定,国务院环保部门制定国家环境质量标准。省级人民政府对国家环境质量标准中未作规定的项目,可以制定地方环境质量标准,并报国务院环保部门备案。

国家环境质量标准在整个环境标准中处于核心地位,是国家环境政策目标的综合反映和体现,是国家实行环境保护规划、控制污染以及分级、分类管理环境和科学评价环境质量的基础,是制定污染物排放标准的主要科学依据,也是判断某地域环境质量状况和是否受到污染的直接依据。

《环境保护法》规定,地方各级人民政府应当对本辖区的环境质量负责。因此环境质量标准的强制性主要表现为对政府环境管理行为的约束,是考评各级人民政府负责人环保工作成效的直接依据。

需要明确的是,环境质量标准的实施需经环保或其他主管部门按照环境质量功能区划的要求,在各该划定的区域内明确适用不同类别的标准数值后才具有法的拘束力,因此,对不同环境质量功能区的划定属于主管部门的行政裁量行为,在经划定的环境质量功

---

① 有关强制性国家环境标准的代号,用"GB"表示;推荐性国家环境标准的代号,则用"GB/T"表示。

能区内从事生产生活活动的公民依法负有容忍一定程度污染的义务。由于对环境质量功能区域划定的结果将直接影响到该区域内公众的环境权益,因此本书认为环保或其他主管部门对环境质量功能区域的划定行为应当听取公众的意见。

2. 污染物排放(控制)标准

污染物排放(控制)标准,是为实现环境质量标准,结合技术经济条件和环境特点,限制排入环境中的污染物或对环境造成危害的其他因素所作的控制规定,如《污水综合排放标准》、《恶臭污染物排放标准》、《大气污染物综合排放标准》、《船舶污染物排放标准》等。

污染物排放(控制)标准是针对污染物排放所规定的最大限值即"污染允许限度"。编制污染物排放(控制)标准的主要依据是环境质量标准,并按照不同类别的功能区分别规定与之相应的排放限值,适用于所有经划定的环境质量功能区内的污染源。

依照《环境保护法》第10条的规定,国务院环保部门根据国家环境质量标准和国家经济、技术条件,制定国家污染物排放标准。省级人民政府对国家污染物排放标准中未作规定的项目,可以制定地方污染物排放标准;对国家污染物排放标准中已作规定的项目,可以制定严于国家污染物排放标准[①]的地方污染物排放标准;地方污染物排放标准须报国务院环境保护主管部门备案。

地方污染物标准既可以是适用于特定行业污染源或特定产品污染源的行业型污染物排放标准,也可以是适用于所有行业的综合型污染物排放标准。向已有地方标准的区域排放污染物的,应当执行地方污染物排放标准。

由于污染物排放(控制)标准是针对污染物排放而作出的限制,因此对排放污染物的行为具有直接的约束力。在许多国家的环境立法中,一般将污染物排放(控制)标准作为判断排污行为是否违法的客观标准和依据。

3. 强制性环境标准与环境行政的关系

强制性环境标准即环境质量标准和污染排放(控制)标准本属于技术规范,从法的角度看它们的规范性并不确定。人类环境利用行为的强度越大对环境要素的压力也越大,这时就必须通过一定的指标客观反映环境各要素满足外在的生态需求的能力,以指导人类对环境的合理利用。

为提高环境行政决策的效率、减少行政机关对各类环境利用行为的审查程序、填补法律在具体规定上的不足,就必须通过法律授权专门的主管部门制定专业性较强的科技标准规范并适用于不同环境利用行为。它们可以弥补环境立法的不足,体现出对环境与资源保护法律关系的参与主体在环境与资源保护法律规范适用上的预见性、确定性和可归责性。因此,将环境质量标准和污染排放(控制)标准作为国家强制性标准授权环境行政部门按照不同的环境地域要求予以分别适用是非常重要的。

例如,在环境质量标准的制定中,本着既满足环境的各类使用功能,又满足环境的生

[①] 依照2004年11月国家环保总局颁布的《地方环境质量标准和污染物排放标准备案管理办法》,所谓"严于国家污染物排放标准",是指对于同类行业污染源或产品污染源,在相同的环境功能区域内,采用相同监测方法,地方污染物排放标准规定的项目限值、控制要求,在其有效期内严于相应时期的国家污染物排放标准。

态质量要求的理念,针对人类活动强度和环境要素需求的不同,将环境地域按照环境要素的功能和人类对环境的利用目的、保护目标等分为若干类别并确立不同的标准值分别适用。这样,既有利于政府在编制环境与资源保护规划时明确环境质量保护的目标,又有利于公众对计划执行效果的监督。

与之相适应,在污染排放(控制)标准的制定中,必须根据环境质量标准确立一个维持该标准值所要求状态的最低数值作为控制污染物排放的最高数值,以实现人类生存对环境质量状况的基本要求。同样,污染排放(控制)标准既是政府环境监督检查的依据,也是对超标排污者予以行政处罚和行政指导的依据。

由于环境利用行为和环境保护技术的发展经常处于一个动态的过程,而强制性环境标准的制定是以现有科技水平为基础,这样在标准管制行政中经常会出现新发现的环境问题没有相应的标准对应或现有标准的规制水平较低等现象。所有这些也都需要对环境标准进行动态的调整以适应改变,并且在环境行政决策中考虑这一现实以促使决策能够防范环境风险。

强制性环境标准本身不属于法的规范,其具体适用需附于法定环境行政决定即公法上的判断。为此,强制性环境标准不具有判断或决定平等主体间是否存在环境妨害或者侵害的法的效力。从这个意义上讲,强制性环境标准必须经环境立法确认并由环保等主管部门决定适用后才具有相应的法的拘束力。

基于强制性环境标准的专业性特点,各国制定、适用与解释环境标准的权力一般均由环保部门享有。但是,在缺乏法律程序规范的条件下,环保部门对具体个案的适用具有较大的裁量空间,并存在着标准适用上的随机性、模糊性与难以掌握等问题。因此,公众参与环境决策就显得非常重要。另外,当强制性环境标准的适用因涉及公共利益而发生纠纷时,应当在尊重专业判断的前提下进行司法审查。

(三) 其他类别的环境标准

其他类别的环境标准,是指除环境质量标准和污染物排放标准以外,由政府主管部门、行业或企业制定的推荐性或自愿性的环境标准。

1. 环境监测方法标准、环境标准样品标准和环境基础标准

环境监测方法标准、环境标准样品标准和环境基础标准一般属于推荐性环境标准。环境监测方法标准是为监测环境质量和污染物排放,规范采样、分析测试、数据处理等技术而制定的技术规范;环境标准样品标准是为保证环境监测数据的准确、可靠,对用于量值传递或质量控制的材料、实物样品而制定的技术规范;环境基础标准是对环境保护工作中需要统一的技术术语、符号、代号(代码)、图形、指南、导则及信息编码等所作的规定。

鉴于有关环境监测方法、技术规范和相关数据需要在全国范围内统一,因此上述三类环境标准只有国家标准没有地方标准。这类环境标准的制定权限来源于《标准化法》的授权,由国务院环保部门和其他主管部门制定,属于指导环境监测和实施环境监督的技术规范,不具有法的拘束力。当没有国家或行业环境监测方法标准时,应将该污染物的监测方法列入地方环境标准附录,或在地方环境标准中列出发表该监测方法的出版物。

在认定污染物排放是否超标的问题上发生分歧时，可以用上述三类环境标准所规定的技术规范判断监测方法以及测定技术等操作程序和内容是否符合国家环境标准的规定。

案例3.4

环保部门发现A企业存在超标排污行为，遂决定依法给予A行政处罚。A认为，环保部门在现场检查时进行的排污监测过程不符合环境监测方法标准规定的程序和方法，因此所得出的监测结果不能作为处罚依据。环保部门认为，虽然监测过程未完全符合相关环境监测方法标准的规定，但不影响监测结果的准确性，所得出的结论可以作为处罚的依据。

讨论：A的主张是否成立？

提示：从环境标准的法律效力角度进行分析。

2. 环境与资源保护行业标准

在环境标准体系中，环境保护部标准是一类较为特殊的标准，特指需要在全国环境保护工作范围内统一的技术要求而又没有国家环境标准时由环境保护部制定的标准。环境保护部标准属于行业标准，不属于国家标准。由于实践中不存在独立的环境保护行业，因此将此类标准命名为环境保护部标准。

目前，环境保护部标准主要局限于环境基础标准和环境影响评价技术规范两大类，属于推荐性标准。例如，在环境影响评价工作中适用的《环境影响评价技术导则总纲》就是环境保护部标准。

环境保护部标准由环境保护部负责制定，报国家质检总局备案。

此外，由于我国实行统一管理与部门分工负责管理的环境与资源保护行政体制，国务院有关环境与资源保护的主管部门都可以在本部门范围内制定统一适用的行业标准，其效力与环境保护部标准相同。

3. 企业排放标准

企业排放标准是指企业自行制定的比国家或地方更为严格的污染物排放标准。依照《标准化法》的规定，国家鼓励企业制定严于国家标准或者行业标准的企业标准，在企业内部适用。

随着循环经济的兴起，许多企业在技术改造过程中运用了新设备和新技术，在提高能源利用效率的同时也减少了污染物的排放。目前，许多著名的大型企业以及特殊领域的企业为赢得社会的公信力和当地民众的支持，纷纷制定了更为严格的排放标准，直接适用或者通过与政府或者周边居民签订环境协议的方式予以适用。

企业排放标准因不为法律所规定，所以一般不具有法的拘束力。但是，在下列两种情况下应当认可其法的拘束力：一是在企业与政府或者周边居民签订的环境协议中作为企业义务明确规定的；二是司法机关认可某些特殊领域的企业排放标准可以作为鉴定标准适用的。

二、环境与资源保护规划制度

（一）概述

环境与资源保护规划是国家开展环境与资源保护行政的重要依据，通常与国家的环境政策相提并论。由于我国对环境与资源保护实行统一和分工负责管理相结合的体制，有关计划和规划的编制和实施也分别由对环境与资源保护享有监督管理权的不同主管部门掌管，因此我国并没有一部统一的环境与资源保护规划。

在我国，环境与资源保护规划是对国民经济和社会发展五年规划的环境保护篇章、全国主体功能区规划、国家各类生态建设和保护规划、专项环境保护规划等共同组成的，以环境与资源保护为目的的规划的统称。其中，由国务院编制并由全国人大通过的国民经济和社会发展五年规划纲要中的环境保护篇章在所有环境与自然保护规划中处于最高地位。国家级主体功能区规划由国务院审议通过，其他各类环境与资源保护专项规划则由国务院主管部门编制并报国务院批准实施。

环境与资源保护规划是环境预测与科学决策的产物，因此它们是实现环境立法目的和指导国家环境保护工作、考评政府官员执政业绩的重要依据。

（二）国民经济和社会发展规划中的环境保护篇章和专项规划

依照《宪法》的规定，国务院编制国民经济和社会发展计划①，报全国人民代表大会审查批准后执行。

在我国，国务院编制的国民经济和社会发展五年规划一般包含三个层次：第一层次是编制国民经济和社会发展五年规划纲要；第二层次是在纲要的指导之下由国务院主管部门编制的重点专项规划；第三层次是各部门、各地区根据纲要和重点专项规划的内容编制的行业规划和地区规划。

1. 五年规划纲要中的环境保护篇章

从1975年起，国务院环境保护领导小组在其制定的《关于制定环境保护十年规划和"五五"（1976—1980年）计划》中就提出要把环境保护纳入国民经济和社会发展计划，并提出了"五年控制、十年基本解决环境污染问题"的行政目标。为此还开展了污染源调查、环境质量评价等基础性的环境保护工作。由于未能制定具有强制力的环境保护法律并编制科学系统的环境保护规划，这一目标未能实现。

在中国国民经济和社会发展的第六个五年计划时期，中国首次根据《环境保护法（试行）》的规定将国家环境保护"六五"计划（1981—1985年）作为一个独立的篇章纳入到国家国民经济和社会发展计划之中，为后来将环境保护计划纳入国家规划奠定了基础。从1986年实行"七五"计划时期开始，中国在环境保护规划和计划工作的各方面都进展顺利。

1989年，中国修改颁布了新的《环境保护法》，规定国家制定的环境保护规划必须纳

---

① 从"十一五"时期开始，国民经济和社会发展五年计划改称为国民经济和社会发展五年规划。

入国民经济和社会发展计划。自此以后,各个国民经济和社会发展五年计划均将环境保护与经济、社会协调发展、综合平衡作为编制规划的重要指导思想,并专门设立了环境保护篇章。

2. 国务院主管部门编制的环境与资源保护专项规划

(1) 环保部门制订的环境保护计划。环境保护计划是各级政府和各有关部门在计划期内要实现的环境目标和所要采取的防治措施的具体体现。环境保护计划的目的是为了保证环境保护作为国民经济和社会发展计划的重要组成部分参与综合平衡,发挥计划的指导和宏观调控作用,强化环境管理,推动污染防治和自然保护,改善环境质量,促进环境与国民经济和社会的协调发展。

依照《环境保护计划管理办法》(1994年,原环保总局)的规定,环境保护计划包括城市环境质量控制计划、污染排放控制和污染治理计划、自然生态保护计划以及其他有关的计划四类。环境保护计划的计划期与国民经济和社会发展计划期相同,分五年计划和年度计划,实行国家、省、市、县四级管理。其中,国家环境保护计划以宏观指导为主;地方环境保护计划除应包括国家环境保护计划的内容外,还应包括相关的环境治理和建设项目,并根据具体情况适当增加必要的内容和指标。

(2) 有关部门编制的环境与资源保护规划与行业、地区规划。按照环境与资源保护分工负责的管理体制,除国务院环境保护部门外,其他有关部门也依法享有环境与资源保护的管理职权,它们可以单独或者与环保部门联合编制有关的规划并报国务院批准发布并实施。

有关部门编制的环境与资源保护规划既有专项规划,也有行业和地区规划,如《全国生态环境保护纲要》、《全国生态环境建设规划》、《松花江流域水污染防治规划(2006—2010年)》、《全国野生动植物保护及自然保护区建设工程总体规划》、《全国草原保护建设利用总体规划》、《全国生物物种资源保护与利用规划纲要》、《中国水生生物资源养护行动纲要》、《全国湿地保护工程实施规划》和《天然林保护工程规划》等。

(三) 关于全国主体功能区规划

2000年,原国家计委在有关规划体制改革的意见中首次提出了"空间协调与平衡"思想,要求政府在制定规划时必须考虑将产业分布与空间、人、资源与环境相协调。2006年,《国民经济和社会发展第十一个五年规划纲要》授权国务院编制全国主体功能区规划。2011年6月,国务院正式发布了《全国主体功能区规划》,这是我国第一部国土空间开发规划。

《全国主体功能区规划》根据不同区域的资源环境承载能力、现有开发密度和发展潜力,按照人口分布、经济布局、国土利用和城镇化格局,将国土空间划分为优化开发、重点开发、限制开发和禁止开发四类。优化开发区域是指国土开发密度已经较高、资源环境承载能力开始减弱的区域;重点开发区域是指资源环境承载能力较强、经济和人口集聚条件较好的区域;限制开发区域是指资源承载能力较弱、大规模集聚经济和人口条件不够好并关系到全国或较大区域范围生态安全的区域;禁止开发区域是指依法设立的各类自然保护区域。

根据功能区划分标准,《全国主体功能区规划》由国家主体功能区规划和省级主体功能区规划组成,分国家和省级两个层次编制,规划期至2020年。

与以往的综合性开发利用以及环境与资源保护规划相比,《全国主体功能区规划》最大的特点是打破了传统行政区划的界限,要求今后的各类政策以及考核模式等都将以功能区为单位展开。实施《全国主体功能区规划》后,国家和地方有关财政、投资、产业、土地、人口管理、环境保护以及绩效评价和政绩考核政策和指标均要发生改变。在此基础上,"十八大"报告明确提出要把资源消耗、环境损害、生态效益纳入经济社会发展评价体系,建立体现生态文明要求的目标体系、考核办法、奖惩机制。

《全国主体功能区规划》是国土空间开发的战略性、基础性和约束性规划,是国民经济和社会发展总体规划、人口规划、区域规划、城市规划、土地利用规划、环境保护规划、生态建设规划、流域综合规划、水资源综合规划、海洋功能区划、海域使用规划、粮食生产规划、交通规划、防灾减灾规划等在空间开发和布局方面的基本依据。因此国民经济和社会发展规划中的环境与资源保护规划以及行业和地区规划的编制都应当以《全国主体功能区规划》为准。

(四) 环境与资源保护规划的效力

理论上讲,环境与资源保护规划属于行政行为之一种,是针对一定目标确立的多阶段、分时期的行政过程。在各国环境与资源保护法律实践中,环境与资源保护规划的表现形式多种多样,既有依照法律制订的计划或规划,也有通过行政法规或者规章确立的计划或规划。因此其法律效力也各不相一。

从中国各类环境与资源保护规划的编制与执行看,国民经济与社会发展五年规划纲要由全国人大审议通过、具有最高规划效力,其他依次为国务院发布的全国主体功能区规划以及其他类别的规划。

由于中国现行环境与资源保护法律并未对环境与资源保护规划的编制与执行规定相应的法律后果,所以环境与资源保护规划主要对政府及其行政主管部门依法审批规划所确立的项目具有指导和准据作用,一般不对行政机关以外的人具有直接的法的强制力。

案例3.5

"十二五"规划将节能减排指标确定为约束性指标后,国务院颁布了《"十二五"节能减排综合性工作方案》对各省市节能减排指标进行了分配。因钢铁、化工等重工业企业过多,2011年A省未完成年度节能减排指标。

讨论:A省未能完成节能减排规划确定的指标的法律后果是什么?

提示:从环境与资源保护规划的法律效力角度进行分析。

在西方国家,通过环境基本法所确立的环境与资源保护计划属于国家的基本计划,其他计划或者规划的编制都应当与之相协调,这是国家环境保护义务的具体体现。在我国,由于专门的环境与资源保护规划属于国家国民经济和社会发展五年规划的组成部分,因此在政府计划层面各类其他计划或者规划也应当符合环境与资源保护规划的要求。

当环境与资源保护规划的具体实施涉及公众的环境权益时,应当按照不同环境与资源保护规划的性质决定该规划的编制和审批行为是否可以接受司法审查。

三、环境影响评价制度

(一) 概述

1. 环境影响评价的概念

在西方国家,环境影响评价一般指决策者在作出可能带来环境影响的决策之前,事先对环境的现状进行调查,在此基础上提出各种不同的替代方案①,并就各种方案可能造成的环境影响进行预测、评价和比较,从而选择最适合于环境的决策。而依照我国《环境影响评价法》第2条的规定,环境影响评价是指对规划和建设项目实施后可能造成的环境影响进行分析、预测和评估,提出预防或者减轻不良环境影响的对策和措施,进行跟踪监测的方法与制度。

环境影响评价制度是环境与资源保护法有关预防原则的具体体现,也是中国环境与资源保护立法借鉴和吸收西方国家环境管理中有关"环境影响评价"制度的产物。实行环境影响评价制度的主要意义在于环境影响评价具有科学技术性、前瞻预测性和内容综合性等优点,是环境行政决策的主要科学依据。

中国的环境影响评价制度的实施始于20世纪70年代末。1978年,中共中央在批转国务院关于《环境保护工作汇报要点》的报告中首次提出了进行环境影响评价工作的意见。同年国务院有关部门组织对位于江西省的永平铜矿进行了环境影响评价。1979年,《环境保护法(试行)》对建设项目环境影响评价作出了规定。1989年,《环境保护法》采用准用性规范规定"建设污染环境的项目,必须遵守国家有关建设项目环境保护管理的规定"。此外,在我国颁布的《水污染防治法》、《环境噪声污染防治法》、《海洋环境保护法》、《大气污染防治法》、《固体废物污染环境防治法》中,也都毫无例外地对建设项目环境影响评价制度作了重申。

2002年,我国制定了《环境影响评价法》,首次以专门立法的形式确立了环境影响评价制度。此外,在建设项目环境保护管理方面,国务院于1998年颁布实施了《建设项目环境保护管理条例》,并于2009年颁布实施了《规划环境影响评价条例》。

2. 环境影响评价的对象

世界各国环境影响评价立法对评价对象的规定并不一致。环境影响评价的对象大体上包括两类:一是政府宏观决策活动(主要指立法、决策、编制计划和规划等)的环境影响评价(又称战略环境评价);二是对开发建设项目的环境影响评价。

依照中国《环境影响评价法》的规定,环境影响评价的对象包括规划和建设项目两

---

① 所谓替代方案,是指除拟议活动之外的其他可供选择的备选方案。具体而言就是指那些可用来替代拟议活动,并实现该拟议活动与其目标的行动方案。

大类。

(1) 规划。在2003年以前我国只对建设项目实行环境影响评价。但是，建设项目只处在整个决策链的末端，如果不从各种开发建设活动的源头即规划阶段预防环境问题，就无法彻底地从源头上保护环境，也不能指导政策或规划的发展方向。因此，《环境影响评价法》将规划也纳入了环境影响评价的对象范围，但并未将政策和立法纳入法定的环境影响评价对象。

由国务院有关部门、设区的市级以上地方人民政府及其有关部门组织编制的规划范围很广，种类繁多，不可能也没有必要都进行环境影响评价。为此，我国《环境影响评价法》只规定对某些综合性规划和专项规划实行环境影响评价。

综合性规划是就国家或地方有关宏观、长远发展提出的具有指导性、预测性、参考性的指标。根据《规划环境影响评价条例》第2条的规定，应当进行环境影响评价的综合性规划包括国务院有关部门、设区的市级以上地方人民政府及其有关部门组织编制的土地利用的有关规划，区域、流域、海域的建设、开发利用规划。

专项规划是对有关的指标、要求作出具体的执行安排，专项规划涉及几乎所有的经济活动领域。根据《规划环境影响评价条例》第2条的规定，应当进行环境影响评价的专项规划包括国务院有关部门、设区的市级以上地方人民政府及其有关部门组织编制的工业、农业、畜牧业、林业、能源、水利、交通、城市建设、旅游、自然资源开发的有关专项规划。

(2) 建设项目。建设项目一般指由《建设项目环境保护分类管理名录》规定的对环境可能产生影响的新建、改建、扩建工程项目和其他开发活动，对环境可能造成影响的饮食娱乐服务性行业也属建设项目环境保护管理的范围。

现行《建设项目环境保护分类管理名录》以环境敏感区的敏感性质和敏感程度作为确定建设项目环境影响评价类别的重要依据。所谓环境敏感区，是指依法设立的各级各类自然、文化保护地，以及对建设项目的某类污染因子或者生态影响因子特别敏感的区域。

依照该名录的规定，建设涉及环境敏感区的项目，应当严格按照名录确定其环境影响评价类别(即报告书、报告表、登记表的类别)，环境影响评价文件应当就该项目对环境敏感区的影响作重点分析。跨行业、复合型建设项目的环境影响评价类别按名录中单项等级最高的确定。名录中未作规定的建设项目，其环境影响评价类别由省级环保部门根据建设项目的污染因子、生态影响因子特征及其所处环境的敏感性质和敏感程度提出建议，报国务院环保部门认定。

3. 环境影响评价的基本内容和基本程序

环境影响评价的基本内容一般反映在环境影响报告书之中，主要包括对拟议行动方案及其可供选择的其他方案实施后可能造成的环境影响的科学评估、受影响的环境以及环境受到影响后可能产生的不良后果及其对策措施等两个方面。

环境影响评价的基本程序主要包括确定是否应当进行环境影响评价的必要性判断程序、确定评价范围的程序、实施环境影响评价和编制环境影响报告书的程序、公众参与的程序以及最终决定程序等。

各国法律对环境影响评价的基本内容和基本程序的规定略有不同,但是对拟议行动方案及其可供选择的其他方案一并评估以及公众参与评估和决策的全过程是必不可少的内容和程序,是环境影响评价制度的核心和精髓。然而,在我国,考虑到编制行动方案的成本较高,法律并不要求在拟议行动方案之外再提供可选择的其他方案,因此被评价的方案只有一个。另外,公众参与的广度、深度及其权益保障也有待进一步加强和明确。

(二) 规划与建设项目环境影响评价的程序

1. 规划的环境影响评价的程序

根据《环境影响评价法》、《规划环境影响评价条例》的规定,规划的环境影响评价应当遵守以下程序:

(1) 编写规划的环境影响评价文件。规划编制机关应当在规划编制过程中组织进行规划的环境影响评价,依照规划环评的技术规范分析、预测和评估规划的实施可能对环境产生的整体影响、可能对环境和人群健康产生的长远影响以及规划实施的经济效益、社会效益与环境效益之间以及当前利益与长远利益之间的关系。

对综合性规划与专项规划中的指导性规划,规划编制机关编写环境影响篇章或者说明,内容包括规划实施对环境可能造成影响的分析、预测和评估,以及预防或者减轻不良环境影响的对策和措施;对专项规划,规划编制机关应当在规划草案报送审批前编制环境影响报告书,内容除了环境影响篇章或者说明的内容外还包括环境影响评价结论。

对可能造成不良环境影响并直接涉及公众环境权益的专项规划,除依法需要保密的外,编制机关应当在规划草案报送审批前征求有关公众等的意见。当有关公众等的意见与环境影响评价结论有重大分歧的,规划编制机关还应当进一步论证。在规划编制机关向审查机关报审环境影响报告书时,应当附具对公众意见采纳与不采纳情况及其理由说明。

若已批准的规划进行重大调整或者修订的,规划编制机关应当重新或者补充进行环境影响评价。

(2) 规划的环境影响评价文件的审查。规划编制机关在报送综合性规划或指导性专项规划草案时,应当将环境影响篇章或者说明作为规划草案的组成部分一并报送规划审批机关,未报送的,规划审批机关不予审批。

规划编制机关在报送审批专项规划草案时,应当将环境影响报告书一并附送规划审批机关。设区的市级以上人民政府审批的专项规划,审批机关在收到规划环境影响评价文件后,在审批前由其环境保护主管部门召集有关部门代表和专家组成审查小组,对环境影响报告书进行审查。省级以上人民政府有关部门审批的专项规划,审批机关在收到规划环境影响评价文件后,在审批前由其与环境保护主管部门共同召集有关部门代表和专家组成审查小组,对环境影响报告书进行审查。

审查小组对规划的环境影响评价文件进行审查的内容包括:基础资料、数据的真实性;评价方法的适当性;环境影响分析、预测和评估的可靠性;预防或者减轻不良环境影响的对策和措施的合理性和有效性;公众意见采纳与不采纳情况及其理由的说明的合理性;环境影响评价结论的科学性。

审查小组对规划环境影响评价文件进行审查后应当向审批机关提交书面意见。对依据现有知识水平和技术条件,对规划实施可能产生的不良环境影响的程度或者范围不能作出科学判断、规划实施可能造成重大不良环境影响的环境影响报告书,并且无法提出切实可行的预防或者减轻对策和措施的,审查小组应当提出不予通过规划环境影响报告书的意见。

规划审批机关在审批专项规划草案时,应当将环境影响报告书结论以及审查意见作为决策的重要依据。当规划审批机关对环境影响报告书结论以及审查意见不予采纳的,应当逐项就不予采纳的理由作出书面说明,并存档备查。有关单位、专家和公众可以申请查阅,但依法需要保密的除外。

2. 建设项目的环境影响评价的程序

根据《环境影响评价法》、《建设项目环境管理保护条例》的有关规定,建设项目的环境影响评价应当遵守以下程序:

(1) 通过分类管理方式筛选评价对象和决定评价范围。我国根据建设项目对环境的影响程度,对建设项目的环境影响评价实行分类管理:可能造成重大环境影响的,应当编制环境影响报告书,对产生的环境影响进行全面评价;可能造成轻度环境影响的,应当编制环境影响报告表,对产生的环境影响进行分析或者专项评价;对环境影响很小、不需要进行环境影响评价的,应当填报环境影响登记表。

至于何种程度的环境影响属于法律规定的重大、轻度或者很小,则由主管部门根据《建设项目环境保护分类管理目录》的规定,分别按照项目对环境可能造成重大影响、轻度影响、影响很小的界定原则的规定进行判断并作出决定。

(2) 编制环境影响评价文件。对于拟建的建设项目所需编制的环境影响评价文件,内容详略有所不同。其中最全面、详细的环境影响报告书的内容包括:建设项目概况;建设项目周围环境现状;建设项目对环境可能造成影响的分析、预测和评估;建设项目环境保护措施及其技术、经济论证;建设项目对环境影响的经济损益分析;对建设项目实施环境监测的建议;环境影响评价的结论等七部分。

需要说明的是,建设项目的环境影响评价应当避免与规划的环境影响评价相重复。作为一项整体建设项目的规划,按照建设项目进行环境影响评价,不进行规划的环境影响评价。另外,根据《规划环境影响评价条例》第23条规定,已经进行了环境影响评价的规划所包含的具体建设项目,其环境影响评价内容建设单位可以简化。

除国家规定需要保密的情形外,对环境可能造成重大影响、应当编制环境影响报告书的建设项目,建设单位应当在报批建设项目环境影响报告书前,举行论证会、听证会,或者采取其他形式,征求有关单位、专家和公众的意见。建设单位报批的环境影响报告书应当附具对有关单位、专家和公众的意见采纳或者不采纳的说明。

(3) 环境影响评价文件的审批。建设单位应当向有审批权的环保部门或者其他依法行使审批权的部门报批环境影响评价文件。国务院环保部门负责审批下列类型的建设项目环境影响评价文件：核设施、绝密工程等特殊性质的建设项目；跨省、自治区、直辖市行政区域的建设项目；由国务院审批或核准的建设项目，由国务院授权有关部门审批或核准的建设项目，由国务院有关部门备案的对环境可能造成重大影响的特殊性质的建设项目。其他建设项目环境影响评价文件的审批权限，由省级环保部门提出分级审批建议，报省级人民政府批准后实施，并抄报环境保护部。其中，建设项目可能造成跨行政区域的不良环境影响，有关环保部门对该项目的环境影响评价结论有争议的，其环境影响评价文件由共同的上一级环保部门审批。

有关审批部门在对环境影响评价文件进行审查时，可以组织专家进行技术评估，期间应当将有关信息向社会公布周知。对可能影响项目所在地居民生活环境质量以及存在重大意见分歧的建设项目，除国家规定需要保密的建设项目外可以举行听证会、论证会、座谈会，征求有关单位、专家和公众的意见。

审批部门认为环境影响评价文件符合环境影响评价法规规定的，应当向建设单位发放同意的批复。

建设单位未依法报批建设项目环境影响评价文件或者未重新报批或者报请重新审核环境影响评价文件擅自开工建设的，由有权审批该项目环境影响评价文件的环保部门责令停止建设，限期补办手续；逾期不补办手续的，可以处5万元以上20万元以下的罚款，对建设单位直接负责的主管人员和其他直接责任人员，依法给予行政处分。

建设项目环境影响评价文件未经批准或者未经原审批部门重新审核同意，建设单位擅自开工建设的，由有权审批该项目环境影响评价文件的环保部门责令停止建设，可以处5万元以上20万元以下的罚款，对建设单位直接负责的主管人员和其他直接责任人员，依法给予行政处分。

建设项目依法应当进行环境影响评价而未评价，或者环境影响评价文件未经依法批准，审批部门擅自批准该项目建设的，对直接负责的主管人员和其他直接责任人员，由上级机关或者监察机关依法给予行政处分；构成犯罪的，依法追究刑事责任。

3. 环境影响评价的公众参与

环境影响评价的公众参与是指除开发单位及审查环境影响评价机关外，其他相关机关、团体、地方政府、学者专家、当地居民等，依照法定程序或非法定方式，参与环境影响报告书的制作、审查与监督等阶段的活动。环境影响报告书编制中的公众参与是环境与资源保护法有关公众参与原则的具体体现，是环境决策民主化和科学化的具体要求。

一般情况下，在规划和建设项目环境影响报告书的编制和审批阶段，除国家规定需要保密的情形外，规划的编制机关或者建设单位应当在报批环境影响报告书前举行论证会、听证会或采取其他形式，征求有关单位、专家和公众的意见。从公众参与方式看，论证会适合专家参与的场合，而听证会则适合于所有的公众。

2006年2月，国家环保总局颁布了《环境影响评价公众参与暂行办法》，确立了公众参与环境评价实行公开、平等、广泛和便利的四项原则和公众参与建设项目环境影响评价的具体步骤和程序。

《规划环境影响评价条例》还规定,任何单位和个人对违反条例规定的行为或者对规划实施过程中产生的重大不良环境影响,有权向规划审批机关、规划编制机关或者环境保护主管部门举报。有关部门接到举报后,应当依法调查处理。

4. 环境影响评价机构及其权利和义务

尽管法律规定规划编制机关或建设单位有义务对规划草案或者建设项目方案进行环境影响评价,但由于环境影响评价工作的科学技术性和专业性,这些工作实际上是由专门从事环境影响评价服务的技术机构承担的。

环境影响评价机构是指接受委托为规划草案或者建设项目环境影响评价提供技术服务的机构。此类机构的设立一般需经国务院环保部门考核审查合格后认定,并颁发资质证书。它们按照资质证书规定的等级和评价范围,从事环境影响评价服务,并对评价结论负责。我国于2005年修订发布了《建设项目环境影响评价资质管理办法》,但目前法律法规并未对规划环境影响评价机构的资质作出具体规定。

根据《环境影响评价法》的规定,环境影响评价文件中的环境影响报告书或者环境影响报告表,应当由具有相应环境影响评价资质的机构编制。为建设项目环境影响评价提供技术服务的机构,不得与负责审批建设项目环境影响评价文件的环保部门或者其他有关审批部门存在任何利益关系。任何单位和个人不得为建设单位指定对其建设项目进行环境影响评价的机构。

根据《环境影响评价法》的规定,接受委托为建设项目环境影响评价提供技术服务的机构在环境影响评价工作中不负责任或者弄虚作假,致使环境影响评价文件失实的,由授予环境影响评价资质的环保部门降低其资质等级或者吊销其资质证书,并处所收费用一倍以上三倍以下的罚款;构成犯罪的,依法追究刑事责任。

案例 3.6

A化工厂发生重大水污染事故,导致所在城市城区停水超过60小时。经查,A生产设备采用了落后的生产工艺,但B环评机构在其编制的环境影响报告书中声称A在生产过程中"无废水外排"。此外,B还在环评报告书中编造了附近居民"坚决支持"该项目的公众调查结论。

讨论:B环评机构应当承担何种法律责任?

根据《规划环境影响评价条例》的规定,规划环境影响评价技术机构弄虚作假或者有失职行为,造成环境影响评价文件严重失实的,由国务院环境保护主管部门予以通报,处所收费用一倍以上三倍以下的罚款;构成犯罪的,依法追究刑事责任。

5. "三同时"制度

根据我国《环境保护法》的规定,建设项目中防治污染的设施必须与主体工程同时设计、同时施工、同时投产使用,防治污染的设施必须经原审批环境影响报告书的环保部门验收合格后方可投入生产或者使用。这一规定在我国其他污染防治法律中也有规定,一般将其简称为"三同时"制度。

"三同时"制度首创于国务院1973年发布的《关于保护和改善环境的若干规定(试行草案)》中。后经环境管理实践不断改革完善,并将其由"防治污染的措施"扩大到"环境保护的措施",使得这项制度与环境影响评价制度一道成为国家法律规定中有关预防和控制新污染源的重要手段。

"三同时"制度的主要内容包括三个方面:第一,同时设计,即在对有关建设项目的主体工程进行设计时,设计单位必须按照国家规定的设计程序进行,执行环境影响报告书(表)的编审制度,并且环境保护的设施必须与主体工程同时进行设计。第二,同时施工,即建设项目中有关环境保护的设施必须与主体工程同时进行施工。第三,同时投产并使用,即建设项目在正式投产或使用前,建设单位必须向负责审批的环保部门提交环境保护设施竣工验收申请,经验收合格并发给相应的合格证后方可正式投产使用。正式投产使用后,非经审批部门的许可,该环境保护设施不得停止运营。

根据《建设项目环境管理保护条例》规定,对试生产建设项目配套建设的环境保护设施未与主体工程同时投入试运行,或者建设项目投入试生产超过3个月而未申请环境保护设施竣工验收的,由审批环评文件的环保部门责令限期改正或办理环境保护设施竣工验收手续;逾期不改正或未办理的,责令停止试生产,可以处5万元以下的罚款。

建设项目需要配套建设的环境保护设施未建成、未经验收或者经验收不合格,主体工程正式投入生产或者使用的,由审批环评文件的环保部门责令停止生产或者使用,可以处10万元以下的罚款。

案例3.7

2008年12月某铁路客运专线全线贯通,2009年10月经某省环保厅同意投入试运行,但试运行期间其配套建设的环保设施一直未申请环境保护部验收。2010年11月,环境保护部向该客运专线运行公司发出"改正违法行为决定书",要求该工程必须在2011年3月底之前通过环保验收,否则将责令该客运专线停止使用。该客运专线运行公司认为,该工程是连接京沪铁路的繁忙干线,一旦停止使用、中断运输,将给国家社会、经济、国防造成重大损失,旅客出行受阻影响社会稳定。因此拒绝执行环境保护部发出的改正违法行为决定书。

讨论:本案应当如何处理?

四、环境费制度

(一) 概述

环境费是对所有环境收费的统称,指国家或者其他公法人团体以治理污染和改善环境为目的,依法向环境利用行为人收取的与其行为相对等的金钱。在各国环境立法上,环境费通常表现为环境规费、环境公课、环境受益费等形式。

环境规费是缴纳者基于公权力关系从环境获益而向政府支付一定报偿的对价,如废物处理处置费以及法律规定的许可费等。环境规费的确定以补偿成本为原则。

环境公课是政府为特定的环境保护财政需要而在财政预算外针对特定环境利用团体征收的费用,如对排污行为、废弃物倾倒行为、消费使用行为、产品原料或产品的征费等。[①] 环境公课的确定以补偿环境损害为原则,使用上必须专款专用。环境公课的特定性还促使其具备了经济诱导的功能,若缴纳者减少污染物排放,其支付的费用就会相应减少。

环境受益费是公权力机关为满足财政需求,向公共环境设施的使用者或受益者收取的费用,如风景名胜区或自然保护区公园的使用费、公害防止事业费企业负担金(日本)等。环境受益费的确定以效益/成本比为原则。

比较各国的环境费制度,它们具有三个共同特征:第一,环境费的主体具有特定性。征收者为依法代表国家或地方专门行使环境管理的公权力机关或其他公法人团体;缴纳者则为特定的、基于公权力关系而从环境获益的环境利用行为人,其他人则无需担负此种缴费义务。第二,环境费的属性具有补偿性。根据公平原则和受益者负担原则,环境利用行为人所支付的金钱属于补偿其利用环境而造成环境利益损失的恢复和治理成本,这也是环境费与国家税赋的最大不同点。因此,对其数额的衡量应当以与环境利益损失相当为原则,目的在于实现社会公正。第三,环境费的用途具有确定性。环境费只能由征收者依法专门适用于以环境保护为目的的相关领域。

在我国的环境与资源保护领域,除环境费外目前也开始实行环境税与生态补偿金等制度。

环境税,也称生态税,是一个广义的概念,是以环境保护为目的对开发利用环境的行为者征收的税种。由于环境税征收既涉及排污行为,也涉及能源利用和开发利用资源的行为,所以它与资源税、能源税有许多交叉,至今没有一个被广泛接受的统一定义。如果仅以排污行为为限,环境税一般包括碳排放税、二氧化硫排放税、化学需氧量(COD)与生物需氧量(BOD)排放税以及重金属排放税等。

生态补偿金制度是最近十年我国政府在森林、湿地、草原、矿产、野生动植物、海洋和区域(含自然保护区)与流域等领域依照法律与政策实行环境费制度的基础上逐步建立起来的一项制度。与环境税一样,因其涉及面广且内容分散、资金来源分散、补偿金管理机关不一、补偿金的支付标准不一,目前正在逐渐规范之中。伴随全国主体功能区规划实施的深化,我国生态补偿金制度的构建方向是在现行法律法规确立的环境费制度框架之外,由中央和地方政府从年度财政收入中提取一定比例的资金作为生态补偿专项资金,采用财政转移支付方式自上而下地对因保护生态环境而受到的各种利益损失给予补偿。

实际上,环境费、环境税和生态补偿资金的构建原理都是将人们主动利用环境和资源

[①] "公课"一词源于德国,它既有别于规费,也与税收不同。根据对德国联邦法院判决的归纳,其构成要件有三:第一,公课针对社会上一定的团体而征收,且该团体的行为与公课目的之间存在非常重要的关联性,即团体的责任性;第二,公课须以该团体的利益保障为前提并达成此种特别缴费的义务,即对团体的有益性;第三,公课的征收理由必须持续存在,即征收期间的正当性。参见陈慈阳:《环境法总论》,台湾元照出版有限公司2000年版,第346—347页。

行为而产生的外部不经济性予以内部化,只不过它们的外在表现形式不同。

在中国环境与资源保护法中,环境费制度具体表现为征收排污费制度和自然保护费制度。

(二) 征收排污费制度

1. 征收排污费制度的概念

征收排污费制度是指直接向环境排放污染物的排污者,按照环保部门依法核定的污染物排放的种类和数量向法律授权的主管部门缴纳一定费用,以适当补偿环境损失成本的行为规范。

我国征收排污费制度经历了从超标排污收费到达标收费、超标违法的思路转变。

超标排污收费制度的实施源于1979年的《环境保护法(试行)》。当时国有企事业单位的生产工艺和设备普遍陈旧、落后,法律若规定要求污染物全面实行达标排放不符合中国的国情。因此,作为法律上的过渡措施,规定了超标排污收费制度。

1982年,国务院颁布了《征收排污费暂行办法》,对排污收费的目的、范围、标准以及费用的管理使用等作了具体规定。1989年国务院发布了《污染源治理专项基金有偿使用暂行办法》,将原来规定直接返还给企业的部分比例排污费作为环境保护补助资金,采用贷款的方法实行有偿使用。

鉴于超标排污费征收标准很低、实际上起到鼓励企业超标排污的作用等问题,我国在先后修改颁布的《海洋环境保护法》、《大气污染防治法》和《水污染防治法》中均确立了"达标排污收费、超标排污违法"的新排污收费制度。2002年,国务院还修改制定了《排污费征收使用管理条例》,对排污费征收和使用管理作出了明确具体的规定。此外,《海洋环境保护法》也规定了与排污收费性质相同的海洋废弃物倾倒费制度。①

从排污费的征收和使用管理看,中国的排污费制度应当属于西方国家环境费中环境公课的性质。需要明确指出的是,排污收费制度仅为行政或财政上的环境公课范畴。因此,排污者缴纳排污费,不免除其防治污染、赔偿污染损害的责任和法律、行政法规规定的其他责任。

2. 排污费的类别及其征收和使用

(1) 排污费的类别。根据《排污费征收使用管理条例》的规定,直接向环境排放污染物的排污者应当依法缴纳排污费。排污者向城市污水集中处理设施排放污水并缴纳污水处理费用的,不再缴纳排污费。

综合现行污染防治法律和《排污费征收使用管理条例》的规定,排污费主要包括废气排污费、海洋工程排污费和废弃物海洋倾倒费、污水排污费、危险废物排污费、噪声超标排污费五类。

废气排污费,即向大气排放污染物的,按照排放污染物的种类、数量缴纳排污费。海

---

① 我国《海洋环境保护法》第11条规定:直接向海洋排放污染物的单位和个人,必须按照国家规定缴纳排污费。向海洋倾倒废弃物,必须按照国家规定缴纳倾倒费。根据本法规定征收的排污费、倾倒费,必须用于海洋环境污染的整治,不得挪作他用。具体办法由国务院规定。

洋工程排污费和废弃物海洋倾倒费,按照《海洋工程排污费征收标准实施办法》规定的征收标准和《废弃物海洋倾倒费收费标准》缴纳排污费;污水排污费,即向水体排放污染物的,按照排放污染物的种类、数量缴纳排污费;排污者向城市污水集中处理设施排放污水、缴纳污水处理费用的,不再缴纳排污费;对城市污水集中处理设施达到国家或地方排放标准排放的水,不征收污水排污费。危险废物排污费,即以填埋方式处置危险废物不符合国家有关规定的,按照排放污染物的种类、数量缴纳危险废物排污费。噪声超标排污费,即产生环境噪声污染超过国家环境噪声标准的,按照排放噪声的超标声级缴纳排污费。

对于超标排污者,应当给予相应的行政处罚。例如,《水污染防治法》规定,超标排污的,按照应缴纳排污费数额2倍以上5倍以下处以罚款。

案例3.8

A公司在开发利用贮灰场和清运粉煤灰的过程中,对清运作业监督不力,致使10吨粉煤灰被倾倒入B河流,造成水体污染。当地环保部门对该厂罚款5万元,同时征收排污费20万元。A厂不服,认为对于违法排放污染物的行为,环保部门不能在罚款的同时征收排污费。

讨论:A厂的主张是否成立?

提示:从排污费的法律性质角度进行分析。

(2) 排污费的征收。排污费由负责污染物排放核定工作的环保部门征收,对跨地域排污单位的排污费由排污口所在地的环保部门征收。

环保部门根据排污费征收标准和排污者排放的污染物种类、数量,确定排污者应当缴纳的排污费数额并向排污者送达排污费缴纳通知单。排污者接到排污费缴纳通知单后到指定银行缴纳排污费,银行按照规定比例将收到的排污费分别上缴中央国库和地方国库。

当排污者因有特殊困难不能按期缴纳排污费的,可以自接到排污费缴纳通知单后向发出缴费通知单的环保部门申请缓缴排污费。当排污者因不可抗力遭受重大经济损失的,可以申请减半缴纳排污费或者免缴排污费。但是,排污者因未及时采取有效措施,造成环境污染的,不得申请减半缴纳排污费或者免缴排污费。

排污者未按照规定缴纳排污费的,由环保部门依据职权责令限期缴纳;逾期拒不缴纳的,处应缴纳排污费数额1倍以上3倍以下的罚款,并报经有批准权的人民政府批准,责令停产停业整顿。

(3) 排污费的使用。根据《排污费征收使用管理条例》第18条的规定,排污费必须纳入财政预算,列入环境保护专项资金进行管理,主要用于下列项目的拨款补助或者贷款贴息:重点污染源防治;区域性污染防治;污染防治新技术、新工艺的开发、示范和应用;国务院规定的其他污染防治项目。

在排污费的使用上,中央部属和省属排污单位缴纳的排污费缴入省级财政,其他排污单位的排污费缴入当地地方财政。

县级以上地方政府财政部门和环保部门应当每季度向本级政府、上级财政部门和环保部门报告本行政区域内环境保护专项资金的使用和管理情况。审计机关应当对环境保护专项资金使用和管理进行审计监督。

(三) 自然保护费制度

1. 自然保护费制度的概念

自然保护费制度是指开发利用自然资源或自然环境,应当依照自然资源或生态保护法律法规的规定,按其对自然资源与环境要素的利用程度向法律授权的主管部门缴纳一定费用的行为规范。自然保护费是环境费在中国环境与资源保护立法上的另一种表现形式。

依照各单项自然资源或生态保护法律法规的规定,自然保护费的征收和使用一般也必须纳入财政预算并实行专款专用。

应当注意的是,有关自然资源的使用费或资源税不属于自然保护费的范畴。此外,随着建立循环型经济社会国家的提倡,有关自然资源方面的环境费还在不断扩大。例如,在产品的生产和回收方面,目前世界各国广泛实行抵押金制度、预付金制度等。

2. 自然保护费的类别

由于自然保护行为与自然资源的开发利用行为经常联系在一起,因此中国的自然保护费一般由各单项自然资源法律予以规定。此外,在生态保护相关法律法规中也有相关的专门规定。

根据所收费用使用的目的不同,自然保护费可以分为直接用于自然保护的收费和间接用于自然保护的收费两大类。

(1) 直接用于自然保护的收费

直接用于自然保护的收费主要包括与森林、草原与野生动物相关的收费等三个方面。

《森林法》规定了育林费、森林植被恢复费以及森林生态效益补偿基金。育林费专门用于造林育林;森林植被恢复费属于政府性基金,用于林业主管部门组织的植树造林、恢复森林植被,包括调查规划设计、整地、造林、抚育、护林防火、病虫害防治、资源管护等开支;中央森林生态效益补偿基金的补偿范围为国家林业局公布的重点公益林林地中的有林地,以及荒漠化和水土流失严重地区的疏林地、灌木林地、灌丛地。

《草原法》规定了草原植被恢复费,因建设征用或者使用草原的应当交纳草原植被恢复费。草原植被恢复费由草原部门按照规定用于恢复草原植被。

《野生动物保护法》规定了野生动物资源保护管理费,用于野生动物资源的保护管理、资源调查、宣传教育、驯养繁殖、科学研究。其中,陆生野生动物资源保护管理费由省级以上林业部门向经批准出售、收购、利用的国家一、二级保护野生动物或其产品的供货方收取。

(2) 间接用于自然保护的收费

间接用于自然保护的收费主要包括《土地管理法》规定的耕地开垦费与土地复垦费、《水法》规定的水资源费、《渔业法》规定的渔业资源增殖保护费、《矿产资源法》规定的矿产资源补偿费等。

(四) 关于环境与资源保护法律制度上的优惠和鼓励措施

环境与资源保护法上的优惠,是指对制造、使用对环境有益的产品或者综合利用自然资源的行为,由政府依法赋予利用者、生产者或使用者一定利益予以鼓励的法律措施。优惠措施经常表现为减、免征费或征税、给予金钱补助以及表彰等精神奖励方面,其效果是促使企业的竞争和产品市场的拓展符合环境保护目的。在一些环境与资源保护法教科书中,也将其称为"奖励综合利用的原则",意指把最大限度地利用物质生产和消费过程中排放的各种废弃物,做到物尽其用,使整个社会生产和消费的排泄物减少到最低限度,从而取得最好的经济和环境效益。[1]

环境保护的鼓励措施通常是通过市场方法实现的,例如环境标志、ISO14000系列环境管理标准及其认证体系等等。

实践中,优惠的一般要件是以产品或行为低于法律限制性规定的上限、废弃物的循环程度、资源的利用和节约效率等为标准。随着科技水平的提高,优惠的标准或条件也会相应地发生改变。因此,需要政府在实践中根据具体事项灵活掌握。

在中国,几乎所有环境与资源保护法律都对优惠与鼓励措施作了规定。《清洁生产促进法》还明确规定国家鼓励和促进清洁生产。但是,由于优惠措施需以市场的发达和国家相关法律如税法等的完备为基础才能实施,而在中国市场经济尚未完全建立的条件下,无论是立法还是行政上只能对优惠措施作出原则规定,并在实践中由环境行政机关自行掌握,最为简单易行的环境保护优惠措施是授予生产者一定的荣誉称号。

我国在推行建立资源节约型、环境友好型社会的进程中,环境与资源保护法上的优惠措施还有进一步深化的余地。

五、治理、恢复与补救制度

(一) 概述

环境与资源保护法上的治理、恢复与补救制度,是指当环境利用行为造成环境污染或生态破坏时而对行为人采取的以恢复环境与自然的原状为中心的行政命令措施。

通常情况下,环境利用行为不论是否合法均可能造成环境污染或生态破坏。按照法律的公平原则和受益者负担原则,对造成的环境污染或生态破坏采取治理、恢复与补救措施,属于环境利用行为人的法律义务以及应当承担的民事责任的范畴。但是,因为环境所具有的公共物品性质和中国自然资源的全民所有制形式,使得一般公众难以独立的对其主张私的权益。这时就需要根据公共信托原理,依照宪法将公众环境权益和自然资源全民所有权等"共益权"转变为国家管理公共事务的权力,依法交由政府及其主管部门统一行使并责令环境利用行为人履行。

因此,环境与资源保护法上的治理、恢复与补救措施所保护的法益,应为公众的环境权益与自然资源的共益权,也包括维护国家对社会公共事务的管理秩序。

---

[1] 参见金瑞林主编:《环境法学》,北京大学出版社1999年版,第130页。

对于环境利用行为人而言,环境与资源保护法上的治理、恢复与补救既是一种义务,也是一种责任。与民事责任中的恢复原状责任不同,治理、恢复与补救命令具有行政强制性,无需通过司法程序的判断而具有法的拘束力;对拒不执行行政机关发布的治理、恢复与补救命令者,可由行政机关或受其指定者代为执行,其费用由造成环境污染或生态破坏的环境利用行为人承担。

此外,在中国的环境与资源保护法律中,通常将环境利用行为人违法造成环境污染或生态破坏所应当承担的治理、恢复与补救义务规定于法律责任条款之中,它们可以与相关的行政处罚措施一并执行。

(二)治理

治理特指对造成严重环境污染或生态破坏者,由政府及其行政主管部门根据环境利用行为人的实际状况制订专门的治理计划并设定一定治理期限,命令环境利用行为人在该期限内完成治理事项、达到治理目标的行政强制措施。

治理措施主要分为环境污染治理和生态破坏整治两大类。

1. 对环境污染实行的限期治理

对环境污染实行的限期治理是指对于超标(超总量)排放污染物、严重污染环境的污染源,以及位于需要特别保护的区域内的超标排污的污染源,由环保部门依法责令排污单位在一定期限内对污染源进行治理并完成治理任务,达到治理目标的一种强制性措施。

限期治理制度最早见诸1979年《环境保护法(试行)》中,其适用对象是在国家实行特别保护的区域已造成环境污染或者排污一时达不到国家标准的企事业单位。当时的立法意图是通过确定弹性较大的限期治理的规定,逐步解决企业长时期积累的污染问题。但时至今日,限期治理的规定依然见诸于各单项环境污染防治法律之中,并逐步演变成为一种行政法律责任形式。[①]

根据《环境保护法》和各单项环境污染防治法律的规定,限期治理的对象主要包括两大类:第一,严重污染环境的排污单位;第二,在需要特别保护的区域内超标排放污染物的排污单位,需要特别保护的区域主要指国务院、国务院有关主管部门和省、自治区、直辖市人民政府划定的风景名胜区、自然保护区和其他需要特别保护的区域。

因污染防治单项法律规定的不同,限期治理在污染防治领域的具体适用也有所不同。对造成大气污染和海洋污染的企业,由县级以上地方人民政府行使限期治理的决定权,即由环保部门对企业提出限期治理意见,报省级以下同级人民政府最后决定。鉴于地方各级政府在决定严重污染企业限期治理方面的不作为现象较为严重,2004年修订的《固体废物污染环境防治法》和2008年修订的《水污染防治法》则将限期治理决定权赋予了县级以上人民政府环保部门。

根据《环境保护法》第39条的规定,对限期治理逾期未完成治理的企业事业单位,除依照国家规定加收超标准排污费外,可以根据所造成危害后果处以罚款,或者责令停业、

[①] 2000年修改的《大气污染防治法》将限期治理纳入了行政法律责任的范畴。

关闭。罚款由环境保护主管部门决定。责令停业、关闭,由作出限期治理决定的人民政府决定;责令中央直接管辖的企业事业单位停业、关闭,须报国务院批准。根据《水污染防治法》第74条的规定,排放水污染物超过国家或者地方规定的水污染物排放标准,或者超过重点水污染物排放总量控制指标的,由县级以上人民政府环境保护主管部门按照权限责令限期治理,处应缴纳排污费数额2倍以上5倍以下的罚款。

因此,与超标排污所负有的一般治理义务相比,限期治理则是已上升为一种具有惩罚性质的行政责任形式,所以它具有行政强制性。

一般情况下,限期治理的期限应当根据完成限期治理任务的实际需要确定,并且对同一污染源的同一违法行为不应当重复下达限期治理决定。此外,根据《水污染防治法》第74条第2款规定,限期治理期间,由环境保护主管部门责令限制生产、限制排放或者停产整治。限期治理的期限最长不超过1年;逾期未完成治理任务的,报经有批准权的人民政府批准,责令关闭。

2009年6月,环境保护部根据《水污染防治法》制定了《限期治理管理办法(试行)》,明确了水污染防治领域适用限期治理的对象,即排放水污染物超过国家或者地方规定的水污染物排放标准,或者排放重点水污染物超过国务院或省级人民政府确定的总量削减和控制的。此外该办法还对水污染防治中限期治理的决定权限、治理期限、部门职责以及法律后果作出具体规定。

2. 对生态破坏实行的治理

对自然资源进行开发利用的行为一般是长时期的,因此开发利用自然资源所造成的生态破坏也具有长期性、渐进性和累积性,同样需要用一定的时期进行治理以逐步恢复自然本来的功能。为此,对生态破坏实行的治理措施也有不同的方式并适用于不同的生态破坏。目前中国自然资源法律规定的治理措施及其适用范围主要包括两类。

(1) 限期治理,即环境利用行为人违反法律规定开发利用自然资源,造成自然环境的使用功能降低而依法应当承担的治理责任。其主要适用于在一定期限内通过治理措施可以迅速恢复的自然环境与资源破坏区域,在水土保持、草原、防沙治沙与土地等法律中都有限期治理的规定。

(2) 综合治理和专项治理,即国家或地方政府依照环境与资源保护计划的安排,通过投入专门的治理资金等对生态破坏实行的治理。综合治理是指将治理对象和措施纳入国家国土整治计划或土地利用总体规划,由国家投入资金对生态破坏施行的大规模、长时期的整治活动。专项治理是指由各级政府在确定的环境保护与自然资源保护计划时期内,将环境退化或生态破坏地区纳入该计划所划定的治理区,有目的地从事治理活动的政府行为。

(三) 恢复、补救和拯救

环境与资源保护法上的恢复、补救和拯救措施,主要适用于因开发利用规划的失误或者违法开发利用自然资源而导致自然资源受到破坏或者自然环境可能遭受损失的区域,主要包括恢复原状与补救或拯救两种措施。

恢复原状措施主要适用于因开发利用规划的失误造成土地资源过度开垦，或改变原自然环境的使用功能和生态功能而造成生态不良影响的区域，如恢复土地原状、土地复垦等，其目的在于恢复该土地的原有功能和使用用途。

补救措施适用于依据众所周知的事实与自然规律可以判定行为的结果将会造成生态破坏及其损害的领域，如在水生动物洄游通道处建闸筑坝的行为、开发矿产资源的行为以及从事工程建设导致供水影响的行为等都应当依法采取补救措施。

拯救措施主要是针对生长受到人为活动或自然灾害威胁的国家和地方重点保护野生动植物的行为，目的在于保护或者恢复野生动植物的生长环境。

应当说明的是，在生态破坏领域广泛实施的治理、恢复和补救并非绝对、单一的事后补救措施。因自然资源保护法律规定的不同，它们有时也可以重叠适用于某一具体的生态破坏领域。

（四）突发环境事件处理

1. 概述

进入21世纪以后，突发环境事件的概念逐步被我国的规范性文件所确立。2003年以来我国相继发生的"非典"事件[①]、松花江重大水污染事件[②]等危害公共安全的重大突发事件，对部分地区的人民生命、财产安全造成了危害，并给国家带来了严重的不良影响。究其原因，很大程度是由于在突发公共事件发生之际政府各部门之间缺乏统一协调的应对机制而延误了最佳处理时机。

为提高政府保障公共安全和处置突发公共事件的能力，最大程度地预防和减少突发公共事件及其危害，国务院于2006年发布了《国家突发公共事件总体应急预案》，将环境污染和生态破坏事件纳入了事故灾难类突发公共事件的范畴。

与此同时，国务院还依据《环境保护法》、《海洋环境保护法》、《安全生产法》和《国家突发公共事件总体应急预案》及相关的法律法规，制定实施了专项应急预案《国家突发环境事件应急预案》，适用于应对以下各类事件的应急响应：超出事件发生地省（区、市）人民政府突发环境事件处置能力的应对工作，跨省突发环境事件应对工作，国务院或者全国环境保护部际联席会议需要协调、指导的突发环境事件或者其他突发事件次生、衍生的环境事件。[③]

2007年8月，我国颁布实施了《突发事件应对法》，对突发事件的预防与应急准备、监测与预警、应急处置与救援、事后恢复与重建等应对活动作出了规定。

2. 突发环境事件的定义和分类

依照《国家突发环境事件应急预案》的规定，突发环境事件是指突然发生，造成或者

---

① 2002年11月，广东佛山发现第一例"非典"病例时政府危机公关的不作为和对信息的封闭，造成了控制疫情的最佳时机贻误和公众的恐慌。该事件反映了当时政府执政方式中对公民知情权的漠视，以及缺乏及时有效的信息交流机制造成社会混乱的严重后果，成为触发中国突发事件应急及相关立法的契机。

② 2005年吉林石化公司双苯厂发生爆炸，约100吨双苯和硝基苯流入松花江及其下游黑龙江，造成了重大水污染事件，并给沿江400多万人民的生活带来重大影响。

③ 依照《国家突发环境事件应急预案》的规定，核事故的应急应遵照国家核应急协调委员会有关规定执行。

可能造成重大人员伤亡、重大财产损失和对全国或者某一地区的经济社会稳定、政治安定构成重大威胁和损害,有重大社会影响的涉及公共安全的环境事件。

根据突发环境事件的发生过程、性质和机理,《国家突发环境事件应急预案》将突发环境事件分为三大类:

第一,突发环境污染事件。包括重点流域、敏感水域水环境污染事件;重点城市光化学烟雾污染事件;危险化学品、废弃化学品污染事件;海上石油勘探开发溢油事件;突发船舶污染事件等。

第二,生物物种安全环境事件。指生物物种受到不当采集、猎杀、走私、非法携带出入境或合作交换、工程建设危害以及外来入侵物种对生物多样性造成损失和对生态环境造成威胁和危害事件。

第三,辐射环境污染事件。包括放射性同位素、放射源、辐射装置、放射性废物辐射污染事件。

按照突发事件严重性和紧急程度,《国家突发环境事件应急预案》将突发环境事件分为特别重大环境事件(Ⅰ级)、重大环境事件(Ⅱ级)、较大环境事件(Ⅲ级)和一般环境事件(Ⅳ级)四级。

3. 突发环境事件应急组织体系和综合协调机构

《国家突发环境事件应急预案》规定,国家突发环境事件应急组织体系由应急领导机构、综合协调机构、有关类别环境事件专业指挥机构、应急支持保障部门、专家咨询机构、地方各级人民政府突发环境事件应急领导机构和应急救援队伍组成。

为此,国务院成立了全国环境保护部际联席会议,负责协调国家突发环境事件应对工作。各有关成员部门负责各自专业领域的应急协调保障工作。各级人民政府也自上而下地成立了相应的应急指挥或者领导机构。

4. 突发环境事件应急的运行机制

《国家突发环境事件应急预案》规定了预防和预警、应急响应、应急保障、后期处置以及责任追究等五项机制。

预防和预警机制要求按照早发现、早报告、早处置的原则,开展对国内(外)有关环境、自然灾害等预警信息或者监测数据的综合分析、风险评估工作。按照突发事件严重性、紧急程度和可能波及的范围,突发环境事件的预警级别由低到高分为蓝、黄、橙、红四级。当有关信息证明突发环境事件即将发生或者发生可能性增大时,应当按照相关应急预案执行。

应急响应机制主要包括三方面内容:

第一,按照属地为主的原则实行分级响应。突发环境事件的应急响应分为特别重大(Ⅰ级响应)、重大(Ⅱ级响应)、较大(Ⅲ级响应)、一般(Ⅳ级响应)四级。

第二,实行突发环境事件报告制度。突发环境事件的报告分为初报、续报和处理结果报告三类。

初报实行1小时报告制,即发现突发环境事件后1小时内上报事件的初步情况。突发环境事件责任单位和责任人以及负有监管责任的单位发现突发环境事件后,应在1小时内向所在地县级以上人民政府和上一级主管部门报告。紧急情况下可越级上报。负责确认环境事件的单位,在确认重大(Ⅱ级)环境事件后,1小时内报告省级相关专业主管部门,特别重大(Ⅰ级)环境事件立即报告国务院相关专业主管部门,并通报其他相关部门。地方各级人民政府应当在接到报告后1小时内向上一级人民政府报告。省级人民政府在接到报告后1小时内,向国务院及国务院有关部门报告。重大(Ⅱ级)、特别重大(Ⅰ级)突发环境事件,国务院有关部门应立即向国务院报告。

续报是在查清有关情况后随时上报,主要报告就事件等进展情况及采取的应急措施等情况。

处理结果报告在事件处理完毕后立即上报。国务院有关部门和部际联席会议可以根据需要成立环境应急指挥部,负责指导、协调突发环境事件的应对工作。

应急保障机制确立了资金保障、装备保障、通信保障、人力资源保障、技术保障等应急保障的内容,并对宣传、培训与演练以及应急能力评价等作出了规定。

后期处置机制要求地方政府在做好受灾人员安置工作后,组织专家对受灾范围进行科学评估,提出补偿和对遭受污染的生态环境进行恢复的建议。此外,还要求建立突发环境事件社会保险机制。

责任追究机制规定,对各种违反突发环境事件应急工作的行为,按照《突发事件应对法》和有关法律和规定对有关责任人员追究法律责任。

案例3.9

2010年7月,A公司发生严重的污染物泄漏事件,大量污染物流入某河流。为了不影响社会稳定,A公司决定自己尽快处理善后事宜,暂不向政府和公众公布此次事件的信息。不料,第二天天降大雨,河水猛涨,污染物下泄的速度大大加快。A公司见情况已经无法控制,只好向当地政府报告了该事件。当地政府指示A公司采取一切措施防止污染扩散,但并未及时向社会公布该消息。三天之后,该河下游的养殖户发现鱼类大量死亡,损失超过1000万元,遂向当地环保部门和渔业部门举报。迫于压力,A公司和当地政府在事发九天之后,才向社会公布了发生污染事故的事实。

讨论:A公司和当地政府在处理突发环境事件过程中存在哪些违法之处?

本章小结:

我国环境与资源保护法的基本原则包括经济社会发展与环境保护相协调原则、预防原则、受益者负担原则、公众参与原则。

经济社会发展与环境保护相协调原则,也称协调发展原则,是指经济社会发展要充分考虑环境与资源的承载力,使环境和资源既能满足经济社会发展目标的需要,又能够使环境资源保持在满足当代人和后代人对适当环境质量要求的水平上,从而使经济社会发展与环境保护相互促进、共同发展,实现经济效益、社会效益与环境效益的统一。贯彻实施协调发展原则的措施包括通过环境影响评价制度,实现经济发展与环境保护的一体化决策;通过"三同时"制度保障经济建设与环境保护同步进行;通过循环经济制度将经济发展建立在环境承载力的基础上;通过实施清洁生产制度实现经济发展与环境保护双赢;通过清洁能源制度解决环境对经济的制约;通过绿色GDP核算等经济政策促进实施和保障实现协调发展原则。

预防原则,也称环境损害预防原则,是指针对一切可能影响环境的活动和行为,事先采取经济、技术、法律、行政等各种手段和措施,防止环境污染和生态破坏等损害结果的发生;风险预防也已成为我国环境与资源保护法中的预防原则的应有之义。贯彻预防原则的措施包括通过环境影响评价制度在决策阶段落实预防原则,通过"三同时"制度在建设阶段落实预防原则,通过清洁生产制度在生产阶段落实预防原则,通过循环经济制度在资源废物循环阶段落实预防原则,通过排污许可证制度在排污阶段落实预防原则。

受益者负担原则是指开发利用环境和资源或者排放污染物,对环境造成不利影响和危害者,应当支付由其活动所造成的环境损害费用,并承担治理其造成的环境污染与破坏的责任。贯彻受益者负担原则的措施包括实行排污收费制度,实行生态补偿制度,征收环境税,实行土地复垦制度。

公众参与原则是指公众对可能造成环境影响的经济决策和建设项目有相应的知情、参与决策和监督的权利。贯彻公众参与原则的措施包括环境影响评价中的公众参与制度,环境行政许可和环境行政处罚中的公众参与制度,建立环境信息公开与披露制度,鼓励各类非政府环保组织代表公众参与环境决策,建立公众参与的司法保障制度。

环境与资源保护的基本制度,是指按照环境与资源保护立法的目的和基本原则确立的、具体表现并普遍适用于环境与资源保护各个领域的法律规范的总称。我国环境与资源保护的基本制度包括环境标准制度,环境与资源保护规划制度,环境影响评价制度,环境费制度,治理、恢复与补救制度五类。

环境标准包括环境质量标准、污染物排放(控制)标准以及环境监测方法标准、环境标准样品标准、环境基础标准等五类。环境质量标准、污染物排放(控制)标准属于强制性环境标准,必须执行。环境质量标准、污染物排放(控制)标准以外的环境标准属于推荐性环境标准。强制性环境标准必须经环境立法确认并由环保部门决定适用后才具有相应的法的拘束力。

我国环境与资源自然保护规划是对国民经济和社会发展五年规划的环境保护篇章、全国主体功能区规划、国家各类生态建设和保护规划、专项环境保护规划等共同组成的以环境与资源保护为目的的规划的统称。环境与资源保护规划主要对政府及其行政主管部门依法审批规划所确立的项目具有指导和准据作用,一般不对行政机关以外的人具有直接的法的强制力。

我国环境影响评价的对象包括的规划和建设项目两大类。环境影响评价的程序主要包括筛选评价对象和决定评价范围、编制环境影响报告书、审批或审查环境影响评价文件等三个环节以及其中包含的公众参与程序。"三同时"制度是与环境影响评价制度相关联的法律制度,即建设项目中防治污染的措施必须与主体工程同时设计、同时施工、同时投产使用,防治污染的设施必须经原审批环境影响报告书的环保部门验收合格后方可投入生产或者使用。

环境费是对所有环境收费的统称,在我国主要表现为排污费和自然资源费。排污费是指直接向环境排放污染物的排污者,应当按照环保部门依法核定的污染物排放的种类和数量,向法律授权的主管部门缴纳的一定费用。排污者缴纳排污费,不免除其防治污染、赔偿污染损害的责任和法律、行政法规规定的其他责任。自然保护费是指开发利用自然资源或自然环境者,应当依照自然资源或生态保护法律法规的规定,按其对自然资源与环境要素的利用程度向法律授权的主管部门缴纳的一定费用。

环境法上的治理、恢复与补救,是指针对环境利用行为造成的环境污染或生态破坏而对行为人采取的以恢复环境与自然的原状为中心的行政命令措施。其保护法益为公众的环境权益与自然资源的共益权,此外还包括维护国家对社会公共事务的管理秩序。突发环境事件应急预案制度,是指为及时应对突发环境事件,由政府事先编制突发环境事件的应急响应方案及其应急机制,在发生或者可能发生突发环境事件时,启动该应急预案以最大程度地预防和减少突发环境事件及其可能带来的危害等规范性措施的总称。

思考题:
1. 经济社会发展与环境保护相协调原则的含义与贯彻措施是什么?
2. 预防原则的含义与贯彻措施是什么?
3. 受益者负担原则的含义与贯彻措施是什么?
4. 公众参与原则的含义与贯彻措施是什么?
5. 环境与资源保护规划的内容与法律效力是什么?
6. 环境标准体系的主要内容是什么?各类环境标准的法律效力是什么?
7. 环境影响评价的对象有哪些?环境影响评价程序的主要内容是什么?
8. 排污费与自然资源费的征收对象、主体、程序、用途是什么?
9. 环境与资源保护法上的治理、恢复与补救措施的主要内容是什么?突发环境事件应急运行机制的主要内容是什么?

第四章 环境污染防治法

学习目标： 通过本章的学习，了解环境污染以及环境污染防治法的概念与特征，掌握我国《大气污染防治法》、《水污染防治法》、《海洋环境保护法》、《环境噪声污染防治法》、《固体废物污染环境防治法》、《放射性污染防治法》、《清洁生产促进法》、《循环经济促进法》等主要环境污染防治法律法规的立法沿革及其主要内容。

第一节 环境污染防治法概述

一、环境污染的概念

（一）环境污染的定义

环境污染通常是指在人类生产、生活中向环境排放了超过环境容量的物质或能量，导致环境质量降低，进而对人体健康、财产以及生态系统平衡等造成不利影响的现象。

我国现行环境与资源保护立法对环境污染一词并没有统一的用语，其较完整的表述是"污染和其他公害"。这种表述形式源于1978年《宪法》第11条的规定"国家保护环境和自然资源，防治污染和其他公害"。1982年《宪法》和1989年《环境保护法》沿用了"污染和其他公害"的表述方式。

从立法背景看，我国立法中的"污染和其他公害"的概念，只是欧美国家环境立法中的"环境污染"和日本环境立法中的"公害"的复合词，其本质就是环境污染。

能够造成环境污染的物质或能量通常被称为污染物，即以高于天然浓度和一定滞留时间存在于环境中，从而影响环境的正常组成和性质，对人、生物及社会物质财富等造成直接或间接有害效应的物质。依照《环境保护法》第24条的规定，受我国法律控制的污染物主要包括废气、废水、废渣、粉尘、恶臭气体、放射性物质以及噪声、振动、电磁波辐射等。

（二）环境污染的特征

环境污染具有三个特征：

第一，环境污染须伴随人类活动而产生。环境污染一定是以人类的生产、生活活动为前提而产生。人类活动以外的自然原因或因素也可以直接释放某种物质或能量而产生污染，但此类污染不属于一般意义的环境污染，也不属于环境污染防治法所要控制的对象。

第二，环境污染须为物质、能量从一定的设施设备向外界排放或者泄漏。排放是指人类主动并有意识地利用环境容量，而向环境倾倒、释放、散发污染物的行为；泄漏则是指在人为活动中因疏忽大意或管理不善，导致物质和能量直接或者间接进入环境的行为。在对环境污染实行法律控制的过程中，区别对待排放行为与泄漏行为，采取不同的控制措施具有特别重要的意义。

第三,环境污染须出现环境质量下降的结果。环境具有一定的自净能力,但在具体的时空条件下,环境的自净能力是有限的,当向环境排放或泄漏的有害物质或能量超过了环境的自净能力时,就会导致环境污染,环境污染的实质就是环境质量恶化。

(三)环境污染的分类

依据不同的标准,可以对环境污染进行不同的分类。

以产生污染的人类活动为标准,环境污染可以分为工业环境污染、城市环境污染、农业环境污染等。以被污染的环境要素为标准环境污染可以分为大气污染、土壤污染、水污染、海洋污染等。以污染物的性质为标准,环境污染可以分为物质污染和能量污染两大类,前者主要是指有形的污染物所导致的环境污染,例如固体废物污染、废气污染、废水污染、化学物质污染等;后者则主要是指无形的能量所导致的环境污染,例如噪声与振动污染、放射性污染、电磁辐射污染以及光污染等。

不同类型的环境污染,需要采取不同的污染防治措施,由此也会导致污染防治立法的差异。

二、环境污染防治法的概念

(一)环境污染防治法的定义

由于在控制对象、管理方式以及立法目标和制度重点等方面有所不同,世界各国(地区)污染防治的法律名称各不相同。

美国联邦层面对污染防治法律采用的是"清洁+环境要素"的命名方法,如《清洁空气法》、《清洁水法》等。日本则采用的是"环境要素或污染因子+防止(规制)"的命名方法,如《大气污染防止法》、《水质污浊防止法》、《恶臭防止法》、《噪音规制法》等。欧洲各国既有以单项环境要素的保护作为法的名称的,也有以污染因子的防治或控制作为法的名称的。

无论采取何种名称,环境污染防治法的本质内涵都是相同的,即以保护环境,进而保护人体健康和财产安全为目的,对产生或可能产生环境污染的人类活动实施控制的法律规范的总称。从环境容量利用的角度,环境污染实际上是人类超过环境容量限制排放污染物的必然结果,因此环境污染防治法也可以被定义为引导、规范、控制人类环境容量利用行为的法律规范的总称。

在我国,环境污染防治法有广义和狭义之分。狭义的环境污染防治法是指以污染因子控制为直接目的的法律,如《大气污染防治法》、《水污染防治法》等。广义的环境污染防治法是指所有与预防或减少污染物排放、恢复和治理环境污染有关的法律,如致力于从源头削减污染的《清洁生产促进法》与致力于在生产、流通和消费全过程中减少废弃物的《循环经济促进法》等。本书采广义环境污染防治法概念。

(二)我国环境污染防治法的体系

从内容上看,我国环境污染防治法的体系主要由海洋污染防治、大气污染防治、水污染防治、固体废物污染环境防治、环境噪声污染防治、放射性污染防治、化学物质环境管理以及清洁生产、循环经济等方面的法律、法规、规章所组成。

从控制对象、目标与方法看,我国的环境污染防治法体系由三部分内容组成。

第一,物质污染防治法。我国对物质污染防治的立法主要包括大气污染、水污染、海洋污染、固体废物污染、化学物质污染防治等方面的法律法规。

第二,能量污染防治法。我国对能量污染防治的立法主要包括环境噪声污染、放射性污染、振动与电磁辐射污染等方面的法律法规。

第三,污染源头及全过程管理法。我国对污染的源头治理及全过程管理的立法主要包括清洁生产促进与循环经济促进的法律。

(三) 环境污染防治的法律制度

环境污染防治法律制度的核心目标是控制污染物的排放,而控制污染物排放的方法主要有浓度控制与总量控制两种。前者仅通过限制排污口所排放的污染物浓度的方式进行污染控制,后者通过限制一定时期内特定区域污染物排放总量的方式进行污染控制。

浓度控制操作简单,因此在早期的污染防治法律中广泛适用。但是浓度控制方法存在较大缺陷:一方面,浓度控制无法为企业提供额外的动力来更新生产技术、减少排污总量;另一方面,浓度控制无法有效实现污染控制目标,即使所有的排污者均遵守排放标准,排入环境的污染物总量依然可能超过环境的自净能力并导致环境污染。

为弥补浓度控制的不足,总量控制方法开始出现。通过总量控制,各个排污者排放的污染物总量不会超过环境容量,也就不会导致环境质量显著下降。但是总量控制的操作更加复杂,如何科学、合理地确定总量以及公平、公正地分配总量都是十分困难的工作。目前,我国已开始在大气污染防治、水污染防治、海洋污染防治领域对主要污染物或重点污染物实施总量控制。

以总量控制为基础,衍生出了排污交易这种市场化的污染控制手段。排污交易又称排污指标交易、排污权交易、可交易的许可等,是指排污者将其依法获得的部分或者全部污染物排放总量通过交易市场或者法定方式出售给购买者,该污染物排放许可的部分或者全部权利也随之转移的行为。综合运用总量控制和排污权交易制度,理论上不但可以实现污染防治的目的,而且可以大幅度减少排污者的守法成本。因为排污者可以自主地根据市场需求决定其生产规模和排污总量,如果一些企业能够以很低的成本减少排放总量,而另一些企业要花很高的成本才能减少排放总量,则后者可以通过向前者购买排污权的方式来实现守法。这样,既实现了国家的环境目标,又节约了企业的经济成本。

目前,我国的环境污染防治法尚未规定排污交易制度。实践中,我国南方地区的许多省市开始在实施重点污染物排放许可证制度的基础上试行排污交易。

实际上,环境污染防治法律制度的确立过程,就是将环境与资源保护法的基本制度运用于环境污染防治法的过程。规划、标准、环境影响评价、三同时、许可、限期治理、突发事件应急等环境与资源保护法的基本制度在环境污染防治法中有不同程度的体现。但是,因为各类环境污染在具体迁移转变规律、控制对策手段以及致害特性等方面存在着一定的差异,各单项环境污染防治法律的具体对策措施也存在一些差异。

第二节　物质污染防治法

一、大气污染防治法

(一) 概述

1979年,我国《环境保护法(试行)》首次以法律的形式对大气污染防治作出了原则性规定。1987年,我国颁布了《大气污染防治法》,专门规定了防治大气污染的一般原则、监督管理、防治烟尘污染、防治废气、粉尘和恶臭污染、法律责任等方面的内容。1991年,经国务院批准,原国家环境保护局还公布施行了《大气污染防治法实施细则》。

1995年,我国对《大气污染防治法》进行了第一次修改,增加规定了淘汰落后生产工艺和设备制度、酸雨控制区或二氧化硫污染控制区划定制度等内容。2000年,我国对《大气污染防治法》进行了第二次修改,加强了机动车污染防治,实行了禁止超标排污和重点大气污染物排放总量控制和许可制度。

为解决诸如酸雨、灰霾和光化学烟雾等区域性大气污染问题,经国务院同意,环境保护部等部门于2010年联合发布了《关于推进大气污染联防联控工作改善区域空气质量的指导意见》。

目前,《大气污染防治法》的第三次修改工作正在进行。

(二) 一般规定

1. 大气污染防治的监督管理体制

大气污染防治实施统一监督管理与分部门监督管理相结合的管理体制。对大气污染防治实施统一监督管理的是各级环保部门,对机动车船污染实施分部门监督管理的是各级公安、交通、铁道、渔业管理部门。

2. 大气环境标准制度

我国大气环境标准体系的核心是《环境空气质量标准》,该标准于1982年首次发布,1996年、2000年、2012年分别进行了三次修订。修订后的《环境空气质量标准》2012年开始在京津冀、长三角、珠三角等重点区域以及直辖市和省会城市实施,2013年开始在113个环境保护重点城市和国家环保模范城市实施,2015年开始在全国所有地级以上城市实施,2016年1月1日开始在全国实施。

2012年修订后的《环境空气质量标准》将环境空气质量功能区分为两类,一类区为自然保护区、风景名胜区和其他需要特殊保护的地区;二类区为城镇规划中确定的居住区、商业交通居民混合区、文化区、一般工业区和农村地区;上述两类功能区相应地执行一级和二级环境空气质量标准。修订后的标准规定了二氧化硫、二氧化氮、一氧化碳、臭氧、PM2.5、PM10、总悬浮颗粒物、氮氧化物、铅、苯并[a]芘等10种大气污染物的浓度限值。

除《环境空气质量标准》外,《大气污染物综合排放标准》也比较重要,其对33种大气污染物的排放限值作出了具体规定。

为发挥地方在控制城市机动车尾气污染领域的自主性,省级人民政府可以制定严于国家排放标准的机动车船大气污染物地方排放标准,但须报经国务院批准。目前,经国务院批准,北京市和上海市已经制定实施了地方机动车尾气排放标准。

我国《大气污染防治法》规定了"达标排放、超标违法"的制度,即向大气排放污染物的,其污染物排放浓度不得超过国家和地方规定的排放标准,并缴纳相应的排污费。超标排放的,应当予以限期治理并处 1 万元以上 10 万元以下罚款。

3. 主要大气污染物排放总量控制和核定制度

主要大气污染物排放总量控制和核定制度的实施主要包括三个步骤。

首先,确定总量控制区。总量控制区包括两类:一是由国务院和省、自治区、直辖市人民政府划定的尚未达到规定的大气环境质量标准的区域;二是两控区,即国务院环保部门会同国务院有关部门,根据气象、地形、土壤等自然条件,经国务院批准划定的酸雨控制区或者二氧化硫污染控制区。

其次,确定主要大气污染物排放总量。国家通过制定大气污染防治计划的方式,对计划年度内总量控制区的主要大气污染物(主要是指二氧化硫、烟尘及工业粉尘)排放量作出总量减排指标规定,并将上述指标分别分解到实行总量控制的区域的地方政府。

最后,主要大气污染物排放总量的分配。主要大气污染物总量控制区内有关地方人民政府依照国务院规定的条件和程序,按照公开、公平、公正的原则,核定企业事业单位的主要大气污染物排放总量,核发主要大气污染物排放许可证。有大气污染物总量控制任务的企业事业单位,必须按照核定的主要大气污染物排放总量和许可证规定的排放条件排放污染物。

案例 4.1

A 公司位于国务院划定的二氧化硫控制区,当地人民政府依法核定了 A 公司的主要大气污染排放总量并给 A 公司颁发了主要大气污染物排放许可证。2011 年 12 月,当地环保部门在对 A 公司进行现场检查时发现 A 公司排放的主要大气污染物总量已经超过了许可证核定的排放总量,遂决定对 A 进行处罚。A 公司认为,其排放的主要大气污染物并未超过国家和地方规定的排放标准,环保部门不应当对其进行处罚。

讨论:A 公司的主张是否成立?

提示:依据《大气污染防治法》有关总量控制的规定进行分析。

4. 大气污染防治重点城市制度

随着我国城市化进程的加快,城市大气污染防治工作已经成为大气污染防治工作的重点。为此,我国《大气污染防治法》规定了大气污染防治重点城市制度。国务院按照城市总体规划、环境保护规划目标和城市大气环境质量状况,划定大气污染防治重点城市。直辖市、省会城市、沿海开放城市和重点旅游城市应当列入大气污染防治重点城市。截止到目前,我国共划定了 113 个大气污染防治重点城市。

未达到大气环境质量标准的大气污染防治重点城市,应当按照国务院或者国务院环保部门规定的期限,达到大气环境质量标准。该城市人民政府应当制定限期达标规划,并可以根据国务院的授权或者规定,采取更加严格的措施,按期实现达标规划。

5. 大气环境质量状况公报制度

为保障公众的大气环境信息知情权,大、中城市人民政府环保部门应当定期发布大气环境质量状况公报,并逐步开展大气环境质量预报工作。

大气环境质量状况公报的主要内容包括城市大气环境污染特征、主要污染物的种类及污染危害程度等内容。

(三) 防治燃煤污染

为防治燃煤污染,《大气污染防治法》主要规定了煤炭开采控制、清洁能源推广、锅炉和城市供热管理等方面的内容。

第一,控制煤炭开采。

限制对高硫份、高灰份煤炭的开采;禁止对含放射性和砷等有毒有害物质超过规定标准煤炭的开采,对违反者责令关闭。

推行煤炭洗选加工,以降低煤的硫份和灰份,使煤炭中的含硫份、含灰份达到规定的标准。新建的所采煤炭属于高硫份、高灰份的煤矿,必须建设配套的煤炭洗选设施,使煤炭中的含硫份、含灰份达到规定的标准;对已建成的所采煤炭属于高硫份、高灰份的煤矿,应当按照国务院批准的规划,限期建成配套的煤炭洗选设施。对违反者,责令限期建设配套设施,并可以处 2 万元以上 20 万元以下罚款。

第二,控制煤炭的使用,推广清洁能源。

大气污染防治重点城市人民政府,可以在本辖区内划定禁止销售、使用国务院环保部门规定的高污染燃料的区域;该区域内的单位和个人应当在规定的期限内停止燃用高污染燃料,改用天然气、液化石油气、电或者其他清洁能源。大、中城市人民政府应当制定规划,对饮食服务企业限期使用天然气、液化石油气、电或者其他清洁能源;对未划定为禁止使用高污染燃料区域的大、中城市市区内的其他民用炉灶,限期改用固硫型煤或者使用其他清洁能源。对期限届满后继续燃用高污染燃料者,责令拆除或者没收燃用高污染燃料的设施。

第三,国务院有关主管部门应当根据锅炉大气污染物排放标准,在锅炉产品质量标准中规定相应的要求,达不到规定要求的锅炉不得制造、销售或者进口。在集中供热管网覆盖的地区,不得新建燃煤供热锅炉;对违反者,可以处 5 万元以下罚款。

第四,在人口集中地区堆放煤炭、煤矸石、煤渣、煤灰、砂石、灰土等物料,必须采取防燃、防尘措施,防止污染大气。对违反者,给予警告或者处以 5 万元以下罚款。

(四) 防治机动车船污染

为防治机动车船污染大气环境,《大气污染防治法》主要规定了机动车尾气排放标准、在用车使用和维修、燃油质量、尾气排放年度监督检查等方面的内容。

第一,任何单位和个人不得制造、销售或者进口污染物排放超过规定排放标准的机动车船。对违反者,没收违法所得,可以并处违法所得一倍以下的罚款,对无法达到规定的污染物排放标准的机动车船,没收销毁。在用机动车不符合制造当时的在用机动车污染物排放标准的,不得上路行驶。省级人民政府报经国务院批准后,可以决定对在用机动车实行新的污染物排放标准并对其进行改造。

第二,国家鼓励生产和消费使用清洁能源的机动车船,鼓励和支持生产、使用优质燃料油。任何单位和个人应当按照国务院规定的期限,停止生产、进口、销售含铅汽油。对违反者,可以没收所生产、进口、销售的含铅汽油和违法所得。

第三,交通、渔政等有监督管理权的部门、省级人民政府环保部门可以委托已取得资质认定的单位,按照规范对船舶与机动车排气污染进行年度检测。县级以上地方人民政府环保部门可以在机动车停放地对在用机动车的污染物排放状况进行监督抽测。

(五)防治废气、粉尘和恶臭等污染

严格限制向大气排放含有毒物质的废气和粉尘,确需排放的,应当经过净化处理,不超过规定的排放标准。对违反者,可以处5万元以下罚款。

工业生产中产生的可燃性气体应当回收利用,不具备回收利用条件而向大气排放的,应当进行防治污染处理。向大气排放转炉气、电石气、电炉法黄磷尾气、有机烃类尾气的,须报当地环保部门批准。炼制石油、生产合成氨、煤气和燃煤焦化、有色金属冶炼过程中排放含有硫化物气体的,应当配备脱硫装置或者采取其他脱硫措施。向大气排放含放射性物质的气体和气溶胶,必须符合国家有关放射性防护的规定,不得超过规定的排放标准。

在人口集中地区和其他依法需要特殊保护的区域内,禁止焚烧沥青、油毡、橡胶、塑料、皮革、垃圾以及其他产生有毒有害烟尘和恶臭气体的物质;在人口集中地区、机场周围、交通干线附近以及当地人民政府划定的区域,禁止露天焚烧秸秆、落叶等产生烟尘污染的物质;对违反者,处2万元以下罚款。

在城市市区进行建设施工或者从事其他产生扬尘污染活动的单位,必须按照当地环境保护的规定,采取防治扬尘污染的措施。

向大气排放恶臭气体的排污单位,必须采取措施防止周围居民区受到污染。城市饮食服务业的经营者,必须采取措施防治油烟对附近居民的居住环境造成污染;对违反规定造成附近居民居住环境污染者,可以处5万元以下罚款。

国家鼓励、支持消耗臭氧层物质替代品的生产和使用,逐步减少消耗臭氧层物质的产量,直至停止消耗臭氧层物质的生产和使用。另外,在国家规定的期限内,生产、进口消耗臭氧层物质的单位必须按照国务院有关行政主管部门核定的配额进行生产、进口。

二、水污染防治法

(一)概述

1979年,我国《环境保护法》(试行)首次以法律的形式对水污染的防治作出了原则性的规定。1984年,我国制定了第一部防治水污染的专门法律《水污染防治法》,1989年我国又颁布了与之配套的《水污染防治法实施细则》。

鉴于实行社会主义市场经济以后我国水污染防治的对象等发生了重大变化,水污染在总体上呈继续恶化趋势等现实情况,1996年我国对《水污染防治法》进行了第一次修改,主要强化或新增了水污染防治的流域管理、城市污水的集中治理、对饮用水源保护等方面的内容。2000年3月,国务院制定了新的《水污染防治法实施细则》。

针对水污染持续恶化的状况,2008年我国对《水污染防治法》进行了第二次修改,进一步加强了对饮用水水源和其他特殊水体的保护,实行了禁止超标排污和重点水污染物排放总量控制和许可制度。

我国立法中所谓的"水污染"特指陆地水污染,即江河、湖泊、运河、渠道、水库等地表水体和地下水体的污染,海洋污染防治适用《海洋环境保护法》。

(二) 一般规定

1. 水污染防治的监督管理体制

水污染防治实施统一监督管理与分部门监督管理相结合的管理体制。环保部门对水污染防治实施统一监督管理,海事部门对船舶污染水域的防治实施监督管理,水行政、国土资源、卫生、建设、农业、渔业等部门以及重要江河、湖泊的流域管理机构,在各自的职责范围内,对有关水污染防治实施监督管理。

国家实行水环境保护目标责任制和考核评价制度,水环境保护目标完成情况是对地方人民政府及其负责人考核评价的内容之一。

2. 水环境标准制度

水环境标准体系的核心是《地表水环境质量标准》,该标准将地表水水域功能区划分为五类:Ⅰ类——主要适用于源头水、国家自然保护区;Ⅱ类——主要适用于集中式生活饮用水地表水源地一级保护区、珍稀水生生物栖息地、鱼虾类产卵场、仔稚幼鱼的索饵场等;Ⅲ类——主要适用于集中式生活饮用水地表水源地二级保护区、鱼虾类越冬场、洄游通道、水产养殖区等渔业水域及游泳区;Ⅳ类——主要适用于一般工业用水区及人体非直接接触的娱乐用水区;Ⅴ类——主要适用于农业用水区及一般景观要求水域。

《地表水环境质量标准》主要对24种项目规定了具体的标准限值。与五类水域功能区相对应,地表水环境质量标准的基本项目标准值也分为五类,不同功能类别分别执行相应类别的标准值。同一水域兼有多类使用功能的,执行最高功能类别对应的标准值。

除综合性的《地表水质量标准》外,我国还分别制定了《渔业水质标准》、《景观娱乐用水水质标准》、《地下水质量标准》、《农田灌溉水质标准》等水质标准。

在水污染物排放标准方面,最重要的是《污水综合排放标准》。该标准按照污水排放去向,分年限规定了69种水污染物最高允许排放浓度及部分行业最高允许排水量。另外,我国还制定了《造纸工业水污染物排放标准》、《畜禽养殖业污染物排放标准》等行业水污染物排放标准。

超标排污的,责令限期治理,处应缴纳排污费数额2倍以上5倍以下的罚款。限期治理期限最长不得超过 1 年。

案例 4.2

A 公司是 B 市的纳税大户,员工超过 2000 人,其董事长和总经理分别是当地人大代表和政协委员。A 公司长期向某河流超标排污,被附近居民多次举报。2009 年 1 月,当地环保部门责令 A 限期治理,期限为 1 年。1 年之后,环保部门发现 A 公司并未完成治理任务。考虑到 A 公司对 B 市财政和就业的重要性,环保部门决定继续责令 A 公司限期治理。

讨论:环保部门的做法是否合法?

提示:根据《水污染防治法》关于限期治理的期限和逾期未完成治理任务的规定进行分析。

3. 水污染防治规划制度

防治水污染应当按流域或者按区域进行统一规划。

流域水污染防治规划的内容应当包括水体的环境功能要求、分阶段达到的水质目标及时限、水污染防治的重点控制区域和重点污染源以及具体实施措施、流域城市排水与污水处理设施建设规划等。

国家确定的重要江河、湖泊的流域水污染防治规划,由国务院环保部门会同国务院经济综合宏观调控、水行政等部门和有关省、自治区、直辖市人民政府编制,报国务院批准。

其他跨省、自治区、直辖市江河、湖泊的流域水污染防治规划,根据国家确定的重要江河、湖泊的流域水污染防治规划和本地实际情况,由有关省、自治区、直辖市人民政府环保部门会同同级水行政等部门和有关市、县人民政府编制,经有关省、自治区、直辖市人民政府审核,报国务院批准。

省、自治区、直辖市内跨县江河、湖泊的流域水污染防治规划,根据国家确定的重要江河、湖泊的流域水污染防治规划和本地实际情况,由省、自治区、直辖市人民政府环境保护主管部门会同同级水行政等部门编制,报省、自治区、直辖市人民政府批准,并报国务院备案。

经批准的水污染防治规划是防治水污染的基本依据,规划的修订须经原批准机关批准。县级以上地方人民政府应当根据依法批准的江河、湖泊的流域水污染防治规划,组织制定本行政区域的水污染防治规划。

4. 重点水污染物排放总量控制制度

省级人民政府可以根据本行政区域水环境质量状况和水污染防治工作的需要,确定本行政区域实施总量削减和控制的重点水污染物。然后按照国务院的规定削减和控制本行政区域的重点水污染物排放总量,并将重点水污染物排放总量控制指标分解落实到市、县人民政府。市、县人民政府根据本行政区域重点水污染物排放总量控制指标的要求,将重点水污染物排放总量控制指标分解落实到排污单位。

对超过重点水污染物排放总量控制指标的地区,有关人民政府环保部门应当暂停审批新增重点水污染物排放总量的建设项目的环境影响评价文件。

国务院环保部门对未按照要求完成重点水污染物排放总量控制指标的省、自治区、直辖市予以公布。省级人民政府环保部门对未按照要求完成重点水污染物排放总量控制指标的市、县予以公布。县级以上人民政府环保部门对违反本法规定、严重污染水环境的企业予以公布。

5. 水污染物排污许可制度

直接或者间接向水体排放工业废水和医疗污水以及其他按照规定应当取得排污许可证方可排放的废水、污水的企业事业单位,应当取得排污许可证。城镇污水集中处理设施的运营单位,也应当取得排污许可证。

向水体排放污染物的企业事业单位和个体工商户,应当按照法律、行政法规和国务院环保部门的规定设置排污口;在江河、湖泊设置排污口的,还应当遵守国务院水行政主管部门的规定。

禁止企业事业单位无排污许可证或者违反排污许可证的规定向水体排放前款规定的废水、污水。禁止私设暗管或者采取其他规避监管的方式排放水污染物。

6. 排污监测制度

排放工业废水的企业,应当对其所排放的工业废水进行监测,并保存原始监测记录;重点排污单位应当安装水污染物排放自动监测设备,与环保部门的监控设备联网,并保证监测设备正常运行。对违反者,处1万元以上10万元以下的罚款。

重点排污单位名录,由设区的市级以上地方人民政府环保部门根据本行政区域的环境容量、重点水污染物排放总量控制指标的要求以及排污单位排放水污染物的种类、数量和浓度等因素,商同级有关部门确定。

(三) 城镇污水集中处理制度

城镇污水集中处理设施的运营单位按照国家规定向排污者提供污水处理的有偿服务,收取污水处理费用,保证污水集中处理设施的正常运行。

向城镇污水集中处理设施排放污水、缴纳污水处理费用的,不再缴纳排污费。收取的污水处理费用应当用于城镇污水集中处理设施的建设和运行,不得挪作他用。

向城镇污水集中处理设施排放水污染物,应当符合国家或者地方规定的水污染物排放标准。城镇污水集中处理设施的出水水质达到国家或者地方规定的水污染物排放标准的,可以按照国家有关规定免缴排污费。

城镇污水集中处理设施的运营单位,应当对城镇污水集中处理设施的出水水质负责。环保部门应当对城镇污水集中处理设施的出水水质和水量进行监督检查。

(四) 饮用水源保护区制度

饮用水水源保护区的划定,由有关市、县人民政府提出划定方案,报省级人民政府批准;跨区域饮用水水源保护区的划定,由有关人民政府协商提出划定方案,报共同的上一级人民政府批准;协商不成的,上级人民政府环保部门会同同级水行政、国土资源、卫生、建设等部门提出划定方案,征求同级有关部门的意见后,报该人民政府批准。

国务院和省级人民政府可以根据保护饮用水水源的实际需要,调整饮用水水源保护区的范围,确保饮用水安全。有关地方人民政府应当在饮用水水源保护区的边界设立明确的地理界标和明显的警示标志。

饮用水水源保护区分为一级保护区和二级保护区;必要时,可以在饮用水水源保护区外围划定一定的区域作为准保护区。

在饮用水水源保护区内,禁止设置排污口。对违反者,责令限期拆除,处10万元以上50万元以下的罚款;逾期不拆除的,强制拆除,所需费用由违法者承担,处50万元以上100万元以下的罚款,并可以责令停产整顿。

禁止在饮用水水源一级保护区内新建、改建、扩建与供水设施和保护水源无关的建设项目;禁止在饮用水水源二级保护区内新建、改建、扩建排放污染物的建设项目;禁止在饮用水水源准保护区内新建、扩建对水体污染严重的建设项目,改建建设项目不得增加排污量。对违反者,处10万元以上50万元以下罚款,并报经有批准权的人民政府批准,责令拆除或者关闭。

案例 4.3

2012年1月,A市为了改善市区供电状况,批准电力公司在引水渠一级保护区100米内新建数十座高压线铁塔。许多居民对此提出了反对意见。

A市《引水渠环境保护条例》规定:引水渠一级保护区为非建设区和非旅游区,禁止在引水渠两侧各水平外延100米以内地区新建、改建、扩建除水利或者供水工程以外的工程项目。A市人民政府依照条例的授权对该条进行了解释:该条例规定的禁止建设的工程项目不包括对水质不产生污染或污染威胁的市政基础设施建设项目。

讨论:你是否认同A市人民政府的解释?

提示:根据《立法法》关于法律效力等级和《水污染防治法》关于饮用水水源保护区的规定进行分析。

禁止在饮用水水源一级保护区内从事网箱养殖、旅游、游泳、垂钓或者其他可能污染饮用水水体的活动。对违反者,处2万元以上10万元以下罚款,个人违反的可处500元以下的罚款。

县级以上地方人民政府应当根据保护饮用水水源的实际需要,在准保护区内采取工程措施或者建造湿地、水源涵养林等生态保护措施,防止水污染物直接排入饮用水水体,确保饮用水安全。

(五) 防治农村和农业水污染

使用农药应当符合国家有关农药安全使用的规定和标准。运输、存贮农药和处置过期失效农药,应当加强管理,防止造成水污染。县级以上地方人民政府农业主管部门和其他有关部门,应当采取措施,指导农业生产者科学、合理地施用化肥和农药,控制化肥和农药的过量使用,防止造成水污染。

畜禽养殖场、养殖小区应当保证其畜禽粪便、废水的综合利用或者无害化处理设施正常运转,保证污水达标排放,防止污染水环境。

从事水产养殖应当保护水域生态环境,科学确定养殖密度,合理投饵和使用药物,防止污染水环境。

向农田灌溉渠道排放工业废水和城镇污水,应当保证其下游最近的灌溉取水点的水质符合农田灌溉水质标准。利用工业废水和城镇污水进行灌溉,应当防止污染土壤、地下水和农产品。

(六) 防治船舶水污染

船舶排放含油污水、生活污水,应当符合船舶污染物排放标准。从事海洋航运的船舶进入内河和港口的,应当遵守内河的船舶污染物排放标准。船舶的残油、废油应当回收,禁止排入水体。禁止向水体倾倒船舶垃圾。船舶装载运输油类或者有毒货物,应当采取防止溢流和渗漏的措施,防止货物落水造成水污染。

船舶应当按照国家有关规定配置相应的防污设备和器材,并持有合法有效地防止水域环境污染的证书与文书。对违反者,处 2000 元以上 2 万元以下的罚款;逾期不改正的,责令船舶临时停航。船舶进行涉及污染物排放的作业,应当严格遵守操作规程,并在相应的记录簿上如实记载。对违反者,处 2000 元以上 2 万元以下的罚款。

港口、码头、装卸站和船舶修造厂应当备有足够的船舶污染物、废弃物的接收设施。从事船舶污染物、废弃物接收作业,或者从事装载油类、污染危害性货物船舱清洗作业的单位,应当具备与其运营规模相适应的接收处理能力。

(七) 水污染事故应急处理

可能发生水污染事故的企业事业单位,应当制定有关水污染事故的应急方案,做好应急准备,并定期进行演练。对违反者,责令改正;情节严重的,处 2 万元以上 10 万元以下的罚款。

生产、储存危险化学品的企业事业单位,应当采取措施,防止在处理安全生产事故过程中产生的可能严重污染水体的消防废水、废液直接排入水体。

企业事业单位发生事故或者其他突发性事件,造成或者可能造成水污染事故的,应当立即启动本单位的应急方案,采取应急措施,并向事故发生地的县级以上地方人民政府或者环保部门报告。环保部门接到报告后,应当及时向本级人民政府报告,并抄送有关部门。

造成渔业污染事故或者渔业船舶造成水污染事故的,应当向事故发生地的渔业主管部门报告,接受调查处理。其他船舶造成水污染事故的,应当向事故发生地的海事管理机构报告,接受调查处理;给渔业造成损害的,海事管理机构应当通知渔业主管部门参与调查处理。

企业事业单位造成水污染事故的,处以罚款,责令限期采取治理措施,消除污染;对造成重大或者特大水污染事故的,可以报经有批准权的人民政府批准,责令关闭;对直接负责的主管人员和其他直接责任人员可以处上一年度从本单位取得的收入 50% 以下的罚款。对造成一般或者较大水污染事故的,按照水污染事故造成的直接损失的 20% 计算罚款;对造成重大或者特大水污染事故的,按照水污染事故造成的直接损失的30%计算罚款。

造成渔业污染事故或者渔业船舶造成水污染事故的,由渔业主管部门进行处罚;其他船舶造成水污染事故的,由海事管理机构进行处罚。

案例 4.4

A公司一直向小清河排污。2012年10月8日,A公司接到一笔大订单,要求必须在10月底之前交货。A公司遂开足马力加班加点生产。恰在此时,A公司的污染物处理设施发生故障,无法使用。A公司董事长B得知,要完全修好该污染物处理设施至少需要3天时间。为了尽快完成订单,B决定不停工,将含有有毒物质的污水直接排入小清河,结果造成重大水污染事故,导致直接经济损失达1200万元。

讨论:A公司及其董事长B应当承担何种法律责任?

提示:根据《水污染防治法》关于造成水污染事故的法律责任以及《刑法》第338条污染环境罪的规定进行分析。

三、海洋污染防治法

(一) 概述

我国的海洋污染防治立法始于20世纪70年代。1974年,国务院批准发布了《防止沿海水域污染暂行规定》,对沿海水域的污染防治作了较详细的规定。

1982年,我国颁布实施了《海洋环境保护法》,这是我国第一部以海洋环境污染防治为主要内容的专门法律。此后我国又陆续颁布了《防止船舶污染海域管理条例》(1983年,已失效)、《海洋石油勘探开发环境保护管理条例》(1983年)、《海洋倾废管理条例》(1985年)、《防止拆船污染环境管理条例》(1988)、《防治陆源污染物污染损害海洋环境管理条例》(1990年)、《防治海岸工程建设项目污染损害海洋环境管理条例》(1990年)等行政法规。

1999年,我国对《海洋环境保护法》进行了大幅修改,增加了重点海域污染物总量控制制度、海洋污染事故应急制度、船舶油污损害民事赔偿制度和船舶油污保险制度和海洋环境污染民事损害赔偿制度等内容。同时,也配套制定了《防治海洋工程建设项目污染损害海洋环境管理条例》(2006年)、《防治船舶污染海洋环境管理条例》(2009年),并于2007年修改了《防治海岸工程建设项目污染损害海洋环境管理条例》。

《海洋环境保护法》适用于中华人民共和国内水、领海、毗连区、专属经济区、大陆架以及中华人民共和国管辖的其他海域。在中华人民共和国管辖海域以外,造成中华人民共和国管辖海域污染的,也适用该法。

案例 4.5

2011年3月,威廉姆斯号油轮与达文波特号货轮在公海发生碰撞,致使大量原油泄漏,这些原油由于洋流作用流到我国海域,致使我国海域的生态环境遭受重大污染,一些养殖户也遭受了重大损失。

讨论:该案是否可以适用我国《海洋环境保护法》?

(二) 一般规定

1. 海洋污染防治的监督管理体制

国务院环保部门主管全国海洋环境的保护工作;沿海省、自治区、直辖市环保部门负责组织协调、监督检查本行政区内的海洋环境保护工作,并主管防止海岸工程和陆源污染物污染损害海洋环境的环境保护工作。

国家海洋行政主管部门负责海洋环境的监督管理,组织海洋环境的调查、监测、监视、评价和科学研究,负责全国防治海洋工程建设项目和海洋倾倒废弃物对海洋污染损害的环境保护工作。

国家海事行政主管部门负责所辖港区水域内非军事船舶和港区水域外非渔业、非军事船舶污染海洋环境的监督管理,并负责污染事故的调查处理;对在中华人民共和国管辖海域航行、停泊和作业的外国籍船舶造成的污染事故登轮检查处理。船舶污染事故给渔业造成损害的,应当吸收渔业行政主管部门参与调查处理。

国家渔业行政主管部门负责渔港水域内非军事船舶和渔港水域外渔业船舶污染海洋环境的监督管理,负责保护渔业水域生态环境工作,并调查处理前款规定的污染事故以外的渔业污染事故。

军队环境保护部门负责军事船舶污染海洋环境的监督管理及污染事故的调查处理。

2. 海洋环境标准制度

《海洋环境保护法》授权国务院根据海洋环境质量状况和国家经济、技术条件,制定国家海洋环境质量标准。1997年,我国发布了《海水水质标准》,对35类海洋污染物的限制做了具体规定,并按照海域的不同使用功能和保护目标将海水水质功能区分为四类:第一类适用于海洋渔业水域,海上自然保护区和珍稀濒危海洋生物保护区;第二类适用于水产养殖区,海水浴场,人体直接接触海水的海上运动或娱乐区,以及与人类食用直接有关的工业用水区;第三类适用于一般工业用水区,滨海风景旅游区;第四类适用于海洋港口水域,海洋开发作业区。

由于我国海洋污染物主要来源于陆地排放,因此《海洋环境保护法》规定,国家和地方水污染物排放标准的制定,应当将国家和地方海洋环境质量标准作为重要依据之一。在国家建立并实施排污总量控制制度的重点海域,水污染物排放标准的制定,应当将主要污染物排海总量控制指标作为重要依据。目前专门针对海洋污染的排放标准主要有《海洋石油开发工业含油污水排放标准》和《污水海洋处置工程污染控制标准》等。

3. 海洋功能区制度

海洋功能区既包括开发利用区,也包括治理保护区、自然保护区、特殊功能区和保留区。

国家海洋行政主管部门会同国务院有关部门和沿海省、自治区、直辖市人民政府拟定全国海洋功能区划,报国务院批准。沿海地方各级人民政府应当根据全国和地方海洋功能区划,科学合理地使用海域。

海洋功能区划实行分级审批。全国海洋功能区划,报国务院批准。沿海省、自治区、直辖市海洋功能区划,经该省级人民政府审核同意后,报国务院批准。沿海市、县海洋功能区划,经该市、县人民政府审核同意后,报所在的省级市人民政府批准,报国务院海洋行政主管部门备案。海洋功能区划的修改,由原编制机关会同同级有关部门提出修改方案,报原批准机关批准;未经批准,不得改变海洋功能区划确定的海域功能。

养殖、盐业、交通、旅游等行业规划涉及海域使用的,应当符合海洋功能区划。沿海土地利用总体规划、城市规划、港口规划涉及海域使用的,应当与海洋功能区划相衔接。国家根据海洋功能区划制定全国海洋环境保护规划和重点海域区域性海洋环境保护规划。

(三) 防治陆源污染

设置入海排污口应当根据海洋功能区划、海水动力条件和有关规定,经科学论证后,报设区的市级以上人民政府环保部门审查批准。对违反者,责令其关闭,并处 2 万元以上 10 万元以下的罚款。

环保部门在批准设置入海排污口之前,必须征求海洋、海事、渔业行政主管部门和军队环境保护部门的意见。在海洋自然保护区、重要渔业水域、海滨风景名胜区和其他需要特别保护的区域,不得新建排污口。在有条件的地区,应当根据海洋功能区划、海水动力条件和海底工程设施的具体情况,将排污口深海设置,实行离岸排放。

陆源污染物排放的禁止性措施主要包括:禁止向海域排放油类、酸液、碱液、剧毒废液和高、中水平放射性废水;禁止经中华人民共和国内水、领海转移危险废物。

陆源污染物排放的限制性措施主要包括:严格限制向海域排放低水平放射性废水,确需排放的必须严格执行国家辐射防护规定;严格控制向海域排放含有不易降解的有机物和重金属的废水;含病原体的医疗污水、生活污水和工业废水必须经过处理,符合国家有关排放标准后,方能排入海域;含有机物和营养物质的工业废水、生活污水,应当严格控制向海湾、半封闭海及其他自净能力较差的海域排放;向海域排放含热废水,必须采取有效措施,保证邻近渔业水域的水温符合国家海洋环境质量标准,避免热污染对水产资源的危害;沿海农田、林场施用化学农药,必须执行国家农药安全使用的规定和标准;沿海农田、林场应当合理使用化肥和植物生长调节剂。

对违反上述规定者,除由政府有关部门责令限期改正外,可根据情节并处 2 万至 20 万元的罚款。

(四) 防治海岸工程污染

海岸工程[①]必须在建设项目可行性研究阶段,对海洋环境进行科学调查,根据自然条件和社会条件,合理选址,编报环境影响报告书,经海洋行政主管部门提出审核意见后,报环境保护行政主管部门审查批准。对违反者,责令停止违法行为和采取补救措施,并处 5

---

① 海岸工程建设项目,是指位于海岸或者与海岸连接,为控制海水或者利用海洋完成部分或者全部功能,并对海洋环境有影响的基本建设项目、技术改造项目和区域开发工程建设项目。

万元以上20万元以下的罚款；或者责令限期拆除。

海岸工程建设项目的环境保护设施，必须与主体工程同时设计、同时施工、同时投产使用。对违反者，责令停止生产或者使用，并处2万元以上10万元以下的罚款。

在依法划定的海洋自然保护区、海滨风景名胜区、重要渔业水域及其他需要特别保护的区域，不得从事污染环境、破坏景观的海岸工程项目建设或者其他活动。禁止在沿海陆域内新建不具备有效治理措施的化学制浆造纸、化工、印染、制革、电镀、酿造、炼油、岸边冲滩拆船以及其他严重污染海洋环境的工业生产项目。严格限制在海岸采挖砂石，露天开采海滨砂矿和从岸上打井开采海底矿产资源，必须采取有效措施，防止污染海洋环境。

此外，建造海岸工程必须采取保护国家和地方重点保护的野生动植物及其生存环境和海洋水产资源措施。新建、改建、扩建海岸工程建设项目，必须把防治污染所需资金纳入建设项目投资计划。

(五) 防治海洋工程污染

海洋工程建设项目[①]必须符合海洋功能区划、海洋环境保护规划和国家有关环境保护标准，在可行性研究阶段，编报海洋环境影响报告书，由海洋行政主管部门核准，并报环境保护行政主管部门备案，接受环境保护行政主管部门监督。海洋行政主管部门在核准海洋环境影响报告书之前，必须征求海事、渔业行政主管部门和军队环境保护部门的意见。

海洋工程建设项目的环境保护设施，必须与主体工程同时设计、同时施工、同时投产使用。拆除或者闲置环境保护设施，必须事先征得海洋行政主管部门的同意。对违反者，责令停止施工或者生产、使用，并处5万元以上20万元以下的罚款。

海洋工程建设项目，不得使用含超标准放射性物质或者易溶出有毒有害物质的材料。对违反者，处5万元以下的罚款，并责令停止该建设项目的运行，直到消除污染危害。

海洋石油钻井船、钻井平台和采油平台的含油污水和油性混合物，必须经过处理达标后排放；残油、废油必须予以回收，不得排放入海；经回收处理后排放的，其含油量不得超过国家规定的标准；钻井所使用的油基泥浆和其他有毒复合泥浆不得排放入海；水基泥浆和无毒复合泥浆及钻屑的排放，必须符合国家有关规定；海洋石油钻井船、钻井平台和采油平台及其有关海上设施，不得向海域处置含油的工业垃圾；处置其他工业垃圾，不得造成海洋环境污染。海上试油时，应当确保油气充分燃烧，油和油性混合物不得排放入海；勘探开发海洋石油，必须按有关规定编制溢油应急计划，报国家海洋行政主管部门审查批准。对违反上述规定进行海洋石油勘探开发活动，造成海洋环境污染的，予以警告，并处2万元以上20万元以下的罚款。

(六) 防治海洋倾废污染海洋环境

需要进行海洋倾废[②]的单位，必须向国家海洋行政主管部门提出书面申请，经国家海

---

① 海洋工程建设是指在海岸线以下施工兴建的各类海洋工程建设项目。
② 海洋倾废是指，通过船舶、航空器、平台或者其他载运工具，向海洋处置废弃物和其他有害物质的行为，包括弃置船舶、航空器、平台及其辅助设施和其他浮动工具的行为。

洋行政主管部门审查批准,发给许可证后,方可倾倒。

向海洋倾倒废弃物,按照废弃物的类别和数量实行分级管理。根据废弃物的毒性、有害物质含量和对海洋环境的影响等因素,我国将向海洋倾倒的废弃物及其相应的倾废许可证分为三类:第一类是禁止倾倒的废弃物,主要是指毒性大或长期不能分解及严重妨害海上航行、渔业等活动的物质;当出现紧急情况,在陆地上处置这类物质会严重危及人民健康时,经国家海洋局批准,获得紧急许可证,可到指定的区域按规定的方法倾倒。第二类是需要获得特别许可证才能倾倒的废弃物,主要是指对海洋生物没有剧毒性,但能通过生物富集污染水产品或危害航行、渔业等活动的物质;第三类是事先获得普通许可证即可倾倒的废弃物,主要是指前两类物质之外的其他低毒性或无毒的废弃物。

可以向海洋倾倒的废弃物名录,由国家海洋行政主管部门拟定,经国务院环境保护行政主管部门提出审核意见后,报国务院批准。

海洋倾倒区分为一、二、三类倾倒区、试验倾倒区和临时倾倒区。一、二、三类倾倒区是为处置一、二、三类废弃物而相应确定的,其中一类倾倒区是为紧急处置一类废弃物而确定的;试验倾倒区是为倾倒试验而确定的(使用期不超过两年);临时倾倒区是因工程需要等特殊原因而划定的一次性专用倾倒区。

国家海洋行政主管部门按照科学、合理、经济、安全的原则选划海洋倾倒区,经国务院环境保护行政主管部门提出审核意见后,报国务院批准。临时性海洋倾倒区由国家海洋行政主管部门批准,并报国务院环保部门备案。

国家海洋行政主管部门监督管理倾倒区的使用,组织倾倒区的环境监测。对经确认不宜继续使用的倾倒区,国家海洋行政主管部门应当予以封闭,终止在该倾倒区的一切倾倒活动,并报国务院备案。

获准倾倒废弃物的单位,必须按照许可证注明的期限及条件,到指定的区域进行倾倒;详细记录倾倒的情况,并在倾倒后向批准部门作出书面报告。对违反者,予以警告,并处3万元以上20万元以下的罚款;对情节严重的,可以暂扣或者吊销许可证。

禁止在海上焚烧废弃物;禁止在海上处置放射性废弃物或者其他放射性物质,废弃物中的放射性物质的豁免浓度由国务院制定。

(七) 防治船舶污染海洋环境

任何船舶及相关作业不得违法向海洋排放污染物、废弃物和压载水、船舶垃圾及其他有害物质。船舶必须按照有关规定持有防止海洋环境污染的证书与文书,在进行涉及污染物排放及操作时,应当如实记录。载运具有污染危害性货物进出港口的船舶,其承运人、货物所有人或者代理人,必须事先向海事行政主管部门申报;需要船舶装运污染危害性不明的货物,应当按照有关规定事先进行评估,经批准后,方可进出港口、过境停留或者装卸作业;交付船舶装运污染危害性货物的单证、包装、标志、数量限制等,必须符合对所装货物的有关规定;装卸油类及有毒有害货物的作业,船岸双方必须遵守安全防污操作规程。对违反者,予以警告,或者处以2万元以上20万元以下罚款。

船舶发生海难事故,造成或者可能造成海洋环境重大污染损害的,国家海事行政主管部门有权强制采取避免或者减少污染损害的措施。对在公海上因发生海难事故,造成中华人民共和国管辖海域重大污染损害后果或者具有污染威胁的船舶、海上设施,国家海事行政主管部门有权采取与实际的或者可能发生的损害相称的必要措施。

所有船舶均有监视海上污染的义务,在发现海上污染事故或者违反本法规定的行为时,必须立即向就近的依照本法规定行使海洋环境监督管理权的部门报告。民用航空器发现海上排污或者污染事件,必须及时向就近的民用航空空中交通管制单位报告。接到报告的单位,应当立即向依照本法规定行使海洋环境监督管理权的部门通报。

此外,为有效补偿和赔偿油污损害,根据《海洋环境保护法》的规定,我国按照船舶油污损害赔偿责任由船东和货主共同承担风险的原则,建立船舶油污保险、油污损害赔偿基金制度。

四、固体废物污染环境防治法

(一) 概述

固体废物是指在生产、生活和其他活动中产生的丧失原有利用价值或者虽未丧失利用价值但被抛弃或者放弃的固态、半固态和置于容器中的气态的物品、物质以及法律、行政法规规定纳入固体废物管理的物品、物质。

从 20 世纪 70 年代开始,我国全面地开展了有关固体废物的综合利用和管理工作,但是在固体废物管理方面并没有统一的法律规范。1982 年,我国颁布了《城市市容环境卫生管理条例(试行)》对市容环境卫生和城市生活垃圾的管理作出了规定;1985 年我国制定了《海洋倾废管理条例》对向海洋倾废行为及其方法作出了规定;1989 年我国制定了《传染病防治法》对传染病病原体污染的垃圾等的卫生处理作出了规定。但上述规定远不能满足我国防治固体废物污染环境的实际需要。为此,1995 年我国专门颁布实施了《固体废物污染环境防治法》。

进入 21 世纪以来,为适应国家环境和产业政策的发展,加强对固体废物的再生利用,维护生态安全,促进经济社会可持续发展,我国于 2004 年对《固体废物污染环境防治法》进行了修订。根据该法的规定,固体废物污染海洋环境的防治和放射性固体废物污染环境的防治分别适用《海洋环境保护法》和《放射性污染防治法》的规定。液态废物的污染防治,适用《固体废物污染环境防治法》,但是排入水体的废水的污染防治适用《水污染防治法》的规定。

(二) 一般规定

1. 固体废物管理的原则

(1) "三化"管理原则

对固体废物管理所实行的减少固体废物的产生量和危害性、充分合理利用固体废物和无害化处置固体废物的原则,被简称为"三化"管理原则,即减量化、资源化和无害化。

减量化是指在对资源能源的利用过程中,要最大限度地利用资源或能源,以尽可能地减少固体废物的产生量和排放量。资源化是指对已经成为固体废物的各种物质采取措施,进行回收、加工使其转化成为二次原料或能源予以再利用的过程。无害化是指对于那些不能再利用、或依靠当前技术水平无法予以再利用的固体废物进行妥善的贮存或处置,使其不对环境以及人身、财产的安全造成危害。

(2) 全过程管理原则

固体废物的全过程管理是指,对固体废物从产生、收集、贮存、运输、利用直到最终处置的全部过程实行一体化的管理。产生固体废物的单位和个人,应当采取措施,防止或者减少固体废物对环境的污染。收集、贮存、运输、利用、处置固体废物的单位和个人,必须采取防扬散、防流失、防渗漏或者其他防止污染环境的措施。对于可能成为固体废物的产品的管理,规定应当采用易回收利用、易处置或者在环境中易消纳的包装物。

(3) 分类管理原则

我国《固体废物污染环境防治法》将固体废物分为工业固体废物、生活垃圾以及危险废物三类,其中对危险废物采取更为严格的管理措施。

2. 固体废物污染环境防治的监督管理体制

固体废物管理实施统一监督管理与分部门监督管理相结合的管理体制。各级环保部门对固体废物污染环境的防治工作实施统一监督管理,其他有关部门在各自的职责范围内负责固体废物污染环境防治的监督管理工作。

国务院建设行政主管部门和县级以上地方人民政府环境卫生行政主管部门负责生活垃圾清扫、收集、贮存、运输和处置的监督管理工作。

3. 固体废物转移及进出口管制

固体废物转移是指将固体废物从某一地域搬运到另一地域的过程,但不包括在同一固体废物产生源内部的转移。由于固体废物转移会导致污染转移,并可能导致新的环境污染发生,因此受到严格的管制。

转移固体废物出省级行政区域贮存、处置的,应当向固体废物移出地的省级人民政府环保部门提出申请;移出地的省级人民政府环保部门应当商经接受地的省级人民政府环境保护行政主管部门同意后,方可批准转移该固体废物出省级行政区域。未经批准的,不得转移。对违反者,处1万元以上10万元以下的罚款。

禁止进口不能用作原料或者不能以无害化方式利用的固体废物;对可以用作原料的固体废物实行限制进口和自动许可进口的分类管理。国务院环保部门会同有关部门制定、调整并公布禁止进口、限制进口和自动许可进口的固体废物目录。禁止进口列入禁止进口目录的固体废物;进口列入限制进口目录的固体废物,应当经国务院环保部门会同对外贸易主管部门审查许可;进口列入自动许可进口目录的固体废物,应当依法办理自动许可手续。对违反者,由海关责令退运该固体废物,可以并处10万元以上100万元以下的罚款。

(三) 工业固体废物管理

企业事业单位应当合理选择和利用原材料、能源和其他资源,采用先进的生产工艺和设备,以达到减少工业固体废物产生量的目的。

产生工业固体废物的单位必须按照国务院环保部门的规定，向所在地县级以上地方人民政府环保部门提供工业固体废物的种类、产生量、流向、贮存、处置等有关资料。对违反者，处5000元以上5万元以下的罚款。

禁止擅自关闭、闲置或者拆除工业固体废物污染环境防治设施、场所；确有必要关闭、闲置或者拆除的，必须经所在地县级以上地方人民政府环保部门核准，并采取措施，防止污染环境。企业事业单位应当根据经济、技术条件对其产生的工业固体废物加以利用；对暂时不利用或者不能利用的，必须按照国务院环保部门的规定建设贮存设施、场所，安全分类存放，或者采取无害化处置措施。对违反者，处1万元以上10万元以下的罚款。

产生工业固体废物的单位需要终止的，应当事先对工业固体废物的贮存、处置的设施、场所采取污染防治措施，并对未处置的工业固体废物作出妥善处置，防止污染环境。产生工业固体废物的单位发生变更的，变更后的单位应当按照国家有关环境保护的规定对未处置的工业固体废物及其贮存、处置的设施、场所进行安全处置或者采取措施保证该设施、场所安全运行。变更前当事人对工业固体废物及其贮存、处置的设施、场所的污染防治责任另有约定的，从其约定；但是，不得免除当事人的污染防治义务。

对《固体废物污染环境防治法》施行前已经终止的单位未处置的工业固体废物及其贮存、处置的设施、场所进行安全处置的费用，由有关人民政府承担；但是，该单位享有的土地使用权依法转让的，应当由土地使用权受让人承担处置费用。当事人另有约定的，从其约定；但是，不得免除当事人的污染防治义务。

（四）生活垃圾管理

城市生活垃圾应当在指定地点放置，不得随意倾倒、抛撒或者堆放。县级以上地方人民政府环境卫生行政主管部门应当组织对城市生活垃圾进行清扫、收集、运输和处置，其可以通过招标等方式选择具备条件的单位从事生活垃圾的清扫、收集、运输和处置。对违反者，处5000元以上5万元以下的罚款。

建设生活垃圾处置的设施、场所，必须符合国务院环保部门和国务院建设行政主管部门规定的环境保护和环境卫生标准。禁止擅自关闭、闲置或者拆除生活垃圾处置的设施、场所；确有必要关闭、闲置或者拆除的，必须经所在地县级以上地方人民政府环境卫生行政主管部门和环保部门核准，并采取措施，防止污染环境。对违反者，处1万元以上10万元以下的罚款。

城市人民政府有关部门应当统筹规划，合理安排收购网点，促进生活垃圾的回收利用工作。从生活垃圾中回收的物质必须按照国家规定的用途或者标准使用，不得用于生产可能危害人体健康的产品。

农村生活垃圾污染环境防治的具体办法，由地方性法规规定。

（五）危险废物管理

危险废物，是指列入国家危险废物名录或者根据国家规定的危险废物鉴别标准和鉴别方法认定的具有危险特性的废物。基于危险废物的危害，危险废物的管理比一般固体废物更为严格。

国家实行危险废物名录和标识制度。国家危险废物名录由国务院环保部门会同国务院有关部门制定。危险废物的容器和包装物以及收集、贮存、运输、处置危险废物的设施、场所，必须设置危险废物识别标志。危险废物识别标志上除了要标注明显具有警告性、针对性的通用图案外，还应当简要记载危险废物的名称、种类及其危险特性的文字说明。对违反者，处 1 万元以上 10 万元以下的罚款。

产生危险废物的单位必须按照国家有关规定制定危险废物管理计划，并向所在地县级以上地方人民政府环保部门申报危险废物的种类、产生量、流向、贮存、处置等有关资料。对违反者，处 1 万元以上 10 万元以下的罚款。

从事收集、贮存、处置危险废物经营活动的单位，必须向县级以上人民政府环保部门申请领取经营许可证；从事利用危险废物经营活动的单位，必须向国务院环保部门或者省、自治区、直辖市人民政府环保部门申请领取经营许可证。禁止无经营许可证或者不按照经营许可证规定从事危险废物收集、贮存、利用、处置的经营活动。对违反者没收违法所得，可以并处违法所得 3 倍以下的罚款，还可以吊销经营许可证。禁止将危险废物提供或者委托给无经营许可证的单位从事收集、贮存、利用、处置的经营活动。对违反者，处 2 万元以上 20 万元以下的罚款。

案例 4.6

A 公司生产过程中产生大量铬渣。在 2010 年 5 月之前，A 公司一直将铬渣委托给专业处置企业进行无害化处置。2010 年 6 月，由于市场不景气，A 公司无力继续支付高额的处置费用，遂将大量铬渣偷偷委托给没有任何资质的 B 公司进行处理。B 则将铬渣堆放在 C 村的一块荒地上。

讨论：环保部门应当如何处罚 A 公司和 B 公司？

产生危险废物的单位，必须按照国家有关规定处置危险废物，不得擅自倾倒、堆放；不处置的，由所在地县级以上地方人民政府环保部门责令限期改正；逾期不处置或者处置不符合国家有关规定的，由所在地县级以上地方人民政府环保部门指定单位按照国家有关规定代为处置，处置费用由产生危险废物的单位承担，并可处代为处置费用 1 倍以上 3 倍以下的罚款。

以填埋方式处置危险废物不符合国务院环境保护行政主管部门规定的，应当缴纳危险废物排污费。对违反者，责令限期缴纳，逾期不缴纳的，处应缴纳危险废物排污费金额 1 倍以上 3 倍以下的罚款。

转移危险废物的，必须按照国家规定填写危险废物转移联单，并向危险废物移出地设区的市级以上环保部门提出申请。移出地设区的市级以上环保部门应当商经接受地设区的市级以上环保部门同意后，方可批准转移该危险废物。未经批准的不得转移。对违反者，处 2 万元以上 20 万元以下的罚款。转移危险废物途经移出地、接受地以外行政区域的，危险废物移出地设区的市级以上环保部门应当及时通知沿途经过的设区的市级以上环保部门。

禁止经中华人民共和国过境转移危险废物。对违反者,由海关责令退运该危险废物,可以并处5万元以上50万元以下的罚款。

产生、收集、贮存、运输、利用、处置危险废物的单位,应当制定意外事故的防范措施和应急预案,并向所在地县级以上地方人民政府环保部门备案。因发生事故或者其他突发性事件,造成危险废物严重污染环境的单位,必须立即采取措施消除或者减轻对环境的污染危害,及时通报可能受到污染危害的单位和居民,并向所在地县级以上地方人民政府环境保护行政主管部门和有关部门报告,接受调查处理。

在发生或者有证据证明可能发生危险废物严重污染环境、威胁居民生命财产安全时,县级以上环保部门或者其他固体废物污染环境防治工作的监管部门必须立即向本级和上一级有关行政主管部门报告,由人民政府采取防止或者减轻危害的有效措施。有关人民政府可以根据需要责令停止导致或者可能导致环境污染事故的作业。

造成固体废物污染环境事故的,处2万元以上20万元以下的罚款;造成重大损失的,按照直接损失的30%计算罚款,但是最高不超过100万元;造成固体废物污染环境重大事故的,并由县级以上人民政府按照国务院规定的权限决定停业或者关闭。

五、化学物质污染环境防治法

(一) 概述

随着人类对化学物质危害性认识的提高,20世纪中后期对化学物质的环境管理开始出现。过去我国主要是从生产和使用安全的角度考虑对化学物质实施管理的。1987年我国制定了《化学危险物品安全管理条例》,2002年修改为《危险化学品安全管理条例》,并于2011年进行了修订;1997年我国还制定了《农药管理条例》,并于2001年进行了修订。

在化学物质的环境管理方面,1994年我国制定了《化学品首次进口及有毒化学品进出口环境管理规定》;2003年我国制定了《新化学物质环境管理办法》,并于2009年进行了修订。

(二) 危险化学品的安全管理

《危险化学品安全管理条例》主要对生产、储存、使用、经营、运输危险化学品[①]的行为进行了严格管制,同时还规定了危险化学品登记与事故应急救援制度。

在对危险化学品进行监督管理的过程中,各个部门的职责分工是:

安全生产监督管理部门负责危险化学品安全监督管理综合工作,组织确定、公布、调整危险化学品目录,对新建、改建、扩建生产、储存危险化学品(包括使用长输管道输送危险化学品,下同)的建设项目进行安全条件审查,核发危险化学品安全生产许可证、危险化

---

① 该条例所谓的危险化学品,是指具有毒害、腐蚀、爆炸、燃烧、助燃等性质,对人体、设施、环境具有危害的剧毒化学品和其他化学品。危险化学品目录,由国务院安全生产监督管理部门会同国务院工业和信息化、公安、环境保护、卫生、质量监督检验检疫、交通运输、铁路、民用航空、农业主管部门,根据化学品危险特性的鉴别和分类标准确定、公布,并适时调整。

学品安全使用许可证和危险化学品经营许可证,并负责危险化学品登记工作。

公安机关负责危险化学品的公共安全管理,核发剧毒化学品购买许可证、剧毒化学品道路运输通行证,并负责危险化学品运输车辆的道路交通安全管理。

质量监督检验检疫部门负责核发危险化学品及其包装物、容器(不包括储存危险化学品的固定式大型储罐,下同)生产企业的工业产品生产许可证,并依法对其产品质量实施监督,负责对进出口危险化学品及其包装实施检验。

环境保护主管部门负责废弃危险化学品处置的监督管理,组织危险化学品的环境危害性鉴定和环境风险程度评估,确定实施重点环境管理的危险化学品,负责危险化学品环境管理登记和新化学物质环境管理登记;依照职责分工调查相关危险化学品环境污染事故和生态破坏事件,负责危险化学品事故现场的应急环境监测。

交通运输主管部门负责危险化学品道路运输、水路运输的许可以及运输工具的安全管理,对危险化学品水路运输安全实施监督,负责危险化学品道路运输企业、水路运输企业驾驶人员、船员、装卸管理人员、押运人员、申报人员、集装箱装箱现场检查员的资格认定。铁路主管部门负责危险化学品铁路运输的安全管理,负责危险化学品铁路运输承运人、托运人的资质审批及其运输工具的安全管理。民用航空主管部门负责危险化学品航空运输以及航空运输企业及其运输工具的安全管理。

卫生主管部门负责危险化学品毒性鉴定的管理,负责组织、协调危险化学品事故受伤人员的医疗卫生救援工作。

工商行政管理部门依据有关部门的许可证件,核发危险化学品生产、储存、经营、运输企业营业执照,查处危险化学品经营企业违法采购危险化学品的行为。

邮政管理部门负责依法查处寄递危险化学品的行为。

在以上分工负责的基础上,同时规定:县级以上人民政府应当建立危险化学品安全监督管理工作协调机制,支持、督促负有危险化学品安全监督管理职责的部门依法履行职责,协调、解决危险化学品安全监督管理工作中的重大问题。负有危险化学品安全监督管理职责的部门应当相互配合、密切协作,依法加强对危险化学品的安全监督管理。

在管制原则上,《危险化学品安全管理条例》坚持"安全第一、预防为主、综合治理"的方针。在管制措施上,主要通过一系列的禁限措施和行政许可制度,对危险化学品的登记、生产、储存、使用、经营、运输以及发生事故后的应急救援作了详细的规定。

(三) 化学品首次进口及有毒化学品进出口的环境管理

化学品首次进口是指外商或其代理人向中国出口其未曾在中国登记过的化学品,即使同种化学品已有其他外商或其代理人在中国进行了登记,仍被视为化学品首次进口。有毒化学品,是指进入环境后通过环境蓄积、生物累积、生物转化或化学反应等方式损害健康和环境,或者通过接触对人体具有严重危害和具有潜在危险的化学品。

国务院环保部门对化学品首次进口和有毒化学品进出口实施统一的环境监督管理。对经国务院环保部门审查,认为我国不适于进口的化学品不予登记发证,并通知申请人;对经审查,认为需经进一步试验和较长时间观察方能确定其危险性的首次进口化学品,可给予临时登记并发给临时登记证。对未取得化学品进口环境管理登记证和临时登记证的化学品,一律不得进口。

因包装损坏或者不符合要求而造成或者可能造成口岸污染的,口岸主管部门应立即采取措施,防止和消除污染,并及时通知当地环保部门,进行调查处理。防止和消除其污染的费用由有关责任人承担。

(四) 新化学物质的环境管理

所谓新化学物质,是指未列入《中国现有化学物质名录》的化学物质。我国对新化学物质实行风险分类管理、申报登记和跟踪控制制度。

新化学物质的生产者或者进口者,必须在生产前或者进口前进行申报,领取新化学物质环境管理登记证。未取得登记证的新化学物质,禁止生产、进口和加工使用。未取得登记证或者未备案申报的新化学物质,不得用于科学研究。

新化学物质申报,分为常规申报、简易申报和科学研究备案申报。新化学物质年生产量或者进口量1吨以上的,应当在生产或者进口前向环保部化学品登记中心提交新化学物质申报报告,办理常规申报。新化学物质年生产量或者进口量不满1吨的,应当在生产或者进口前,向登记中心办理简易申报。以科学研究为目的,新化学物质年生产量或者进口量不满0.1吨的或者为了在中国境内用中国的供试生物进行新化学物质生态毒理学特性测试而进口新化学物质测试样品的,应当在生产或者进口前,向登记中心提交新化学物质科学研究备案表,办理科学研究备案申报。

环保部门应当将新化学物质登记,作为审批生产或者加工使用该新化学物质建设项目环境影响评价文件的条件。常规申报的登记证持有人,不得将获准登记的新化学物质转让给没有能力采取风险控制措施的加工使用者。

常规申报的登记证持有人,应当在首次生产活动30日内,或者在首次进口并已向加工使用者转移30日内,向登记中心报送新化学物质首次活动情况报告表。重点环境管理危险类新化学物质[①]的登记证持有人,还应当在每次向不同加工使用者转移重点环境管理危险类新化学物质之日起30日内,向登记中心报告新化学物质流向信息。

登记证持有人未进行生产、进口活动或者停止生产、进口活动的,可以向登记中心递交注销申请,说明情况,并交回登记证。环保部在确认没有生产、进口活动发生或者没有环境危害影响时,给予注销,并公告注销新化学物质登记的信息。

一般类新化学物质自登记证持有人首次生产或者进口活动之日起满5年,由环保部公告列入《中国现有化学物质名录》。

危险类新化学物质登记证持有人应当自首次生产或者进口活动之日起满5年的6个月前,向登记中心提交实际活动情况报告。环保部组织评审委员会专家对实际活动情况报告进行回顾性评估,依据评估结果将危险类新化学物质公告列入《中国现有化学物质名录》。简易申报登记和科学研究备案的新化学物质不列入《中国现有化学物质名录》。

---

① 根据化学品危害特性鉴别、分类标准,新化学物质分为一般类新化学物质与危险类新化学物质。

第三节　能量污染防治法

一、环境噪声污染防治法

（一）概述

环境噪声是指在工业生产、建筑施工、交通运输和社会生活中所产生的干扰周围生活环境的声音。环境噪声是一种令人感觉不愉快的声音，因此也被称为感觉性公害。

1973年，在国务院发布的《关于保护和改善环境的若干规定（试行草案）》中专门对工业和交通噪声的控制作出了规定。1979年，《环境保护法（试行）》对噪声控制作出了原则性规定。1989年，我国又专门制定了《环境噪声污染防治条例》，为全面开展防治环境噪声污染的行政管理提供了行政法规的依据。1996年，在全面总结环境噪声污染防治工作经验的基础上，我国制定了《环境噪声污染防治法》。

由于人类对环境噪声的感觉因人而异，所以对各种环境噪声应当在何种程度上进行行政管制就需要有一个明确的标准数值。为此，我国《环境噪声污染防治法》明确区分了"环境噪声"与"环境噪声污染"这两个概念，只有所产生的环境噪声超过国家规定的环境噪声排放标准，并干扰他人正常生活、工作和学习时才构成环境噪声污染。

区分环境噪声与环境噪声污染的意义在于，对构成环境噪声污染的行为，环保部门或者其他行政主管部门可以依据《环境噪声污染防治法》的规定进行查处。对环境噪声排放并未超标，但事实上又影响他人正常生活、工作和学习的，应当分别不同情况由环保部门或者其他主管机关作出相应的处理，以维护邻里之间良好的相邻关系。

案例4.7

A的住宅下面有一家KTV歌厅，每天从早上九点开始一直营业到凌晨两点为止，严重干扰了A的正常学习和休息。A向法院起诉，要求KTV歌厅停止侵害，赔偿损失。法院委托环保部门对KTV歌厅的噪声进行监测，监测得出的结果是：噪声最高值为48分贝。法院认为，A的住宅地处二类区域，该KTV歌厅的噪声没有超标，遂驳回A的诉讼请求。

讨论：法院的判决是否正确？

提示：从环境噪声污染的概念、相邻关系等角度进行分析。

（二）一般规定

1. 噪声污染防治的监督管理体制

噪声污染防治实施统一监督管理与分部门监督管理相结合的管理体制。各级环保部门对环境噪声污染防治实施统一监督管理，各级公安、交通、铁路、民航等主管部门和港务监督机构根据各自的职责对交通运输和社会生活噪声污染防治实施监督管理。

2. 声环境标准制度

我国的《声环境质量标准》将声环境功能区分为五类，分别适用不同的声环境质量标准。0类声环境功能区,指康复疗养区等特别需要安静的区域。1类声环境功能区,指以居民住宅、医疗卫生、文化教育、科研设计、行政办公为主要功能,需要保持安静的区域。2类声环境功能区,指以商业金融、集市贸易为主要功能,或者居住、商业、工业混杂,需要维护住宅安静的区域。3类声环境功能区,指以工业生产、仓储物流为主要功能,需要防止工业噪声对周围环境产生严重影响的区域。4类声环境功能区,指交通干线两侧一定距离之内,需要防止交通噪声对周围环境产生严重影响的区域,包括4a类和4b类两种类型;4a类为高速公路、一级公路、二级公路、城市快速路、城市主干路、城市次干路、城市轨道交通(地面段)、内河航道两侧区域,4b类为铁路干线两侧区域。

除此之外,我国还制定有《城市港口及江河两岸区域环境噪声标准》、《机场周围飞机噪声环境标准》等特殊区域的声环境质量标准。

声环境质量标准是衡量区域环境是否受到环境噪声污染的客观判断标准,也是制定环境噪声排放标准的主要依据。同时,声环境质量标准还是城市规划部门划定建筑物与交通干线防噪声距离的法定标准之一。

目前我国声污染物排放标准主要包括《建筑施工场界环境噪声排放标准》、《工业企业厂界环境噪声排放标准》、《社会生活环境噪声排放标准》等。

3. 噪声污染的限期治理制度

在噪声敏感建筑物集中区域内造成严重环境噪声污染的企业事业单位,应当限期治理。

限期治理由县级以上人民政府按照国务院规定的权限决定。对小型企业事业单位的限期治理,可以由县级以上人民政府在国务院规定的权限内授权其环保部门决定。

所谓的"噪声敏感建筑物"是指医院、学校、机关、科研单位、住宅等需要保持安静的建筑物。所谓"噪声敏感建筑物集中区域",是指医疗区、文教科研区和以机关或者居民住宅为主的区域。

4. 偶发性噪声排放控制

在城市范围内从事生产活动确需排放偶发性强烈噪声的,必须事先向当地公安机关提出申请,经批准后方可进行。当地公安机关应当向社会公告。对违反者,由公安机关根据不同情节给予警告或者处以罚款。

(三) 工业噪声控制

在城市范围内向周围生活环境排放工业噪声①的,应当符合国家规定的工业企业厂界环境噪声排放标准,即《工业企业厂界噪声标准》的规定。

在工业生产中因使用固定的设备造成环境噪声污染者,必须向所在地环境保护部门申报拥有的造成环境噪声污染的设备的种类、数量以及正常作业条件下所发出的噪声值和防治环境噪声污染的设施情况,并提供防治噪声污染的技术资料。当造成环境噪声污染的设备的种类、数量、噪声值和防治设施有重大改变时,也必须及时申报,并采取应有的

---

① 工业噪声是指在工业生产活动中使用固定的设备时产生的干扰周围生活环境的声音。

防治措施。对违反者,根据不同情节给予警告或者罚款。

对可能产生环境噪声污染的工业设备,国家有关主管部门应当根据声环境保护的要求和国家的经济、技术条件,逐步在依法制定的产品的国家标准、行业标准中规定噪声限值。

(四) 建筑施工噪声控制

在城市市区范围内向周围生活环境排放建筑施工噪声①的,应当符合国家规定的建筑施工厂界环境噪声排放标准,即《建筑施工厂界噪声限值》的规定。

在城市市区范围内,当建筑施工过程中使用的机械设备可能产生环境噪声污染时,施工单位必须在工程开工以前15日之内,向工程所在地县级以上地方环境保护部门申报该工程的项目名称、施工场所和期限、可能产生的环境噪声值以及所采取的环境噪声污染防治措施的情况。

非为抢修、抢险作业和因生产工艺上要求或者特殊需要必须连续作业者,禁止夜间②在城市市区噪声敏感建筑物集中区域内进行产生环境噪声污染的建筑施工作业。对违反者,责令改正,可以并处罚款。

对于"因特殊需要"而必须连续作业的工程,施工单位必须向环境保护部门出具县级以上人民政府或者其有关主管部门的证明。某种建筑施工作业是否属于生产工艺要求必须夜间连续作业,应由施工单位提出,报环保部门认定。某项建筑施工是否用于必须夜间连续作业的"特殊需要",以县级以上人民政府或者其有关主管部门出具的证明作为判断依据。

(五) 交通运输噪声控制

禁止制造、销售或者进口超过规定的噪声限值的汽车。在城市市场范围内行驶的机动车辆所使用的消声器和喇叭,也必须符合国家规定的要求。

机动车辆在城市市区范围内行驶、机动船舶在城市市区的内河航道航行、铁路机车驶经或者进入城市市区、疗养区时,必须按照规定使用声响装置。对违反者,根据不同情节给予警告或者处以罚款。

警车、消防车、工程抢险车、救护车等机动车辆安装、使用警报器,必须符合国务院公安部门的规定;在执行非紧急任务时,禁止使用警报器。城市人民政府公安机关可以根据本地城市市区区域声环境保护的需要,划定禁止机动车辆行驶和禁止其使用声响装置的路段和时间,并向社会公告。

对于建设途经已有噪声敏感建筑物集中区域的高速公路、城市高架或轻轨道路,有可能造成环境噪声污染的,道路建设方规定应当设置声屏障或者采取其他有效的控制环境噪声污染的措施。对于在已有的城市交通干线的两侧建设噪声敏感建筑物的,建设单位应当按照国家规定间隔一定距离,并采取减轻、避免交通噪声影响的措施。

---

① 建筑施工噪声是指在建筑施工过程中产生的干扰周围生活环境的声音。
② 根据《环境噪声污染防治法》的规定,夜间是指晚二十二点至晨六点之间的期间。

除起飞、降落或者依法规定的情形以外,民用航空器不得飞越城市市区上空。城市人民政府应当在航空器起飞、降落的净空周围划定限制建设噪声敏感建筑物的区域;在该区域内建设噪声敏感建筑物的,建设单位应当采取减轻、避免航空器运行时产生的噪声影响的措施。

(六) 社会生活噪声控制

新建营业性文化娱乐场所的边界噪声必须符合国家规定的环境噪声排放标准;不符合国家规定的环境噪声排放标准的,文化行政主管部门不得核发文化经营许可证,工商行政管理部门不得核发营业执照。经营中的文化娱乐场所,其经营管理者必须采取有效措施,使其边界噪声不超过国家规定的环境噪声排放标准。

禁止在商业经营活动中使用高音广播喇叭或者采用其他发出高噪声的方法招揽顾客。在商业经营活动中使用空调器、冷却塔等可能产生环境噪声污染的设备、设施的,其经营管理者应当采取措施,使其边界噪声不超过国家规定的环境噪声排放标准。使用家用电器、乐器或者进行其他家庭室内娱乐活动时,应当控制音量或者采取其他有效措施,避免对周围居民造成环境噪声污染。在已竣工交付使用的住宅楼进行室内装修活动,应当限制作业时间,并采取其他有效措施,以减轻、避免对周围居民造成环境噪声污染。对违反者,由公安机关给予警告,可以并处罚款。

二、放射性污染防治法

(一) 概述

为了控制放射性物质及相关活动,我国于1986年制定了《民用核设施安全监督管理条例》、1987年制定了《核材料管理条例》与《城市放射性废物管理办法》、1989年制定了《放射性同位素与射线装置放射防护条例》(2005年9月修改成为《放射性同位素与射线装置安全和防护条例》)、1990年制定了《放射环境管理办法》(2007年被废止)、1993年制定了《核电厂核事故应急管理条例》。

为了防治放射性污染,保护环境,保障人体健康,促进核能、核技术的开发与和平利用,2003年我国专门制定了《放射性污染防治法》,对核设施、核技术利用、铀(钍)矿和伴生放射性矿开发利用以及放射性废物的管理作出了规定。

此后,2009年我国制定了《放射性物品运输安全管理条例》、2011年我国制定了《放射性废物安全管理条例》,进一步完善了放射性污染防治的法律体系。

(二) 一般规定

1. 放射性污染防治的监督管理体制

放射性污染防治实行统一监督管理与分部门监督管理相结合的管理体制。国务院环保部门对全国放射性污染防治工作依法实施统一监督管理。国务院卫生行政部门和其他有关部门依据国务院规定的职责,对有关的放射性污染防治工作依法实施监督管理。

2. 放射性环境标准制度

国家放射性污染防治标准由国务院环保部门根据环境安全要求、国家经济技术条件制定。

目前,我国主要制定有《核动力厂环境辐射防护规定》、《核电厂放射性液态流出物排放技术要求》、《放射性废物的分类》、《核热电厂辐射防护规定》、《放射性废物管理规定》、《辐射防护规定》、《核设施流出物监测的一般规定》、《核辐射环境质量评价一般规定》等标准。其中,涉及放射工作、辐射应用、放射性废物的综合性标准主要是《辐射防护规定》。

3. 放射性标识与警示说明义务

放射性物质和射线装置[1]应当设置明显的放射性标识和中文警示说明。生产、销售、使用、贮存、处置放射性物质和射线装置的场所,以及运输放射性物质和含放射源的射线装置的工具,应当设置明显的放射性标志。对违反者,责令限期改正;逾期不改正的,责令停产停业,并处 2 万元以上 10 万元以下罚款。

(三) 核设施管理

核设施[2]选址,应当进行科学论证,并按照国家有关规定办理审批手续。核设施营运单位在进行核设施建造、装料、运行、退役等活动前,必须按照国务院有关核设施安全监督管理的规定,申请领取核设施建造、运行许可证和办理装料、退役等审批手续。对违反者,处 20 万元以上 50 万元以下罚款。办理上述许可或审批手续前,应当编制环境影响报告书,报国务院环境保护行政主管部门审查批准;未经批准,有关部门不得颁发许可证和办理批准文件。

进口核设施,应当符合国家放射性污染防治标准;没有相应的国家放射性污染防治标准的,采用国务院环境保护行政主管部门指定的国外有关标准。

核设施营运单位应当对核设施周围环境中所含的放射性核素的种类、浓度以及核设施流出物中的放射性核素总量实施监测,并定期向国务院环境保护行政主管部门和所在地省级人民政府环境保护行政主管部门报告监测结果。国务院环境保护行政主管部门负责对核动力厂等重要核设施实施监督性监测,并根据需要对其他核设施的流出物实施监测。

核设施主管部门、环境保护行政主管部门、卫生行政部门、公安部门以及其他有关部门,在本级人民政府的组织领导下,按照各自的职责依法做好核事故应急工作。中国人民解放军和中国人民武装警察部队按照国务院、中央军事委员会的有关规定在核事故应急中实施有效的支援。

核设施营运单位应当制定核设施退役计划。核设施的退役费用和放射性废物处置费用应当预提,列入投资概算或者生产成本。

---

[1] 依照《放射性污染防治法》的规定,射线装置是指 X 线机、加速器、中子发生器以及含放射源的装置。
[2] 核设施,是指核动力厂(核电厂、核热电厂、核供汽供热厂等)和其他反应堆(研究堆、实验堆、临界装置等);核燃料生产、加工、贮存和后处理设施;放射性废物的处理和处置设施等。

(四) 核技术利用①管理

生产、销售、使用放射性同位素和射线装置的单位,应当申请领取许可证,办理登记手续。转让、进口放射性同位素和射线装置的单位以及装备有放射性同位素的仪表的单位,应当按照国务院有关放射性同位素与射线装置放射防护的规定办理有关手续。对违反者,责令停止违法行为,限期改正;逾期不改正的,责令停产停业或者吊销许可证;有违法所得的,没收违法所得;违法所得10万元以上的,并处违法所得1倍以上5倍以下罚款;没有违法所得或者违法所得不足10万元的,并处1万元以上10万元以下罚款。

生产、销售、使用放射性同位素和加速器、中子发生器以及含放射源的射线装置的单位,应当在申请领取许可证前编制环境影响评价文件,报省级人民政府环境保护行政主管部门审查批准;未经批准,有关部门不得颁发许可证。

放射性同位素应当单独存放,不得与易燃、易爆、腐蚀性物品等一起存放,其贮存场所应当采取有效的防火、防盗、防射线泄漏的安全防护措施,并指定专人负责保管。贮存、领取、使用、归还放射性同位素时,应当进行登记、检查,做到账物相符。

生产、使用放射性同位素和射线装置的单位,应当按照国务院环境保护行政主管部门的规定对其产生的放射性废物进行收集、包装、贮存。

生产放射源的单位,应当按照国务院环境保护行政主管部门的规定回收和利用废旧放射源;使用放射源的单位,应当按照国务院环境保护行政主管部门的规定将废旧放射源交回生产放射源的单位或者送交专门从事放射性固体废物贮存、处置的单位。

生产、销售、使用、贮存放射源的单位,应当建立健全安全保卫制度,指定专人负责,落实安全责任制,制定必要的事故应急措施。发生放射源丢失、被盗和放射性污染事故时,有关单位和个人必须立即采取应急措施,并向公安部门、卫生行政部门和环境保护行政主管部门报告。公安部门、卫生行政部门和环境保护行政主管部门接到放射源丢失、被盗和放射性污染事故报告后,应当报告本级人民政府,并按照各自的职责立即组织采取有效措施,防止放射性污染蔓延,减少事故损失。当地人民政府应当及时将有关情况告知公众,并做好事故的调查、处理工作。

(五) 铀(钍)矿和伴生放射性矿②开发利用的管理

开发利用或者关闭铀(钍)矿的单位,应当在申请领取采矿许可证或者办理退役审批手续前编制环境影响报告书,报国务院环保部门审查批准。

开发利用伴生放射性矿的单位,应当在申请领取采矿许可证前编制环境影响报告书,报省级以上人民政府环保部门审查批准。

铀(钍)矿开发利用单位应当对铀(钍)矿的流出物和周围的环境实施监测,并定期向国务院环保部门和所在地省、自治区、直辖市人民政府环保部门报告监测结果。

对铀(钍)矿和伴生放射性矿开发利用过程中产生的尾矿,应当建造尾矿库进行贮

---

① 核技术利用,是指密封放射源、非密封放射源和射线装置在医疗、工业、农业、地质调查、科学研究和教学等领域中的使用。核技术利用主要表现为放射性同位素和射线装置使用与放射源使用管理两个方面。
② 伴生放射性矿是指含有较高水平天然放射性核素浓度的非铀矿(如稀土矿和磷酸盐矿等)。

存、处置；建造的尾矿库应当符合放射性污染防治的要求。

铀（钍）矿开发利用单位应当制定铀（钍）矿退役计划。铀矿退役费用由国家财政预算安排。

（六）放射性废物[①]的管理

核设施营运单位、核技术利用单位、铀（钍）矿和伴生放射性矿开发利用单位，应当合理选择和利用原材料，采用先进的生产工艺和设备，尽量减少放射性废物的产生量。

产生放射性废气、废液的单位向环境排放放射性废气、废液，必须符合国家放射性污染防治标准，并向审批环境影响评价文件的环境保护行政主管部门申请放射性核素排放量，并定期报告排放计量结果。

产生放射性废液的单位，必须按照国家放射性污染防治标准的要求，对不得向环境排放的放射性废液进行处理或者贮存；向环境排放符合国家放射性污染防治标准的放射性废液，必须采用符合国务院环境保护行政主管部门规定的排放方式。禁止利用渗井、渗坑、天然裂隙、溶洞或者国家禁止的其他方式排放放射性废液。

低、中水平放射性固体废物在符合国家规定的区域实行近地表处置。高水平放射性固体废物、α放射性固体废物实行集中的深地质处置。禁止在内河水域和海洋上处置放射性固体废物。

国务院核设施主管部门会同国务院环保部门根据地质条件和放射性固体废物处置的需要，在环境影响评价的基础上编制放射性固体废物处置场所选址规划，报国务院批准后实施。有关地方人民政府应当根据放射性固体废物处置场所选址规划，提供放射性固体废物处置场所的建设用地，并采取有效措施支持放射性固体废物的处置。

产生放射性固体废物的单位，应当按照国务院环境保护行政主管部门的规定，对其产生的放射性固体废物进行处理后，送交放射性固体废物处置单位处置，并承担处置费用。设立专门从事放射性固体废物贮存、处置的单位，必须经国务院环境保护行政主管部门审查批准，取得许可证。禁止未经许可或者不按照许可的有关规定从事贮存和处置放射性固体废物的活动。禁止将放射性固体废物提供或者委托给无许可证的单位贮存和处置。对违反者，责令停产停业或者吊销许可证；有违法所得的，没收违法所得；违法所得 10 万元以上的，并处违法所得 1 倍以上 5 倍以下罚款；没有违法所得或者违法所得不足 10 万元的，并处 5 万元以上 10 万元以下罚款。

禁止将放射性废物和被放射性污染的物品输入中华人民共和国境内或者经中华人民共和国境内转移。

案例 4.8

2010 年年底，A 有色金属研究院擅自和某村党支部书记 B 签订协议：由 B 负责提供 5 吨高放射性固体废物永久存放地点并负责运输，A 付给 B 10 万元人民币。随

[①] 放射性废物，是指含有放射性核素或者被放射性核素污染，其浓度或者比活度大于国家确定的清洁解控水平，预期不再使用的废弃物。

后,B组织3辆卡车将放射性废物拉回,填入本村西南的枯井内。井下未采取任何防渗措施,上面也只用3袋水泥和砂浆草草覆盖。后据有关部门测定,散落在现场的废物中放射性物质含量高出当地自然本底数百倍,已造成严重的放射性污染。

讨论:A和B应当承担何种法律责任?

提示:根据《放射性污染防治法》关于放射性废物处置的规定进行分析。

三、其他能量污染防治法

(一) 振动控制

振动是指具有主观性质的、以对心理和感觉上造成影响、局部多发且不发生二次污染的能量污染现象。

目前,我国尚未制定专门的振动控制法律。在振动控制方面,主要执行的是《城市区域环境振动标准》(GB10070—88)。该标准主要对城市区域环境振动的标准值及其适用地带范围和监测方法作出了规定。

(二) 电磁辐射控制

电磁辐射,是指以电磁波形式通过空间传播的能量流,且限于非电离辐射,包括信息传递中的电磁波发射,工业、科学、医疗应用中的电磁辐射,高压送变电中产生的电磁辐射。1997年,我国制定了《电磁辐射环境保护管理办法》。

根据该办法的规定,电磁辐射建设项目或者设备执行环境保护申报登记和环境影响评价制度、"三同时"制度,并接受环保部门的审批以及竣工验收。从事电磁辐射活动的单位和个人必须定期检查电磁辐射设备及其环境保护设施的性能,及时发现隐患并及时采取补救措施。在集中使用大型电磁辐射发射设施或商业设备的周围,按环境保护和城市规划要求划定的规划限内,不得修建居民住房和幼儿园等敏感建筑。

在电磁辐射建设项目的发射设备管理方面,目前主要执行国家无线电管理委员会批准的频率范围和额定功率的标准;对于工业、科学和医疗中应用的电磁辐射设备,执行《无线电干扰限值》的标准要求。

此外,1988年原国家环境保护局批准实施了具有排放标准性质的《电磁辐射防护规定》(GB8702-88),对产生电磁辐射的行为确立了"可合理达到尽量低"的原则,并且将该规定的防护限值确立为可以接受的防护水平的上限(包括各种可能的电磁辐射污染的总量值),其范围是100 kHz—300 GHz。

1988年卫生部也制定了适用于一切人群经常居住和活动场所环境电磁辐射的《环境电磁波卫生标准》(GB9175-88)。该标准以电磁波辐射强度及其频段特性对人体可能引起潜在性不良影响的阈下值为界,将环境电磁波容许辐射强度标准分为二级。一级标准为安全区,即在该环境电磁波强度下长期居住、工作、生活的一切人群(包括婴儿、孕妇和老弱病残者),均不会受到任何有害影响的区域。二级标准为中间区,指在该环境电磁波强度下长期居住、工作和生活的一切人群(包括婴儿、孕妇和老弱病残者)可能引起潜在性不良反应的区域。在中间区内可建造工厂和机关,但不得建造居民住宅、学校、医院和疗养院等,已建造的必须采取适当的防护措施。

(三) 光污染防治

光污染也称光照妨害,是指人为原因导致高强度光亮直接或间接照射到环境和受体,使原有的光照强度增强或者温度升高、从而干扰他人生活、学习或工作的现象。

国际上一般将光污染分成白亮污染、人工白昼和彩光污染等三类。白亮污染主要来源于建筑物的玻璃幕墙、釉面砖墙、磨光大理石和各种涂料等装饰反射光线;人工白昼主要来源于夜幕降临后的广告灯、霓虹灯等;彩光污染则存在于舞厅、夜总会安装的黑光灯、旋转灯、荧光灯以及闪烁的彩色光源等条件下。其中,白亮污染和人工白昼是目前光照妨害的主要来源和需要控制的对象。

从预防的角度看,主要应当针对建筑物安装玻璃幕墙等可能产生光照妨害的设施进行控制。具体措施是通过建筑材料有关产品标准确定幕墙玻璃的反射率,要求建筑物安装使用的玻璃幕墙必须符合标准规定的要求。

第四节 清洁生产与循环经济促进法

一、清洁生产促进法

(一) 概述

清洁生产是国际社会在总结了传统生产方式高投入、高浪费、高污染和低产出的经验教训后,提出的新型生产理念和污染控制战略。实施清洁生产不仅可以避免重蹈发达国家"先污染,后治理"的覆辙,而且实现了经济效益与环境效益的有机结合,能够调动企业防治污染的积极性,是实现经济和社会可持续发展的最佳途径。

2002 年,我国制定了《清洁生产促进法》,并于 2012 年进行了修订。我国法律上的清洁生产是指不断采取改进设计、使用清洁的能源和原料、采用先进的工艺技术与设备、改善管理、综合利用等措施,从源头削减污染,提高资源利用效率,减少或者避免生产、服务和产品使用过程中污染物的产生和排放,以减轻或者消除对人类健康和环境的危害。

(二) 清洁生产促进的法律制度

1. 清洁生产促进的管理体制

我国的清洁生产促进工作实行统一管理与分部门管理相结合的管理体制。各级清洁生产综合协调部门负责组织、协调清洁生产促进工作,各级环保、工业、科学技术、财政和其他有关部门按照各自的职责负责有关的清洁生产促进工作。

2. 政府及其主管部门促进清洁生产的职责

政府及其主管部门是支持、促进清洁生产的行政管理者主体,依照法律规定其主要职权包括:

制定有利于清洁生产的政策和清洁生产推行规划;建立清洁生产表彰奖励制度;制定有利于实施清洁生产的财政税收政策;定期制定和发布清洁生产技术、工艺、设备和产品导向目录和指南;批准设立节能、节水、废物再生利用等环境与资源保护方面的产品标志,并按照国家规定制定相应标准;组织和支持建立清洁生产信息系统和技术咨询服务体系,向社会提供有关清洁生产方法和技术、可再生利用的废物供求以及清洁生产政策等方面的信息和服务;组织清洁生产技术研究开发和示范,组织开展清洁生产教育和宣传;组织编制有关行业或者地区的清洁生产指南和技术手册,指导实施清洁生产;优先采购节能、节水、废物再生利用等有利于环境与资源保护的产品;定期公布污染严重企业名单。

3. 生产经营者的清洁生产义务

《清洁生产促进法》规定了对生产经营者实施清洁生产的要求,这些要求可以分为指导性、自愿性和强制性规范三种。

指导性规范,即不附带消极法律后果(即无须承担法律责任)的选择性行为模式。包括:有关建设和设计活动应当优先考虑清洁生产;企业进行技术改造应当采取清洁生产措施;一般企业开展清洁生产审核等。

自愿性规范,即不附带任何法律义务且具有积极法律后果(以政府奖励、表彰等形式表现)的选择性行为模式,主要目的在于鼓励企业自愿实施清洁生产,改善企业及产品形象,同时可以相应地依照有关规定得到奖励和享受政策优惠。如除了应当实施强制性清洁生产审核的企业以外的企业,可以自愿与清洁生产综合协调部门和环境保护部门签订进一步节约资源、削减污染物排放量的协议。该清洁生产综合协调部门和环境保护部门应当在本地区主要媒体上公布该企业的名称以及节约资源、防治污染的成果。此外,企业还可以自愿申请环境管理体系认证。

强制性规范,即附带消极法律后果(违反将受到法律制裁)的行为模式。强制性规范要求生产经营者必须履行下列义务:对产品进行合理包装,包装的材质、结构和成本应当与内装产品的质量、规格和成本相适应,减少包装性废物的产生,不得进行过度包装。对污染物排放超过国家和地方规定的排放标准或者超过经有关地方人民政府核定的污染物排放总量控制指标、超过单位产品能源消耗限额标准构成高耗能、使用有毒有害原料进行生产或者在生产中排放有毒有害物质的企业,应当实施强制性清洁生产审核;实施强制性清洁生产审核的企业,应当将审核结果向所在地县级以上地方人民政府负责清洁生产综合协调的部门、环境保护部门报告,并在本地区主要媒体上公布,接受公众监督,但涉及商业秘密的除外;县级以上地方人民政府有关部门应当对企业实施强制性清洁生产审核的情况进行监督,必要时可以组织对企业实施清洁生产的效果进行评估验收,所需费用纳入同级政府预算。承担评估验收工作的部门或者单位不得向被评估验收企业收取费用;对违反者,责令限期改正,拒不改正的,处 5 万元以上 50 万元以下的罚款。

《清洁生产促进法》还规定了信息通报与公众监督机制。一方面,省级人民政府负责清洁生产综合协调的部门、环保部门,根据促进清洁生产工作的需要,在本地区主要媒体上公布未达到能源消耗控制指标、重点污染物排放控制指标的企业的名单,为公众监督企业实施清洁生产提供依据;另一方面,上述企业应当按照国务院清洁生产综合协调部门、环保部门的规定公布能源消耗或者重点污染物产生、排放情况,接受公众监督。对违反者,责令公布,可以处 10 万元以下的罚款。

二、循环经济促进法

(一) 概述

发展循环经济是转变经济增长方式的突破口,是贯彻科学发展观构建资源节约型和环境友好型社会的重要举措,是推进可持续发展战略的重要途径。循环经济强调以循环发展模式替代传统的线性增长模式,表现为以"资源—产品—再生资源"和"生产—消费—再循环"的模式有效地利用资源和保护环境,最终达到以较小发展成本获取较大的经济效益、社会效益和环境效益。

为了进一步促进循环经济的发展,我国于 2008 年颁布了《循环经济促进法》。该法所谓的循环经济是指在生产、流通和消费等过程中进行的减量化、再利用、资源化活动的总称。减量化,是指在生产、流通和消费等过程中减少资源消耗和废物产生;再利用,是指将废物直接作为产品或者经修复、翻新、再制造后继续作为产品使用,或者将废物的全部或者部分作为其他产品的部件予以使用;而资源化,是指将废物直接作为原料进行利用或者对废物进行再生利用。

(二) 循环经济促进的法律制度

1. 一般规定

循环经济发展综合管理部门会同环保等有关部门编制循环经济发展规划,循环经济发展规划应当包括规划目标、适用范围、主要内容、重点任务和保障措施等,并规定资源产出率、废物再利用和资源化率等指标。

循环经济发展综合管理部门会同统计、环保等有关部门建立和完善循环经济评价指标体系,上级人民政府将主要评价指标完成情况作为对地方人民政府及其负责人考核评价的内容。

国家加强资源消耗、综合利用和废物产生的统计管理,并将主要统计指标定期向社会公布。标准化主管部门会同循环经济发展综合管理和环保等有关部门建立健全循环经济标准体系,制定和完善节能、节水、节材和废物再利用、资源化等标准。建立健全能源效率标识等产品资源消耗标识制度。

国家对钢铁、有色金属、煤炭、电力、石油加工、化工、建材、建筑、造纸、印染等行业年综合能源消费量、用水量超过国家规定总量的重点企业,实行能耗、水耗的重点监督管理制度。

2. 减量化的法律规定

从事工艺、设备、产品及包装物设计,应当按照减少资源消耗和废物产生的要求,优先选择采用易回收、易拆解、易降解、无毒无害或者低毒低害的材料和设计方案,并应当符合有关国家标准的强制性要求。

对在拆解和处置过程中可能造成环境污染的电器电子等产品,不得设计使用国家禁止使用的有毒有害物质。禁止在电器电子等产品中使用的有毒有害物质名录,由国务院循环经济发展综合管理部门会同国务院环保等有关主管部门制定。对违反者,责令限期改正;逾期不改正的,处2万元以上20万元以下的罚款;情节严重的,依法吊销营业执照。

工业企业应当采用先进或者适用的节水技术、工艺和设备,制定并实施节水计划,加强节水管理,对生产用水进行全过程控制。工业企业应当加强用水计量管理,配备和使用合格的用水计量器具,建立水耗统计和用水状况分析制度。

电力、石油加工、化工、钢铁、有色金属和建材等企业,必须在国家规定的范围和期限内,以洁净煤、石油焦、天然气等清洁能源替代燃料油,停止使用不符合国家规定的燃油发电机组和燃油锅炉。对违反者,责令限期改正;逾期不改正的,责令拆除该燃油发电机组或者燃油锅炉,并处5万元以上50万元以下的罚款。

开采矿产资源,应当统筹规划,制定合理的开发利用方案,采用合理的开采顺序、方法和选矿工艺。采矿许可证颁发机关应当对申请人提交的开发利用方案中的开采回采率、采矿贫化率、选矿回收率、矿山水循环利用率和土地复垦率等指标依法进行审查;审查不合格的,不予颁发采矿许可证。矿山企业未达到经依法审查确定的开采回采率、采矿贫化率、选矿回收率、矿山水循环利用率和土地复垦率等指标的,责令限期改正,处5万元以上50万元以下的罚款;逾期不改正的,由采矿许可证颁发机关依法吊销采矿许可证。

国家机关及使用财政性资金的其他组织应当厉行节约、杜绝浪费,带头使用节能、节水、节地、节材和有利于保护环境的产品、设备和设施,节约使用办公用品。国务院和县级以上地方人民政府管理机关事务工作的机构会同本级人民政府有关部门制定本级国家机关等机构的用能、用水定额指标,财政部门根据该定额指标制定支出标准。

国家鼓励和支持使用再生水。在有条件使用再生水的地区,限制或者禁止将自来水作为城市道路清扫、城市绿化和景观用水使用。

国家在保障产品安全和卫生的前提下,限制一次性消费品的生产和销售。具体名录由国务院循环经济发展综合管理部门会同国务院财政、环境保护等有关主管部门制定。

3. 再利用和资源化的法律规定

各类产业园区应当组织区内企业进行资源综合利用,促进循环经济发展。国家鼓励各类产业园区的企业进行废物交换利用、能量梯级利用、土地集约利用、水的分类利用和循环使用,共同使用基础设施和其他有关设施。

建设利用余热、余压、煤层气以及煤矸石、煤泥、垃圾等低热值燃料的并网发电项目,应当依照法律和国务院的规定取得行政许可或者报送备案。电网企业应当按照国家规定,与综合利用资源发电的企业签订并网协议,提供上网服务,并全额收购并网发电项目的上网电量。对违反者,责令限期改正;造成企业损失的,依法承担赔偿责任。

建设单位应当对工程施工中产生的建筑废物进行综合利用;不具备综合利用条件的,应当委托具备条件的生产经营者进行综合利用或者无害化处置。

国家支持生产经营者建立产业废物交换信息系统,促进企业交流产业废物信息。企业对生产过程中产生的废物不具备综合利用条件的,应当提供给具备条件的生产经营者进行综合利用。

回收的电器电子产品,经过修复后销售的,必须符合再利用产品标准,并在显著位置标识为再利用产品。回收的电器电子产品,需要拆解和再生利用的,应当交售给具备条件的拆解企业。国家支持企业开展机动车零部件、工程机械、机床等产品的再制造和轮胎翻新。销售的再制造产品和翻新产品的质量必须符合国家规定的标准,并在显著位置标识为再制造产品或者翻新产品。对违反者,责令限期改正,可以处5000元以上5万元以下的罚款;逾期不改正的,依法吊销营业执照;造成损失的,依法承担赔偿责任。

4. 促进循环经济发展的激励措施

国务院和省级人民政府设立发展循环经济的有关专项资金,支持循环经济的科技研究开发、循环经济技术和产品的示范与推广、重大循环经济项目的实施、发展循环经济的信息服务等。

国家对促进循环经济发展的产业活动给予税收优惠,并运用税收等措施鼓励进口先进的节能、节水、节材等技术、设备和产品,限制在生产过程中耗能高、污染重的产品的出口。企业使用或者生产列入国家清洁生产、资源综合利用等鼓励名录的技术、工艺、设备或者产品的,按照国家有关规定享受税收优惠。

县级以上人民政府循环经济发展综合管理部门在制定和实施投资计划时,应当将节能、节水、节地、节材、资源综合利用等项目列为重点投资领域。对符合国家产业政策的节能、节水、节地、节材、资源综合利用等项目,金融机构应当给予优先贷款等信贷支持,并积极提供配套金融服务。对生产、进口、销售或者使用列入淘汰名录的技术、工艺、设备、材料或者产品的企业,金融机构不得提供任何形式的授信支持。

国务院和省级人民政府的价格主管部门应当按照国家产业政策,对资源高消耗行业中的限制类项目,实行限制性的价格政策。对利用余热、余压、煤层气以及煤矸石、煤泥、垃圾等低热值燃料的并网发电项目,价格主管部门按照有利于资源综合利用的原则确定其上网电价。

省级人民政府可以根据本行政区域经济社会发展状况,实行垃圾排放收费制度。收取的费用专项用于垃圾分类、收集、运输、贮存、利用和处置,不得挪作他用。

国家实行有利于循环经济发展的政府采购政策。使用财政性资金进行采购的,应当优先采购节能、节水、节材和有利于保护环境的产品及再生产品。

本章小结:

我国环境污染防治法的体系主要由大气污染防治、水污染防治、海洋污染防治、固体废物污染环境防治、环境噪声污染防治、放射性污染防治、化学物质环境管理以及清洁生产、循环经济等方面的法律、法规、规章所组成。从控制对象、目标与方法看,我国的环境污染防治法体系由物质污染防治法、能量污染防治法、污染的源头及全过程管理法三部分构成。物质污染防治的立法主要包括大气污染、水污染、海洋污染防治的法律法规或规章,能量污染防治的立法主要包括环境噪声污染、放射性污染以及电磁辐射等法律法规或规章,污染的源头及全过程管理的立法包括清洁生产与循环经济促进的法律法规或规章。

我国现行《大气污染防治法》主要对大气污染防治的基本制度以及对防治燃煤污染、机动车船排放污染和废气、粉尘和恶臭污染等作出了专门的规定。我国现行《水污染防治法》主要对水污染防治的基本制度、防治工业、城镇、农业和农村、船舶水污染、饮用水水源和其他特殊水体保护、水污染事故处置等作出了专门的规定。我国现行《海洋环境保护法》主要对防治海岸工程对海洋环境的污染损害、防治海洋石油勘探开发对海洋环境的污染损害、防治陆源污染物对海洋环境的污染损害、防治船舶对海洋环境的污染损害、防治倾倒废弃物对海洋环境的污染损害等方面做了规定。我国现行《固体废物污染环境防治法》主要对防治工业固体废物、生活垃圾以及危险废物污染环境作了规定。我国对化学物质管理的相关法规主要有《危险化学品安全管理条例》、《监控化学品管理条例》、《化学品首次进口及有毒化学品进出口环境管理规定》、《新化学物质环境管理办法》、《农药管理条例》等。

我国现行的《环境噪声污染防治法》主要对防治噪声污染的综合性法律制度、工业噪声污染防治、建筑施工噪声控制、交通运输噪声控制和社会生活噪声控制作出了规定。我国现行《放射性污染防治法》主要对对放射性污染防治的综合管理措施、核设施管理、核技术利用管理、铀(钍)矿和伴生放射性矿开发利用的管理、放射性废物的管理作出了规定。目前，我国尚未制定专门的振动控制法律。在振动控制方面，主要执行的是《城市区域环境振动标准》。在电磁辐射环境安全管理方面，我国仅有《电磁辐射环境保护管理办法》。此外，主要执行的还有《电磁辐射防护规定》、《环境电磁波卫生标准》等标准。

我国现行《清洁生产促进法》主要对清洁生产促进的管理体制、政府及其主管部门促进清洁生产的职责以及企业实施清洁生产的义务进行了规定。我国现行《循环经济促进法》主要对促进减量化、再利用、资源化的措施进行了规定。

思考题：
1. 我国环境污染防治法律体系的内容是什么？
2. 我国防治大气污染的主要法律规定有哪些？
3. 我国防治水污染的主要法律规定有哪些？
4. 我国防治海洋污染的主要法律规定有哪些？
5. 我国防治固体废物污染的主要法律规定有哪些？
6. 我国防治化学物质污染的主要法律规定有哪些？
7. 我国防治噪声污染的主要法律规定有哪些？
8. 我国防治放射性污染的主要法律规定有哪些？
9. 我国促进清洁生产的主要法律规定有哪些？
10. 我国促进循环经济的主要法律规定有哪些？

第五章 自然保护与资源保护法

学习目标:通过本章学习,了解自然保护与资源保护的基本概念及立法概况,掌握我国《野生动物保护法》、《自然保护区条例》、《土地管理法》、《水法》、《森林法》、《草原法》、《渔业法》、《矿产资源法》、《可再生能源法》等主要自然保护与资源保护法律法规的立法沿革及主要内容。

第一节 自然保护与资源保护法概述

自然保护与资源保护法,是指以保护生态系统平衡或防止生物多样性破坏为目的,对利用自然环境和资源的行为实行控制而制定的法律规范的总称。自然保护与资源保护法包括自然保护法和自然资源保护法两大部分。

自然保护法是指以保护生态系统平衡或防止生物多样性破坏为目的,对一定的自然地域(含区域与流域)、野生生物及其栖息地实行特殊保护并禁止或限制环境利用行为而制定的法律规范的总称。

自然资源法是指调整人们在自然资源的开发、利用、保护和管理过程中所发生的各种社会关系的法律规范的总称。[①] 自然资源法早在各国大量制定环境保护立法前就已经存在。自然资源作为环境要素的物质载体或空间体现,是生态系统的组成部分。在人类开发、利用、转化、处置自然资源的各个过程中都会涉及对自然环境和资源的破坏。因此,自然资源法的立法意图不应仅限于确定自然资源的权属关系以及合理开发利用自然资源,还应当包括对环境生态利益的保护和自然资源的可持续利用,因此也被称为自然资源保护法。

自然资源保护法与自然保护法的保护对象存在一部分的重合,如土地、水、森林、草原、野生动植物、矿产、海洋等。但其各自仍保留有一部分独有的保护成分,如冰川遗迹、地貌特征等属于自然保护法所特有的保护对象,不受自然资源保护法的调整;而各种能量,如风能、地热能、太阳能、潮汐能等,可能是自然资源保护法的保护对象,却不一定能成为自然保护法的保护对象。

自然保护法在保护各种环境要素时侧重的是它们的环境效能;而自然资源保护法在涉及作为资源的环境要素时,主要侧重于对自然资源的开发、分配、储备和利用,以便最大限度地发挥其经济效能。

自然保护法侧重于对各种环境要素的环境效能的保护,其保护的方法多采取划定保

[①] 肖国兴、肖乾刚编著:《自然资源法》,法律出版社1999年版,第35页。

护区、严格限制开发利用、减少人为干扰、绝对避免数量减少和灭失等隔离式的举措。自然资源保护法的立法目的主要在于发挥各种自然资源的经济效能,其保护举措更具针对性与实用性,对于不可再生的自然资源的保护一般强调综合开发与利用,对于可再生资源则通常强调保证永续利用。

尽管自然资源保护法侧重于对自然资源的直接保护,对生态环境的间接保护。但是,自然资源保护和自然保护在终极目标上是一致的,都是为了实现人类的可持续发展。近年来,自然资源保护的重心也不再局限于对自然资源经济价值的保护,而更侧重于对自然环境和生态平衡的保护。在某些情况下,当自然资源的经济价值与环境价值发生冲突时,人们甚至更侧重于对自然资源的环境价值的保护。

在自然保护法方面,我国制定了《野生动物保护法》、《野生植物保护条例》、《陆生野生动物保护条例》、《水生野生动物保护条例》、《自然保护区条例》、《风景名胜区条例》等法律法规。另外,在《文物保护法》、《城市规划法》、《农业法》以及单项自然资源法等法律中也有自然保护的相关规定。

在自然资源保护法方面,合理开发、利用、保护和管理自然资源,不仅有利于人类对自然资源的永续利用,而且还会由于合理开发、利用而促使对自然资源和能源的开发维持在保持生态系统平衡的基础上,从而减少环境污染物的产生。因此自然资源法对防止生态破坏、防止环境污染也具有非常重要的意义。目前中国主要制定有《森林法》、《土地管理法》、《水法》、《水土保持法》、《草原法》、《渔业法》、《矿产资源法》、《煤炭法》、《海域使用管理法》、《可再生能源法》、《节约能源法》等法律,国务院及其有关主管部门也制定了一些关于自然资源保护的行政法规或部门规章。

第二节 自然保护法

一、野生生物保护法

(一) 野生动物保护法

1. 概述

在一般意义上,野生动物是指非人工驯养、在自然状态下生存的各种动物,包括哺乳类动物、鸟类、爬行动物、两栖动物、鱼类、软体动物、昆虫、肛肠动物以及其他动物。野生动物是人类不可缺少的资源,具有保持生物多样性和维持生态系统平衡的重要生态价值。

为了拯救珍贵、濒危野生动物,保护和合理利用野生动物资源、维护生态平衡,1988年我国颁布实施了《野生动物保护法》,并于2004年进行了修订。根据《野生动物保护法》第2条的规定,该法所保护的野生动物是指珍贵、濒危的陆生、水生野生动物和有益的或者有重要经济、科学研究价值的陆生野生动物。经国务院批准,1992年林业部发布了《陆生野生动物保护实施条例》,1993年农业部发布了《水生野生动物保护实施条例》。此外,在《环境保护法》、《海洋环境保护法》、《森林法》、《草原法》、《渔业法》等法律中也有关于野生动物保护的规定。

2. 一般规定

(1) 野生动物的权属规定

根据《野生动物保护法》的规定,野生动物资源属于国家所有。国家保护依法开发利用野生动物资源的单位和个人的合法权益。野生动物国家所有权的法律意义在于为国家从总体上支配、保护、拯救、管理野生动物提供权力基础。[①] 公民有保护野生动物资源的义务,对侵占或者破坏野生动物资源的行为有权检举和控告。

(2) 野生动物的保护方针

《野生动物保护法》规定国家对野生动物保护实行加强资源保护、积极驯养繁殖、合理开发利用的方针,鼓励开展野生动物科学研究。各级政府应当加强对野生动物资源的管理,制定保护、发展和合理利用野生动物资源的规划和措施。

3. 野生动物保护的法律规定

(1) 分类保护

《野生动物保护法》将法律所保护的野生动物分为两类:一是珍贵、濒危的陆生、水生野生动物,比如金丝猴、大熊猫、中华鲟等,规定国家对珍贵、濒危的野生动物实行重点保护。二是有益的或者有重要经济、科学研究价值的陆生野生动物,如树蛙、蟾蜍、松鼠、果子狸、驯鹿等。珍贵、濒危的水生野生动物以外的其他水生野生动物的保护,则适用《渔业法》的规定。

《野生动物保护法》按保护程度的不同,将动物分为国家重点保护野生动物、地方重点保护野生动物和非重点保护野生动物。国家重点保护野生动物是指被列入国家重点保护野生动物名录而被加以特殊保护的动物,分为一级保护野生动物和二级保护野生动物。这类野生动物通常是珍贵、濒危或者有重要经济、科学研究价值的野生动物。地方重点保护野生动物是指国家重点保护野生动物以外,由省、自治区、直辖市列入地方重点保护野生动物保护名录的动物。这类野生动物通常是在一个省、自治区、直辖市的行政区划内具有珍贵、濒危特性或者有重要经济、科学研究价值的动物。国家和地方重点保护野生动物以外的野生动物为非重点保护野生动物。

1989年1月14日,经国务院批准,林业部、农业部发布《国家重点保护野生动物名录》,该名录于2003年2月21日经国务院批准,进行了调整。2000年8月1日,国家林业局发布了《国家保护的有益的或者有重要经济、科学研究价值的陆生野生动物名录》。

(2) 保护野生动物的生存环境

根据《野生动物保护法》的规定,国务院野生动物主管部门和省、自治区、直辖市政府,在国家和地方重点保护野生动物的主要生息繁衍的地区和水域,划定自然保护区,加强对国家和地方重点保护野生动物及其生存环境的保护管理。

各级野生动物主管部门应当监视、监测环境对野生动物的影响。由于环境影响对野

[①] 肖乾刚等:《自然资源法》,法律出版社1992年版,第213页。

生动物造成危害时,野生动物主管部门应当会同有关部门进行调查处理。

建设项目对国家或者地方重点保护野生动物的生存环境产生不利影响的,建设单位应当提交环境影响报告书;环境保护部门在审批时,应当征求同级野生动物主管部门的意见。

各级人民政府野生动物主管部门应当组织社会各方面力量,采取生物技术措施和工程技术措施,维护和改善野生动物生存环境,保护和发展野生动物资源。

(3) 野生动物救助及致害补偿制度

根据《野生动物保护法》的规定,国家和地方重点保护野生动物受到自然灾害威胁时,当地政府应当及时采取拯救措施;因保护国家和地方重点保护野生动物,造成农作物或者其他损失的,由当地政府给予补偿。补偿办法由省、自治区、直辖市政府制定。任何单位和个人发现受伤、病弱、饥饿、受困、迷途的国家和地方重点保护野生动物时,应当及时报告当地野生动物主管部门,由其采取救护措施,也可以就近送具备救护条件的单位救护。

案例 5.1

1997 年 6 月,某金丝猴(国家重点保护野生动物)保护区发生森林火灾,猴群外逃至紧邻保护区的某村觅食,毁坏了大片的农作物。该村委会决定组织人力驱赶金丝猴,有几个村民被金丝猴抓伤。村民要求乡政府赔偿损失,乡政府以没有法律规定为由予以拒绝。

讨论:村民的损失应当如何补偿?

提示:根据野生动物资源国家所有权和《野生动物保护法》有关野生动物致害补偿的相关规定进行分析。

4. 野生动物资源管理的法律规定

(1) 野生动物保护实行分部门和分级监督管理的体制

根据《野生动物保护法》第 7 条的规定,国务院林业、渔业主管部门分别主管全国陆生、水生野生动物管理工作。省、自治区、直辖市政府林业主管部门主管本行政区域内陆生野生动物管理工作。自治州、县和市政府陆生野生动物管理工作的主管部门,由省、自治区、直辖市政府确定。县级以上地方政府渔业主管部门主管本行政区域内水生野生动物管理工作。

(2) 建立野生动物资源档案制度

根据《野生动物保护法》的规定,野生动物主管部门,应当定期组织野生动物资源调查,建立资源档案,为制定野生动物资源保护发展方案、制定和调整国家和地方重点保护野生动物名录提供依据。野生动物资源普查每十年进行一次。

(3) 实施猎捕许可及禁限制度

根据《野生动物保护法》的规定,禁止猎捕、杀害国家重点保护野生动物。因科学研究、驯养繁殖、展览或者其他特殊情况,需要捕捉、捕捞国家一级保护野生动物的,必须向国务院野生动物主管部门申请特许猎捕证;猎捕国家二级保护野生动物的,必须向省、自治区、直辖市政府野生动物主管部门申请特许猎捕证。非法捕杀国家重点保护野生动物的,依照《刑法》的规定追究刑事责任。

根据《野生动物保护法》的规定,猎捕非国家重点保护野生动物的,必须取得狩猎证,并且服从猎捕量限额管理。持枪猎捕的,必须取得县、市公安机关核发的持枪证。猎捕者应当按照特许猎捕证、狩猎证规定的种类、数量、地点和期限进行猎捕。违反者,由野生动物主管部门没收猎获物和违法所得,处以罚款,并可以没收猎捕工具,吊销狩猎证。未取得持枪证持枪猎捕野生动物的,由公安机关比照治安管理处罚条例的规定处罚。

在自然保护区、禁猎区和禁猎期内,禁止猎捕和其他妨碍野生动物生息繁衍的活动。违反者,由野生动物主管部门责令停止破坏行为,限期恢复原状,处以罚款。

禁止使用军用武器、毒药、炸药进行猎捕。根据《陆生野生动物保护实施条例》的规定,禁止使用军用武器、汽枪、毒药、炸药、地枪、排铳、非人为直接操作并危害人畜安全的狩猎装置、夜间照明行猎、歼灭性围猎、火攻、烟熏以及县级以上各级人民政府或者其野生动物主管部门规定禁止使用的其他狩猎工具和方法狩猎。违反者,由野生动物主管部门没收猎获物、猎捕工具和违法所得,处以罚款;情节严重、构成犯罪的,依照《刑法》的规定追究刑事责任。

(4)野生动物经营利用行为的管制

第一,关于驯养繁殖野生动物的规定。《野生动物保护法》第17条规定,国家鼓励驯养繁殖野生动物。驯养繁殖国家重点保护野生动物的,应当持有许可证。驯养繁殖国家重点保护野生动物的单位和个人可以凭驯养繁殖许可证向政府指定的收购单位,按照规定出售国家重点保护野生动物或者其产品。

第二,关于出售、收购、运输、携带野生动物或者其产品的规定。根据《野生动物保护法》的规定,禁止出售、收购国家重点保护野生动物或者其产品。因科学研究、驯养繁殖、展览等特殊情况,需要出售、收购、利用国家一级(或者国家二级)保护野生动物或者其产品的,必须经国务院(或省、自治区、直辖市政府)的野生动物主管部门或者其授权的单位批准。工商行政管理部门对进入市场的野生动物或者其产品,应当进行监督管理。运输、携带国家重点保护野生动物或者其产品出县境的,必须经省、自治区、直辖市政府野生动物主管部门或者其授权的单位批准。违反者,由工商行政管理部门没收实物和违法所得,可以并处罚款。

第三,关于进出口野生动物或者其产品的规定。《野生动物保护法》第24条规定,出口国家重点保护野生动物或者其产品的,进出口中国参加的国际公约所限制进出口的野生动物或者其产品的,必须经国务院野生动物主管部门或者国务院批准,并取得国家濒危物种进出口管理机构核发的允许进出口证明书。海关凭允许进出口证明书查验放行。涉及科学技术保密的野生动物物种的出口,按照国务院有关规定办理。禁止伪造、倒卖、转让允许进出口证明书。

第四,关于野生动物资源保护管理费的规定。根据《野生动物保护法》第27条规定,经营利用野生动物或者其产品的,应当缴纳野生动物资源保护管理费。1992年12月,经国务院批准,林业部、财政部、国家物价局发布《陆生野生动物资源保护管理费收费办法》,规定捕捉、猎捕、出售、收购、科研等利用野生动物或对其产品的出售、收购、加工、出口都属于经营利用的范围。

(5) 外国人从事涉及野生动物行为的规定

根据《野生动物保护法》第26条规定,外国人在中国境内对国家重点保护野生动物进行野外考察或者在野外拍摄电影、录像,必须经国务院野生动物主管部门或者其授权的单位批准。建立对外国人开放的猎捕场所,应当报国务院野生动物主管部门备案。根据《陆生野生动物资源保护管理费收费办法》的规定,外国人依法在中国对国家重点保护野生动物进行野外考察研究、拍摄电影、录像或者从事狩猎,由林业部参照国际惯例制定具体收费办法。

(二) 野生植物保护法

1. 概述

野生植物,是指在自然状态下生长且无法证明为人工栽培的植物,可分为藻类、菌类、地衣、苔藓、蕨类和种子植物。我国是世界上野生植物资源种类较为丰富的国家之一。

为了保护、发展和合理利用野生植物资源,1996年9月国务院颁布了《野生植物保护条例》。2002年9月,农业部发布《农业野生植物保护办法》(2004年7月修订)。上述法规和规章是我国合理利用和保护野生植物的重要法律依据。此外,《森林法》、《草原法》等法律也对保护野生植物进行了原则性规定。

2. 一般规定

(1) 受保护的野生植物

根据《野生植物保护条例》的规定,受我国法律法规保护的野生植物,是指原生地天然生长的珍贵植物和原生地天然生长并具有重要经济、科学研究、文化价值的濒危、稀有植物,包括药用野生植物和城市园林、自然保护区、风景名胜区内的野生植物。

我国对野生植物资源实行加强保护、积极发展、合理利用的方针。国家鼓励和支持野生植物科学研究、野生植物的就地保护和迁地保护。

(2) 保护野生植物的管理体制

根据《野生植物保护条例》第8条的规定,国务院林业主管部门主管全国林区内野生植物和林区外珍贵野生树木的监督管理工作。国务院农业主管部门主管全国其他野生植物的监督管理工作。国务院建设行政部门负责城市园林、风景名胜区内野生植物的监督管理工作。国务院环境保护部门负责对全国野生植物环境保护工作的协调和监督。国务院其他有关部门依照职责分工负责有关的野生植物保护工作。县级以上地方人民政府负责野生植物管理工作的部门及其职责,由省、自治区、直辖市人民政府根据当地具体情况规定。

3. 野生植物保护的法律规定

（1）分级保护及名录制度

野生植物分为国家重点保护野生植物和地方重点保护野生植物。

根据《野生植物保护条例》的规定，国家重点保护野生植物分为国家一级保护野生植物和国家二级保护野生植物。国家重点保护野生植物名录，由国务院林业主管部门、农业主管部门（以下合称国务院野生植物主管部门）商国务院环境保护、建设等有关部门制定，报国务院批准公布。1999年9月，农业部和国家林业局经国务院批准发布《国家重点保护野生植物名录（第一批）》（2001年修正）。

地方重点保护野生植物，是指国家重点保护野生植物以外，由省、自治区、直辖市人民政府保护的重要野生植物。地方重点保护野生植物名录，由省、自治区、直辖市人民政府制定并公布，报国务院备案。

（2）保护野生植物生长环境的规定

国家保护野生植物及其生长环境。禁止任何单位和个人非法采集野生植物或者破坏其生长环境。

第一，设立自然保护区、保护点或保护标志。根据《野生植物保护条例》第11条的规定，在国家重点保护野生植物物种和地方重点保护野生植物物种的天然集中分布区域，应当依照有关法律、行政法规的规定，建立自然保护区；在其他区域，县级以上地方人民政府野生植物主管部门和其他有关部门可以根据实际情况建立国家重点保护野生植物和地方重点保护野生植物的保护点或者设立保护标志。

第二，监测制度。根据《野生植物保护条例》第12条的规定，野生植物主管部门及其他有关部门应当监视、监测环境对国家重点保护野生植物生长和地方重点保护野生植物生长的影响，并采取措施，维护和改善国家重点保护野生植物和地方重点保护野生植物的生长条件。

第三，环境影响评价制度。根据《野生植物保护条例》第13条的规定，建设项目对国家重点保护野生植物和地方重点保护野生植物的生长环境产生不利影响的，建设单位提交的环境影响报告书中必须对此作出评价；环境保护部门在审批环境影响报告书时，应当征求野生植物主管部门的意见。

第四，及时采取拯救措施。根据《野生植物保护条例》第14条的规定，野生植物主管部门和有关单位对生长受到威胁的国家重点保护野生植物和地方重点保护野生植物应当采取拯救措施，保护或者恢复其生长环境，必要时应当建立繁育基地、种质资源库或者采取迁地保护措施。由于环境影响对国家重点保护野生植物和地方重点保护野生植物的生长造成危害时，野生植物主管部门应当会同其他有关部门调查并依法处理。

4. 野生植物管理的法律规定

（1）野生植物资源档案制度

野生植物资源档案是记载野生植物种类、数量、质量、地区分布、利用和保护状况等资料的文书，是管理、保护、发展和合理开发利用野生植物资源的依据。

野生植物主管部门应当定期组织国家重点保护野生植物和地方重点保护野生植物资源调查,建立资源档案。

(2) 野生植物采集证管理制度

为控制珍稀濒危野生植物的采集量,避免野生植物及生长环境被破坏,我国采取了采集证管理制度。

因科学研究、人工培育、文化交流等特殊需要,采集国家一级保护野生植物的,必须经采集地的省、自治区、直辖市人民政府野生植物主管部门签署意见后,向国务院野生植物主管部门或者其授权的机构申请采集证。

采集国家二级保护野生植物的,必须经采集地的县级人民政府野生植物主管部门签署意见后,向省、自治区、直辖市人民政府野生植物主管部门或者其授权的机构申请此类采集证。

采集城市园林或者风景名胜区内的国家一级或者二级保护野生植物的,须先征得城市园林或者风景名胜区管理机构同意,分别依照前两款的规定申请采集证。

采集珍贵野生树木或者林区内、草原上的野生植物的,依照《森林法》、《草原法》的规定办理采集证。

未取得采集证或者未按照采集证的规定采集国家重点保护野生植物的,由野生植物主管部门没收所采集的野生植物和违法所得,可以并处违法所得 10 倍以下的罚款;有采集证的,并可以吊销采集证。

案例 5.2

驴友 A 在 2008 年的一次旅行结束后,A 发现其所采集的一例植物样本并未收录在《中国植物辞典》中。A 遂通过网络求助相关信息,数日后一位美国的植物学家发邮件告诉他此为一种极为罕见的植物品种,并愿意出高价购买。A 为利所动,遂在收到预付款后将该植物邮寄给该美国人,但邮件在出境检验时被中国海关查获。

讨论:A 采集和出售此植物样本的行为应当受到何种处罚?

提示:根据野生植物采集和进出口相关规定进行分析。

(3) 野生植物贸易限制规定

第一,对出售、收购野生植物的管制。禁止出售、收购国家一级保护野生植物。出售、收购国家二级保护野生植物的,必须经省、自治区、直辖市人民政府野生植物主管部门或者其授权的机构批准。野生植物主管部门应当对经营利用国家二级保护野生植物的活动进行监督检查。违反者,由工商行政管理部门或者野生植物主管部门按照职责分工没收野生植物和违法所得,可以并处违法所得 10 倍以下的罚款。

第二,野生植物进出口许可制度。进出口国家重点保护野生植物或者进出口中国参加的国际公约所限制进出口的野生植物的,必须经进出口者所在地的省、自治区、直辖市人民政府野生植物主管部门审核,报国务院野生植物主管部门批准,并取得国家濒危物种进出口管理机构核发的允许进出口证明书或者标签。海关凭允许进出口证明书或者标签查验放行。国务院野生植物主管部门应当将有关野生植物进出口的资料抄送国务院环境保护部门。禁止出口未定名的或者新发现并有重要价值的野生植物。违反者,由海关依照《海关法》的规定处罚。

(4) 外国人从事与野生植物有关活动的管理规定

外国人不得在中国境内采集或者收购国家重点保护野生植物。外国人在中国境内对国家重点保护野生植物进行野外考察的,必须向国家重点保护野生植物所在地的省、自治区、直辖市人民政府野生植物主管部门提出申请,经其审核后,报国务院野生植物主管部门或者其授权的机构批准;直接向国务院野生植物主管部门提出申请的,国务院野生植物主管部门在批准前,应当征求有关省、自治区、直辖市人民政府野生植物主管部门的意见。违反者,由野生植物主管部门没收所采集、收购的野生植物和考察资料,可以并处5万元以下的罚款。

(三) 外来物种入侵的法律控制

1. 概述

按照世界自然保护同盟的定义[1],所谓外来物种是指那些出现在其过去或现在的自然分布范围及扩散潜力以外(比如,在其自然分布范围以外,或在没有直接或间接的人类引进或照顾之下而不能存在)的物种、亚种或以下的分类单元,包括其所有可能存活、继而繁殖的部分、配子或繁殖体。外来入侵物种则是指在当地的自然或半自然生态系统或栖息地中形成了自我再生能力,建立种群并影响和威胁到当地的生物多样性的一种外来物种。

外来入侵物种的引入方式包括有意引进、无意引进和自然入侵三种。有意引进是指由人类故意进行的引进,涉及将物种有目的地移出其自然分布范围或有潜力的扩散范围,比如用于养殖、种植、生物防治、绿化、水土保持等目的的人为的引进。无意引进是指无目的的引进,指一种物种使用人体或人工运输系统作为携带体扩散至它的自然分布范围之外,比如随运输工具、压舱水、进出口货物和包装材料的引入、旅客无意引入等。自然入侵是指物种随风媒、虫媒和鸟媒等媒介自然传播。

随着全球化进程的加快和各国经济的发展,外来物种入侵的危害也日益严重。国际上已通过国际条约、各国也制定了相关国内立法等对此进行法律控制。

2. 我国控制外来物种入侵的政策与法律规定

近年来,互花米草、水葫芦、紫茎泽兰、薇甘菊、湿地松粉蚧等重大外来入侵物种已对我国生物多样性和生态环境造成了严重危害,并造成巨大的经济损失。为了防止外来入侵物种,保护我国生物多样性和生态环境,也为了更好地履行《生物多样性公约》,我国已在相关政策及立法中对控制外来物种入侵作出了规定。

---

[1] 有关外来物种、外来入侵物种、有意引进、无意引进的概念,参见世界自然保护同盟:《防止外来物种入侵导致生物多样性丧失的指南》(IUCN Guidelines for the Prevention of Biodiversity Loss Caused by Alien Species)。该指南英文版文本网址为:http://www.issg.org/pdf/guidelines_iucn.pdf,最后访问时间:2012年11月24日。

(1) 政策性规定

2000年12月,国务院发布了《全国生态环境保护纲要》,提出生物物种资源的开发应在保护物种多样性和确保生物安全的前提下进行;加强生物安全管理,建立转基因生物活体及其产品的进出口管理制度和风险评估制度;对引进外来物种必须进行风险评估,加强进口检疫工作,防止国外有害物种进入国内。

(2) 种质资源引进方面的法律规定

《农业法》规定,从境外引进生物物种资源应当依法进行登记或者审批,并采取相应安全控制措施。

《草原法》规定,新草品种必须经全国草品种审定委员会审定,由国务院草原主管部门公告后方可推广。从境外引进草种必须依法进行审批。

《种子法》对从境外引进种质资源、农作物、林木种子和转基因植物品种的活动进行了规定,并对违法从境外引进种质资源等活动按照情节规定了没收违法所得、行政罚款和追究刑事责任等法律责任。

《渔业法》、《海洋环境保护法》分别对引进水产新品种和海洋动植物进行了规定,以减少和避免对水域生态系统造成危害。

(3) 在检疫防疫方面的法律规定

《畜牧法》要求对从境外引进畜禽遗传资源的活动进行审批,经批准引进的应依照《进出境动植物检疫法》的规定办理相关手续并实施检疫。而根据《进出境动植物检疫法》的规定,从境外引进的畜禽遗传资源被发现对境内畜禽遗传资源、生态环境有危害或者可能产生危害的,国家有关部门应当采取相应的安全控制措施。2007年5月,农业部与国家质监总局共同制定了《进境植物检疫性有害生物名录》。

二、自然区域保护法

(一) 自然保护区的法律规定

1. 概述

自然保护区是指对有代表性的自然生态系统、珍稀濒危野生动植物物种的天然集中分布区、有特殊意义的自然遗迹等保护对象所在的陆地、陆地水体或者海域,依法划定一定面积予以特殊保护和管理的区域。

自然保护区是组成整体环境的一种特殊环境要素,也是保护自然环境的一种最严格、有效的形式。自然保护区能为人类保存完整的生态系统的天然"本底",是保存动植物物种的天然贮存库和进行科学研究的天然实验室,也是普及自然科学知识的自然博物馆。

我国十分重视自然保护区的法制建设,制定和颁布了相应的行政法规和规章,其中综合性法规是国务院于1994年发布的《自然保护区条例》;部门规章包括1985年经国务院批准、林业部发布的《森林和野生动物类型自然保护区管理办法》,1997年农业部发布的《水生动植物自然保护区管理办法》。除此之外,在《环境保护法》、《森林法》、《野生动物保护法》等法律中也有关于自然保护区的规定。

2. 一般规定

(1) 自然保护区规划

根据《自然保护区条例》的规定,国务院环境保护主管部门应当会同国务院有关自然保护区主管部门,在对全国自然环境和自然资源状况进行调查和评价的基础上,拟订国家自然保护区发展规划,经国务院计划部门综合平衡后,报国务院批准实施。

国家采取有利于发展自然保护区的经济、技术政策和措施,将自然保护区的发展规划纳入国民经济和社会发展计划。

(2) 自然保护区的管理体制和管理机构

我国对自然保护区实行综合管理与分部门管理相结合的管理体制。

国务院环境保护主管部门负责全国自然保护区的综合管理。国务院林业、农业、地质矿产、水利、海洋等有关主管部门在各自的职责范围内,主管有关的自然保护区。县级以上地方人民政府负责自然保护区管理的部门的设置和职责,由省、自治区、直辖市人民政府根据当地具体情况确定。

3. 自然保护区建设的法律规定

(1) 自然保护区的设立

根据《自然保护区条例》第10条的规定,凡具有下列条件之一的,应当建立自然保护区:典型的自然地理区域、有代表性的自然生态系统区域以及已经遭受破坏但经保护能够恢复的同类自然生态系统区域;珍稀、濒危野生动植物物种的天然集中分布区域;具有特殊保护价值的海域、海岸、岛屿、湿地、内陆水域、森林、草原和荒漠;具有重大科学文化价值的地质构造、著名溶洞、化石分布区、冰川、火山、温泉等自然遗迹;经国务院或者省、自治区、直辖市人民政府批准,需要予以特殊保护的其他自然区域。

自然保护区分为国家级自然保护区和地方级自然保护区。在国内外有典型意义、在科学上有重大国际影响或者有特殊科学研究价值的自然保护区,列为国家级自然保护区;其他具有典型意义或者重要科学研究价值的自然保护区列为地方级自然保护区。地方级自然保护区可以由不同级别的地方主管部门进行管理。

根据《自然保护区条例》第12条的规定,国家级自然保护区的建立,由自然保护区所在的省、自治区、直辖市人民政府或者国务院有关自然保护区主管部门提出申请,经国家级自然保护区评审委员会评审后,由国务院环境保护主管部门进行协调并提出审批建议,报国务院批准。

地方级自然保护区的建立,由自然保护区所在的县、自治县、市、自治州人民政府或者省、自治区、直辖市人民政府有关自然保护区主管部门提出申请,经地方级自然保护区评审委员会评审后,由省、自治区、直辖市人民政府环境保护主管部门进行协调并提出审批建议,报省、自治区、直辖市人民政府批准,并报国务院环境保护主管部门和国务院有关自然保护区主管部门备案。

跨两个以上行政区域的自然保护区的建立,由有关行政区域的人民政府协商一致后提出申请,并按照前两款规定的程序审批。建立海上自然保护区,须经国务院批准。

(2) 自然保护区的分区 根据《自然保护区条例》第18条的规定,自然保护区可以分为核心区、缓冲区和实验区。

自然保护区内保存完好的天然状态的生态系统以及珍稀、濒危动植物的集中分布地,应当划为核心区,禁止任何单位和个人进入;除依法经批准外,也不允许进入从事科学研究活动。核心区所占面积不得低于该自然保护区总面积的1/3。核心区外围可以划定一定面积的缓冲区,只准进入从事科学研究观测活动。缓冲区外围划为实验区,可以进入从事科学试验、教学实习、参观考察、旅游以及驯化、繁殖珍稀、濒危野生动植物等活动。实验区所占面积不得超过该自然保护区总面积的1/3。

原批准建立自然保护区的人民政府认为必要时,可以在自然保护区的外围划定一定面积的外围保护地带。确定自然保护区的范围和界线,应当兼顾保护对象的完整性和适度性,以及当地经济建设和居民生产、生活的需要。

自然保护区的撤销及其性质、范围、界线的调整或者改变,应当经原批准建立自然保护区的人民政府批准。任何单位和个人,不得擅自移动自然保护区的界标。违反者,由自然保护区管理机构责令其改正,并可以根据不同情节处以100元以上5000元以下的罚款。

4. 自然保护区管理的法律规定

(1) 管理机构

国家级自然保护区,由其所在地的省、自治区、直辖市人民政府有关自然保护区主管部门或者国务院有关自然保护区主管部门管理。地方级自然保护区,由其所在地的县级以上地方人民政府有关自然保护区主管部门管理。

有关自然保护区主管部门应当在自然保护区内设立专门的管理机构,配备专业技术人员,负责自然保护区的具体管理工作。

(2) 自然保护区的资金机制

自然保护区的资金来源主要由自然保护区所在地的县级以上地方人民政府的财政安排,国家对国家级自然保护区的管理,给予适当的资金补助。

(3) 防止破坏自然保护区的规定

根据《自然保护区条例》的规定,一切单位和个人都有保护自然保护区内自然环境和自然资源的义务,并有权对破坏、侵占自然保护区的单位和个人进行检举、控告。在自然保护区内的单位、居民和经批准进入自然保护区的人员,必须遵守自然保护区的各项管理制度,接受自然保护区管理机构的管理。

禁止在自然保护区内进行砍伐、放牧、狩猎、捕捞、采药、开垦、烧荒、开矿、采石、挖沙等活动。违反者,除可以依照有关法律、行政法规规定给予处罚的以外,由县级以上人民政府有关自然保护区主管部门或者其授权的自然保护区管理机构没收违法所得,责令停止违法行为,限期恢复原状或者采取其他补救措施;对自然保护区造成破坏的,可以处以300元以上1万元以下的罚款。

禁止任何人进入自然保护区的核心区,因科学研究的需要必须进入核心区从事科学研究观测、调查活动的,应当事先向自然保护区管理机构提交申请和活动计划,并经省级以上人民政府有关自然保护区主管部门批准;其中,进入国家级自然保护区核心区的,必须经国务院有关自然保护区主管部门批准。违反者,由自然保护区管理机构责令其改正,并可以根据不同情节处以100元以上5000元以下的罚款。

案例5.3

A、B、C、D四人是探险爱好者。某日,他们听说某国家级自然保护区内有一块无人知晓的区域别有洞天,堪称"人间仙境",遂决定冒险进入。途中,他们看见一块告示牌,上面写明此处已是自然保护区的核心区,未经批准任何人不得进入。但他们对此置之不理,继续前进。在从核心区出来的途中,他们被自然保护区管理部门执法人员发现。经查,他们并未给自然保护区造成任何损害。

讨论:A、B、C、D的行为是否违法?该受到何种处罚?

外国人进入地方级自然保护区的,接待单位应当事先报经省、自治区、直辖市人民政府有关自然保护区主管部门批准;进入国家级自然保护区的,接待单位应当报经国务院有关自然保护区主管部门批准。

禁止在自然保护区的缓冲区开展旅游和生产经营活动;因教学科研的目的,需要进入自然保护区的缓冲区从事非破坏性的科学研究、教学实习和标本采集活动的,应当事先向自然保护区管理机构提交申请和活动计划,经自然保护区管理机构批准,并将其活动成果的副本提交自然保护区管理机构。违反者,由自然保护区管理机构责令其改正,并可以根据不同情节处以100元以上5000元以下的罚款。

在自然保护区的核心区和缓冲区内,不得建设任何生产设施。在自然保护区的实验区内,不得建设污染环境、破坏资源或者景观的生产设施;建设其他项目,其污染物排放不得超过国家和地方规定的污染物排放标准。在自然保护区的外围保护地带建设的项目,不得损害自然保护区内的环境质量;已造成损害的,应当限期治理。

因发生事故或者其他突然性事件,造成或者可能造成自然保护区污染或者破坏的单位和个人,必须立即采取措施处理,及时通报可能受到危害的单位和居民,并向自然保护区管理机构和当地主管部门报告。

违反《自然保护区条例》的规定,给自然保护区造成损失的,由县级以上人民政府有关自然保护区主管部门责令赔偿损失;造成自然保护区重大污染或者破坏事故,导致公私财产重大损失或者人身伤亡的严重后果,构成犯罪的,对直接负责的主管人员和其他直接责任人员依法追究刑事责任。

(二) 风景名胜区、城市景观与文化遗迹地保护的法律规定

1. 风景名胜区保护的法律规定

(1) 概述

风景名胜区是指具有观赏、文化或者科学价值,自然景观、人文景观比较集中,环境优美,可供人们游览或者进行科学、文化活动的区域。

我国现行有效的关于风景名胜区保护的专门规章和行政法规包括2006年国务院发布的《风景名胜区条例》、1993年建设部发布的《风景名胜区建设管理规定》、2008年国务院发布的《历史文化名城名镇名村保护条例》。同时，在《环境保护法》、《城乡规划法》、《矿产资源法》等法律中也有风景名胜区保护的相关规定。

(2) 风景名胜区的管理原则、管理体制和管理机构

根据《风景名胜区条例》的规定，国家对风景名胜区实行科学规划、统一管理、严格保护、永续利用的原则。

风景名胜区的管理实行统一监督管理和分工负责相结合的体制。国务院建设主管部门负责全国风景名胜区的监督管理工作。国务院其他有关部门按照国务院规定的职责分工，负责风景名胜区的有关监督管理工作。省、自治区人民政府建设主管部门和直辖市人民政府风景名胜区主管部门，负责本行政区域内风景名胜区的监督管理工作。省、自治区、直辖市人民政府其他有关部门按照规定的职责分工，负责风景名胜区的有关监督管理工作。

风景名胜区由其所在地县级以上地方人民政府设立风景名胜区管理机构，负责风景名胜区的保护、利用和统一管理工作。

(3) 风景名胜区的设立

风景名胜区按其景物的观赏、文化、科学价值和环境价值、规模大小、游览条件等，划分为国家级风景名胜区和省级风景名胜区。自然景观和人文景观能够反映重要自然变化过程和重大历史文化发展过程，基本处于自然状态或者保持历史原貌，具有国家代表性的，可以申请设立国家级风景名胜区；具有区域代表性的，可以申请设立省级风景名胜区。不同级别的风景名胜区的设立应当遵照不同的审批程序。

根据《风景名胜区条例》第7条的规定，新设立的风景名胜区与自然保护区不得重合或者交叉；已设立的风景名胜区与自然保护区重合或者交叉的，风景名胜区规划与自然保护区规划应当相协调。

风景名胜区内的土地、森林等自然资源和房屋等财产的所有权人、使用权人的合法权益受法律保护。申请设立风景名胜区的人民政府应当在报请审批前，与风景名胜区内的土地、森林等自然资源和房屋等财产的所有权人、使用权人充分协商。因设立风景名胜区对风景名胜区内的土地、森林等自然资源和房屋等财产的所有权人、使用权人造成损失的，应当依法给予补偿。

(4) 风景名胜区规划

风景名胜区规划分为总体规划和详细规划。国家级风景名胜区规划由省、自治区人民政府建设主管部门或者直辖市人民政府风景名胜区主管部门组织编制。省级风景名胜区规划由县级人民政府组织编制。

风景名胜区总体规划，应当体现人与自然和谐相处、区域协调发展和经济社会全面进步的要求，坚持保护优先、开发服从保护的原则，突出风景名胜资源的自然特性、文化内涵和地方特色。风景名胜区总体规划应当包括下列内容：风景资源评价；生态资源保护措

施、重大建设项目布局、开发利用强度;风景名胜区的功能结构和空间布局;禁止开发和限制开发的范围;风景名胜区的游客容量;有关专项规划。风景名胜区应当自设立之日起2年内编制完成总体规划。总体规划的规划期一般为20年。

风景名胜区详细规划应当符合风景名胜区总体规划,根据核心景区和其他景区的不同要求编制,确定基础设施、旅游设施、文化设施等建设项目的选址、布局与规模,并明确建设用地范围和规划设计条件。

编制风景名胜区规划,应当广泛征求有关部门、公众和专家的意见;必要时,应当进行听证。风景名胜区规划报送审批的材料应当包括社会各界的意见以及意见采纳的情况和未予采纳的理由。

风景名胜区规划未经批准的,不得在风景名胜区内进行各类建设活动。经批准的风景名胜区规划不得擅自修改。确需修改的,应当报原审批机关备案或者批准。

(5) 风景名胜区保护的法律规定

根据《风景名胜区条例》的规定,在风景名胜区内,禁止进行开山、采石、开矿、开荒、修坟立碑等破坏景观、植被和地形地貌的活动;禁止修建储存爆炸性、易燃性、放射性、毒害性、腐蚀性物品的设施。违反者,由风景名胜区管理机构责令停止违法行为、恢复原状或者限期拆除,没收违法所得,并处50万元以上100万元以下的罚款。个人在风景名胜区内进行开荒、修坟立碑等破坏景观、植被、地形地貌的活动的,由风景名胜区管理机构责令停止违法行为、限期恢复原状或者采取其他补救措施,没收违法所得,并处1000元以上1万元以下的罚款。

禁止在景物或者设施上刻划、涂污;乱扔垃圾。违反者,由风景名胜区管理机构责令恢复原状或者采取其他补救措施,处50元的罚款。

在风景名胜区内设置、张贴商业广告,举办大型游乐等活动或者从事改变水资源、水环境自然状态的活动和其他影响生态和景观的活动,应当经风景名胜区管理机构审核后依法报有关主管部门批准。违反者,由风景名胜区管理机构责令停止违法行为、限期恢复原状或者采取其他补救措施,没收违法所得,并处5万元以上10万元以下的罚款;情节严重的,并处10万元以上20万元以下的罚款。

禁止违反风景名胜区规划,在风景名胜区内设立各类开发区和在核心景区内建设宾馆、招待所、培训中心、疗养院以及与风景名胜资源保护无关的其他建筑物;已经建设的,应当按照风景名胜区规划,逐步迁出。违反者,由风景名胜区管理机构责令停止违法行为、恢复原状或者限期拆除,没收违法所得,并处50万元以上100万元以下的罚款。

在风景名胜区内从事禁止范围以外的建设活动,未经风景名胜区管理机构审核的,由风景名胜区管理机构责令停止建设、限期拆除,对个人处2万元以上5万元以下的罚款,对单位处20万元以上50万元以下的罚款。

在国家级风景名胜区内修建缆车、索道等重大建设工程,项目的选址方案应当报国务院建设主管部门核准。未经国务院建设主管部门核准,县级以上地方人民政府有关部门核发选址意见书的,对直接负责的主管人员和其他直接责任人员依法给予处分;构成犯罪的,依法追究刑事责任。

风景名胜区内的建设项目应当符合风景名胜区规划,并与景观相协调,不得破坏景观、污染环境、妨碍游览。在风景名胜区内进行建设活动的,建设单位、施工单位应当制定污染防治和水土保持方案,并采取有效措施,保护好周围景物、水体、林草植被、野生动物资源和地形地貌。违反者,由风景名胜区管理机构责令停止违法行为、限期恢复原状或者采取其他补救措施,并处2万元以上10万元以下的罚款;逾期未恢复原状或者采取有效措施的,由风景名胜区管理机构责令停止施工。

2. 自然遗产与文化遗迹地保护的法律规定

(1) 概述

根据联合国《保护世界文化和自然遗产公约》第2条的规定,自然遗产包括从审美或科学角度看具有突出的普遍价值的由物质和生物结构或这类结构群组成的自然面貌,如石林、溶洞等;从科学或保护角度看具有突出的普遍价值的地质和自然地理结构以及明确划为受威胁的动物和植物生境区,如冰川遗迹、古生物化石遗迹、大熊猫生长繁殖地等;从科学、保护或自然美角度看具有突出的普遍价值的天然名胜或明确划分的自然区域,如名树名山等。[1]

文化遗迹地,是指前人所创造的可以用来表明特定历史时期文化特征的旧迹。与文化遗迹地非常相近的概念是联合国《保护世界文化和自然遗产公约》中的"文化遗产",其包括文物、建筑群和遗址。文物,是指从历史、艺术或科学角度看具有突出的普遍价值的建筑物、碑雕和碑画、具有考古性质成分或结构、铭文、窟洞以及联合体;建筑群,是指从历史、艺术或科学角度看,在建筑式样、分布均匀或与环境景色结合方面,具有突出的普遍价值的单立或连接的建筑群;遗址,是指从历史、审美、人种学或人类学角度看具有突出的普遍价值的人类工程或自然与人联合工程以及考古地址等地方。[2] 文化遗产的外延比文化遗迹地要广,文化遗迹地更侧重于人文景观与地貌的附着性和耦合性。

我国于1985年11月参加联合国教科文组织《保护世界文化和自然遗产公约》,并于1991年10月当选为世界遗产委员会成员。但是截至目前,我国还没有制定专门保护自然遗产、文化遗产的法律法规,只是在《宪法》和相关法律法规中有自然遗产和文化遗产保护的相关规定。

(2) 有关自然遗产和文化遗迹地保护的法律规定

我国《宪法》第22条第2款规定:"国家保护名胜古迹、珍贵文物和其他重要历史文化遗产。"《环境保护法》把自然遗迹和人文遗迹纳入"环境"的客体范畴而明确予以保护,并要求各级人民政府对"具有重大科学文化价值的地质构造、著名溶洞和化石分布区、冰川、火山、温泉等自然遗迹,以及人文遗迹、古树名木,应当采取措施加以保护,严禁破坏"。《自然保护区条例》关于自然保护区保护对象的规定就包含了对自然遗产的保护,明确

---

[1] 国家文物局法制处编:《国际保护文化遗产法律文件选编》,紫禁城出版社1993年版,第75页。
[2] 同上。

"具有重大科学文化价值的地质构造、著名溶洞、化石分布区、冰川、火山、温泉等自然遗迹,应当建立自然保护区"。

《城乡规划法》、《文物保护法》、《文物保护法实施条例》、《历史文化名城名镇名村保护条例》等法律法规则为文化遗迹地保护提供了比较全面的法律保护。

《文物保护法》将古文化遗址、古墓葬、古建筑、石窟寺、石刻、壁画、近代现代重要史迹和代表性建筑等不可移动文物,根据它们的历史、艺术、科学价值,通过建立文物保护单位的制度进行保护。《文物保护法》规定,对核定为文物保护单位的革命遗址、纪念建筑物、古文化遗址、古墓葬、古建筑、石窟寺和石刻等(包括建筑物的附属物),在进行修缮、保养、迁移时,必须遵守不改变文物原状的原则。根据保护文物的实际需要,经省、自治区、直辖市人民政府批准,可以在文物保护单位的周围划出一定的建设控制地带,并予以公布。

《城乡规划法》将水源地和水系、基本农田和绿化用地、环境保护、自然与历史文化遗产保护以及防灾减灾等内容作为强制性内容纳入城市总体规划、镇总体规划和乡规划、村庄规划,并采取措施进行实际保护。

《历史文化名城名镇名村保护条例》对符合如下条件的历史文化名城名镇和名村进行重点保护:保存文物特别丰富;历史建筑①集中成片;保留着传统格局和历史风貌;历史上曾经作为政治、经济、文化、交通中心或者军事要地,或者发生过重要历史事件,或者其传统产业、历史上建设的重大工程对本地区的发展产生过重要影响,或者能够集中反映本地区建筑的文化特色、民族特色。

(三) 海洋生态与海岛保护的法律规定

1. 海洋生态保护

(1) 概述

我国既是陆地大国,又是海洋大国。保护好海洋生态,关系到我国未来一个历史时期国家兴盛的大局。鉴于海洋生态与海洋环境密不可分的关系,我国将海洋生态保护、海洋资源保护与海洋污染控制进行综合调整,统一反映在《海洋环境保护法》中。此外,涉及海洋生态保护的规章还包括《近岸海域环境功能区管理办法》、《海洋自然保护区管理办法》、《海洋特别保护区管理办法》等。

(2) 一般规定

第一,海洋功能区与海洋功能区划制度。

根据《海洋环境保护法》的规定,海洋功能区,是指根据海洋的自然资源条件、环境状况和地理位置,并考虑到海洋开发利用现状和社会经济发展需求所划定的,具有特定主导功能,有利于资源的合理开发利用,能够发挥最佳效益的区域。

海洋功能区划,是指依据海洋自然属性和社会属性,以及自然资源和环境特定条件,

---

① 根据《历史文化名城名镇名村保护条例》第47条第1款第1项的规定,历史建筑,是指经城市、县人民政府确定公布的具有一定保护价值,能够反映历史风貌和地方特色,未公布为文物保护单位,也未登记为不可移动文物的建筑物、构筑物。

界定海洋利用的主导功能和使用范畴。海洋功能区划是结合海洋开发利用现状和社会经济发展需要，划分出具有特定主导功能，适应不同开发方式，并能取得最佳综合效益区域的一项基础性工作，是海洋环境管理的基础。海洋功能区划的范围包括我国享有主权和管辖权的全部海域、岛屿和必要依托的陆域。国务院和地方人民政府负责全国和地方海洋功能区划，并负责区划的执行，在使用海域时，必须严格遵守海洋功能区划的规定。

国家根据海洋功能区划制定全国海洋环境保护规划和重点海域区域性海洋环境保护规划。毗邻重点海域的有关沿海省、自治区、直辖市人民政府及行使海洋环境监督管理权的部门，可以建立海洋环境保护区域合作组织，负责实施重点海域区域性海洋环境保护规划、海洋环境污染的防治和海洋生态保护工作。

第二，近岸海域环境功能区制度。

为保护和改善近岸海域生态环境，实现海岸水质达到《海水水质标准》，规范近岸海域环境功能区的划定工作，加强对近岸海域环境功能区的管理，国家环境保护总局于1999年制定并通过《近岸海域环境功能区管理办法》。

近岸海域环境功能区，是指为适应近岸海域环境保护工作的需要，依据近岸海域的自然属性和社会属性以及海洋自然资源开发利用现状，结合本行政区国民经济、社会发展计划与规划，按照本办法规定的程序，对近岸海域按照不同的使用功能和保护目标而划定的海洋区域。

近岸海域环境功能区划分为四种类型。一类近岸海域环境功能区包括海洋渔业水域、海上自然保护区、珍稀濒危海洋生物保护区等；二类近岸海域环境功能区包括水产养殖区、海水浴场、人体直接接触海水的海上运动或娱乐区、与人类食用直接有关的工业用水区等；三类近岸海域环境功能区包括一般工业用水区、海滨风景旅游区等；四类近岸海域环境功能区包括海洋港口水域、海洋开发作业区等。各类近岸海域环境功能区执行相应类别的海水水质标准。

第三，政府保护海洋生态的责任。

根据《海洋环境保护法》的规定，国务院和沿海地方各级人民政府保护海洋生态的责任包括采取有效措施，保护红树林、珊瑚礁、滨海湿地[①]、海岛、海湾、入海河口、重要渔业水域[②]等具有典型性、代表性的海洋生态系统，珍稀、濒危海洋生物的天然集中分布区，具有重要经济价值的海洋生物生存区域及有重大科学文化价值的海洋自然历史遗迹和自然景观。采取有效措施对具有重要经济、社会价值的已遭到破坏的海洋生态，应当进行整治和恢复。结合当地自然环境的特点，建设海岸防护设施、沿海防护林、沿海城镇园林和绿地，对海岸侵蚀和海水入侵地区进行综合治理。禁止毁坏海岸防护设施、沿海防护林、沿海城镇园林和绿地。

---

① 根据《海洋环境保护法》第95条第3项的规定，滨海湿地，是指低潮时水深浅于六米的水域及其沿岸浸湿地带，包括水深不超过六米的永久性水域、潮间带（或洪泛地带）和沿海低地等。

② 根据《海洋环境保护法》第95条第5项的规定，渔业水域，是指鱼虾类的产卵场、索饵场、越冬场、洄游通道和鱼虾贝藻类的养殖场。

违反《海洋环境保护法》的规定,造成珊瑚礁、红树林等海洋生态系统及海洋水产资源、海洋保护区破坏的,由依照本法规定行使海洋环境监督管理权的部门责令限期改正和采取补救措施,并处1万元以上10万元以下的罚款;有违法所得的,没收其违法所得。对破坏海洋生态、海洋水产资源、海洋保护区,给国家造成重大损失的,由依照本法规定行使海洋环境监督管理权的部门代表国家对责任者提出损害赔偿要求。

第四,开发、利用海洋资源中的保护措施。

开发利用海洋资源,应当根据海洋功能区划合理布局,不得造成海洋生态环境破坏。开发海岛及周围海域的资源,应当采取严格的生态保护措施,不得造成海岛地形、岸滩、植被以及海岛周围海域生态环境的破坏。国家鼓励发展生态渔业建设,推广多种生态渔业生产方式,改善海洋生态状况。新建、改建、扩建海水养殖场,应当进行环境影响评价。海水养殖应当科学确定养殖密度,并应当合理投饵、施肥,正确使用药物,防止造成海洋环境的污染。

(3) 海洋保护区的法律规定

第一,海洋自然保护区。

海洋自然保护区是指以保护海洋自然环境和自然资源为目的,在海域依法对具有特殊经济、科研或社会价值的保护对象划出一定的面积予以特殊保护和管理的区域。

根据《海洋环境保护法》第22条的规定,凡具有下列条件之一的,应当建立海洋自然保护区:典型的海洋自然地理区域、有代表性的自然生态区域,以及遭受破坏但经保护能恢复的海洋自然生态区域;海洋生物物种高度丰富的区域,或者珍稀、濒危海洋生物物种的天然集中分布区域;具有特殊保护价值的海域、海岸、岛屿、滨海湿地、入海河口和海湾等;具有重大科学文化价值的海洋自然遗迹所在区域;其他需要予以特殊保护的区域。[①] 国家级海洋自然保护区的建立,须经国务院批准。

海洋自然保护区可根据自然环境、自然资源状况和保护需要划为核心区、缓冲区、实验区,或者根据不同保护对象规定绝对保护期和相对保护期。海洋自然保护区内的单位、居民和进入该保护区的外来人员及船只,必须遵守海洋自然保护区的各项规章制度,接受海洋自然保护区管理机构的管理。在海洋自然保护区内禁止擅自移动、搬迁或破坏界碑、标志物及保护设施;禁止非法捕捞、采集海洋生物,非法采石、挖沙、开采矿藏及其他任何有损保护对象及自然环境和资源的行为。

第二,海洋特别保护区。

海洋特别保护区的宗旨是,在积极推进海洋资源、环境和空间开发的同时,维持海洋自然景观和资源再生产能力,维护海区的良性生态平衡不被破坏并能得到改善,海洋特别保护区与海洋自然保护区的建设目的和管理方式均不相同,海洋特别保护区内的保护,不是单纯保护某一种资源或维护自然生态系统的原始性或现有状态,而是提供科学依据,对

---

① 根据全国人大常委会《中华人民共和国海洋环境保护法》第22条条文释义,"其他需要予以特殊保护的区域"包括:受人类活动影响、损害较小,或者基本上没有遭到干扰的原始海洋环境和区域;具有代表性的自然景观和自然古迹;文化景观;历史和考古区域。

所有资源积极地采取综合保护措施,协调各开发利用单位之间及其与某一资源或多项资源的关系,以保证最佳的开发利用秩序和效果。

根据《海洋环境保护法》第23条的规定,凡具有特殊地理条件、生态系统、生物与非生物资源及海洋开发利用特殊需要的区域,可以建立海洋特别保护区,采取有效的保护措施和科学的开发方式进行特殊管理。

在海洋特别保护区内,允许适度开展下列活动:生态养殖业;人工繁育海洋生物物种;生态旅游业;休闲渔业;无害化科学试验;海洋教育宣传活动;其他经依法批准的开发利用活动。具体而言,在从事养殖业时,应当按照养殖容量从事海水养殖业,合理控制养殖规模,推广健康的养殖技术,合理投饵、施肥,养殖用药应当符合国家和地方有关农药、兽药安全使用的规定和标准,防止养殖自身污染。在从事海洋生态旅游时,应当科学确定旅游区的游客容量,合理控制游客流量,加强自然景观和旅游景点的保护。禁止超过允许容量接纳游客和在没有安全保障的区域开展游览活动。

2. 海岛保护

(1) 概述

海岛是指四面环海水并在高潮时高于水面的自然形成的陆地区域,包括有居民海岛和无居民海岛。我国是海洋大国,海域辽阔,海岛众多。在我国300万平方公里的海域中,面积为500平方米以上的海岛有6900多个,小于500平方米的海岛有上万个,还有诸多低潮高地。[①]

为了保护海岛及其周边海域生态系统,合理开发利用海岛自然资源,维护国家海洋权益,促进经济社会可持续发展,2009年12月,我国制定了《海岛保护法》。此外,海岛的开发、海岛土地的利用、岛上矿产资源的开发利用、岛上生物资源的采捕、海岛周围海域的渔业资源及水生生物资源的开发、淡水资源的利用与保护、海岛周围海域的使用、海岛生态环境的保护等内容,分别适用《城乡规划法》、《土地管理法》、《矿产资源法》、《野生动物保护法》、《渔业法》、《水法》、《海域使用管理法》、《海洋环境保护法》等相关法律。

(2) 一般规定

根据《海岛保护法》的规定,国家对海岛实行科学规划、保护优先、合理开发、永续利用的原则。国务院和沿海地方各级人民政府有责任采取有效措施保护海岛,包括保护海岛的自然资源、自然景观以及历史、人文遗迹。

国家采取的保护海岛的具体措施包括开展海岛物种登记,保护和管理海岛生物物种;保护海岛植被,促进海岛淡水资源的涵养;支持有居民海岛淡水储存、海水淡化和岛外淡水引入工程设施的建设;安排海岛保护专项资金,用于海岛的保护、生态修复和科学研究活动;支持利用海岛开展科学研究活动,但不得造成海岛及其周边海域生态系统破坏;支

---

① 全国人民代表大会环境与资源保护委员会:《关于〈中华人民共和国海岛保护法(草案)〉的说明》,2009年6月22日发布。根据《海岛保护法》第57条第3项的规定,低潮高地是指在低潮时四面环海水并高于水面但在高潮时没入水中的自然形成的陆地区域。根据该法第56条的规定,低潮高地的保护及相关管理活动,比照《海岛保护法》有关规定执行。

持在海岛建立可再生能源开发利用、生态建设等实验基地。

(3) 有居民海岛的生态系统保护

第一,规范海岛开发行为。

有居民海岛的开发、建设应当对海岛土地资源、水资源及能源状况进行调查评估。海岛的开发、建设应当依法进行环境影响评价。海岛的开发、建设不得超出海岛的环境容量。新建、改建、扩建建设项目,必须符合海岛主要污染物排放、建设用地和用水总量控制指标的要求。有居民海岛的开发、建设应当优先采用风能、海洋能、太阳能等可再生能源和雨水集蓄、海水淡化、污水再生利用等技术。有居民海岛及其周边海域应当划定禁止开发、限制开发区域,并采取措施保护海岛生物栖息地,防止海岛植被退化和生物多样性降低。

第二,规范海岛工程建设与生态保护。

在有居民海岛进行工程建设,应当坚持先规划后建设、生态保护设施优先建设或者与工程项目同步建设的原则。进行工程建设造成生态破坏的,应当负责修复;无力修复的,由县级以上人民政府责令停止建设,并可以指定有关部门组织修复,修复费用由造成生态破坏的单位、个人承担。

严格限制在有居民海岛沙滩建造建筑物或者设施;确需建造的,应当依照有关城乡规划、土地管理、环境保护等法律、法规的规定执行。未经依法批准在有居民海岛沙滩建造的建筑物或者设施,对海岛及其周边海域生态系统造成严重破坏的,应当依法拆除。严格限制在有居民海岛沙滩采挖海砂;确需采挖的,应当依照有关海域使用管理、矿产资源的法律、法规的规定执行。

严格限制填海、围海等改变有居民海岛海岸线的行为,严格限制通过填海造地等方式将海岛与陆地或者海岛与海岛连接起来的填海连岛工程建设;确需进行此类活动的,要依法申请和审批。

(4) 无居民海岛的保护

根据《海岛保护法》第 57 条第 2 项的规定,无居民海岛,是指不属于居民户籍管理的住址登记地的海岛

第一,无居民海岛的自然资源保护。

无居民海岛面积小,生态系统结构简单、脆弱。目前绝大多数无居民海岛不具备开发利用的条件。对于未经批准利用的海岛应当以保护为主,不得改变海岛自然原始状态,减少人类活动的干扰和影响。违反《海岛保护法》的规定,进行严重改变无居民海岛自然地形、地貌的活动的,由县级以上人民政府海洋主管部门责令停止违法行为,处以 5 万元以上 50 万元以下的罚款。

禁止在无居民海岛采石、挖海砂、采伐林木以及进行生产、建设、旅游等活动。严格限制在无居民海岛采集生物和非生物样本;因教学、科学研究确需采集的,应当报经海岛所在县级以上地方人民政府海洋主管部门批准。违反《海岛保护法》的规定,在无居民海岛采石、挖海砂、采伐林木或者采集生物、非生物样本的,由县级以上人民政府海洋主管部门

责令停止违法行为,没收违法所得,可以并处 2 万元以下的罚款。在无居民海岛进行生产、建设活动或者组织开展旅游活动的,由县级以上人民政府海洋主管部门责令停止违法行为,没收违法所得,并处 2 万元以上 20 万元以下的罚款。

第二,可利用无居民海岛的开发。

从事全国海岛保护规划确定的可利用无居民海岛的开发利用活动,应当遵守可利用无居民海岛保护和利用规划,采取严格的生态保护措施,避免造成海岛及其周边海域生态系统破坏。

开发利用全国海岛保护规划确定的可利用无居民海岛,应当实行申请和审批程序,申请和审批程序在省、自治区、直辖市级人民政府开展。无居民海岛的开发利用涉及利用特殊用途海岛的,由国务院审批。

经批准开发利用无居民海岛的,应当依法缴纳使用金。但是,因国防、公务、教学、防灾减灾、非经营性公用基础设施建设和基础测绘、气象观测等公益事业使用无居民海岛的除外。

经批准在可利用无居民海岛建造建筑物或者设施,应当按照可利用无居民海岛保护和利用规划限制建筑物、设施的建设总量、高度以及与海岸线的距离,使其与周围植被和景观相协调。

因公务、教学、科学调查、救灾、避险等需要而短期登临、停靠无居民海岛进行临时性利用的,不得采用钢、水泥、砖、木、石及其他耐久性建筑材料在所利用的海岛进行构筑、使用期限超过临时性利用需要的永久性建筑物或者设施。在依法确定为开展旅游活动的可利用无居民海岛及其周边海域,不得建造居民定居场所,不得从事生产性养殖活动;已经存在生产性养殖活动的,应当在编制可利用无居民海岛保护和利用规划中确定相应的污染防治措施。在临时性利用的无居民海岛建造永久性建筑物或者设施,或者在依法确定为开展旅游活动的可利用无居民海岛建造居民定居场所的,由县级以上人民政府海洋主管部门责令停止违法行为,处以 2 万元以上 20 万元以下的罚款。

无居民海岛利用过程中产生的废水,应当按照规定进行处理和排放。无居民海岛利用过程中产生的固体废物,应当按照规定进行无害化处理、处置,禁止在无居民海岛弃置或者向其周边海域倾倒。在海岛及其周边海域违法排放污染物的,依照有关环境保护法律的规定处罚。

(5) 特殊用途海岛的保护

国家对领海基点所在海岛、国防用途海岛、海洋自然保护区内的海岛等具有特殊用途或者特殊保护价值的海岛,实行特别保护。

领海基点所在的海岛,应当由海岛所在省、自治区、直辖市人民政府划定保护范围,报国务院海洋主管部门备案。领海基点及其保护范围周边应当设置明显标志。

禁止在领海基点保护范围内进行工程建设以及其他可能改变该区域地形、地貌的活动,违反者,由县级以上人民政府海洋主管部门责令停止违法行为,处以 2 万元以上 20 万元以下的罚款。损毁或者擅自移动领海基点标志的,依法给予治安管理处罚。

国防用途海岛,是指用于维护国防安全目的的岛屿。《海岛保护法》第38条规定:禁止破坏国防用途无居民海岛的自然地形、地貌和有居民海岛国防用途区域及其周边的地形、地貌。禁止将国防用途无居民海岛用于与国防无关的目的。国防用途终止时,经军事机关批准后,应当将海岛及其有关生态保护的资料等一并移交该海岛所在省、自治区、直辖市人民政府。破坏、危害设置在海岛的军事设施,或者损毁、擅自移动设置在海岛的助航导航、测量、气象观测、海洋监测和地震监测等公益设施的,依照有关法律、行政法规的规定处罚。

国务院、国务院有关部门和沿海省、自治区、直辖市人民政府,根据海岛自然资源、自然景观以及历史、人文遗迹保护的需要,对具有特殊保护价值的海岛及其周边海域,依法批准设立海洋自然保护区或者海洋特别保护区。

第三节 自然资源保护法

一、土地利用与保护的法律规定

（一）土地利用与保护

1. 概述

土地是人类赖以生存和发展的物质基础和环境条件,也为各种动物提供栖息、生长和繁衍提供了场所,具有重要的作用。为加强土地管理,维护土地的社会主义公有制,保护、开发土地资源,合理利用土地,切实保护耕地,促进社会经济的可持续发展,我国于1986年6月25日通过了《土地管理法》,并于1988年、1998年和2004年进行了三次修订。

我国有关保护和管理土地资源的法律法规还包括《防沙治沙法》、《水土保持法》、《农村土地承包法》、《水土保持法实施条例》、《土地管理法实施条例》、《基本农田保护条例》、《土地复垦条例》及《自然保护区土地管理办法》等。此外,在《宪法》、《农业法》、《环境保护法》、《矿产资源法》等相关法律中也有一些保护土地资源的规定。

2. 一般规定

（1）土地利用的基本国策和基本原则

"十分珍惜、合理利用土地和切实保护耕地"是我国的基本国策之一。我国实行土地的社会主义公有制,即全民所有制和劳动群众集体所有制。国务院土地主管部门统一负责全国土地的管理和监督工作。

（2）土地用途管制制度和土地利用总体规划制度

我国实行土地用途管制制度。按照用途,土地分为农用地、建设用地和未利用地。严格限制农用地转为建设用地,控制建设用地总量,对耕地实行特殊保护。使用土地的单位和个人必须严格按照土地利用总体规划确定的用途使用土地。

各级人民政府应当依据国民经济和社会发展规划、国土整治和资源环境保护的要求、土地供给能力以及各项建设对土地的需求,组织编制土地利用总体规划。城市总体规划、村庄和集镇规划,以及有关江河、湖泊综合治理和开发利用规划等,都应当与土地利用总体规划相衔接。

3. 耕地保护的法律规定

(1) 耕地占补制度

国家保护耕地,严格控制耕地转为非耕地。非农业建设经批准占用耕地的,按照"占多少,垦多少"的原则,由占用耕地的单位负责开垦与所占用耕地的数量和质量相当的耕地;没有条件开垦或者开垦的耕地不符合要求的,应当按照省、自治区、直辖市的规定缴纳耕地开垦费,专款用于开垦新的耕地。

(2) 耕地总量动态平衡制度

省、自治区、直辖市人民政府应当严格执行土地利用总体规划和土地利用年度计划,采取措施,确保本行政区域内耕地总量不减少;耕地总量减少的,由国务院责令在规定期限内组织开垦与所减少耕地的数量与质量相当的耕地。

(3) 基本农田保护制度

基本农田,是指按照一定时期人口和社会经济发展对农产品的需求,依据土地利用总体规划确定的不得占用的耕地。根据《土地管理法》第34条的规定,应当根据土地利用总体规划划入基本农田保护区的耕地包括:经国务院有关主管部门或者县级以上地方人民政府批准确定的粮、棉、油、蔬菜生产基地内的耕地;有良好的水利与水土保持设施的耕地,正在实施改造计划以及可以改造的中、低产田;蔬菜生产基地;农业科研、教学试验田;以及国务院规定应当划入基本农田保护区的其他耕地。

基本农田保护区以乡(镇)为单位进行划区定界,由县级人民政府土地主管部门会同同级农业主管部门组织实施。各省、自治区、直辖市划定的基本农田应当占本行政区域内耕地的80%以上。禁止占用基本农田发展林果业和挖塘养鱼。

(4) 耕地使用管制

非农业建设必须节约使用土地,可以利用荒地的,不得占用耕地;可以利用劣地的,不得占用好地。禁止占用耕地建窑、建坟或者擅自在耕地上建房、挖砂、采石、采矿、取土等。违反者,由县级以上人民政府土地主管部门责令限期改正或者治理,可以并处罚款。禁止任何单位和个人闲置、荒芜耕地。

案例 5.4

A 在某村开办了一个砖厂,但一直未取得经营许可证。砖厂所用的泥土全部取自附近的耕地,A 给这些耕地的承包人每亩一万元的补偿。几年来,该村已经有数十亩耕地的泥土被用于制砖,基本上丧失了耕地的功能。

讨论:对于 A 的行为应当如何处理?

提示:根据《土地管理法》有关耕地使用管理的规定进行分析。

(5) 开发未利用土地及三荒土地管理

国家鼓励单位和个人按照土地利用总体规划,在保护和改善生态环境、防止水土流失和土地荒漠化的前提下,开发未利用的土地;适宜开发为农用地的,应当优先开发成农用地。禁止毁坏森林、草原开垦耕地,禁止围湖造田和侵占江河滩地。对破坏生态环境开垦、围垦的土地,有计划有步骤地退耕还林、还牧、还湖。

开发未确定使用权的国有荒山、荒地、荒滩从事种植业、林业、畜牧业、渔业生产的,经县级以上人民政府依法批准,可以确定给开发单位或者个人长期使用。

(6) 鼓励土地整理、提高耕地质量

国家鼓励土地整理。县、乡(镇)人民政府应当组织农村集体经济组织,按照土地利用总体规划,对田、水、路、林、村综合整治,提高耕地质量,增加有效耕地面积,改善农业生产条件和生态环境。

地方各级人民政府应当采取措施,改造中、低产田,整治闲散地和废弃地。各级人民政府应当采取措施,维护排灌工程设施,改良土壤,提高地力,防止土地荒漠化、盐渍化、水土流失和污染土地。

(7) 土地复垦制度

土地复垦,是指对生产建设活动和自然灾害损毁的土地,采取整治措施,使其达到可供利用状态的活动。

因挖损、塌陷、压占等造成土地破坏,用地单位和个人应当按照国家有关规定负责复垦;没有条件复垦或者复垦不符合要求的,应当缴纳土地复垦费,专项用于土地复垦。复垦的土地应当优先用于农业。历史遗留损毁土地和自然灾害损毁的土地,由县级以上人民政府负责组织复垦。

拒不履行土地复垦义务的,由县级以上人民政府土地主管部门责令限期改正;逾期不改正的,责令缴纳复垦费,专项用于土地复垦,可以处以罚款。

4. 控制建设用地的法律规定

(1) 建设用地征收管理

根据《土地管理法》第45条的规定,征收基本农田、基本农田以外的耕地超过35公顷的和其他土地超过70公顷的,由国务院批准。征收其他土地的,由省、自治区、直辖市人民政府批准,并报国务院备案。征收农用地的,应当依法先行办理农用地转用审批。

对违反土地利用总体规划擅自将农用地改为建设用地的,限期拆除在非法转让的土地上新建的建筑物和其他设施,恢复土地原状,对符合土地利用总体规划的,没收在非法转让的土地上新建的建筑物和其他设施;可以并处罚款。

(2) 国有土地有偿使用制度

除国家机关用地、军事用地等依法以划拨方式取得外,建设单位使用国有土地,应当以出让等有偿使用方式取得。买卖或者以其他形式非法转让土地的,由县级以上人民政府土地主管部门没收违法所得。

建设单位缴纳土地使用权出让金等土地有偿使用费和其他费用后,方可使用土地。土地有偿使用费,30%上缴中央财政,70%留给有关地方人民政府,都专项用于耕地开发。

(3) 控制乡(镇)建设用地

乡(镇)建设用地,应当符合乡(镇)土地利用总体规划和土地利用年度计划,依法办理审批手续。乡镇企业等农村集体经济组织的及乡(镇)村公共设施、公益事业建设需要使用土地的,应当向县级以上地方人民政府土地主管部门提出申请,按照省、自治区、直辖市规定的批准权限,由县级以上地方人民政府批准。

农村村民一户只能拥有一处宅基地,其宅基地的面积不得超过省、自治区、直辖市规定的标准。农村村民未经批准或者采取欺骗手段骗取批准,非法占用土地建住宅的,由县级以上人民政府土地主管部门责令退还非法占用的土地,限期拆除在非法占用的土地上新建的房屋。

(二) 水土保持

1. 概述

水土保持是针对水土流失现象而提出的,是指对自然因素和人为活动造成水土流失所采取的预防和治理措施。为了预防和治理水土流失,保护和合理利用水土资源,减轻水、旱、风沙灾害,1991年我国制定了《水土保持法》,并于2010年进行了修订。1993年国务院发布了《水土保持法实施条例》。此外,在《环境保护法》、《土地管理法》、《农业法》、《水法》、《草原法》、《森林法》等法律中也有防治水土流失的规定。

2. 一般规定

(1) 水土保持的方针

根据《水土保持法》的规定,水土保持工作实行预防为主、保护优先、全面规划、综合治理、因地制宜、突出重点、科学管理、注重效益的方针。

(2) 水土保持管理体制

国务院水行政部门主管全国的水土保持工作。国务院水行政部门在国家确定的重要江河、湖泊设立的流域管理机构,在所管辖范围内依法承担水土保持监督管理职责。县级以上地方人民政府水行政部门主管本行政区域的水土保持工作。

县级以上人民政府林业、农业、国土资源等有关部门按照各自职责,做好有关的水土流失预防和治理工作。

(3) 水土流失调查及水土保持规划

国务院水行政部门应当定期组织全国水土流失调查并公告调查结果。

县级以上人民政府应当依据水土流失调查结果划定并公告水土流失重点预防区和重点治理区。对水土流失潜在危险较大的区域,应当划定为水土流失重点预防区;对水土流失严重的区域,应当划定为水土流失重点治理区。国家在水土流失重点预防区和重点治理区,实行地方各级人民政府水土保持目标责任制和考核奖惩制度。

县级以上人民政府水行政部门会同同级人民政府有关部门编制水土保持规划,报本级人民政府或者其授权的部门批准后,由水行政部门组织实施。水土保持规划应当在水土流失调查结果及水土流失重点预防区和重点治理区划定的基础上,遵循统筹协调、分类指导的原则编制。

3. 水土流失预防的法律规定

(1) 防范性措施

地方各级人民政府应当按照水土保持规划,采取封育保护、自然修复等措施,组织单位和个人植树种草,扩大林草覆盖面积,涵养水源,预防和减轻水土流失。加强对取土、挖砂、采石等活动的管理,预防和减轻水土流失。

(2) 禁止性措施

第一,禁止在崩塌、滑坡危险区和泥石流易发区从事取土、挖砂、采石等可能造成水土流失的活动,违反者,由县级以上地方人民政府水行政部门责令停止违法行为,没收违法所得,对个人处 1000 元以上 1 万元以下的罚款,对单位处 2 万元以上 20 万元以下的罚款。

第二,水土流失严重、生态脆弱的地区,应当限制或者禁止可能造成水土流失的生产建设活动,严格保护植物、沙壳、结皮、地衣等。在侵蚀沟的沟坡和沟岸、河流的两岸以及湖泊和水库的周边,土地所有权人、使用权人或者有关管理单位应当营造植物保护带。禁止开垦、开发植物保护带。

第三,禁止在 25 度以上陡坡地开垦种植农作物。省、自治区、直辖市根据本行政区域的实际情况,可以规定小于 25 度的禁止开垦坡度。在违反者,由县级以上地方人民政府水行政部门责令停止违法行为,采取退耕、恢复植被等补救措施;按照开垦或者开发面积,可以对个人处每平方米 2 元以下的罚款、对单位处每平方米 10 元以下的罚款。

第四,禁止采集发菜。禁止在水土流失重点预防区和重点治理区铲草皮、挖树兜或者滥挖虫草、甘草、麻黄等,违反者,由县级以上地方人民政府水行政部门责令停止违法行为,采取补救措施,没收违法所得,并处违法所得 1 倍以上 5 倍以下的罚款;没有违法所得的,可以处 5 万元以下的罚款。违法毁林、毁草开垦的,依照《森林法》、《草原法》的有关规定处罚。

(3) 控制性措施

第一,林木采伐应当采用合理方式,严格控制皆伐;对水源涵养林等只能进行抚育和更新性质的采伐。在林区采伐林木不依法采取防止水土流失措施的,由县级以上地方人民政府林业主管部门、水行政部门责令限期改正,采取补救措施;造成水土流失的,由水行政部门按照造成水土流失的面积处每平方米 2 元以上 10 元以下的罚款。

第二,在 25 度以上陡坡地种植经济林的,应当科学选择树种,合理确定规模,采取水土保持措施,防止造成水土流失。在 5 度以上坡地植树造林、抚育幼林、种植中药材等,应当采取水土保持措施。在禁止开垦坡度以下、5 度以上的荒坡地开垦种植农作物,应当采取水土保持措施。

(4) 生产建设项目中的预防措施

第一,生产建设项目选址、选线应当避让水土流失重点预防区和重点治理区。无法避让的,应当提高防治标准,优化施工工艺,减少地表扰动和植被损坏范围,有效控制可能造成的水土流失。

第二，水土保持方案编制、审批与实施。在山区、丘陵区、风沙区以及水土保持规划确定的容易发生水土流失的其他区域开办可能造成水土流失的生产建设项目，生产建设单位应当编制水土保持方案，报县级以上人民政府水行政部门审批，并按照经批准的水土保持方案，采取水土流失预防和治理措施。

水土保持方案经批准后，生产建设项目的地点、规模发生重大变化的，应当补充或者修改水土保持方案并报原审批机关批准。水土保持方案实施过程中，水土保持措施需要作出重大变更的，应当经原审批机关批准。违反者，由县级以上人民政府水行政部门责令停止违法行为，限期补办手续；逾期不补办手续的，处5万元以上50万元以下的罚款；对生产建设单位直接负责的主管人员和其他直接责任人员依法给予处分。

依法应当编制水土保持方案的生产建设项目，生产建设单位未编制水土保持方案或者水土保持方案未经水行政部门批准的，生产建设项目不得开工建设。违反者，由县级以上人民政府水行政部门责令停止违法行为，限期补办手续；逾期不补办手续的，处5万元以上50万元以下的罚款；对生产建设单位直接负责的主管人员和其他直接责任人员依法给予处分。

依法应当编制水土保持方案的生产建设项目中的水土保持设施，应当与主体工程同时设计、同时施工、同时投产使用；生产建设项目竣工验收，应当验收水土保持设施；水土保持设施未经验收或者验收不合格的，生产建设项目不得投产使用，违反者，由县级以上人民政府水行政部门责令停止生产或者使用，直至验收合格，并处5万元以上50万元以下的罚款。

第三，依法应当编制水土保持方案的生产建设项目，其生产建设活动中排弃的砂、石、土、矸石、尾矿、废渣等应当综合利用；不能综合利用，确需废弃的，应当堆放在水土保持方案确定的专门存放地，并采取措施保证不产生新的危害。

在水土保持方案确定的专门存放地以外的区域倾倒砂、石、土、矸石、尾矿、废渣等的，由县级以上地方人民政府水行政部门责令停止违法行为，限期清理，按照倾倒数量处每立方米10元以上20元以下罚款；逾期仍不清理的，县级以上地方人民政府水行政部门可以指定有清理能力的单位代为清理，所需费用由违法行为人承担。

4. 水土流失治理的法律规定

（1）水土保持重点工程建设及管护制度

国家加强水土流失重点预防区和重点治理区的坡耕地改梯田、淤地坝等水土保持重点工程建设，加大生态修复力度。县级以上人民政府水行政部门应当加强对水土保持重点工程的建设管理，建立和完善运行管护制度。

（2）水土保持生态效益补偿制度

国家加强江河源头区、饮用水水源保护区和水源涵养区水土流失的预防和治理工作，多渠道筹集资金，将水土保持生态效益补偿纳入国家建立的生态效益补偿制度。

（3）生产建设者的治理责任

生产建设活动造成水土流失的，应当进行治理。不进行治理的，由县级以上人民政府水行政部门责令限期治理;逾期仍不治理的,县级以上人民政府水行政部门可以指定有治理能力的单位代为治理,所需费用由违法行为人承担。

生产建设活动,损坏水土保持设施、地貌植被,不能恢复原有水土保持功能的,应当缴纳水土保持补偿费,专项用于水土流失预防和治理。专项水土流失预防和治理由水行政部门负责组织实施。拒不缴纳水土保持补偿费的,由县级以上人民政府水行政部门责令限期缴纳;逾期不缴纳的,自滞纳之日起按日加收滞纳部分万分之五的滞纳金,可以处应缴水土保持补偿费3倍以下的罚款。

(4) 鼓励社会力量参与治理

国家鼓励单位和个人按照水土保持规划参与水土流失治理,并在资金、技术、税收等方面予以扶持。

国家鼓励和支持承包治理荒山、荒沟、荒丘、荒滩,防治水土流失,依法保护土地承包合同当事人的合法权益;承包合同中应当包括预防和治理水土流失责任的内容。国家鼓励和支持在山区、丘陵区、风沙区以及容易发生水土流失的其他区域,采取封禁抚育、发展生物能源、生态移民等有利于水土保持的措施。

(三) 防沙治沙

1. 概述

我国是世界上土地沙化最严重的国家之一。为预防土地沙化,治理沙化土地,我国2001年8月制定颁布了《防沙治沙法》。

该法所称土地沙化,是指主要因人类不合理活动所导致的天然沙漠扩张和沙质土壤上植被及覆盖物被破坏,形成流沙及沙土裸露的过程。该法所称沙化土地,包括已经沙化的土地和具有明显沙化趋势的土地。具体范围,由国务院批准的全国防沙治沙规划确定。

2. 一般规定

(1) 防沙治沙的工作原则

根据《防沙治沙法》的规定,防沙治沙工作应当遵循以下原则:统一规划,因地制宜,分步实施,坚持区域防治与重点防治相结合;预防为主,防治结合,综合治理;保护和恢复植被与合理利用自然资源相结合;遵循生态规律,依靠科技进步;改善生态环境与帮助农牧民脱贫致富相结合;国家支持与地方自力更生相结合,政府组织与社会各界参与相结合,鼓励单位、个人承包防治;以及保障防沙治沙者的合法权益。

(2) 防沙治沙监督管理体制

国务院林业主管部门主管全国的防沙治沙工作,对防沙治沙工作进行组织协调和指导。国务院有关部门按照法律规定的职责各负其责,相互配合,共同进行防沙治沙工作。

县级以上地方人民政府组织及其所属有关部门,按照职责分工,各负其责,密切配合,共同做好本行政区域的防沙治沙工作。

(3) 防沙治沙规划制度

防沙治沙实行统一规划。从事防沙治沙活动,以及在沙化土地范围内从事开发利用活动,必须遵循防沙治沙规划。

防沙治沙规划分为国家、省(自治区、直辖市)和市、县三个等级进行编制和审批。防沙治沙规划的修改,须经原批准机关批准。编制防沙治沙规划,应当对沙化土地实行分类保护、综合治理和合理利用,且应当与土地利用总体规划相衔接。

3. 预防土地沙化的法律规定

(1) 统计监测及预报、报告制度

国务院林业主管部门组织其他有关主管部门对全国土地沙化情况进行监测、统计和分析,并定期公布监测结果。县级以上地方人民政府林业或者其他有关主管部门负责进行监测,并将监测结果向本级人民政府及上一级林业或者其他有关主管部门报告。发现土地发生沙化或者沙化程度加重的,应当及时报告本级人民政府。收到报告的人民政府应当责成有关主管部门制止导致土地沙化的行为,并采取有效措施进行治理。

各级气象主管机构应当组织对气象干旱和沙尘暴天气进行监测、预报,发现气象干旱或者沙尘暴天气征兆时,应当及时报告当地人民政府。收到报告的人民政府应当采取预防措施,必要时公布灾情预报,并组织林业、农(牧)业等有关部门采取应急措施,避免或者减轻风沙危害。

(2) 土地沙化的预防措施

第一,植被营造和管护。沙化土地所在地区的县级以上地方人民政府应当按照防沙治沙规划,划出一定比例的土地,因地制宜地营造防风固沙林网、林带,种植多年生灌木和草本植物,制定植被管护制度,严格保护植被,并根据需要在乡(镇)、村建立植被管护组织,确定管护人员。林业主管部门负责确定植树造林的标准和具体任务并逐片组织实施。

第二,严格控制采伐防风固沙林。除了抚育更新性质的采伐外,林业主管部门不得批准对防风固沙林网、林带进行采伐。对林木更新困难地区已有的防风固沙林网、林带,不得批准采伐。

第三,草原的管理和建设。草原地区的地方各级人民政府,应当加强草原的管理和建设,由农(牧)业主管部门负责指导、组织,推行牲畜圈养和草场轮牧,消灭草原鼠害、虫害,保护草原植被,防止草原退化和沙化。草原实行以产草量确定载畜量的制度。

第四,流域和区域水资源管理。沙化土地所在地区的县级以上地方人民政府水行政部门,应当加强流域和区域水资源的统一调配和管理,在编制流域和区域水资源开发利用规划和供水计划时考虑防止植被破坏和土地沙化的目标。沙化土地所在地区的地方各级人民政府应当节约用水,发展节水型农牧业和其他产业。

第五,退耕还林还草制度。沙化土地所在地区的县级以上地方人民政府,不得批准在沙漠边缘地带和林地、草原开垦耕地;已经开垦并对生态产生不良影响的,应当有计划地组织退耕还林还草。

第六,环境影响评价制度。在沙化土地范围内从事开发建设活动的,必须事先就该项目可能对当地及相关地区生态产生的影响进行环境影响评价,依法提交包括防沙治沙内容的环境影响报告。对不具备水源条件,且有可能造成土地沙化、水土流失等灾害,严重破坏生态环境的开发建设项目,不得批准立项。

(3) 沙化土地封禁保护区制度

在防沙治沙规划期内不具备治理条件的以及因保护生态的需要不宜开发利用的连片沙化土地,应当规划为沙化土地封禁保护区,实行封禁保护。沙化土地封禁保护区的范围,由全国防沙治沙规划以及省、自治区、直辖市防沙治沙规划确定。

在沙化土地封禁保护区范围内,禁止一切破坏植被的活动。违反者,由县级以上地方人民政府林业、农(牧)业主管部门按照各自的职责,责令停止违法行为;有违法所得的,没收其违法所得;构成犯罪的,依法追究刑事责任。

禁止在沙化土地封禁保护区范围内安置移民。未经国务院或者国务院指定的部门同意,不得在沙化土地封禁保护区范围内进行修建铁路、公路等建设活动。

4. 沙化土地治理的法律规定

(1) 政府的治理责任

沙化土地所在地区的地方各级人民政府,应当按照防沙治沙规划,组织有关部门、单位和个人,因地制宜地采取造林种草等措施,恢复和增加植被,治理已经沙化的土地。

(2) 开展公益性治沙活动

国家鼓励单位和个人在自愿的前提下,捐资或者以其他形式开展公益性的治沙活动。县级以上地方人民政府林业或者其他有关主管部门,应当提供治理地点和无偿技术指导。

(3) 对土地所有权人和承包经营权人的管理

使用已经沙化的国有土地的使用权人和农民集体所有土地的承包经营权人,必须采取治理措施,改善土地质量。沙化土地所在地区的地方各级人民政府及其有关主管部门、技术推广单位,应当为其提供技术指导。未采取防沙治沙措施,造成土地严重沙化的,由县级以上地方人民政府农(牧)业、林业主管部门按照各自的职责,责令限期治理;造成国有土地严重沙化的,县级以上人民政府可以收回国有土地使用权。

(4) 对营利性治沙活动的管理

从事营利性治沙活动的单位和个人,应当先依法取得土地使用权。根据《防沙治沙法》的规定,使用已经沙化的国有土地从事治沙活动的,经县级以上人民政府依法批准,可以享有不超过70年的土地使用权。且在治理活动开始之前,向治理项目所在地的县级以上地方人民政府林业或相关部门提出治理申请,并附具符合防沙治沙规划的治理方案。

在治理者取得合法土地权属的治理范围内,未经治理者同意,其他任何单位和个人不得从事治理或者开发利用活动。违反者,由县级以上地方人民政府负责受理营利性治沙申请的主管部门责令停止违法行为;给治理者造成损失的,应当赔偿损失。

治沙必须按照治理方案进行治理。治理者完成治理任务后,应当向县级以上地方人民政府受理治理申请的主管部门提出验收申请。经验收合格的取得治理合格证明文件;经验收不合格的,治理者应当继续治理。违反者,由县级以上地方人民政府负责受理营利性治沙申请的主管部门责令停止违法行为,限期改正,可以并处相当于治理费用1倍以上3倍以下的罚款。

进行营利性治沙活动,造成土地沙化加重的,由县级以上地方人民政府负责受理营利性治沙申请的主管部门责令停止违法行为,可以并处每公顷 5 千元以上 5 万元以下的罚款。

(5) 单位治理责任制

已经沙化的土地范围内的铁路、公路、河流和水渠两侧,城镇、村庄、厂矿和水库周围,实行单位治理责任制,由县级以上地方人民政府下达治理责任书,由责任单位负责组织造林种草或者采取其他治理措施。

(6) 沙化土地集中治理

沙化土地所在地区的地方各级人民政府,可以组织当地农村集体经济组织及其成员在自愿的前提下,对已经沙化的土地进行集中治理。农村集体经济组织及其成员投入的资金和劳力,可以折算为治理项目的股份、资本金,也可以采取其他形式给予补偿。

5. 保障措施

国务院和沙化土地所在地区的地方各级人民政府应当在本级财政预算中按照防沙治沙规划通过项目预算安排资金,用于本级人民政府确定的防沙治沙工程。在安排扶贫、农业、水利、道路、矿产、能源、农业综合开发等项目时,应当根据具体情况,设立若干防沙治沙子项目。

县级以上地方人民政府应当按照国家有关规定,根据防沙治沙的面积和难易程度,给予从事防沙治沙活动的单位和个人资金补助、财政贴息以及税费减免等政策优惠。

单位和个人投资进行防沙治沙的,在投资阶段免征各种税收;取得一定收益后,可以免征或者减征有关税收。

因保护生态的特殊要求,将治理后的土地批准划为自然保护区或者沙化土地封禁保护区的,批准机关应当给予治理者合理的经济补偿。

案例 5.5

自 1998 年起 A 承包了 200 亩沙化土地从事治沙活动。经过十多年的努力,200 亩沙地全部种上了树,且成活率达到了 90% 以上。A 也为此负债近百万元。正当 A 准备采伐一些成材林进行出售时,其所承包的 200 亩沙地却被当地政府划为了沙化土地封禁保护区,禁止一切采伐活动。A 认为,这些树是自己的,政府不让采伐就应当按照市场价收购。

讨论:A 的主张是否成立?

提示:从林权以及《防沙治沙法》有关沙化土地治理保障措施的规定两个方面进行分析。

国家根据防沙治沙的需要,组织设立防沙治沙重点科研项目和示范、推广项目,并对防沙治沙、沙区能源、沙生经济作物、节水灌溉、防止草原退化、沙地旱作农业等方面的科学研究与技术推广给予资金补助、税费减免等政策优惠。

二、森林利用与保护的法律规定

(一) 概述

森林是陆地生态系统的主体,是人类的摇篮,资源的宝库。由于森林资源对人类的极端重要性,世界各国都十分重视森林资源保护。

目前,我国已基本形成了相对完善的森林法律体系,主要包括1984年9月制定、1998年4月修正的《森林法》,2000年《森林法实施条例》、1989年《森林病虫害防治条例》、2003年《退耕还林条例》、2008年《森林防火条例》等行政法规;1987年《森林采伐更新管理办法》、2000年《林木和林地权属登记管理办法》、2001年《占用征用林地审核审批管理办法》等行政规章。此外,《野生动物保护法》、《野生植物保护条例》、《自然保护区条例》等法律法规中也有对森林保护的相关规定。

(二) 一般规定

1. 森林利用与保护的行政管理和监督

根据《森林法》的规定,国务院林业主管部门主管全国林业工作。县级以上地方人民政府林业主管部门,主管本地区的林业工作。乡级人民政府设专职或者兼职人员负责林业工作。

有关人民政府在林区可以设立森林公安机关,负责维护辖区社会治安秩序、保护辖区内的森林资源,并代行法定的行政处罚权。武装森林警察部队执行国家赋予的预防和扑救森林火灾的任务。

国务院林业主管部门可以向重点林区派驻森林资源监督机构,负责对重点林区内森林资源保护管理的监督检查。

2. 森林资源权属

森林资源权属,是指森林、林木和林地的所有权和使用权。森林、林木、林地的所有权是指所有人依法对森林、林木、林地的占有、使用、收益和处分的权利。使用权是所有权权能的一种,可以由所有人行使,也可以由非所有人行使。

国家所有权。森林资源主要属于国家所有,国家享有占有、使用、收益和处分国有森林、林木、林地等森林资源的权利。国家所有权的各项职能通常由国家授权给林业主管部门、国有林场、采育场等企事业单位或行政单位行使。其经营使用权受国家保护。

集体所有权。根据《宪法》、《森林法》的规定,法律规定属于集体所有的森林、林木、林地,属于集体所有。集体所有的森林资源受国家法律保护,任何单位和个人都不得侵占或者无偿占有。森林资源集体所有权各项内容由集体经济组织统一行使,但是根据生产和经营的需要,集体经济组织也可以将其享有的各项权利授权他人行使。

个人林木所有权和林地使用权。《森林法》规定,农村居民在房前屋后、自留地、自留山种植的林木,归个人所有。城镇居民和职工在自有房屋的庭院内种植的林木,归个人所有。集体或者个人承包全民所有和集体所有的宜林荒山荒地造林的,承包后种植的林木归承包的集体或者个人所有;承包合同另有规定的,按照承包合同的规定执行。值得注意的是,公民个人不享有森林和林地的所有权,公民只能是林木的所有人和林地的使用人。

我国主要通过森林、林木、林地的所有权和使用权证书(俗称林权证)来实现对森林资源权属的确认和管理。因此林权证是证明所有人和经营者的合法权益的法定证书。根据《森林法》的规定,国家所有的和集体所有的森林、林木和林地,个人所有的林木和使用的林地,由县级以上地方人民政府登记造册,发放证书,确认所有权或者使用权。国务院可以授权国务院林业主管部门,对国务院确定的国家所有的重点林区的森林、林木和林地登记造册,发放证书,并通知有关地方人民政府。国家林业局发布的《林木和林地权属登记管理办法》对使用国有的森林、林木和林地,集体所有的森林、林木和林地,以及单位和个人所有或者使用的森林、林木和林地的登记发证程序作了明确规定。

3. 森林资源转让

森林资源转让,是指在法律允许的范围内,森林资源所有权或使用权的全部或部分转让。根据《森林法》第15条的规定,可以转让的森林资源包括用材林、经济林和薪炭林;用材林、经济林、薪炭林的林地使用权;用材林、经济林、薪炭林的采伐迹地、火烧迹地的林地使用权;国务院规定的其他森林、林木和其他林地使用权。森林资源依法转让的,已经取得的林木采伐许可证,可以同时转让。转让的标的包括林木(活立木)的所有权和林地使用权。

对森林、林木、林地使用权的有偿流转,《森林法》第15条规定了两种限制条件,一是用途限制,即转让森林、林木、林地使用权后不得改变林地的用途,不得将林地改为非林地,防止森林资源因转让而流失;二是经营限制,即转让双方都必须遵守关于森林、林木采伐和更新造林的规定,防止在转让过程中森林资源受到破坏。

(三) 森林经营管理的法律规定

1. 林业分类经营管理制度

我国《森林法》把森林分为五类:防护林,即以防护为主要目的的森林、林木和灌木丛,包括水源涵养林,水土保持林,防风固沙林,农田、牧场防护林,护岸林,护路林;用材林,即以生产木材为主要目的的森林和林木,包括以生产竹材为主要目的的竹林;经济林,即以生产果品,食用油料、饮料、调料,工业原料和药材等为主要目的的林木;薪炭林,即以生产燃料为主要目的的林木;以及特种用途林,即以国防、环境保护、科学实验等为主要目的的森林和林木,包括国防林、实验林、母树林、环境保护林、风景林,名胜古迹和革命纪念地的林木,自然保护区的森林。

上述五类森林相应地可以划分为生态公益林和商品林两大类,分别按照各自的特点和规律,从林业经营管理体制、运行机制、经济政策、管理手段、经营措施和组织结构形式等方面采取不同的措施和手段进行经营和管理。

2. 森林资源清查和森林资源档案制度

森林资源清查是指在一定时期内对某一地区的各类森林资源的分布、质量等因子的现状和变化情况进行调查和核查。森林资源清查的目的在于为编制林业区划、规划、计划和编制森林采伐限额提供基础资料和依据。森林资源清查实行统一标准,分类调查的制度。森林资源清查分为三类,即全国森林资源清查(一类调查)、规划设计调查(二类调查)、作业设计调查(三类调查)。

森林资源档案制度,是指将森林资源清查所得到的关于各个时期森林资源变化状况和森林生态环境年度状况的资料、成果按照一定的方法进行汇集、整理,并给以妥善保存的制度。各级林业主管部门对森林资源档案工作应当进行检查指导,加强管理。

森林资源清查和森林资源档案制度是科学管理森林资源的基础性手段,是人民政府森林资源管理的职责所在。

3. 林业长远规划和森林经营方案

林业长远规划是指一个地区、一个部门或一个单位在某一较长时期内的林业生产、建设和发展的纲领性计划,由各级人民政府负责编制和实施。

森林经营方案是以国有林业局、国有林场、牧场、自然保护区、工矿企业、农村集体经济组织、个人林业经营者等为单位,根据林业长远规划或在林业长远规划指导下编制的科学经营森林,进行作业设计的具体方案。

4. 占用或征用林地与森林植被恢复费

国有企业事业单位、机关、团体、部队等单位因进行勘察、开采矿藏和各项建设工程的需要,依法使用林地,在林地所有权不发生改变的情况下使用林地为占用林地;在改变集体林地所有权性质的情况下使用林地,为征用林地。

占用或征用林地的,用地单位应缴纳森林植被恢复费。森林植被恢复费必须专款专用,由林业主管部门依照有关规定统一安排植树造林,恢复森林植被。植树造林面积不得少于因占用、征用林地而减少的森林植被面积。

5. 森林采伐管理

第一,实行森林采伐限额。国家所有的森林和林木,按照法定的程序和方法,经科学测算编制,经有关地方人民政府审核,报经国务院批准的年采伐消耗森林蓄积的最大限量。全民所有的森林和林木以国营林业企业事业单位、农场、厂矿为单位,集体所有的森林和林木以县为单位,制定年采伐限额,由省、自治区、直辖市林业主管部门汇总,经同级人民政府审核后,报国务院批准。经国务院批准的年森林采伐限额是具有法律约束力的年采伐消耗森林蓄积的最大限量,非经法定程序批准,不得突破。国务院批准的年森林采伐限额每五年核定一次。

第二,年度木材生产计划。森林、林木作为商品销售进行采伐时,必须纳入国家制定统一的年度木材生产计划;年度木材生产计划不得超过批准的年采伐限额。但是农村居民采伐自留山上个人所有的薪炭林和自留地、房前屋后个人所有的零星林木除外。

第三,森林、林木的采伐方式。《森林法》对各类森林和林木的采伐方式作了规定,允许对成熟的用材林采取择伐和渐伐的方式,应严格控制皆伐,并在采伐的当年或者次年内完成更新造林;对防护林和特种用途林中的国防林、母树林、环境保护林、风景林,只准进行抚育和更新性质的采伐;对特种用途林中的名胜古迹和革命纪念地的林木、自然保护区的森林,严禁采伐。

第四,林木采伐许可证制度。林木采伐许可证是指由法定国家机关依据森林年采伐限额和年度木材生产计划核发给森林经营单位和个人进行采伐作业的证明文件。除采伐不是以生产竹材为主要目的的竹林以及农村居民采伐自留地和房前屋后个人所有的零星林木外,采伐林木必须申请采伐许可证。

采伐林木的单位或者个人,必须按照采伐许可证规定的面积、株数、树种、期限完成更新造林任务,更新造林的面积和株数必须大于采伐的面积和株数。违反者,发放采伐许可证的部门有权不再发给采伐许可证,直到完成更新造林任务为止;情节严重的,可以由林业主管部门处以罚款,对直接责任人员由所在单位或者上级主管机关给予行政处分。

盗伐森林或者其他林木的,依法赔偿损失;由林业主管部门责令补种盗伐株数10倍的树木,没收盗伐的林木或者变卖所得,并处盗伐林木价值3倍以上10倍以下的罚款。滥伐森林或者其他林木,由林业主管部门责令补种滥伐株数5倍的树木,并处滥伐林木价值2倍以上5倍以下的罚款。拒不补种树木或者补种不符合国家有关规定的,由林业主管部门代为补种,所需费用由违法者支付。

(四) 森林保护的法律规定

1. 森林防火

森林防火是指对森林、林木火灾的预防和扑救。森林防火工作实行各级人民政府行政领导负责制,工作范围包括规定森林防火期和森林防火戒严期;在林区设置防火设施;组织当地军民和有关部门扑救火灾;对扑救森林火灾负伤、致残、牺牲的职工给予医疗、抚恤。

此外,《森林防火条例》对森林火灾的预防、扑救、灾后处置和法律责任作出了详细规定。

2. 森林病虫害防治

各级林业主管部门负责组织森林病虫害防治工作。林业主管部门负责规定林木种苗的检疫对象,划定疫区和保护区,对林木种苗进行检疫。《森林病虫害防治条例》(1989年)是森林病虫害防治的专门性行政法规。

三、草原利用与保护的法律规定

(一) 概述

草原作为一个特殊的生态系统,对保持水土、防风固沙、保护和养育草原动物与植物、保持生物多样性、维持生态平衡都有着十分重要的作用。目前,我国已基本形成了相对完善的草原法律体系,主要包括《草原法》(1985年制定,2002年修订)、《草原防火条例》、《草畜平衡管理办法》、《草种管理办法》、《草原占用审核审批管理办法》等。根据《草原法》第2条的规定,该法所称的草原是指天然草原和人工草地。

(二) 一般规定

1. 草原资源权属

根据《草原法》的规定,草原属于国家所有,但由法律规定属于集体所有的除外。因此,草原所有权分为国家所有权和集体所有权。国家所有的草原,由国务院代表国家行使所有权。集体所有的草原,由县级人民政府登记,核发所有权证,确认草原所有权。

草原使用权是指将国家所有的草原,依法确定给全民所有制单位、集体经济组织等使用,由县级以上人民政府登记,核发使用权证;未经确定使用权的国家所有的草原,由县级以上人民政府登记造册,并负责保护管理。

集体经济组织在拥有草原所有权或享有国有草原使用权的前提下,通过家庭和联户承包关系将一定面积的草原的使用权转移到本集体成员手中,发包方与承包方依照法律和承包合同的规定享有相应的权利,履行相应的义务。草原承包人负有合理利用和保护草原的义务。买卖或者以其他形式非法转让草原,由县级以上人民政府草原主管部门依据职权责令限期改正,没收违法所得,并处违法所得1倍以上5倍以下的罚款。

2. 草原监督管理体制

国务院草原主管部门和县级以上地方人民政府草原主管部门是草原监督管理主管机关。国务院草原主管部门和草原面积较大的省、自治区的县级以上地方人民政府草原主管部门设立草原监督管理机构,负责草原法律、法规执行情况的监督检查,对违反草原法律、法规的行为进行查处。

此外,乡(镇)人民政府应当加强对本行政区域内草原保护、建设和利用情况的监督检查,根据需要可以设专职或者兼职人员负责具体监督检查工作。

(三) 草原利用管理的法律规定

1. 草原规划制度

国家对草原保护、建设、利用实行统一规划制度。

国务院和各级人民政府的草原主管部门会同国务院和其所属的有关部门编制全国和各地的草原保护、建设、利用规划,报国务院和同级人民政府批准后实施。

编制草原保护、建设、利用规划,应当依据国民经济和社会发展规划并遵循改善生态环境,维护生物多样性,促进草原的可持续利用;以现有草原为基础,因地制宜,统筹规划,分类指导;保护为主、加强建设、分批改良、合理利用;生态效益、经济效益、社会效益相结合的原则。

未经批准,擅自改变草原保护、建设、利用规划的,由县级以上人民政府责令限期改正;对直接负责的主管人员和其他直接责任人员,依法给予行政处分。

2. 草畜平衡管理

草畜平衡管理是以核定草原的产草量为基础,以草定畜,增草增畜,以达到科学合理的载畜量,实现草与畜之间的动态平衡。农业部制定的《草畜平衡管理办法》,对单位和个人利用草原从事畜牧业生产经营的活动做了详细规定。

3. 草原牧业利用方式的管理

针对草原牧业利用过程中出现的过度放牧、利用失衡、生产方式不合理等问题,《草原法》还规定了合理进行草原牧野利用的方式,包括划区轮牧、牲畜圈养、轮割轮采等制度。

4. 草原征占用的管理

进行矿藏开采和工程建设,应当不占或少占草原。征用和使用草原必须经省级以上草原主管部门审核同意。征用使用草原必须依法办理审批手续。未经批准或者采取欺骗手段骗取批准,非法使用草原的,由县级以上人民政府草原主管部门依据职权责令退还非法使用的草原,对违反草原保护、建设、利用规划擅自将草原改为建设用地的,限期拆除在非法使用的草原上新建的建筑物和其他设施,恢复草原植被,并处草原被非法使用前三年平均产值6倍以上12倍以下的罚款。

因建设征用、使用草原应交纳草原植被恢复费。草原植被恢复费用于异地建植草原和对现有低产、退化草原的治理改良,以弥补草原被征占用造成的资源损失。草原植被恢复费必须由草原主管部门按照规定专款专用,任何单位和个人不得截留、挪用。

临时占用草原的,应当经县级以上地方人民政府草原行政主管部门审核同意。临时占用草原的期限不得超过2年,并不得在临时占用的草原上修建永久性建筑物、构筑物;占用期满,用地单位必须恢复草原植被并及时退还。在临时占用的草原上修建永久性建筑物、构筑物的,由县级以上地方人民政府草原主管部门依据职权责令限期拆除;逾期不拆除的,依法强制拆除,所需费用由违法者承担。临时占用草原,占用期届满,用地单位不予恢复草原植被的,由县级以上地方人民政府草原主管部门依据职权责令限期恢复;逾期不恢复的,由县级以上地方人民政府草原主管部门代为恢复,所需费用由违法者承担。

在草原上开展经营性旅游活动,应当符合有关草原保护、建设、利用规划,并事先征得县级以上地方人民政府草原行政主管部门的同意,方可办理有关手续。在草原上开展经营性旅游活动,不得侵犯草原所有者、使用者和承包经营者的合法权益,不得破坏草原植被。违反者,由县级以上地方人民政府草原主管部门依据职权责令停止违法行为,限期恢复植被,没收违法所得,可以并处违法所得1倍以上2倍以下的罚款;没有违法所得的,可以并处草原被破坏前三年平均产值6倍以上12倍以下的罚款;给草原所有者或者使用者造成损失的,依法承担赔偿责任。

(四) 草原保护的法律规定

1. 基本草原保护制度

根据《草原法》第42条的规定,国家实行基本草原保护制度,对基本草原实施严格管理。

基本草原的范围包括了我国草原的主体部分,具体包括重要放牧场;割草地;用于畜牧业生产的人工草地、退耕还草地、改良草地、草种基地;对调节气候、涵养水源、保持水土、防风固沙具有特殊作用的草原;作为国家重点保护野生动植物生存环境的草原;草原科研、教学试验基地;以及国务院规定应当划为基本草原的其他草原。

2. 草原自然保护区制度

根据《草原法》第43条规定,国务院草原主管部门或者省、自治区、直辖市人民政府可以按照自然保护区管理的有关规定在具有代表性的草原类型、珍稀濒危野生动植物分布区以及具有重要生态功能和经济科研价值的草原等地区建立草原自然保护区,予以特殊保护和管理的区域。

3. 禁止开垦、退耕还草、禁牧休牧的规定

根据《草原法》的规定,禁止开垦草原。违反者,由县级以上人民政府草原主管部门依据职权责令停止违法行为,限期恢复植被,没收非法财物和违法所得,并处违法所得1倍以上5倍以下的罚款;没有违法所得的,并处5万元以下的罚款;给草原所有者或者使用者造成损失的,依法承担赔偿责任。

禁止在荒漠、半荒漠和严重退化、沙化、盐碱化、石漠化、水土流失的草原以及生态脆弱区的草原上采挖植物和从事破坏草原植被的其他活动。违反者,由县级以上地方人民政府草原主管部门依据职权责令停止违法行为,没收非法财物和违法所得,可以并处违法所得1倍以上5倍以下的罚款;没有违法所得的,可以并处5万元以下的罚款;给草原所有者或者使用者造成损失的,依法承担赔偿责任。

在草原上从事采土、采砂、采石等作业活动,应当报县级人民政府草原主管部门批准;开采矿产资源的,并应当依法办理有关手续。违反者,由县级人民政府草原主管部门责令停止违法行为,限期恢复植被,没收非法财物和违法所得,可以并处违法所得1倍以上2倍以下的罚款;没有违法所得的,可以并处2万元以下的罚款;给草原所有者或者使用者造成损失的,依法承担赔偿责任。

对水土流失严重、有沙化趋势、需要改善生态环境的已垦草原,应当有计划、有步骤地退耕还草;已造成沙化、盐碱化、石漠化的,应当限期治理。对严重退化、沙化、盐碱化、石漠化的草原和生态脆弱区的草原,实行禁牧、休牧制度。对在国务院批准规划范围内实施退耕还草的农牧民,按照国家规定给予粮食、现金、草种费补助。退耕还草完成后,由县级以上人民政府草原主管部门核实登记,依法履行土地用途变更手续,发放草原权属证书。

此外,在草原保护方面,《草原法》第55条还规定除抢险救灾和牧民搬迁的机动车辆外,禁止机动车辆离开道路在草原上行驶,破坏草原植被;因从事地质勘探、科学考察等活动确需离开道路在草原上行驶的,应当向县级人民政府草原主管部门提交行驶区域和行驶路线方案,经确认后执行。违反者,由县级人民政府草原主管部门责令停止违法行为,限期恢复植被,可以并处草原被破坏前三年平均产值3倍以上9倍以下的罚款;给草原所有者或者使用者造成损失的,依法承担赔偿责任。

4. 草原防火的规定

根据《草原法》第53条的规定,草原防火工作贯彻预防为主、防消结合的方针。各级人民政府应当建立草原防火责任制,规定草原防火期,制定草原防火扑火预案,做好草原火灾的预防和扑救工作。

据此,国务院于1993年制定了《草原防火条例》,并于2008年进行了修订。该条例规定了草原防火的具体措施包括草原防火责任制度、防火工作联防制度、草原防火期制度、划定草原防火管制区制度、草原火险监测制度、草原火灾报告制度、草原火灾扑救制度、奖罚制度等。同时还要求重点草原防火区的有关人民政府根据当地实际情况,组织有关单位有计划地进行草原防火设施建设,并对草原火灾后的善后工作作出了具体规定。

5. 草原生物灾害防治制度

鼠害、病虫害和毒害草是我国草原最为严重的生物灾害,危害程度重,对草原生态环境的破坏作用很大,制约着草原畜牧业的可持续发展。

根据《草原法》第54条的规定,县级以上地方人民政府应当做好草原鼠害、病虫害和毒害草防治的组织管理工作。县级以上地方人民政府草原主管部门应当采取措施,加强草原鼠害、病虫害和毒害草监测预警、调查以及防治工作,组织研究和推广综合防治的办法。

四、水资源利用与保护的法律规定

(一) 概述

水是地球环境的基本组成要素之一,是一切生命的源泉,是人类生存和发展所不可或缺的自然资源。从20世纪80年代开始,我国逐步加强了对水资源管理的法制建设,颁布了一系列法律法规。目前,我国的水资源保护法律法规主要有《水法》(1988年制定,2002年修订)、《河道管理条例》、《城市节约用水管理规定》、《城市供水条例》和一些水污染防治的法律法规等。

根据《水法》的规定,该法所称的水资源是指淡水资源,包括地表水和地下水。其中,地表水是指河流、冰川、湖泊、沼泽等水体中的水;地下水则仅仅指地下含水层的动态含水量,静态的土壤含水则不包括在内。海水和海洋的开发、利用、保护和管理,另行规定。

(二) 一般规定

1. 水资源权属

根据《水法》第3条的规定:水资源属于国家所有。水资源的所有权由国务院代表国家行使。农村集体经济组织的水塘和由农村集体经济组织修建管理的水库中的水,归各该农村集体经济组织使用。

国家对水资源依法实行取水许可制度和水资源有偿使用制度。直接从江河、湖泊或者地下取用水资源的单位和个人,应当按照国家取水许可制度和水资源有偿使用制度的规定,向水行政部门或者流域管理机构申请领取取水许可证,并缴纳水资源费,取得取水权。

2. 水资源管理体制

我国的水资源管理实行流域管理与区域管理相结合的原则。区域管理是指由国务院、县级以上地方人民政府的水行政部门按照行政区域进行水资源的统一管理。流域管理是指国务院水行政部门在国家确定的重要江河、湖泊设立流域管理机构(以下简称流域管理机构),在所管辖的范围内行使法律、行政法规规定的和国务院水行政部门授予的水资源管理和监督职责。

3. 水事纠纷处理

水事纠纷是指在水资源开发利用过程中,不同用水主体之间就水资源的分配和使用发生的争议。

根据《水法》的规定,不同行政区域之间发生水事纠纷的,应当协商处理;协商不成的,由上一级人民政府裁决,有关各方必须遵照执行。在水事纠纷解决前,未经各方达成协议或者共同的上一级人民政府批准,在行政区域交界线两侧一定范围内,任何一方不得修建排水、阻水、取水和截(蓄)水工程,不得单方面改变水的现状。

单位之间、个人之间、单位与个人之间发生的水事纠纷,应当协商解决;当事人不愿协商或者协商不成的,可以申请县级以上地方人民政府或者其授权的部门调解,也可以直接向人民法院提起民事诉讼。县级以上地方人民政府或者其授权的部门调解不成的,当事人可以向人民法院提起民事诉讼。在水事纠纷解决前,当事人不得单方面改变现状。

县级以上人民政府或者其授权的部门在处理水事纠纷时,有权采取临时处置措施,有关各方或者当事人必须服从。

案例5.6

A、B两个村子分别位于龙潭溪上下游,A村通过引水管将龙潭溪水引入村里,解决了吃水问题。但是,龙潭溪水量本来就不大,A村的饮水行为直接导致处在下游的B村人的吃水受到影响。为此,两个村子多次发生摩擦,甚至酿成械斗。

讨论:该水事纠纷应当如何解决?

提示:根据《水法》有关水事纠纷处理的规定进行分析。

(三) 水资源利用的法律规定

1. 水资源规划制度

国家通过制定全国水资源战略规划进行水资源管理。全国水资源战略规划分为流域规划和区域规划。

流域规划包括流域综合规划和流域专业规划;区域规划包括区域综合规划和区域专业规划。所谓综合规划,是指根据经济社会发展需要和水资源开发利用现状编制的开发、利用、节约、保护水资源和防治水害的总体部署。所谓专业规划,是指防洪、治涝、灌溉、航运、供水、水力发电、竹木流放、渔业、水资源保护、水土保持、防沙治沙、节约用水等规划。

水资源战略规划之间的关系是,流域范围内的区域规划应当服从流域规划,专业规划应当服从综合规划。水资源战略规划与其他资源规划的关系是,水资源流域综合规划和区域综合规划以及与土地利用关系密切的专业规划,应当与国民经济和社会发展规划以及土地利用总体规划、城市总体规划和环境保护规划相协调,兼顾各地区、各行业的需要。

水资源战略规划是建设水工程的法律依据。建设水工程,必须符合流域综合规划。

2. 水资源利用的管理规定

(1) 开发利用水资源的基本原则

根据《水法》的规定,开发利用水资源应当遵循三个基本原则:第一,坚持兴利与除害相结合,兼顾上下游、左右岸和有关地区之间的利益,充分发挥水资源的综合效益,并服从防洪的总体安排。第二,首先满足城乡居民生活用水,并兼顾农业、工业、生态环境用水以及航运等需要。在干旱和半干旱地区开发、利用水资源,应当充分考虑生态环境用水需要。第三,地表水与地下水统一调度开发、开源与节流相结合、节流优先和污水处理再利用。

(2) 水资源开发进行科学论证的要求

跨流域调水应当全面规划和科学论证,统筹兼顾调出和调入流域的用水需要,防止对生态环境造成破坏。

国民经济和社会发展规划以及城市总体规划的编制、重大建设项目的布局,应当与当地水资源条件和防洪要求相适应,进行科学论证;在水资源不足的地区,应当对城市规模和建设耗水量大的工业、农业和服务业项目加以限制。

(3) 鼓励开发、利用水能资源

在水能丰富的河流,应当有计划地进行多目标梯级开发。建设水力发电站,应当保护生态环境,兼顾防洪、供水、灌溉、航运、竹木流放和渔业等方面的需要。

(4) 水资源开发利用中加强对公民权益的保护

任何单位和个人引水、截(蓄)水、排水,不得损害公共利益和他人的合法权益。违反《水法》规定取水、截水、阻水、排水,给他人造成妨碍或者损失的,应当停止侵害,排除妨碍,赔偿损失。

国家对水工程建设移民实行开发性移民的方针,按照前期补偿、补助与后期扶持相结合的原则,妥善安排移民的生产和生活,保护移民的合法权益。移民安置应当与工程建设同步进行。建设单位应当根据安置地区的环境容量和可持续发展的原则,因地制宜,编制移民安置规划,经依法批准后,由有关地方人民政府组织实施。所需移民经费列入工程建设投资计划。

(四) 水资源保护的法律规定

1. 保护水量及生态用水

在制定水资源开发利用规划和调度水资源时,应当注意维持江河的合理流量和湖泊、水库以及地下水的合理水位,维护水体的自然净化能力。从事水资源开发、利用、节约、保护和防治水害等水事活动,应当遵守经批准的规划;因违反规划造成江河和湖泊水域使用功能降低、地下水超采、地面沉降、水体污染的,应当承担治理责任。

开采矿藏或者建设地下工程,因疏干排水导致地下水水位下降、水源枯竭或者地面塌陷,采矿单位或者建设单位应当采取补救措施;对他人生活和生产造成损失的,依法给予补偿。

2. 水功能区划制度

水功能区划就是通过在流域范围内按照水资源可持续发展的要求,根据国民经济发展规划和流域综合规划,划定各水域的主导功能和功能顺序,确定水域功能不遭破坏的水资源保护目标,以利于水资源的合理开发利用和保护,能够发挥最佳效益的区域。水功能区划制度是水功能区实行有效管理和保证水功能区水质目标的重要手段。

3. 饮用水源保护区制度

国家建立饮用水水源保护区制度。省、自治区、直辖市人民政府应当划定饮用水水源保护区,并采取措施,防止水源枯竭和水体污染,保证城乡居民饮用水安全。

禁止在饮用水水源保护区内设置排污口。违反者,由县级以上地方人民政府责令限期拆除、恢复原状;逾期不拆除、不恢复原状的,强行拆除、恢复原状,并处5万元以上10万元以下的罚款。

4. 地下水禁限制度

在地下水超采地区,县级以上地方人民政府应当采取措施,严格控制开采地下水。在地下水严重超采地区,经省、自治区、直辖市人民政府批准,可以划定地下水禁止开采或者限制开采区。在沿海地区开采地下水,应当经过科学论证,并采取措施,防止地面沉降和海水入侵。

五、渔业资源利用与保护的法律规定

(一) 概述

总体上说,渔业资源是一种可再生的生物资源。它既是重要的自然资源,又是自然环境要素的重要组成部分,对社会经济的发展,满足和改善人们的物质生活,维护水生生态平衡都具有十分重要的意义。

目前,我国的渔业资源保护法律主要是1986年制定的《渔业法》(2000年、2004年修正)。此外,《环境保护法》、《野生动物保护法》、《海洋环境保护法》等法律中也对渔业资源的保护与管理作出了相关规定。根据《渔业法》的规定,该法所称渔业资源,是指在我国管辖的内水、滩涂、领海以及其他海域内可以养殖、采捕的野生动植物。

(二) 一般规定

1. 《渔业法》适用的范围

《渔业法》适用于在中华人民共和国的内水、滩涂、领海、专属经济区以及中华人民共和国管辖的一切其他海域从事养殖和捕捞水生动物、水生植物等渔业生产活动。

外国人、外国渔业船舶进入中华人民共和国管辖水域,从事渔业生产或者渔业资源调查活动,必须经国务院有关主管部门批准,并遵守本法和中华人民共和国其他有关法律、法规的规定;同中华人民共和国订有条约、协定的,按照条约、协定办理。

2. 渔业生产的基本方针

国家对渔业生产实行以养殖为主,养殖、捕捞、加工并举,因地制宜,各有侧重的方针。

3. 渔业监管体制

国家对渔业实行统一领导和分级管理的体制。国务院渔业主管部门主管全国的渔业工作,县级以上地方人民政府渔业主管部门主管本行政区域内的渔业工作。

海洋渔业,除国务院划定由国务院渔业主管部门及其所属的渔政监督管理机构监督管理的海域和特定渔业资源渔场外,由毗邻海域的省、自治区、直辖市人民政府渔业主管部门监督管理。

江河、湖泊等水域的渔业,按照行政区划由有关县级以上人民政府渔业主管部门监督管理;跨行政区域的,由有关县级以上地方人民政府协商制定管理办法,或者由上一级人民政府渔业主管部门及其所属的渔政监督管理机构监督管理。

（三）渔业养殖与捕捞管理的法律规定

1. 养殖水域规划制度

国家对水域利用进行统一规划，确定可以用于养殖业的水域和滩涂。全民所有的水面、滩涂中的鱼、虾、蟹、贝、藻类的自然产卵场、繁殖场、索饵场及重要的洄游通道必须予以保护，不得划作养殖场所。

2. 养殖权的取得与终止

养殖单位和个人使用国家规划确定用于养殖业的全民所有的水域、滩涂的，使用者应当向县级以上地方人民政府渔业主管部门提出申请，由本级人民政府核发养殖证，许可其使用该水域、滩涂从事养殖生产。集体所有的或者全民所有由农业集体经济组织使用的水域、滩涂，可以由个人或者集体承包，从事养殖生产。未依法取得养殖证擅自在全民所有的水域从事养殖生产的，责令改正，补办养殖证或者限期拆除养殖设施。未依法取得养殖证或者超越养殖证许可范围在全民所有的水域从事养殖生产，妨碍航运、行洪的，责令限期拆除养殖设施，可以并处 1 万元以下的罚款。

使用全民所有的水域、滩涂从事养殖生产，无正当理由使水域、滩涂荒芜满一年的，由发放养殖证的机关责令限期开发利用；逾期未开发利用的，吊销养殖证，可以并处 1 万元以下的罚款。

3. 养殖水域的环境保护

县级以上地方人民政府应当采取措施，加强对商品鱼生产基地和城市郊区重要养殖水域的保护。从事养殖生产不得使用含有毒有害物质的饵料、饲料。从事养殖生产应当保护水域生态环境，科学确定养殖密度，合理投饵、施肥、使用药物，不得造成水域的环境污染。

4. 捕捞许可证制度

不同类型的捕捞许可证有不同的取得方式。海洋大型拖网、围网作业以及到中华人民共和国与有关国家缔结的协定确定的共同管理的渔区或者公海从事捕捞作业的捕捞许可证，由国务院渔业主管部门批准发放。但是，批准发放海洋作业的捕捞许可证不得超过国家下达的船网工具控制指标。

内陆水域的捕捞许可证，由县级以上地方人民政府渔业主管部门批准发放；到他国管辖海域从事捕捞作业的，应当经国务院渔业主管部门批准，并遵守中华人民共和国缔结的或者参加的有关条约、协定和有关国家的法律。违反者，没收渔获物和违法所得，并处 10 万元以下的罚款；情节严重的，并可以没收渔具和渔船。

从事捕捞作业的单位和个人，必须按照捕捞许可证关于作业类型、场所、时限、渔具数量和捕捞限额的规定进行作业，并遵守国家有关保护渔业资源的规定，大中型渔船应当填写渔捞日志。违反者，没收渔获物和违法所得，可以并处 5 万元以下的罚款；情节严重的，并可以没收渔具，吊销捕捞许可证。

捕捞许可证不得买卖、出租和以其他形式转让，不得涂改、伪造、变造。违反者，没收违法所得,吊销捕捞许可证,可以并处1万元以下的罚款;伪造、变造、买卖捕捞许可证,构成犯罪的,依法追究刑事责任。

外国人、外国渔船擅自进入中华人民共和国管辖水域从事渔业生产和渔业资源调查活动的,责令其离开或者将其驱逐,可以没收渔获物、渔具,并处50万元以下的罚款;情节严重的,可以没收渔船。

5. 捕捞限制制度

国家根据捕捞量低于渔业资源增长量的原则,确定渔业资源的总可捕捞量,实行捕捞限额制度。

国务院渔业主管部门负责组织渔业资源的调查和评估,为实行捕捞限额制度提供科学依据。中华人民共和国内海、领海、专属经济区和其他管辖海域的捕捞限额总量由国务院渔业主管部门确定,报国务院批准后逐级分解下达;国家确定的重要江河、湖泊的捕捞限额总量由有关省、自治区、直辖市人民政府确定或者协商确定,逐级分解下达。

捕捞限额总量的分配应当体现公平、公正的原则,分配办法和分配结果必须向社会公开,并接受监督。国务院渔业主管部门和省、自治区、直辖市人民政府渔业主管部门应当加强对捕捞限额制度实施情况的监督检查,对超过上级下达的捕捞限额指标的,应当在其次年捕捞限额指标中予以核减。县级以上地方人民政府渔业主管部门批准发放的捕捞许可证,应当与上级人民政府渔业主管部门下达的捕捞限额指标相适应。

(四)渔业资源增殖与保护的法律规定

1. 征收渔业资源增殖保护费

县级以上人民政府渔业主管部门应当对其管理的渔业水域统一规划,采取措施,增殖渔业资源。县级以上人民政府渔业主管部门可以向受益的单位和个人征收渔业资源增殖保护费,专门用于增殖和保护渔业资源。1988年10月,国务院批准发布了《渔业资源增殖保护费征收使用办法》。

2. 水产种质资源保护

国家保护水产种质资源及其生存环境,并在具有较高经济价值和遗传育种价值的水产种质资源的主要生长繁育区域建立水产种质资源保护区。

未经国务院渔业主管部门批准,任何单位或者个人不得在水产种质资源保护区内从事捕捞活动。违反者,责令立即停止捕捞,没收渔获物和渔具,可以并处1万元以下的罚款。

3. 禁止破坏性捕捞作业

禁止使用炸鱼、毒鱼、电鱼等破坏渔业资源的方法进行捕捞。禁止在禁渔区、禁渔期进行捕捞。禁止使用小于最小网目尺寸的网具进行捕捞。捕捞的渔获物中幼鱼不得超过规定的比例。违反者,没收渔获物和违法所得,处5万元以下的罚款;情节严重的,没收渔具,吊销捕捞许可证;情节特别严重的,可以没收渔船。在禁渔区或者禁渔期内销售非法捕捞的渔获物的,县级以上地方人民政府渔业行政主管部门应当及时进行调查处理。

禁止制造、销售、使用禁用的渔具。违反者,没收非法制造、销售的渔具和违法所得,并处1万元以下的罚款。

案例 5.7

某江苏省渔业部门确定每年的7、8、9三个月为黄海渔场的休渔期,在此期间禁止任何单位和个人在黄海渔场从事捕捞活动。1998年8月,A渔业公司私自组织5艘渔船在黄海渔场进行捕捞活动,被渔政监督部门查获。渔政监督部门经过调查确认,A渔业公司在1998年休渔期内总计出动22船次进行捕捞活动,获利367万元。

讨论:对A公司的违法行为应当如何处罚?

禁止捕捞有重要经济价值的水生动物苗种。因养殖或者其他特殊需要,捕捞有重要经济价值的苗种或者禁捕的怀卵亲体的,必须经国务院渔业主管部门或者省、自治区、直辖市人民政府渔业主管部门批准,在指定的区域和时间内,按照限额捕捞。在水生动物苗种重点产区引用л水时,应当采取措施,保护苗种。

4. 保护和改善渔业生态环境

在鱼、虾、蟹洄游游道建闸、筑坝,对渔业资源有严重影响的,建设单位应当建造过鱼设施或者采取其他补救措施。用于渔业并兼有调蓄、灌溉等功能的水体,有关主管部门应当确定渔业生产所需的最低水位线。禁止围湖造田。沿海滩涂未经县级以上人民政府批准,不得围垦;重要的苗种基地和养殖场所不得围垦。

进行水下爆破、勘探、施工作业,对渔业资源有严重影响的,作业单位应当事先同有关县级以上人民政府渔业主管部门协商,采取措施,防止或者减少对渔业资源的损害;造成渔业资源损失的,由有关县级以上人民政府责令赔偿。

造成渔业水域生态环境破坏或者渔业污染事故的,依照《海洋环境保护法》和《水污染防治法》的规定追究法律责任。

六、海域利用与保护的法律规定

(一) 概述

为了加强海域使用管理,维护国家海域所有权和海域使用权人的合法权益,促进海域的合理开发和可持续利用,我国于2001年颁布了《海域使用管理法》。

我国《海域使用管理法》中所称的海域,是指中华人民共和国内水、领海的水面、水体、海底和底土。

(二) 一般规定

1. 海域权属制度

根据《海域使用管理法》的规定,海域属于国家所有,国务院代表国家行使海域所有权。任何单位或者个人不得侵占、买卖或者以其他行使非法转让海域。单位和个人使用海域,必须依法取得海域使用权。

海域使用权,是从海域国家所有权上派生出来的一种权利,是海域使用权主体享有的对特定海域的使用价值进行开发、利用,并依法取得收益的权利。

海域使用权取得的主要方式是国家出让取得。出让的方式有申请取得和其他特别方式取得。经出让取得的海域使用权可以依法转让或者依法继承。

申请取得是指申请人向县级以上人民政府海洋主管部门提出申请,并经有批准权的人民政府的审查、批准,并由该人民政府对海域使用权进行登记造册,向海域使用申请人颁发海域使用权证书。海域使用申请人方取得海域使用权。

特别取得是指通过公开招标或者拍卖的方式取得。招标或者拍卖方案由海洋主管部门制定,报有审批权的人民政府批准后组织实施。海洋主管部门制订招标或者拍卖方案,应当征求同级有关部门的意见。招标或者拍卖工作完成后,依法向中标人或者买受人颁发海域使用权证书。中标人或者买受人自领取海域使用权证书之日起,取得海域使用权。

未经批准或者骗取批准,非法占用海域的,责令退还非法占用的海域,恢复海域原状,没收违法所得,并处非法占用海域期间内该海域面积应缴纳的海域使用金 5 倍以上 15 倍以下的罚款;对未经批准或者骗取批准,进行围海、填海活动的,并处非法占用海域期间内该海域面积应缴纳的海域使用金 10 倍以上 20 倍以下的罚款。

海域使用权的最高期限,按照用途分别确定为:养殖用海 15 年;拆船用海 20 年;旅游、娱乐用海 25 年;盐业、矿业用海 30 年;公益事业用海 40 年;港口、修造船厂等建设工程用海 50 年。海域使用权期满,未办理有关手续仍继续使用海域的,责令限期办理,可以并处 1 万元以下的罚款;拒不办理的,以非法占用海域论处。

海域使用权人依法使用海域并获得收益的权利受法律保护,任何单位和个人不得侵犯。海域使用权人有依法保护和合理使用海域的义务;海域使用权人对不妨害其依法使用海域的非排他性用海活动,不得阻挠。阻挠、妨害海域使用权人依法使用海域的,海域使用权人可以请求海洋行政主管部门排除妨害,也可以依法向人民法院提起诉讼;造成损失的,可以依法请求损害赔偿。

因海域使用权发生争议,当事人协商解决不成的,由县级以上人民政府海洋主管部门协调;当事人也可以直接向人民法院提起诉讼。在海域使用权争议解决前,任何一方不得改变海域使用现状。

2. 海域管理体制

根据《海域使用管理法》第 7 条的规定,国务院海洋主管部门负责全国海域使用的监督管理。沿海县级以上地方人民政府海洋主管部门根据授权,负责本行政区毗邻海域使用的监督管理。

渔业主管部门依照《渔业法》,对海洋渔业实施监督管理。海事管理机构依照《海上交通安全法》,对海上交通安全实施监督管理。

(三) 海洋功能区划

鉴于海洋资源立体分布,生态环境特殊,开发和保护海洋以及海域使用管理均具有很强的科学性,《海域使用管理法》对海洋功能区划制度作了详尽的规定。①

海域使用必须符合海洋功能区规划;国家严格管理填海、围海等改变海洋自然属性的用海活动。

2012 年 3 月国务院批准的《全国海洋功能区划(2011—2020 年)》将我国管辖海域划分为渤海、黄海、东海、南海和台湾以东海域共 5 大海区、29 个重点海域,并根据海域的区位、自然资源、环境条件和开发利用的要求,按照海洋功能标准,将海域划分为农渔业区、港口航运区、工业与城镇用海区、矿产与能源区、旅游休闲娱乐区、海洋保护区、特殊利用区和保留区等 8 种海洋功能分区。

根据《海域使用管理法》的规定,海域使用权人不得擅自改变经批准的海域用途;确需改变的,应当在符合海洋功能区划的前提下,报原批准用海的人民政府批准。擅自改变海域用途的,责令限期改正,没收违法所得,并处非法改变海域用途的期间内该海域面积应缴纳的海域使用金 5 倍以上 15 倍以下的罚款;对拒不改正的,由颁发海域使用权证书的人民政府注销海域使用权证书,收回海域使用权。

(四)海域使用金

国家作为海域所有者享有出让海域使用权的收益权,海域使用者因此需向国家支付一定的海域使用金作为使用海域资源的代价。海域使用金是国家贯彻海域有偿使用的具体措施,即单位和个人使用海域,应当按照国务院的规定缴纳海域使用金,收缴的海域使用金应当按照国务院的规定上缴财政。

根据《海域使用管理法》的规定,军事用海,公务船舶专用码头用海,非经营性的航道、锚地等交通基础设施用海,教学、科研、防灾减灾、海难搜救打捞等非经营性公益事业用海免缴海域使用金。公用设施用海、国家重大建设项目用海和养殖用海,按照国务院财政部门和国务院海洋主管部门的规定,经有批准权的人民政府财政部门和海洋主管部门审查批准,可以减缴或者免缴海域使用金。

根据不同的用海性质或者情形,海域使用金可以按照规定一次缴纳或者按年度逐年缴纳。按年度逐年缴纳海域使用金的海域使用权人不按期缴纳海域使用金的,限期缴纳;在限期内仍拒不缴纳的,由颁发海域使用权证书的人民政府注销海域使用权证书,收回海域使用权。

七、矿产资源与能源利用与保护的法律规定

(一)概述

矿产资源是指由地质作用形成的,具有利用价值的,呈固态、液态、气态的自然资源。

---

① 《海域使用管理法》与《海洋环境法》是海洋功能区划制度的两大法律渊源,但侧重点不同:《海洋环境保护法》主要是从海洋功能区划的环保功能考虑,结合海洋环境保护制度来规定;《海域使用管理法》则侧重于从促进海洋资源利用的角度,将其作为海域使用的法定依据和前提。二者在基本内容上不存在冲突的地方。但《海域使用管理法》对海洋功能区划的内容作出了进一步细化,使其具有了切实可操作性,这些原则性的规定对于《海洋环境保护法》中规定的海洋环境保护制度同样适用。

为促进矿产资源合理开发利用及矿业的可持续发展,我国先后制定了《矿产资源法》(1986年制定,1996年修正)和《煤炭法》(1996年制定,2011年修正)。此外,国务院还制定了《矿产资源法实施细则》(1994年)等行政法规。

但是,单靠对矿产资源进行合理利用并不能完全解决其开采和使用对环境的影响,目前我国能源消费结构中煤炭比例偏高,二氧化碳排放增长较快,对气候变化影响较大。再加上我国人口众多,能源需求增长压力大,能源供应与经济发展的矛盾十分突出。为了从根本上解决我国的能源问题,不断满足经济和社会发展的需要,加快开发利用可再生能源是重要的战略选择。为此,我国于2005年制定了《可再生能源法》(2009年修正)。

在石化能源是当今人类消费的主要能源,可再生能源和新能源利用技术仍不成熟的情况下,节约能源成为人类实现全面协调可持续发展的必然选择。为了推动全社会节约能源,提高能源利用效率,保护和改善环境,促进经济社会全面协调可持续发展,我国于1997年制定了《节约能源法》(2007年修正)。

(二) 开发矿产资源的环境保护管理规定

1. 一般规定

(1) 矿产资源国家所有及监管体制

根据《矿产资源法》的规定,矿藏资源属于国家所有,由国务院代表国家行使。

国家对矿产资源的勘查、开发实行统一规划、合理布局、综合勘查、合理开采和综合利用的方针。国务院地质矿产主管部门主管全国矿产资源勘查、开采的监督管理工作。

(2) 勘查、开采登记许可制度

勘查、开采矿产资源,必须依法分别申请、经批准取得探矿权、采矿权,并办理登记。从事矿产资源勘查和开采的,必须符合规定的资质条件。

国家对矿产资源勘查实行统一的区块登记管理制度。凡在中华人民共和国领域及其管辖海域内从事1:20万和大于1:20万比例尺的区域地质调查,金属矿产、非金属矿产、能源矿产的普查和勘探,地下水、地热、矿泉水资源的勘查,矿产的地球物理、地球化学的勘查,航空遥感地质调查工作的,都必须申请登记,取得探矿权。矿产资源勘查登记工作由国务院地质矿产主管部门负责,特定矿种的矿产资源勘查登记工作可以由国务院授权有关主管部门负责。根据《矿产资源勘查区块登记管理办法》第10条的规定,勘查许可证有效期最长为3年;但是,石油、天然气勘查许可证有效期最长为7年。勘查单位因故要求撤销项目或者已经完成勘查项目任务的,应当向登记管理机关报告项目撤销原因或者填报项目完成报告,办理注销登记手续。

根据《矿产资源法》第6条的规定,探矿权人有权在划定的勘查作业区内进行规定的勘查作业,有权优先取得勘查作业区内矿产资源的采矿权。探矿权人在完成规定的最低勘查投入后,经依法批准,可以将探矿权转让他人。已取得采矿权的矿山企业,因企业合并、分立、与他人合资、合作经营,或者因企业资产出售以及有其他变更企业资产产权的情形而需要变更采矿权主体的,经依法批准可以将采矿权转让他人采矿。非法买卖、出租或者以其他形式转让矿产资源的,没收违法所得,处以罚款。违反关于转让探矿权、采矿权的规定将探矿权、采矿权倒卖牟利的,吊销勘查许可证、采矿许可证,没收违法所得,处以罚款。

国家规划矿区和对国民经济具有重要价值的矿区内的矿产资源、国家规划矿区和对国民经济具有重要价值的矿区以外可供开采的矿产储量规模在大型以上的矿产资源,国家规定实行保护性开采的特定矿种,领海及中国管辖的其他海域的矿产资源和国务院规定的其他矿产资源的开采,由国务院地质矿产主管部门审批,并颁发采矿许可证;开采石油、天然气矿产的,经国务院指定的机关审查同意后,由国务院地质矿产主管部门登记,颁发采矿许可证;开采由国务院地质矿产主管部门和国务院授权的有关主管部门审批发证的矿产资源之外的矿产资源,其可供开采的矿产储量规模为中型的,由省、自治区、直辖市人民政府地质矿产主管部门审批和颁发采矿许可证。

根据《矿产资源法》的规定,未取得采矿许可证擅自采矿的,擅自进入国家规划矿区、对国民经济具有重要价值的矿区范围采矿的,擅自开采国家规定实行保护性开采的特定矿种的,责令停止开采、赔偿损失,没收采出的矿产品和违法所得,可以并处罚款。超越批准的矿区范围采矿的,责令退回本矿区范围内开采、赔偿损失,没收越界开采的矿产品和违法所得,可以并处罚款;拒不退回本矿区范围内开采,造成矿产资源破坏的,吊销采矿许可证。

(3) 矿产资源有偿取得制度

国家实行探矿权、采矿权有偿取得的制度。开采矿产资源,必须按照国家有关规定缴纳资源税和资源补偿费。

在中华人民共和国境内开采国家规定的矿产品的或者生产盐的单位和个人应当缴纳资源税。国家规定的矿产品包括原油、天然气、煤炭、其他非金属矿原矿、黑色金属矿原矿、有色金属矿原矿;盐包括固体盐和液体盐。资源税采取从量定额征收的办法征收,即资源税的应纳税额按照应税产品的课税数量和规定的税额计算。应纳税额计算公式为:应纳税额 = 课税数量 × 税额。

矿产资源补偿费是采矿权人为补偿国家矿产资源的消耗而向国家缴纳的一定费用。凡在中华人民共和国领域和其他管辖海域开采矿产资源的采矿权人,都应当按规定缴纳矿产资源补偿费。矿产资源补偿费按照矿产品销售收入的一定比例计征,其计算方式为:征收矿产资源补偿费金额 = 矿产品销售收入 × 补偿费费率 × 开采回采率系数。补偿费费率由国家统一规定,最高为4%,最低为0.5%。矿产资源补偿费由地质矿产主管部门会同财政部门征收。征收的矿产资源补偿费纳入国家预算,实行专项管理,主要用于矿产资源勘查。

2. 矿产资源开发利用中有关环境保护的法律规定

(1) 制定矿山生态环境保护专项规划

矿产资源规划是法定部门按照规定程序编制的国家对一定时期矿产资源勘查和开发利用整体安排的书面文件。

全国矿产资源规划在国务院计划主管部门指导下,由国务院地质矿产主管部门根据国民经济和社会发展中长期规划,组织国务院有关主管部门和省、自治区、直辖市人民政府编制,报国务院批准后实施。按其内容,可分为矿产资源勘查规划和矿产资源开发规划。

矿产资源勘查规划是由法定机构按规定程序编制的国家对矿产资源勘查所作整体安排的书面文件。按照规定,全国矿产资源中、长期勘查规划,在国务院计划主管部门指导下由国务院地质矿产主管部门根据国民经济和社会发展中、长期勘查规划,在国务院有关主管部门勘查规划的基础上组织编制。

矿产资源开发规划是由有关机构编制的对矿区的开发建设布局进行整体安排的书面文件。可分为行业开发规划和地区开发规划。行业开发规划由国务院有关主管部门根据全国矿产资源规划中分配给本部门的矿产资源编制实施。地区开发规划由省、自治区、直辖市人民政府根据全国矿产资源规划中分配给本省、自治区、直辖市的矿产资源编制实施。矿产资源行业开发规划和地区开发规划应当报送国务院计划主管部门、地质矿产主管部门备案。

(2) 矿山企业准入与退出中的环境保护措施

设立矿山企业,必须符合国家规定的资质条件,并依照法律和国家有关规定,由审批机关对其矿区范围、矿山设计或者开采方案、生产技术条件、安全措施和环境保护措施等进行审查;审查合格的,方予批准。

关闭矿山,必须提出矿山闭坑报告及有关采掘工程、安全隐患、土地复垦利用、环境保护的资料,并按照国家规定报请审查批准。

(3) 普查、勘探、开采中的环境保护措施

普查、勘探易损坏的特种非金属矿产、流体矿产、易燃易爆易溶矿产和含有放射性元素的矿产,必须采用省级以上人民政府有关主管部门规定的普查、勘探方法,并有必要的技术装备和安全措施。开采矿产资源,必须遵守有关环境保护的法律规定,防止污染环境。

在国家划定的自然保护区、重要风景区、国家重点保护的不能移动的历史文物和名胜古迹所在地,未经国务院授权的有关主管部门同意,不得开采矿产资源;勘查、开采矿产资源时,发现具有重大科学文化价值的罕见地质现象以及文化古迹,应当加以保护并及时报告有关部门;耕地、草原、林地因采矿受到破坏的,矿山企业应当因地制宜地采取复垦利用、植树种草或者其他利用措施。

(三) 促进可再生能源开发利用的法律规定

1. 一般规定

《可再生能源法》中所称可再生能源,是指风能、太阳能、水能、生物质能、地热能、海洋能等非化石能源。水力发电对本法的适用,由国务院能源主管部门规定,报国务院批准。通过低效率炉灶直接燃烧方式利用秸秆、薪柴、粪便等,不适用《可再生能源法》。

2. 可再生能源利用总量目标

为使我国可再生能源获得较大规模的商业化发展,需要国家制定具有权威性的可再

生能源发展目标和规划,依法明确各类主体在可再生能源开发利用中的权利和义务,稳定有利于可再生能源发展的经济政策,以增强开发利用者的市场信心,有效扩大可再生能源的市场需求。

国家将可再生能源的开发利用列为能源发展的优先领域,通过制定可再生能源开发利用总量目标和采取相应措施,推动可再生能源市场的建立和发展。

国务院能源主管部门根据全国能源需求与可再生能源资源实际状况,制定全国可再生能源开发利用中长期总量目标,报国务院批准后执行,并予公布。国务院能源主管部门根据前款规定的总量目标和省、自治区、直辖市经济发展与可再生能源资源实际状况,会同省、自治区、直辖市人民政府确定各行政区域可再生能源开发利用中长期目标,并予公布。

3. 可再生能源并网发电与全额收购的法律规定

国家鼓励和支持可再生能源并网发电。建设可再生能源并网发电项目,应当依照法律和国务院的规定取得行政许可或者报送备案。建设应当取得行政许可的可再生能源并网发电项目,有多人申请同一项目许可的,应当依法通过招标确定被许可人。

国家实行可再生能源发电全额保障性收购制度。国务院能源主管部门会同国家电力监管机构和国务院财政部门,按照全国可再生能源开发利用规划,确定在规划期内应当达到的可再生能源发电量占全部发电量的比重,制定电网企业优先调度和全额收购可再生能源发电的具体办法[1],并由国务院能源主管部门会同国家电力监管机构在年度中督促落实。

电网企业应当与按照可再生能源开发利用规划建设,依法取得行政许可或者报送备案的可再生能源发电企业签订并网协议,全额收购其电网覆盖范围内符合并网技术标准的可再生能源并网发电项目的上网电量。发电企业有义务配合电网企业保障电网安全。电网企业未全额收购可再生能源电量,造成可再生能源发电企业经济损失的,应当承担赔偿责任,并由国家电力监管机构责令限期改正;拒不改正的,处以可再生能源发电企业经济损失额 1 倍以下的罚款。

电网企业应当加强电网建设,扩大可再生能源电力配置范围,发展和应用智能电网、储能等技术,完善电网运行管理,提高吸纳可再生能源电力的能力,为可再生能源发电提供上网服务。

4. 可再生能源电价与费用分摊的法律规定

可再生能源发电项目的上网电价,由国务院价格主管部门根据不同类型可再生能源发电的特点和不同地区的情况,按照有利于促进可再生能源开发利用和经济合理的原则确定,并根据可再生能源开发利用技术的发展适时调整。上网电价应当公布。实行招标的可再生能源发电项目的上网电价,按照中标确定的价格执行;但是,不得高于依照前款

---

[1] 2006 年 1 月 5 日,国家发展改革委发布《可再生能源发电有关管理规定》;2007 年 7 月 25 日,国家电力监管委员会发布《电网企业全额收购可再生能源电量监管办法》。

规定确定的同类可再生能源发电项目的上网电价水平。

电网企业依照确定的上网电价收购可再生能源电量所发生的费用,高于按照常规能源发电平均上网电价计算所发生费用之间的差额,由在全国范围对销售电量征收可再生能源电价附加补偿。电网企业为收购可再生能源电量而支付的合理的接网费用以及其他合理的相关费用,可以计入电网企业输电成本,并从销售电价中回收。国家投资或者补贴建设的公共可再生能源独立电力系统的销售电价,执行同一地区分类销售电价,其合理的运行和管理费用超出销售电价的部分依本补偿。

(四) 节约能源的法律规定

1. 一般规定

节约资源是我国的基本国策,国家实施节约与开发并举、把节约放在首位的能源发展战略。

国务院和县级以上地方各级人民政府应当将节能工作纳入国民经济和社会发展规划、年度计划,并组织编制和实施节能中长期专项规划、年度节能计划。国务院和县级以上地方各级政府每年向本级人民代表大会或者其常务委员会报告节能工作。

国家实行节能目标责任制和节能考核评价制度,将节能目标完成情况作为对地方人民政府及其负责人考核评价的内容。省、自治区、直辖市人民政府每年向国务院报告节能目标责任的履行情况。

2. 节能管理的法律规定

(1) 节能标准及能效标识制度

第一,节能标准制度。国务院标准化主管部门和国务院有关部门依法组织制定并适时修订有关节能的国家标准、行业标准,建立健全节能标准体系。国务院标准化主管部门会同国务院管理节能工作的部门和国务院有关部门制定强制性的用能产品、设备能源效率标准和生产过程中耗能高的产品的单位产品能耗限额标准。国家鼓励企业制定严于国家标准、行业标准的企业节能标准。

第二,能效标识强制标注制度。国家对家用电器等使用面广、耗能量大的用能产品,实行能源效率标识管理。生产者和进口商应当对列入国家能源效率标识管理产品目录的用能产品标注能源效率标识,在产品包装物上或者说明书中予以说明,并按照规定报国务院产品质量监督部门和国务院管理节能工作的部门共同授权的机构备案。

应当标注能源效率标识而未标注的,由产品质量监督部门责令改正,处 3 万元以上 5 万元以下罚款。未办理能源效率标识备案,或者使用的能源效率标识不符合规定的,由产品质量监督部门责令限期改正;逾期不改正的,处 1 万元以上 3 万元以下罚款。伪造、冒用能源效率标识或者利用能源效率标识进行虚假宣传的,由产品质量监督部门责令改正,处 5 万元以上 10 万元以下罚款;情节严重的,由工商行政管理部门吊销营业执照。

第三,节能产品自愿认证制度。用能产品的生产者、销售者,可以根据自愿原则,按照国家有关节能产品认证的规定,向经国务院认证认可监督管理部门认可的从事节能产品认证的机构提出节能产品认证申请;经认证合格后,取得节能产品认证证书,可以在用能产品或者其包装物上使用节能产品认证标志。使用伪造的节能产品认证标志或者冒用节能产品认证标志的,依照《产品质量法》第53条的规定,责令改正,没收违法生产、销售的产品,并处违法生产、销售产品货值金额等值以下的罚款;有违法所得的,并处没收违法所得;情节严重的,吊销营业执照。

(2)固定资产投资项目节能评估和审查制度

国家实行固定资产投资项目节能评估和审查制度。不符合强制性节能标准的项目,依法负责项目审批或者核准的机关不得批准或者核准建设;建设单位不得开工建设;已经建成的,不得投入生产、使用。

(3)针对产品、设备、工艺的节能管理制度

国家对落后的耗能过高的用能产品、设备和生产工艺实行淘汰制度。禁止生产、进口、销售国家明令淘汰的用能产品、设备。违反者,依照《产品质量法》第51条的规定,责令停止生产、销售,没收违法生产、销售的产品,并处违法生产、销售产品货值金额等值以下的罚款;有违法所得的,并处没收违法所得;情节严重的,吊销营业执照。

使用国家明令淘汰的用能设备或者生产工艺的,由管理节能工作的部门责令停止使用,没收国家明令淘汰的用能设备;情节严重的,可以由管理节能工作的部门提出意见,报请本级人民政府按照国务院规定的权限责令停业整顿或者关闭。

生产过程中耗能高的产品的生产单位,应当执行单位产品能耗限额标准。对超过单位产品能耗限额标准用能的生产单位,由管理节能工作的部门按照国务院规定的权限责令限期治理。生产单位超过单位产品能耗限额标准用能,情节严重,经限期治理逾期不治理或者没有达到治理要求的,可以由管理节能工作的部门提出意见,报请本级人民政府按照国务院规定的权限责令停业整顿或者关闭。

对高耗能的特种设备①,按照国务院的规定实行节能审查和监管。禁止生产、进口、销售不符合强制性能源效率标准的用能产品、设备。违反者,由产品质量监督部门责令停止生产、进口、销售,没收违法生产、进口、销售的用能产品、设备和违法所得,并处违法所得1倍以上5倍以下罚款;情节严重的,由工商行政管理部门吊销营业执照。

(4)重点用能单位节能管理制度

所谓"重点用能单位"是指年综合能源消费总量1万吨标准煤以上的用能单位;国务院有关部门或者省、自治区、直辖市人民政府管理节能工作的部门指定的年综合能源消费总量5000吨以上不满1万吨标准煤的用能单位。

重点用能单位应当每年向管理节能工作的部门报送上年度的能源利用状况报告。未按规定报送能源利用状况报告或者报告内容不实的,由管理节能工作的部门责令限期改正;逾期不改正的,处1万元以上5万元以下罚款。

管理节能工作的部门应当对重点用能单位报送的能源利用状况报告进行审查。对节

---

① 根据国家质量监督检验检疫总局2009年7月3日公布的《高耗能特种设备节能监督管理办法》第2条的规定,高耗能特种设备,是指在使用过程中能源消耗量或者转换量大,并具有较大节能空间的锅炉、换热压力容器、电梯等特种设备。

能管理制度不健全、节能措施不落实、能源利用效率低的重点用能单位,管理节能工作的部门应当开展现场调查,组织实施用能设备能源效率检测,责令实施能源审计,并提出书面整改要求,限期整改。无正当理由拒不落实整改要求或者整改没有达到要求的,由管理节能工作的部门处10万元以上30万元以下罚款。

重点用能单位应当设立能源管理岗位,在具有节能专业知识、实际经验以及中级以上技术职称的人员中聘任能源管理负责人,并报管理节能工作的部门和有关部门备案。违反者,由管理节能工作的部门责令改正;拒不改正的,处1万元以上3万元以下罚款。

3. 鼓励节能的措施

《节约能源法》还专门规定了节能技术进步促进制度及财政、税收、金融、价格等激励措施,如电力需求方管理、合同能源管理、节能自愿协议等。

这些以市场机制为基础的节能新机制往往需要节能服务机构、行业协会等第三方的参与。因此,《节约能源法》第22、23条规定:国家鼓励节能服务机构的发展,支持节能服务机构开展节能咨询、设计、评估、检测、审计、认证等服务。国家支持节能服务机构开展节能知识宣传和节能技术培训,提供节能信息、节能示范和其他公益性节能服务。国家鼓励行业协会在行业节能规划、节能标准的制定和实施、节能技术推广、能源消费统计、节能宣传培训和信息咨询等方面发挥作用。

本章小结:

自然保护与资源保护法,是指以保护生态系统平衡或防止生物多样性破坏为目的,对利用自然环境和资源的行为实行控制而制定的法律规范的总称。自然保护与资源保护法包括自然保护法和自然资源保护法两大部分。

自然保护法主要包括野生生物保护与自然区域保护两部分内容。在野生生物保护方面,我国制定了《野生动物保护法》、《野生植物保护条例》、《陆生野生动物保护条例》、《水生野生动物保护条例》等法律法规,对野生生物保护的管理体制、重点保护目录、栖息地保护、野生生物猎捕或采集控制、野生生物及其制品经营利用或进出口控制等内容进行了规定。在自然区域保护方面,我国制定了《自然保护区条例》、《风景名胜区条例》等法律法规,内容主要涉及自然保护区、自然遗产和风景名胜区、城市景观与绿地等三方面。

在自然资源保护法方面,我国主要针对土地、森林、草原、水、渔业、海域、矿产等自然资源的利用与保护进行了规定。中国《土地管理法》主要对耕地保护、建设用地控制进行规定,《水土保持法》主要对水土流失的预防、治理进行了规定,《防沙治沙法》主要对土地沙化预防、沙化土地治理等进行了规定;我国《森林法》主要对森林经验管理、森林保护等进行了规定;我国《草原法》主要对草原利用、草原保护进行了规定;我国《水法》主要对水资源利用、水资源保护进行了规定;我国《渔业法》主要对渔业养殖与捕捞管理、渔业增殖与保护等进行了规定;我国《海域使用管理法》主要对海域功能区划、海域使用权属等进行了规定;我国《矿产资源法》主要对矿产资源权属、勘察、开发以及开发利用过程中的环境保护措施进行了规定;我国《可再生能源法》主要对可再生能源利用总量目标、可再生能源并网发电、收购等进行了规定;我国《节约能源法》主要对节能管理的相关措施进行了规定。

思考题:
1. 我国野生生物保护的主要法律规定有哪些？
2. 我国自然区域保护的主要法律规定有哪些？
3. 我国海洋生态保护的主要法律规定有哪些？
4. 我国土地资源利用与保护的主要法律规定有哪些？
5. 我国森林资源利用与保护的主要法律规定有哪些？
6. 我国草原资源利用与保护的主要法律规定有哪些？
7. 我国水资源利用与保护的主要法律规定有哪些？
8. 我国渔业资源利用与保护的主要法律规定有哪些？
9. 我国海域资源利用与保护的主要法律规定有哪些？
10. 我国矿产资源利用与保护的主要法律规定有哪些？

第六章 环境与资源保护法的法律责任

学习目标:通过本章学习,了解环境与资源保护法的法律责任的含义和种类;理解环境与资源保护法的行政责任的含义,行政处罚、行政处分的种类与适用程序;理解破坏环境资源保护罪及其刑事责任的含义,主要罪名及其犯罪构成要件和具体的刑罚适用规则,追究破坏环境资源保护罪的程序;理解环境侵权的含义和分类,环境侵权的归责原则、构成要件、免责事由、损害赔偿和诉讼时效,环境侵权纠纷的证据规则和行政处理程序。

第一节 环境与资源保护法的法律责任概述

法律责任是指违法者对其违法行为所应当承担的负面或不利法律后果。国家追究法律责任的目的,在于维护法所确认的社会关系和社会秩序。承担法律责任,意味着违法者接受国家对其违法行为的评价、谴责和否定。[①]

环境与资源保护法的法律责任是法律责任制度在环境与资源保护法中的具体体现,是指因实施了违反环境与资源保护法的行为、造成生态破坏或环境污染的主体,依据环境与资源保护法的规定,应当承担的法律责任。

环境与资源保护法的法律责任包括环境与资源保护的行政责任、刑事责任和民事责任。环境与资源保护法的行政责任是指公民、法人或其他组织实施违反环境与资源保护行政法律规范的行为,而应承担的行政方面的不利法律后果。环境与资源保护法的刑事责任是指个人或者单位实施破坏环境资源保护的犯罪行为,而应承担的刑事方面的不利法律后果。环境与资源保护法的民事责任主要是侵权责任,即公民、法人或其他组织实施环境侵权行为,而应承担的民事方面的法律后果。实践中,环境与资源保护法的行政责任是针对环境与资源保护法律的违法行为者适用频率最高的一种法律责任形式。

环境与资源保护法的民事、行政及刑事责任之间存在一种互补且层层递进的关系,从而构成一个严密的责任网络。民事责任以"损害赔偿"为主,侧重对受害人的救济,关乎最基本的公平和正义。行政责任侧重对违法者本身的处罚,旨在通过剥夺违法者的违法收益,督促企业守法,是环境与资源保护实践中运用最多的一种法律责任形式。刑事责任是最严厉的法律责任,只适用于最严重的环境违法行为,既注重对违法者本身的处罚,又注重对潜在违法者的威慑。

如果环境与资源保护法的民事、行政、刑事责任立法比较完善且在实践中能得以严格执行,不但能在事后最大限度地保障受害人获得应有的救济并使违法者得到应有的惩罚,

---

[①] 参见周旺生:《法理学》,北京大学出版社2006年版,第235—236页。

而且还能在事先迫使理性的潜在违法者遵纪守法,从而大大减少环境与资源保护违法行为的发生。正因如此,"十八大"报告明确提出要"加强环境监管,健全生态环境保护责任追究制度和环境损害赔偿制度"。

法律责任是违法者承担的某种不利法律后果,意味着对违法者某种利益的剥夺。因此,法律责任的追究必须通过中立的、权威的司法审判程序来实现。在我国,司法审判通常按照诉讼的性质分为行政审判、刑事审判与民事审判三大类。与之相对应,法院也内设有行政审判庭、刑事审判庭与民事审判庭。

近年来,在环境形势日益严峻以及环境纠纷解决难的大背景下,为加大对环境与资源保护法律责任追究的力度,我国部分省市法院开始设立专门的环境保护审判庭,采取了民事、刑事与行政审判"三合一"或者民事、刑事、行政审判与执行"四合一"的职能配置模式,实现了环境与资源保护案件的专业化审判。除了环境保护审判庭外,部分省市还尝试通过环境保护法庭、环境保护合议庭、环境保护巡回法庭等方式实现了一定程度的环境案件专业化审判。

从实践效果看,以贵阳、无锡和昆明三地法院为代表的环境与资源保护案件的专业化审判,有力地促进了当地环境与资源保护案件的解决,加大了对环境与资源保护违法者的制裁力度,极大地威慑了潜在的违法者,取得了良好的社会效果与法律效果。

第二节 违反环境与资源保护法的行政责任

环境与资源保护行政违法,是指违反环境与资源保护法律规范,侵害行政管理关系、造成环境污染或生态破坏,但是尚未构成犯罪的行为。

环境与资源保护行政违法行为的实施者既包括环境与资源保护行政机关及其工作人员,也包括环境与资源保护行政相对人;环境与资源保护行政违法行为的本质内容是对环境与资源保护法律规范所规定的法定义务的违法,既包括违反禁止性或限制性法律规范的违法作为,也包括不履行法定义务的违法不作为;环境与资源保护违法行为的危害程度尚未达到犯罪的程度,不适用刑法的相关规定;环境与资源保护违法行为的必然后果是行为者要承担行政责任。

环境与资源保护法的行政责任,是指环境与资源保护法律关系主体在违反环境与资源保护行政法律规范时应当承担的不利法律后果。

根据违法行为主体的不同类型,环境与资源保护法的行政责任可以分为环境与资源保护行政处分与行政处罚两大类;前者是环境与资源保护行政机关工作人员与国有企事业单位主要负责人员违法的不利后果,后者是环境与资源保护行政相对人违法的不利法律后果。两者在制裁方式、适用对象、实施主体、适用程序、救济措施等方面存在较大差异,以下将分别进行介绍。

一、环境与资源保护行政处罚

(一) 环境与资源保护行政处罚的概念与种类

环境与资源保护行政处罚是指由法律授权的环保部门和其他行使环境与资源保护监督管理权的机关,按照国家有关行政处罚法律规定的程序,对违反规定但又未构成犯罪的行为人给予的行政制裁。实施行政处罚的主要法律依据是环境与资源保护法律、法规、规章的规定以及《行政处罚法》的规定。

环境与资源保护行政处罚的种类一般包括警告,罚款,责令停产整顿,责令停产、停业、关闭,暂扣、吊销许可证或者其他具有许可性质的证件,没收违法所得、没收非法财物,行政拘留七种。根据违法行为的性质与后果,可以分别适用上述七种处罚形式中的一种或同时适用两种或两种以上的处罚形式。罚款是环境与资源保护行政处罚中最常用的处罚方式。

(二) 环境与资源保护行政处罚的实施

1. 实施主体

责令停产、停业、关闭的处罚只能由各级人民政府作出,行政拘留的处罚只能由公安机关作出,其他的行政处罚由环境与资源保护行政机关根据各自的权限范围具体实施。具体而言,实施行政处罚的机关,除了对环保工作实施统一监督管理的各级环保部门以外,还包括依照法律规定对环境污染防治实施监督管理的海洋部门、港务监督、渔政渔港监督、军队环保部门和各级公安、交通、铁道、民航等管理部门,还有依法对资源保护实施监督管理土地、矿产、林业、农业、水利等主管部门。

环境与资源保护行政主管部门在实施处罚时,应当在法定的处罚种类和幅度范围内,综合考虑以下情节:违法行为所造成的环境污染、生态破坏程度及社会影响;当事人的过错程度;违法行为的具体方式或者手段;违法行为危害的具体对象;当事人是初犯还是再犯;当事人改正违法行为的态度和所采取的改正措施及效果。

根据我国《行政处罚法》第 24 条的规定,对当事人的同一个违法行为,不得给予两次以上罚款的行政处罚。[①] 而在环境与资源保护实践中,许多违法行为属于连续违法行为,为了便于环保部门区分是否属于"同一违法行为",环境保护部 2010 年修正的《环境行政处罚办法》规定:"环境保护主管部门实施行政处罚时,应当及时作出责令当事人改正或者限期改正违法行为的行政命令。责令改正期限届满,当事人未按要求改正,违法行为仍处于继续或者连续状态的,可以认定为新的环境违法行为。"

2. 实施程序

环境与资源保护行政处罚的程序包括简易程序、一般程序和听证程序三种。

简易程序适用于违法事实确凿、情节轻微并有法定依据,对公民处以 50 元以下、对法

---

① 根据国家环保总局《关于对同一行为违反不同法规实施行政处罚时适用法规问题的复函》(环函[2002]166号)的规定:行为人的一个行为同时违反两种以上法律规定的,环保部门对违法行为人可依照两种法律规定中处罚较重的规定,定性处罚。

人或者其他组织处以1000元以下罚款或者警告,可以当场作出行政处罚决定的场合;一般程序适用于简易程序以外的其他行政处罚场合;听证程序适用于责令停产、停业、关闭、暂扣或吊销许可证或者较大数额的罚款或没收①等重大行政处罚决定的场合。

在适用一般程序的场合,实施行政处罚前,环境与资源保护行政机关必须对行政违法行为进行全面、客观、公正的调查,收集有关证据。环境与资源保护行政机关在作出行政处罚决定之前,应告知当事人行政处罚的事实、理由和依据,当事人有陈述和申辩权利,且不得因当事人申辩而加重处罚。调查终结后,环境与资源保护行政机关应当根据不同情况作出行政处罚决定,或不得给予行政处罚、不予行政处罚或移送司法机关的决定。决定给予行政处罚的,应制作行政处罚决定书,载明违法行为的事实和证据,行政处罚的种类和依据、履行方式和期限、不服行政处罚决定,申请复议或提起行政诉讼的途径和期限等。

当事人逾期不申请复议,也不向人民法院起诉,且又不履行处罚决定的,环境与资源保护行政机关可以采取下列措施:到期不缴罚款的,每天按罚款数额的3%加处罚款;有行政强制执行权的机关,可根据法律规定,将查封、扣押的财产拍卖或将冻结的存款划拨抵缴罚款;没有强制执行权的申请人民法院强制执行。

3. 责令改正的行政命令

我国《行政处罚法》第23条规定,行政机关实施行政处罚时,应当责令当事人改正或者限期改正违法行为。在环境与资源保护法律中,责令改正具体表现为责令停止建设、责令停止试生产、责令停止生产或者使用、责令限期建设配套设施、责令重新安装使用、责令限期拆除、责令停止违法行为、责令限期治理、责令限期采取治理措施等形式。责令改正的目的在于使违法行为恢复到合法状态,其并未对行为人带来额外的负担,因此通常认为不属于行政处罚,而属于一般的行政命令。

我国的环境与资源保护法律对于违反责令改正命令的违法行为并未规定相应的行政责任,也未赋予环境与资源保护行政机关行政强制执行权。然而,在环境与资源保护领域如果不能及时停止违法行为或进行环境修复,往往会酿成不可逆转的损害后果。为此,2011年制定的《行政强制法》规定了代履行的行政强制执行方式。

根据《行政强制法》的规定,环境与资源保护行政机关依法作出要求当事人履行排除妨碍、恢复原状等义务的行政决定,当事人逾期不履行,经催告仍不履行,其后果已经或者将造成环境污染或者破坏自然资源的,作出该行政决定的环境与资源保护行政机关可以代履行,或者委托没有利害关系的第三人代履行。履行的费用按照成本合理确定,由当事人承担。

需要立即清除道路、河道、航道或者公共场所的污染物,当事人不能清除的,行政机关可以决定立即实施代履行;当事人不在场的,行政机关应当在事后立即通知当事人,并依法作出处理。

---

① "较大数额的罚款或没收"各部门及各省、自治区、直辖市的规定并不一致,例如环保部规定的"较大数额"是指对公民是指人民币(或者等值物品价值)5000元以上、对法人或者其他组织是指人民币(或者等值物品价值)50000元以上。而农业部规定的"较大数额"是指对公民罚款3000元以上、对法人或其他组织罚款30000万元以上。

为了加强责令改正命令的执行保障,环境保护部2010年修正的《环境行政处罚办法》规定:"环境保护主管部门实施行政处罚时,应当及时作出责令当事人改正或者限期改正违法行为的行政命令。责令改正期限届满,当事人未按要求改正,违法行为仍处于继续或者连续状态的,可以认定为新的环境违法行为。"

案例 6.1

环保部门在实施现场检查时发现 A 企业不运行污水处理设备,将未经处理的污水违法直接偷排入河流,遂责令 A 改正违法行为并给予了罚款。三天后,环保部门在复查时发现 A 依然不运行污水处理设施,遂再次对 A 进行了罚款。但是 A 认为,按照一事不再罚原则,自己只从事了一个违法行为,不应被再次罚款。

讨论:A 的主张是否成立?对于诸如 A 这样的持续性违法行为,应当如何设定法律责任?

提示:从执行罚与秩序罚两个角度进行分析

此外,我国重庆市和深圳市也分别通过地方性环境与资源保护法规建立了执行罚性质的按日计罚制度,加大了对持续性环境违法行为的制裁,进一步保障了责令停止或改正命令的执行力度。

根据《重庆市环境保护条例》第 111 条的规定,违法排污拒不改正的,环境保护行政主管部门可按条例规定的罚款额度按日累加处罚。而根据《深圳特区环境保护条例》第 69、70 条的规定,违法排污或违反环评以及"三同时"管理制度,经环保部门处罚后,不停止违法行为或者逾期不改的,环保部门应当对该违法行为实施按日计罚。按日计罚的每日罚款额度为 1 万元,计罚期间自环保部门作出责令停止违法行为决定之日或者责令限期改正的期限届满之日起至环保部门查验之日止。当事人申请查验的,环保部门应当自受理申请之日起 3 个工作日内实施查验;当事人未申请查验的,环保部门应当自作出责令停止违法行为决定之日或者责令限期改正的期限届满之日起 30 日内完成查验。

(三) 不服行政处罚的救济措施

环境与资源保护行政相对人对行政机关实施的行政处罚不服的,可以通过行政复议与行政诉讼两种途径寻求救济。

1. 行政复议

行政复议是指行政相对人认为具体行政行为侵犯其合法权益,向行政复议机关提出复查该具体行政行为的申请,行政复议机关对被申请的具体行政行为进行合法性、适当性审查,并作出行政复议决定。

环境与资源保护行政相对人认为针对其的行政处罚侵犯其合法权益的,可以自知道该行政处罚之日起 60 日内,向作出行政处罚决定的环境与资源保护行政主管部门的本级人民政府或向其上一级行政主管部门申请行政复议。

行政复议的具体程序适用《行政复议法》、《行政复议法实施条例》以及《环境行政复议办法》等法律法规的规定。

经复议,认为环境与资源保护行政主管部门作出的行政处罚决定违法或者显失公正,复议机关可以依法撤销或者变更该决定。

相对人对行政复议决定不服的,可以依照《行政诉讼法》的规定,在15日内向人民法院提起行政诉讼,但是法律规定行政复议决定为最终裁决的除外。法律规定行政复议决定为最终裁决的包括两种情形:一是国务院作出的行政复议决定,二是根据国务院或省级人民政府对行政区划的勘定、调整或者征用土地的决定,省级人民政府确认土地、矿藏、水流、森林、山岭、草原、荒地、滩涂、海域等自然资源的所有权或者使用权的行政复议决定。

2. 行政诉讼

行政诉讼,是指公民、法人或者其他组织认为行政机关的具体行政行为侵犯其合法权益,向人民法院提起诉讼并由人民法院对该具体行政行为合法性进行审查并作出裁判的活动。因此,环境与资源保护行政相对人如果认为行政机关实施的行政处罚侵犯了其合法权益,就可以通过行政诉讼的方式寻求司法救济。

对于《行政复议法》或者其他单项环境与资源保护法律、法规未规定行政复议为提起行政诉讼前置程序的,公民、法人或者其他组织既可以提起行政诉讼又可以申请行政复议。但是,申请行政复议或者提起行政诉讼的,不停止行政处罚决定的执行。

依照《行政复议法》的规定,对国务院部门或者省、自治区、直辖市人民政府作出的行政处罚或行政强制行为不服的,应当先向作出行为的国务院部门或者省、自治区、直辖市人民政府申请行政复议。对行政复议结果不服的,才可以向人民法院提起行政诉讼。也可以向国务院申请裁决,国务院作出的决定为最终裁决。

对行政复议决定不服而提起行政诉讼的,诉讼时效为15天。直接向人民法院起诉的,诉讼时效为3个月。

行政诉讼的具体程序适用《行政诉讼法》及最高人民法院相关司法解释的规定。

二、环境与资源保护行政处分

环境与资源保护行政处分是指对违法、违纪的环境与资源保护行政机关工作人员与国有企事业单位主要负责人员给予的行政制裁。实施环境与资源保护行政处分的依据是环境与资源保护方面的法律、法规以及《公务员法》(2006年)、《行政机关公务员处分条例》(2007年)和《环境保护违法违纪行为处分暂行规定》(2006年)等。

案例6.2

A公司为了节约生产成本,擅自关闭了与生产设施配套的大气污染防治设施,导致恶臭气体排放超标。附近居民不堪其扰,多次向当地环保局投诉,但负责现场执法的副局长张某认为工作太忙,且恶臭对人体健康危害不大,在收到投诉后并没有及时对A公司进行查处。无奈之下,居民只好向媒体反映。媒体曝光之后,该案引起了上级环保部门的重视,指示当地环保局立即查处该案。

讨论:张某应当承担何种行政责任?

行政处分包括六种,即警告、记过、记大过、降级、撤职、开除。警告的处分期间为6个月,记过的处分期间为12个月,记大过的处分期间为18个月,降级、撤职的处分期间为24个月。对环境与资源保护行政机关公务员给予处分,由任免机关或者监察机关按照管理权限决定。

公务员违纪的,应当由任免机关或者监察机关决定对公务员违纪的情况进行调查,并将调查认定的事实及拟给予处分的依据告知公务员本人。公务员有权进行陈述和申辩。给予行政机关公务员处分,应当自批准立案之日起6个月内作出决定;案情复杂或者遇有其他特殊情形的,办案期限可以延长,但是最长不得超过12个月。处分决定应当以书面形式通知公务员本人。任免机关应当按照管理权限,及时将处分决定或者解除处分决定报公务员主管部门备案。处分决定、解除处分决定自作出之日起生效。

受到处分的环境与资源保护行政机关公务员对处分决定不服的,依照《公务员法》和《行政监察法》的有关规定,可以申请复核或者申诉。复核、申诉期间不停止处分的执行。环境与资源保护行政机关公务员不因提出复核、申诉而被加重处分。

经复核,有下列情形之一的,受理复核、申诉的机关应当撤销处分决定,重新作出决定或者责令原处分决定机关重新作出决定:处分所依据的违法违纪事实证据不足的,违反法定程序,影响案件公正处理的,作出处分决定超越职权或者滥用职权的。经复核,有下列情形之一的,受理复核、申诉的机关应当变更处分决定,或者责令原处分决定机关变更处分决定:适用法律、法规、规章或者国务院决定错误的,对违法违纪行为的情节认定有误的,处分不当的。

环境与资源保护行政机关公务员的处分决定被变更,需要调整该公务员的职务、级别或者工资档次的,应当按照规定予以调整;环境与资源保护行政机关公务员的处分决定被撤销的,应当恢复该公务员的级别、工资档次,按照原职务安排相应的职务,并在适当范围内为其恢复名誉。被撤销处分或者被减轻处分的环境与资源保护行政机关公务员工资福利受到损失的,应当予以补偿。

第三节 破坏环境资源保护罪的刑事责任

一、破坏环境资源保护罪概述

(一)破坏环境资源保护罪的概念

破坏环境资源保护罪是指违反环境与资源保护法律的规定向环境排放污染物或开发利用自然资源造成环境污染或生态破坏,应受刑罚处罚的行为。

确立破坏环境资源保护罪有利于环境与资源保护立法目的的实现。对严重污染或破坏环境的行为人给予刑事处罚,在制裁严重环境违法行为的同时,也对潜在的违法者产生了威慑,从而减少了污染和破坏环境行为的产生,有利于实现环境与资源保护立法保护环境、保障人体健康和促进社会主义现代化建设的发展的目的。确立破坏环境资源保护犯罪有利于环境与资源保护法的有效实施。在民事责任和行政责任之外,动用刑罚这种最严厉的手段来惩罚破坏环境资源保护的行为,促使排污者与自然资源利用者遵守环境与资源保护法律,并为行政机关的环境与资源保护执法提供了强制力保障,有利于环境与资源保护法的实施。

破坏环境资源保护罪的构成要件具有如下特征。

从我国刑法分则的结构看,破坏环境资源保护罪侵犯的客体主要是社会管理秩序。但是这一立法选择在实践中受到了广泛的质疑。因为,从实际后果看破坏环境资源保护罪的客体应当是复杂客体,其除了侵犯社会管理秩序外,也侵犯了环境利益以及建立在环境利益之上的公共安全。随着环境意识的提高,环境利益及公共安全这一客体的重要性已经超过了社会管理秩序本身,而成为破坏环境资源保护罪侵犯的首要客体。实践中也出现了以投放危险物质危害公共安全对环境污染行为人定罪量刑的案例。

在我国,破坏环境资源保护罪的客观方面主要表现为污染环境和破坏自然资源两类行为,且通常要求以违反环境与资源保护法律的规定为前提。从破坏环境资源保护罪行为的特征分析,我国刑法规定的破坏环境资源保护罪大多数属于结果犯,即要求行为人的违法行为实际造成了环境污染或破坏的实际后果。

破坏环境资源保护罪的主体在我国包括自然人和单位两类。实践中自然人构成的多是破坏自然资源类的犯罪,单位构成的多是污染环境类的犯罪。

破坏环境资源保护罪的主观方面包括故意和过失两种形态。通常来说,破坏环境资源保护罪的行为人对违反环境与资源保护法律的行为在主观上是故意和明知的,但是对违法行为的危害后果在主观上多为过失。破坏自然资源犯罪的行为人主观上多为故意,过失一般不构成此类犯罪。

破坏环境资源保护罪的刑事责任是指犯罪行为人因实施破坏环境资源保护的犯罪行为而应承受的刑事处罚。我国《刑法》针对破坏环境资源保护罪规定的刑罚包括自由刑和财产刑两大类。

针对破坏环境资源保护罪的自由刑包括拘役、管制、有期徒刑,其中适用最广泛的是有期徒刑。破坏环境资源保护罪的财产刑包括罚金和没收财产。我国《刑法》第六章第六节"破坏环境资源保护罪"对各类破坏环境资源保护罪均规定了罚金刑,且采取了无限额罚金,即对罚金数额不做任何限制;但是在没收财产方面,我国《刑法》仅在非法猎捕、杀害珍贵、濒危野生动物罪和非法收购、运输、出售珍贵、濒危野生动物及其制品罪中,针对情节特别严重的情形规定了没收财产。

自由刑和财产刑的适用关系包括三种类型。第一,复合制,即单处财产刑或自由刑与财产刑并处;第二,必并制,即自由刑与财产刑并处;第三,选处制,即单处自由刑或单处财产刑。我国《刑法》规定的破坏环境资源保护罪的刑事责任以复合制为主,必并制和选处制为辅。

若单位构成破坏环境资源保护罪,则采取双罚制,即对单位判处罚金,并对其直接负责的主管人员和其他直接责任人员,依照各该条的规定处罚。

我国《刑法》第六章第六节专门规定了"破坏环境资源保护罪",此外我国《刑法》还在第三章"破坏社会主义市场经济秩序罪"和第九章的"渎职罪"中规定了一些与破坏环境资源保护罪相关的犯罪。

(二) 破坏环境资源保护罪的立法概况

世界各国关于破坏环境资源保护罪及其刑事责任的立法模式大体上有三种,即刑法典模式、附属刑法模式与特别刑法模式。

刑法典模式是指在刑法典中对破坏环境资源保护罪及其刑事责任进行规定的立法模式,这种模式在成文法国家较为普遍。附属刑法模式是指在环境与资源保护立法中对破坏环境资源保护罪及其刑事责任进行规定的立法模式,这种模式以英美法系国家为代表。特别刑法模式是指制定专门的法律对破坏环境资源保护罪及其刑事责任进行规定的立法模式,这种模式以日本的《公害罪法》为典型代表。还有很多国家采取了混合型立法模式,即同时采用上述三种立法模式中的两种或三种模式。

我国的破坏环境资源保护罪及其刑事责任立法模式经历了从"刑法典 + 附属刑法 + 特别刑法"的混合型立法模式到刑法典模式的发展历程。

1979 年 7 月制定的《刑法》中,未对破坏环境资源保护罪作出专门规定,有关条款分散在刑法典的"危害公共安全犯罪"、"破坏社会主义经济秩序罪"、"渎职罪"等章节中。然而,随着环境问题的日益突出,刑法典关于破坏环境资源保护罪的规定不能适应惩治和预防破坏环境资源保护罪的实际需要。为此,在刑法典修改之前我国制定了一些附属刑法和特别刑法,以弥补刑法典的滞后性和局限性。

在特别刑法方面,全国人大常委会于 1988 年颁布了《关于惩治捕杀国家重点保护的珍贵、濒危野生动物的补充规定》,将非法猎捕杀害国家重点保护的珍贵、濒危野生动物的行为从非法捕捞水产品罪和非法狩猎罪中分离出来,成为一种独立的罪名。

在附属刑法方面,1979 年的《环境保护法(试行)》、1982 年的《海洋环境保护法》、1984 年的《森林法》与《水污染防治法》、1986 年的《渔业法》与《矿产资源法》、1987 年的《大气污染防治法》、1988 年的《野生动物保护法》、1989 年的《环境保护法》、1995 年的《固体废物污染环境防治法》和修订后的《大气污染防治法》、1996 年修订后的《水污染防治法》等环境与资源保护法律均对破坏环境资源保护罪进行了规定。除了《固体废物污染环境防治法》、《大气污染防治法》和《水污染防治法》明确规定"比照《刑法》第 115 条或者第 187 条的规定追究刑事责任"外,其他环境与资源保护法律均没有直接规定罪名和刑罚,也没有指明具体应适用的刑法条文,而仅是原则性地规定"依法追究刑事责任"或"依照刑法追究刑事责任"。

1997 年《刑法》在对原刑法典中有关破坏环境资源保护罪的规定、特别环境刑法与附属环境刑法进行补充、修改、整合的基础上,在第六章"妨碍社会管理秩序罪"中专设一节"破坏环境资源保护罪",对破坏环境资源保护罪进行了系统规定。

1997 年《刑法》实施之后,我国又根据环境与资源保护的实际需要通过刑法修正案的方式对破坏环境资源保护罪进行了补充和调整。

2001年的《刑法修正案(二)》对第342条进行了修改,将犯罪对象由"耕地"扩展为"耕地、林地等农用地"。

2002年的《刑法修正案(四)》对第339条第3款进行了修改,将犯罪对象由固体废物扩展为固体废物、液态废物和气态废物;对第344条进行了修改,将犯罪对象由"珍贵树木"扩展为"珍贵树木或者国家重点保护的其他植物及其制品";对第345条第3款进行了修改,取消了"以牟利为目的"和"在林区"的限制,增加了"非法运输"这一行为方式。

2011年的《刑法修正案(八)》对第338条进行了修改,取消了"土地、水体、大气"的限制条件,将"其他危险废物"修改为"其他有害物质",将"造成重大环境污染事故,致使公私财产遭受重大损失或者人身伤亡的严重后果的"修改为"严重污染环境的";对第343条进行了修改,将"经责令停止开采后拒不停止开采,造成矿产资源破坏"改为"情节严重"。

目前,我国《刑法》第六章第六节"破坏环境资源保护罪"及相应的修正案共设立了15个破坏环境资源保护罪的罪名,包括3个污染环境类犯罪:污染环境罪,非法处置进口的固体废物罪,擅自进口固体废物罪;12个破坏自然资源类犯罪:非法捕捞水产品罪,非法猎捕、杀害珍贵、濒危野生动物罪,非法收购、运输、出售珍贵、濒危野生动物、珍贵、濒危野生动物制品罪,非法狩猎罪,非法占用农用地罪,非法采矿罪,破坏性采矿罪,非法采伐、毁坏国家重点保护植物罪,非法收购、运输、加工、出售国家重点保护植物、国家重点保护植物制品罪,盗伐林木罪,滥伐林木罪,非法收购、运输盗伐、滥伐的林木罪。

除了第六章第六节规定的"破坏环境资源保护罪"外,我国《刑法》还在第三章"破坏社会主义市场经济秩序罪"和第九章的"渎职罪"中规定了相关的犯罪。

二、我国《刑法》关于破坏环境资源保护罪的规定

(一) 污染环境类犯罪

1. 污染环境罪

《刑法》第338条[①]规定,违反国家规定,排放、倾倒或者处置有放射性的废物、含传染病病原体的废物、有毒物质或者其他有害物质,严重污染环境的,处3年以下有期徒刑或者拘役,并处或者单处罚金;后果特别严重的,处3年以上7年以下有期徒刑,并处罚金。

案例6.3

2012年2月,某化工有限公司董事长A,在明知该公司污染物处理设施存在故障、不能正常运转的情况下,仍然指使生产车间照常生产,将大量废水直接排入公司北侧的五支河内,任其流进市区水源蟒蛇河,污染了市区两个自来水厂的取水点口,导致市区20多万居民饮用水停止达66小时40分钟,造成了巨大的经济损失。

---

① 2011年的《刑法修正案(八)》对第338条进行了重大修改,修改前的条文为"违反国家规定,向土地、水体、大气排放、倾倒或者处置有放射性的废物、含传染病病原体的废物、有毒物质或者其他危险废物,造成重大环境污染事故,致使公私财产遭受重大损失或者人身伤亡的严重后果的,处3年以下有期徒刑或者拘役,并处或者单处罚金;后果特别严重的,处3年以上7年以下有期徒刑,并处罚金。"

讨论：A是否构成犯罪？构成何种犯罪？为什么？

我国立法并未对污染环境罪的主观方面作出明确规定，但通说认为本罪的主观方面只能是过失，这种过失表现为行为人对严重污染环境这一危害后果持有疏忽大意或过于自信的心理状态，但是行为人对违反国家规定排放、倾倒或者处置有害物质的行为通常是故意的。如果确证行为人对严重污染环境这一危害后果持有故意的心态，则应按照危害公共安全类犯罪进行定罪量刑，司法实践中已经出现了此类判决。

本罪的客观方面，表现为行为人违反国家规定，排放、倾倒或者处置有放射性的废物、含传染病病原体的废物、有毒物质或者其他有害物质，导致环境受到严重污染。"违反国家规定"是指违反国家有关防治环境污染的法律、法规、规章的规定。"排放、倾倒或者处置"的场所包括但不限于土地、水体、海洋、大气。"排放、倾倒或者处置"的对象，包括放射性的废物、含传染病病原体的废物、有毒物质或者其他有害物质。放射性废物是指含有放射性核素或者被放射性核素污染，其放射性核素浓度或者比活度大于国家确定的清洁解控水平，预期不再使用的废弃物；"含传染病病原体的废物、有毒物质或者其他有害物质"目前尚无明确立法或司法解释，但列入《国家危险废物目录》中的危险废物都属于"有害物质"。

本罪属于结果犯，只有造成了"严重污染环境"后果的，才能构成本罪。何谓"严重污染环境"目前尚无立法或司法解释。

构成本罪的，处3年以下有期徒刑或者拘役，并处或者单处罚金；后果特别严重的，处3年以上7年以下有期徒刑，并处罚金。2006年最高人民法院颁布的《关于审理环境污染刑事案件具体应用法律若干问题的解释》规定了重大环境污染事故罪中的"公私财产遭受重大损失"、"人身伤亡的严重后果"、"后果特别严重"的认定标准。在新的立法或司法解释颁布前，该解释可以作为认定是否构成污染环境罪中的"严重污染环境"或"后果特别严重"的参考标准。

2. 非法处置进口的固体废物罪

《刑法》第339条第1款规定，违反国家规定，将境外的固体废物进境倾倒、堆放、处置的，处5年以下有期徒刑或者拘役，并处罚金；造成重大环境污染事故，致使公私财产遭受重大损失或者严重危害人体健康的，处5年以上10年以下有期徒刑，并处罚金；后果特别严重的，处10年以上有期徒刑，并处罚金。

"违法国家规定"主要是指违反《固体废物污染环境防治法》及其配套法规中关于进口固体废物的管理规定。"固体废物"是指在生产、生活和其他活动中产生的丧失原有利用价值或者虽未丧失利用价值但被抛弃或者放弃的固态、半固态和置于容器中的气态的物品、物质以及法律、行政法规规定纳入固体废物管理的物品、物质，在本罪中特指从境外进口的固体废物。若非法处置的对象是境内的固体废物，则不构成本罪，而可能构成污染环境罪。

本罪属于行为犯，只要实施了非法处置固体废物的行为即构成犯罪既遂。与之相适应，本罪的主观方面是故意，即明知是境外的固体废物，仍然违反国家规定，将其进境倾倒、堆放、处置。

构成本罪的,处 5 年以下有期徒刑或者拘役,并处罚金;造成重大环境污染事故,致使公私财产遭受重大损失或者严重危害人体健康的,处 5 年以上 10 年以下有期徒刑,并处罚金;后果特别严重的,处 10 年以上有期徒刑,并处罚金。

最高人民法院颁布的《关于审理环境污染刑事案件具体应用法律若干问题的解释》(法释〔2006〕4 号)规定了"公私财产遭受重大损失"、"严重危害人体健康"、"后果特别严重"的认定标准。

有下列情形之一的,属于"公私财产遭受重大损失":致使公私财产损失[①] 30 万元以上的;致使基本农田、防护林地、特种用途林地五亩以上,其他农用地 10 亩以上,其他土地 20 亩以上基本功能丧失或者遭受永久性破坏的;致使森林或者其他林木死亡 50 立方米以上,或者幼树死亡 2500 株以上的。

有下列情形之一的,属于"严重危害人体健康":致使 1 人以上死亡、3 人以上重伤、10 人以上轻伤,或者 1 人以上重伤并且 5 人以上轻伤的;致使传染病发生、流行或者人员中毒达到《国家突发公共卫生事件应急预案》中突发公共卫生事件分级Ⅲ级情形,严重危害人体健康的。

有下列情形之一的,属于"后果特别严重":致使公私财产损失 100 万元以上的;致使水源污染、人员疏散转移达到《国家突发环境事件应急预案》中突发环境事件分级Ⅱ级以上情形的;致使基本农田、防护林地、特种用途林地 15 亩以上,其他农用地 30 亩以上,其他土地 60 亩以上基本功能丧失或者遭受永久性破坏的;致使森林或者其他林木死亡 150 立方米以上,或者幼树死亡 7500 株以上的;致使 3 人以上死亡、10 人以上重伤、30 人以上轻伤,或者 3 人以上重伤并 10 人以上轻伤的;致使传染病发生、流行达到《国家突发公共卫生事件应急预案》中突发公共卫生事件分级Ⅱ级以上情形的。

3. 擅自进口固体废物罪

《刑法》第 339 条第 2 款规定,未经国务院有关主管部门许可,擅自进口固体废物用作原料,造成重大环境污染事故,致使公私财产遭受重大损失或者严重危害人体健康的,处 5 年以下有期徒刑或者拘役,并处罚金;后果特别严重的,处 5 年以上 10 年以下有期徒刑,并处罚金。

"未经国务院有关主管部门许可",是指未经国务院环境保护主管部门审查许可。"进口固体废物用作原料"是指进口列入《国家限制进口的可用作原料的固体废物目录》中的固体废物,并将其作为原料从事生产和经营活动。如果进口列入目录中的固体废物进境后仅仅进行非法倾倒、堆放或处置的,也不构成本罪,而构成非法处置进口的固体废物罪。

本罪是结果犯,只有造成了重大环境污染事故,致使公私财产遭受重大损失或者严重

---

① "公私财产损失"包括污染环境行为直接造成的财产损毁、减少的实际价值,为防止污染扩大以及消除污染而采取的必要的、合理的措施而发生的费用。

危害人体健康的①,才构成本罪。从主观方面看,行为人对未经许可本擅自进口固体废物是故意,但对由此造成的危害后果通常是过失。

构成本罪的处 5 年以下有期徒刑或者拘役,并处罚金;后果特别严重的②,处 5 年以上 10 年以下有期徒刑,并处罚金。

以原料利用为名,进口不能用作原料的固体废物、液态废物和气态废物的,依照本法第 152 条第 2 款、第 3 款的规定的走私罪定罪处罚。③

(二) 破坏自然资源类犯罪

1. 非法捕捞水产品罪

《刑法》第 340 条规定,违反保护水产资源法规,在禁渔区、禁渔期或者使用禁用的工具、方法捕捞水产品,情节严重的,处 3 年以下有期徒刑、拘役、管制或者罚金。

"违反保护水产资源法规"是指违反《渔业法》等保护水产资源的法律法规。"水产品"是指除珍贵、濒危的野生动植物外,各种具有一定经济价值的野生水生动植物。"禁渔区"、"禁渔期"、"禁用的工具、方法"根据《渔业法》等保护水产资源的法律法规的规定进行认定。

"情节严重"尚无明确的立法或司法解释,通常有下列情形之一的可以认定为"情节严重":非法捕捞数额较大的;为首组织非法捕捞的;非法捕捞屡教不改的;使用危险非法捕捞造成水产资源严重损害的等。

构成本罪的,处 3 年以下有期徒刑、拘役、管制或者罚金。

2. 非法猎捕、杀害珍贵濒危野生动物罪

《刑法》第 341 条第 1 款规定,非法猎捕、杀害国家重点保护的珍贵、濒危野生动物的,处 5 年以下有期徒刑或者拘役,并处罚金;情节严重的,处 5 年以上 10 年以下有期徒刑,并处罚金;情节特别严重的,处 10 年以上有期徒刑,并处罚金或者没收财产。

案例 6.4

A 为了验证狗熊到底笨不笨,A 携带浓硫酸到北京动物园熊山旁,借给熊喂食之机,将浓硫酸倒入熊口,先后导致五只国家二级保护动物棕熊和马熊被严重烧伤。动物园为了医治受伤的熊总共支付了三十多万元医药费,但仍然有三只熊留下了永久性的残疾。

讨论:A 是否构成非法猎捕、杀害珍贵、濒危野生动物罪?

提示:从野生动物资源国家所有权及《刑法》有关非法猎捕、杀害珍贵、濒危野生动物罪的客观方面两个角度进行分析。

"珍贵、濒危野生动物"包括列入国家重点保护野生动物名录的国家一、二级保护野

---

① 认定标准同非法处置进口的固体废物罪。
② 同上。
③ 《刑法》第 152 条第 2 款规定了走私废物罪:"逃避海关监管将境外固体废物、液态废物和气态废物运输进境,情节严重的,处 5 年以下有期徒刑,并处或者单处罚金;情节特别严重的,处 5 年以上有期徒刑,并处罚金。"

生动物、列入《濒危野生动植物种国际贸易公约》附录一、附录二的野生动物以及驯养繁殖的上述物种。

"非法猎捕"是指未经许可或违法许可证的规定猎捕珍贵、濒危野生动物的行为;"杀害"是指采用各种方法致使珍贵、濒危野生动物死亡的行为。行为人只要实施了非法猎捕或者杀害珍贵、濒危野生动物其中一种行为,就构成本罪;实施了两种行为的,仍为一罪,不实施并罚。在具体案件中,应根据具体情况,分别定为非法猎捕或者杀害珍贵或濒危野生动物罪。

本罪是行为犯,只要实施了非法猎捕杀害的行为即构成本罪,情节严重或数量较大只是量刑中的加重情节。

本罪的主观方面是故意,过失不构成本罪。如果行为人没有杀害的故意,而仅仅具有伤害的故意,则不构成本罪,而可能构成故意毁坏财物罪。

构成本罪的,处5年以下有期徒刑或者拘役,并处罚金;情节严重的,处5年以上10年以下有期徒刑,并处罚金;情节特别严重的,处10年以上有期徒刑,并处罚金或者没收财产。

最高人民法院颁布的《关于审理破坏野生动物资源刑事案件具体应用法律若干问题的解释》规定了"情节严重"和"情节特别严重"的认定标准。

有下列情形之一的,应当认定为"情节严重":达到本解释附表所列相应数量标准的;非法猎捕、杀害、收购、运输、出售不同种类的珍贵、濒危野生动物,其中两种以上分别达到附表所列"情节严重"数量标准一半以上的。

有下列情形之一的,应当认定为"情节特别严重":达到本解释附表所列相应数量标准的;非法猎捕、杀害、收购、运输、出售不同种类的珍贵、濒危野生动物,其中两种以上分别达到附表所列"情节特别严重"数量标准一半以上的。

有下列情形之一的,可以认定为"情节严重":犯罪集团的首要分子;严重影响对野生动物的科研、养殖等工作顺利进行的;以武装掩护方法实施犯罪的;使用特种车、军用车等交通工具实施犯罪的;造成其他重大损失的。有上列情形之一,并有应当认定为"情节严重"的情形之一的,可以认定为"情节特别严重"。

3. 非法收购、运输、出售珍贵濒危野生动物、珍贵、濒危野生动物制品罪

《刑法》第341条第1款规定,非法收购、运输、出售国家重点保护的珍贵、濒危野生动物及其制品的,处5年以下有期徒刑或者拘役,并处罚金;情节严重的,处5年以上10年以下有期徒刑,并处罚金;情节特别严重的,处10年以上有期徒刑,并处罚金或者没收财产。

"珍贵、濒危野生动物制品"是指对捕杀的野生动物的皮、毛、角、骨、肉等进行加工,制作成成品或者半成品的物品。"非法"是指未经许可或违反许可证的规定从事收购、运输、出售珍贵濒危野生动物、珍贵、濒危野生动物制品的行为。

本罪为选择性罪名。"收购",包括以营利、自用等为目的的购买行为;"运输",包括采用携带、邮寄、利用他人、使用交通工具等方法进行运送的行为;"出售",包括出卖和以

营利为目的的加工利用行为。

本罪为行为犯,只要实施了收购、运输、出售珍贵濒危野生动物、珍贵、濒危野生动物制品的行为即构成犯罪,不要求情节严重或数量较大。

构成本罪的,处5年以下有期徒刑或者拘役,并处罚金;情节严重的,处5年以上10年以下有期徒刑,并处罚金;情节特别严重的,处10年以上有期徒刑,并处罚金或者没收财产。

非法收购、运输、出售珍贵濒危野生动物制品价值在10万元以上的或非法获利5万元以上的[①],属于"情节严重";价值在20万元以上的或非法获利10万元以上的,属于"情节特别严重"。

4. 非法狩猎罪

《刑法》第341条第2款规定,违反狩猎法规,在禁猎区、禁猎期或者使用禁用的工具、方法进行狩猎,破坏野生动物资源,情节严重的,处3年以下有期徒刑、拘役、管制或者罚金。

"违反狩猎法规"是指,违反《野生动物保护法》、《陆生野生动物保护条例》等法律法规的规定。"禁渔区"、"禁渔期"、"禁用的工具、方法"根据《野生动物保护法》、《陆生野生动物保护条例》等法律法规的规定进行认定。本罪的对象是除珍贵、濒危野生动物之外的其他陆生野生动物。如果非法猎捕的是珍贵、濒危野生动物之外的水生野生动物,则可能构成非法捕捞水产品罪。

有下列情形之一的属于"情节严重":非法狩猎野生动物20只以上的;违反狩猎法规,在禁猎区或者禁猎期使用禁用的工具、方法狩猎的。

构成本罪的,处3年以下有期徒刑、拘役、管制或者罚金。

5. 非法占用农用地罪

《刑法》第342条规定,违反土地管理法规,非法占用耕地、林地等农用地,改变被占用土地用途,数量较大,造成耕地、林地等农用地大量毁坏的,处5年以下有期徒刑或者拘役,并处或者单处罚金。

"违反土地管理法规"是指违反《土地管理法》、《森林法》、《草原法》等法律以及有关行政法规中关于土地管理的规定。"非法占用"是指违反土地利用总体规划或者计划,未经批准或者骗取批准,擅自将耕地、林地等农用地改为建设用地或者改作其他用途。根据《土地管理法》第4条的规定,"农用地"是指直接用于农业生产的土地,包括耕地、林地、草地、农田水利用地、养殖水面等。本罪是结果犯,要求具备"数量较大"、"造成耕地、林地等农用地大量毁坏"的后果。

根据最高人民法院颁布的《关于审理破坏土地资源刑事案件具体应用法律若干问题的解释》的规定,非法占用耕地"数量较大"是指非法占用基本农田5亩以上或者非法占

[①] 非法收购、运输、出售珍贵濒危野生动物的"情节严重"和"情节特别严重"认定标准与非法猎捕、杀害珍贵、濒危野生动物罪相同。

用基本农田以外的耕地 10 亩以上。"造成耕地大量毁坏"是指造成基本农田 5 亩以上或者基本农田以外的耕地 10 亩以上种植条件严重毁坏或者严重污染。

根据最高人民法院颁布的《关于审理破坏林地资源刑事案件具体应用法律若干问题的解释》的规定,有下列情形之一的,属于非法占用林地"数量较大,造成林地大量毁坏":非法占用并毁坏防护林地、特种用途林地数量分别或者合计达到 5 亩以上;非法占用并毁坏其他林地数量达到 10 亩以上;非法占用并毁坏本条第一项、第二项规定的林地,数量分别达到相应规定的数量标准的 50% 以上;非法占用并毁坏本条第一项、第二项规定的林地,其中一项数量达到相应规定的数量标准的 50% 以上,且两项数量合计达到该项规定的数量标准。

构成本罪的,处 5 年以下有期徒刑或者拘役,并处或者单处罚金。

6. 非法采矿罪

《刑法》第 343 条第 1 款[①]规定,违反矿产资源法的规定,未取得采矿许可证擅自采矿,擅自进入国家规划矿区、对国民经济具有重要价值的矿区和他人矿区范围采矿,或者擅自开采国家规定实行保护性开采的特定矿种,情节严重的,处 3 年以下有期徒刑、拘役或者管制,并处或者单处罚金;情节特别严重的,处 3 年以上 7 年以下有期徒刑,并处罚金。

"未取得采矿许可证擅自采矿"包括无采矿许可证开采矿产资源的,采矿许可证被注销、吊销后继续开采矿产资源的,超越采矿许可证规定的矿区范围开采矿产资源的,未按采矿许可证规定的矿种开采矿产资源的(共生、伴生矿种除外),在采矿许可证被依法暂扣期间擅自开采的。

"国家规划矿区"是指国家根据建设规划和矿产资源规划,为建设大、中型矿山划定的矿产资源分布区域。"对国民经济具有重要价值的矿区"是指国家根据国民经济发展需要划定的,尚未列入国家建设规划的,储量大、质量好,具有开发前景的矿产资源保护区域。"国家规定实行保护性开采的特定矿种"是指国务院根据国民经济建设和高科技发展的需要,以及资源稀缺、贵重程度确定的,由国务院主管部门按照国家计划批准开采的矿种。

本罪是要求非法采矿行为达到情节严重的程度才能构成本罪。最高人民法院颁布的《关于审理非法采矿、破坏性采矿刑事案件具体应用法律若干问题的解释》规定了《刑法》原第 343 条第 1 款中的"造成矿产资源破坏"的认定标准,即非法采矿造成矿产资源破坏的价值,数额在 5 万元以上的。在新的司法解释颁布之前,此解释可以作为认定"情节严重"的参考标准。

构成本罪的,处 3 年以下有期徒刑、拘役或者管制,并处或者单处罚金;情节特别严重

[①] 2011 年的《刑法修正案(八)》对第 343 条第 1 款进行了修改,修改前的条文为"违反矿产资源法的规定,未取得采矿许可证擅自采矿的,擅自进入国家规划矿区、对国民经济具有重要价值的矿区和他人矿区范围采矿的,擅自开采国家规定实行保护性开采的特定矿种,经责令停止开采后拒不停止开采,造成矿产资源破坏的,处 3 年以下有期徒刑、拘役或者管制,并处或者单处罚金;造成矿产资源严重破坏的,处 3 年以上 7 年以下有期徒刑,并处罚金。"

的,处3年以上7年以下有期徒刑,并处罚金。

根据最高人民法院颁布的《关于审理非法采矿、破坏性采矿刑事案件具体应用法律若干问题的解释》的规定,非法采矿造成矿产资源破坏的价值,数额在30万元以上的,属于"情节特别严重"。对于多次非法采矿构成犯罪,依法应当追诉的,或者一年内多次非法采矿未经处理的,造成矿产资源破坏的数额累计计算。

7. 破坏性采矿罪

《刑法》第343条第2款规定,违反矿产资源法的规定,采取破坏性的开采方法开采矿产资源,造成矿产资源严重破坏的,处5年以下有期徒刑或者拘役,并处罚金。

"采取破坏性的开采方法开采矿产资源",是指行为人违反地质矿产主管部门审查批准的矿产资源开发利用方案开采矿产资源的行为。本罪是结果犯,要求具备"造成矿产资源严重破坏的行为",即破坏性采矿造成矿产资源破坏的价值,数额在30万元以上的。对于多次破坏性采矿构成犯罪,依法应当追诉的,或者一年内多次破坏性采矿未经处理的,造成矿产资源破坏的数额累计计算。

构成本罪的,处5年以下有期徒刑或者拘役,并处罚金。

8. 非法采伐、毁坏国家重点保护植物罪

《刑法》第344条规定,违反国家规定,非法采伐、毁坏珍贵树木或者国家重点保护的其他植物的,处3年以下有期徒刑、拘役或者管制,并处罚金;情节严重的,处3年以上7年以下有期徒刑,并处罚金。

"违反国家规定"是指违反《森林法》和《野生植物保护条例》等法律法规的规定的行为。"珍贵树木",包括由省级以上林业主管部门或者其他部门确定的具有重大历史纪念意义、科学研究价值或者年代久远的古树名木,国家禁止、限制出口的珍贵树木以及列入国家重点保护野生植物名录的树木。"国家重点保护的其他植物"是指除珍贵树木以外,国家重点保护的野生植物目录中所列的植物。

"非法采伐"是指没有取得采伐许可证而进行采伐或者违反许可证规定的面积、株数、树种进行采伐的行为。"毁坏"是指采用剥皮、砍枝、取脂使用等方式,使珍贵树木或者国家重点保护的其他植物死亡或者影响其正常生长的行为。

本罪属于行为犯,只要实施了非法采伐、毁坏的行为即构成犯罪。

构成本罪的,处3年以下有期徒刑、拘役或者管制,并处罚金;情节严重的,处3年以上7年以下有期徒刑,并处罚金。

根据最高人民法院颁布的《关于审理破坏森林资源刑事案件具体应用法律若干问题的解释》的规定,有下列情形之一的,属于非法采伐、毁坏珍贵树木"情节严重"的:非法采伐珍贵树木2株以上或者毁坏珍贵树木致使珍贵树木死亡3株以上的;非法采伐珍贵树木2立方米以上的;为首组织、策划、指挥非法采伐或者毁坏珍贵树木的。在新的司法解释颁布之前,认定非法采伐、毁坏国家重点保护的其他植物是否构成"情节严重"可以参照上述标准。

9. 非法收购、运输、加工、出售国家重点保护植物、国家重点保护植物制品罪

《刑法》第 344 条规定,违反国家规定,非法收购、运输、加工、出售珍贵树木或者国家重点保护的其他植物及其制品的,处 3 年以下有期徒刑、拘役或者管制,并处罚金;情节严重的,处 3 年以上 7 年以下有期徒刑,并处罚金。

"非法收购、运输、加工、出售"是指,违反《森林法》、《野生植物保护条例》等法律法规的规定,未经许可或违反许可证的规定,从事收购、运输、加工、出售珍贵树木或者国家重点保护的其他植物及其制品的活动。

本罪是行为犯,有"非法收购、运输、加工、出售"的行为即构成犯罪。

构成本罪的,处 3 年以下有期徒刑、拘役或者管制,并处罚金;情节严重的,处 3 年以上 7 年以下有期徒刑,并处罚金。

目前尚未有立法或司法解释对"情节严重"进行界定。司法实践中可以从涉案珍贵树木或者国家重点保护的其他植物及其制品的价值、行为人获利数额等方面予以考虑。[①]

10. 盗伐林木罪

《刑法》第 345 条第 1 款规定,盗伐森林或者其他林木,数量较大的,处 3 年以下有期徒刑、拘役或者管制,并处或者单处罚金;数量巨大的,处 3 年以上 7 年以下有期徒刑,并处罚金;数量特别巨大的,处 7 年以上有期徒刑,并处罚金。

案例 6.5

2010 年 6 月,A 因为准备盖房子打算砍伐一些自留山上的树,遂向林业部门申请办理了《林木采伐许可证》。后因为盖房预算增加,A 就超过了许可证规定的范围多砍了 20 棵树。运输途中,被林业公安人员查获。经查,A 多砍伐的树木总计 15 立方米。

讨论:A 是否构成何种犯罪?为什么?

提示:从盗伐林木罪与滥伐林木罪的区别进行分析。

"盗伐"是指未经国家林业行政管理部门批准,采取秘密手段采伐他人所有的森林或林木的行为。具体表现为擅自砍伐国家、集体、他人所有或者他人承包经营管理的森林或者其他林木的;擅自砍伐本单位或者本人承包经营管理的森林或者其他林木的;在林木采伐许可证规定的地点以外采伐国家、集体、他人所有或者他人承包经营管理的森林或者其他林木的。本罪的对象是他人所有的森林或林木,如果砍伐的是行为人自己所有的林木,则不构成本罪,而可能构成滥伐林木罪。

根据最高人民法院颁布的《关于审理破坏森林资源刑事案件具体应用法律若干问题的解释》的规定,"数量较大"以盗伐林木 2—5 立方米或者幼树 100—200 株为起算点。

构成本罪的,处 3 年以下有期徒刑、拘役或者管制,并处或者单处罚金;数量巨大的,处 3 年以上 7 年以下有期徒刑,并处罚金;数量特别巨大的,处 7 年以上有期徒刑,并处罚

[①] 周道鸾、张军主编:《刑法罪名精释》(第三版),人民法院出版社 2008 年版,第 702 页。

金。盗伐国家级自然保护区内的森林或者其他林木的,从重处罚。

根据最高人民法院《关于审理破坏森林资源刑事案件具体应用法律若干问题的解释》的规定,"数量巨大"以20—50立方米或者幼树1000—2000株为起点,"数量特别巨大"以100—200立方米或者幼树5000—10000株为起点。

11. 滥伐林木罪

《刑法》第345条第2款规定,违反森林法的规定,滥伐森林或者其他林木,数量较大的,处3年以下有期徒刑、拘役或者管制,并处或者单处罚金;数量巨大的,处3年以上7年以下有期徒刑,并处罚金。

"滥伐"是指未经林业行政主管部门及法律规定的其他主管部门批准并核发林木采伐许可证,或者虽持有林木采伐许可证,但违反林木采伐许可证规定的时间、数量、树种或者方式,任意采伐本单位所有或者本人所有的森林或者其他林木的;或者超过林木采伐许可证规定的数量采伐他人所有的森林或者其他林木的。林木权属争议一方在林木权属确权之前,擅自砍伐森林或者其他林木,数量较大的,以滥伐林木罪论处。

本罪要求滥伐林木的行为必须达到"数量较大"的程度,才能构成本罪。根据最高人民法院颁布的《关于审理破坏森林资源刑事案件具体应用法律若干问题的解释》的规定,滥伐林木"数量较大"以10—20立方米或者幼树500—1000株为起点。

构成本罪的,处3年以下有期徒刑、拘役或者管制,并处或者单处罚金;数量巨大的,处3年以上7年以下有期徒刑,并处罚金。滥伐国家级自然保护区内的森林或者其他林木的,从重处罚。

根据最高人民法院《关于审理破坏森林资源刑事案件具体应用法律若干问题的解释》的规定,滥伐林木"数量巨大"以50—100立方米或者幼树2500—5000株为起点。

12. 非法收购、运输盗伐、滥伐的林木罪

《刑法》第345条第3款规定,非法收购、运输明知是盗伐、滥伐的林木,情节严重的,处3年以下有期徒刑、拘役或者管制,并处或者单处罚金;情节特别严重的,处3年以上7年以下有期徒刑,并处罚金。

本罪的主观方面是故意,即"明知"是盗伐、滥伐的林木而进行收购、运输。有下列情形之一的,可以视为应当知道,但有证据证明确属被蒙骗的除外:在非法的木材交易场所或者销售单位收购木材的;收购以明显低于市场价格出售的木材的;收购违反规定出售的木材的。

非法收购、运输盗伐、滥伐的林木的行为必须达到"情节严重"的程度才能构成犯罪。根据最高人民法院《关于审理破坏森林资源刑事案件具体应用法律若干问题的解释》的规定,具有下列情形之一的,属于"情节严重":非法收购盗伐、滥伐的林木20立方米以上或者幼树1000株以上的;非法收购盗伐、滥伐的珍贵树木2立方米以上或者5株以上的。

构成本罪的,处3年以下有期徒刑、拘役或者管制,并处或者单处罚金;情节特别严重的,处3年以上7年以下有期徒刑,并处罚金。

根据最高人民法院《关于审理破坏森林资源刑事案件具体应用法律若干问题的解

释》的规定,具有下列情形之一的,属于"情节特别严重":非法收购盗伐、滥伐的林木100立方米以上或者幼树5000株以上的;非法收购盗伐、滥伐的珍贵树木5立方米以上或者10株以上的。

(三) 与破坏环境资源保护罪相关的犯罪

我国《刑法》中与破坏环境资源保护罪相关的犯罪主要包括环境监管失职罪、走私珍贵动物、珍贵动物制品罪,走私国家禁止进出口的货物、物品罪(原走私珍稀植物、珍稀植物制品罪)等渎职类犯罪和走私类犯罪。

1. 环境监管失职罪

《刑法》第408条规定,负有环境保护监督管理职责的国家机关工作人员严重不负责任,导致发生重大环境污染事故,致使公私财产遭受重大损失或者造成人身伤亡的严重后果的,处3年以下有期徒刑或者拘役。

本罪的客观方面表现为严重不负责任,未依法履行环境保护监管职责或未认真履行环境保护监管职责,导致发生重大环境污染事故,致使公私财产遭受重大损失或者造成人身伤亡的严重后果的行为。"公私财产遭受重大损失"及"人身伤亡的严重后果"的认定标准依照最高人民法院《关于审理环境污染刑事案件具体应用法律若干问题的解释》的规定执行。

本罪的犯罪主体为特殊主体,即负有环境保护监督管理职责的国家机关工作人员。

本罪的主观方面为过失,即应当预见自己严重不负责任可能导致发生重大环境污染事故,因为疏忽大意而没有预见,或者虽然已经预见而轻信能够避免。故意不构成本罪。

构成本罪的,对负有环境保护监督管理职责的国家机关工作人员处3年以下有期徒刑或者拘役。

2. 走私珍贵动物、珍贵动物制品罪

《刑法》第151条第2款规定,走私国家禁止进出口的珍贵动物及其制品的,处5年以上10年以下有期徒刑,并处罚金;情节特别严重的,处10年以上有期徒刑或者无期徒刑,并处没收财产;情节较轻的,处5年以下有期徒刑,并处罚金。

本罪的客观方面表现为违反海关和野生动物保护的法律法规,逃避海关监管,运输、携带、邮寄珍贵动物、珍贵动物制品进出国(边)境的行为。行为人直接向走私人非法收购珍贵动物及其制品,或者在领海、内海、界河、界湖运输、收购、贩卖上述物品的,也应当以走私珍贵动物、珍贵动物制品罪论处。

构成本罪的,处5年以上10年以下有期徒刑,并处罚金;情节特别严重的,处10年以上有期徒刑或者无期徒刑,并处没收财产;情节较轻的,处5年以下有期徒刑,并处罚金。

3. 走私珍稀植物、珍稀植物制品罪

《刑法》第151条第3款规定,走私珍稀植物及其制品等国家禁止进出口的其他货物、物品的,处5年以下有期徒刑或者拘役,并处或者单处罚金;情节严重的,处5年以上有期徒刑,并处罚金。

本罪的客观方面表现为违反海关法规和珍稀植物保护法规,逃避海关监管,运输、邮

寄、携带珍稀植物、珍稀植物制品进出国（边）境的行为。行为人直接向走私人非法收购珍稀植物及其制品，或者在领海、内海、界河、界湖运输、收购、贩卖上述物品的，也应当以走私珍稀植物、珍稀植物制品罪论处。

构成本罪的，处5年以下有期徒刑或者拘役，并处或者单处罚金；情节严重的，处5年以上有期徒刑，并处罚金。

三、追究破坏环境资源保护罪刑事责任的程序

根据《刑事诉讼法》、《行政执法机关移送涉嫌犯罪案件的规定》以及《国家环境保护总局、公安部、最高人民检察院关于环境保护行政主管部门移送涉嫌破坏环境资源保护罪案件的若干规定》（环发〔2007〕78号）的相关规定，追究破坏环境资源保护罪的刑事责任的程序包括以下内容。

第一，移送。县级以上环境保护行政主管部门（或者其他负有环境保护监督管理职权的行政主管部门）在依法查处环境违法行为过程中，发现违法事实涉及的公私财产损失数额、人身伤亡和危害人体健康的后果、走私废物的数量、造成环境破坏的后果及其他违法情节等，涉嫌构成犯罪，依法需要追究刑事责任的，应当依法向公安机关移送。不得以行政处罚代替案件移送。

第二，侦查。公安机关对所移送的案件进行审查后认为应当立案的，应当立案并进行侦查，收集、调取犯罪嫌疑人有罪或者无罪、罪轻或者罪重的证据材料。对犯罪嫌疑人可以依法先行拘留，对符合逮捕条件的犯罪嫌疑人，应当依法逮捕。

第三，审查起诉。侦查终结之后，公安机关应当写出起诉意见书，连同案卷材料、证据一并移送同级人民检察院审查。人民检察院认为犯罪嫌疑人的犯罪事实已经查清，证据确实、充分，依法应当追究刑事责任的，应当作出起诉决定，按照审判管辖的规定，向人民法院提起公诉。

第四，审判。人民检察院提起公诉后，人民法院应当按照《刑事诉讼法》的规定进行审理。

第四节 环境侵权的民事责任

一、环境侵权民事责任概述

（一）环境侵权的概念

我国学者多从追究加害人民事责任的角度对环境侵权进行界定，有关表述和界定不尽相同。归纳起来看，环境侵权概念的核心内涵有两个方面：第一，环境侵权的外在表现形式是排放污染物或损害环境，进而侵犯他人权利；第二，环境侵权侵犯的客体主要包括他人的财产权、人身权和环境权等。

基于相关立法并综合相关理论，本书将环境侵权定义为，因产业活动或其他人为原因

导致环境污染或生态破坏,并对他人人身权、财产权、环境权益或公共财产造成损害或有造成损害的危险,而应承担民事责任的行为。

（二）环境侵权的分类

实际上,环境侵权是一个集合性名词,包括因环境污染或生态破坏所造成的各式各样的环境侵权现象,如大气污染致人体健康或财产损害、噪声妨害、放射性物质污染致害、有毒化学品致害、突发性环境事故致害、污染物长期累积致害等。

这些环境侵权行为在发生损害的状态、过程等诸方面均有所不同,由此也导致了追究这些环境侵权行为的民事责任规则也有所不同。因此,需要对环境侵权行为进行类型化,进而探讨不同类型的环境侵权行为的责任规则。

从总体上看,所谓的环境侵权是指因为某种人为活动导致了环境质量下降,进而侵害他人权利的行为。在侵害他人权利方面,各类环境侵权并无不同;但是在导致环境质量下降的原因行为方面,各类环境侵权存在较大差异。因此,应当将导致环境质量下降的原因行为作为环境侵权类型化的标准。

根据这个标准,本书将环境侵权分为生态破坏侵权与环境污染侵权两大类。生态破坏侵权是指因开发利用土地、森林、草原、水、矿产、渔业、野生动植物等自然资源而造成生态破坏,进而对他人人身权、财产权、环境权益以及公共财产造成损害的行为。环境污染侵权是指因向环境排放污染物造成环境污染,进而对他人人身权、财产权、环境权益以及公共财产造成损害的行为。其中,量多面广、影响最大的环境污染侵权又是最重要的一类环境侵权,也是我国环境与资源保护立法中有关环境侵权规定的重点内容。例如,我国《侵权责任法》专门规定了第八章"环境污染责任"。

根据我国目前的法律规定,环境污染侵权属于特殊侵权,适用不同于一般侵权的特殊归责原则与规则。而生态破坏侵权属于一般侵权,适用一般侵权的归责原则与规则。

（三）环境侵权的民事责任

环境侵权的民事责任是指公民、法人或其他组织因污染或破坏环境而侵害公共财产或他人人身权、财产权或环境权益构成侵权,而应当承担的民事方面的法律责任。

我国环境侵权民事责任的法律依据主要包括《民法通则》和《侵权责任法》的有关规定,《环境保护法》、《海洋环境保护法》、《大气污染防治法》、《水污染防治法》、《固体废物污染环境防治法》、《环境噪声污染防治法》等污染防治法律的有关规定以及《森林法》、《草原法》、《渔业法》、《水法》、《土地管理法》、《矿产资源法》、《水土保持法》、《野生动物保护法》等自然资源法律的有关规定。

《民法通则》第124条规定:"违反国家保护环境防止污染的规定,污染环境造成他人损害的,应当依法承担民事责任。"这一规定虽然肯定环境污染侵权适用无过错责任原则,但同时规定以"违反国家保护环境防止污染的规定"为加害人承担民事责任的前提。

在有关环境污染防治的专门法律中,1982年制定的《海洋环境保护法》第42条率先规定了污染侵权的无过错责任原则,即因海洋环境污染受到损害的单位和个人有权要求造成污染损害的一方赔偿损失。此后,各单项污染防治法均有类似规定。归纳起来看,这些规定具有以下特点:第一,均明确了环境污染侵权适用无过错归责原则,且与加害人是否符合公法上环境标准无关;第二,免责事由具有不一致性;第三,缺乏赔偿责任最高限额以及财务保证或担保、责任保险、赔偿或补偿基金等损害赔偿责任保障制度的规定。

《侵权责任法》第八章针对"环境污染责任"的特殊性问题,作了进一步的修正或者补充。因污染环境造成损害的,污染者即应当承担侵权责任,而不再以"违反国家保护环境防止污染的规定"作为加害人承担民事责任的前提。因污染环境发生纠纷,污染者应当就法律规定的不承担责任或者减轻责任的情形及其行为与损害之间不存在因果关系承担举证责任。两个以上污染者污染环境,污染者承担责任的大小,根据污染物的种类、排放量等因素确定。因第三人的过错污染环境造成损害的,被侵权人可以向污染者请求赔偿,也可以向第三人请求赔偿;污染者赔偿后,有权向第三人追偿。

二、生态破坏侵权的民事责任

(一) 生态破坏侵权的归责原则与构成要件

1. 归责原则

我国《环境保护法》、《草原法》、《森林法》等环境与资源保护法律对生态破坏侵权民事责任问题作出了指引性规定,如《环境环保法》第44条规定,造成土地、森林、草原、水、矿产、渔业、野生动植物等资源破坏的,依照有关法律规定承担民事责任;《草原法》第69条规定,擅自在草原上开展经营性旅游活动,破坏草原植被,给草原所有者或者使用者造成损失的,依法承担赔偿责任;《森林法》第44条规定,进行开垦、采石、采砂、采土、采种、采脂和其他活动,致使森林、林木受到毁坏的,依法赔偿损失。

从立法目的看,上述规定中的"依照有关法律"或"依法"很显然指的是民事方面的法律。然而,对于生态破坏侵权,我国《民法通则》与《侵权责任法》等民事法律并未进行专门规定。因此,生态破坏侵权适用关于一般侵权的规定。

生态破坏侵权属于一般侵权,因此适用过错责任原则,加害人只有主观上具有故意或过失才可能承担侵权责任,无过错则无责任。[①]

2. 构成要件

根据一般侵权的基本理论,生态破坏侵权的构成要件有四个,即行为人主观上存在过错、行为的违法性、损害事实的存在、行为与损害后果之间存在因果关系。

生态破坏侵权行为人的主观过错主要表现为,行为人已经预见或者应当预见自己开发利用自然资源的行为会给他人造成损害,但仍然希望或放任这种损害后果发生,或者由于疏忽没有预见或者虽已预见但轻信能够避免的一种主观心态。

生态破坏侵权行为的违法性主要表现为,行为人在开发利用自然资源时违反了法律规定的作为或者不作为义务,侵犯了他人合法的民事权益。例如,超过许可数量取水导致

[①] 然而从理论上分析,环境污染与生态破坏作为环境问题的两个方面,往往是相互影响、具有"复合效应"的。因此,有学者认为生态破坏所致侵权现象也应实行无过错责任原则。参见罗丽:《再论环境侵权民事责任——评〈侵权责任法〉第65条》,载《清华法治论衡》第14辑,清华大学出版社2011年版。

下游干旱、滥伐林木导致国有森林损害、超出矿区范围采矿导致他人房屋地基沉降等。

生态破坏侵权的损害后果主要表现为两类，一类是对国家、集体或他人的自然资源权利的侵害，如超量取水导致沿岸养殖户的损失。另一类是对他人自然资源权利之外的其他财产权、人身权或环境权益的侵犯，如违反相关操作规程在地下采矿导致他人房屋倒塌的。

生态破坏侵权的因果关系是指行为人开发利用自然资源的行为与受害人的损害后果之间存在着因果关系。

(二) 生态破坏侵权的免责事由

侵权责任的免责事由，是指免除或者减轻侵权责任的条件。也称抗辩事由。一般认为，侵权责任的免责事由包括正当理由和外来原因。正当理由是指损害确系行为人的行为所致，但行为人的行为具有正当理由，从而阻却了侵害他人权益的违法性，如职务授权行为、正当防卫、紧急避险、受害人同意等。外来原因是指损害表面上是行为人的行为所致，但实际上是由一个外在于行为之外的原因独立造成的，如不可抗力、受害人过错和第三人过错等。

本书以下重点阐述不可抗力、受害人过错和第三人过错等三种免责事由。

1. 不可抗力

不可抗力是指不能预见、不能避免并不能克服的客观情况，既包括某些自然现象，如地震、台风等，也包括某些社会现象，如战争等。各国立法均将"不可抗力"作为一般侵权的免责事由。

需要注意的是，作为免责事由，不可抗力必须是损害发生的唯一原因。如果损害是由于不可抗力和行为人的过错共同导致的，行为人不能免责。在发生了不可抗力之后，行为人必须及时采取合理措施防止损害扩大，否则对于损害扩大的部分，行为人依然应当要承担侵权责任。

2. 受害人的过错

受害人的过错，是指损害的发生或扩大并非因加害人的过错造成，而是由于受害人本身的故意或过失造成。在因受害人本身的故意或过失使自己遭受损害的情况下，如果仍然由他人承担民事责任，则有悖于公平观念，因此，受害人的过错通常可成为侵权责任的抗辩事由。

实践中，还需要根据受害人过错的大小来决定是彻底免责还是减轻责任。通常来看，受害人故意造成损害的，侵权人可以免责；受害人过失造成损害的，侵权人可以减轻责任；侵权人因故意或者重大过失致人损害，受害人只有一般过失的，不减轻赔偿义务人的赔偿责任。

3. 第三人原因

第三人原因是指受害人损害的发生或扩大事由除受害人和侵权人之外的第三人造成的。根据《侵权责任法》的规定，损害是因第三人造成的，第三人应当承担侵权责任。

（四）生态破坏侵权责任的承担方式

生态破坏侵权的责任承担方式一般包括损害赔偿与侵害排除两种。

损害赔偿是适用最广泛的一种侵权责任方式，是指行为人因侵权行为给他人造成损害的，应支付一定的金钱或者实物赔偿侵权行为所造成的损失的侵权责任方式。损害赔偿的方法主要包括金钱赔偿和以恢复原状为代表的非金钱救济方式两种。从比较法的角度而言，世界多数国家是以金钱赔偿为原则，以恢复原状为主的非金钱救济为例外。

损害赔偿通常只强调对受害人所遭受损害的金钱填补，是一种事后补救措施，因而具有一定局限性。在生态破坏侵权中，如果只片面强调对损害的金钱补偿，则势必会助长对人类生命、健康以及人类环境的恣意侵害，其结果将会导致人类与环境的毁灭。因此，主动采取事前预防性措施，通过侵害排除责任方式，排除已产生的损害，并预防将来可能发生的损害，以及时抑制环境侵权行为，越来越受到关注。

（五）破坏生态致国家或集体自然资源损害的民事责任

根据我国《宪法》、《物权法》和相关自然资源法的规定，矿藏、水流、森林、山岭、草原、荒地、滩涂等自然资源属于国家所有或集体所有。如果行为人开发利用自然资源导致属于国家所有或集体所有的土地、森林、草原、水、矿产、渔业、野生动植物等自然资源遭受损害的，应当依法向国家或集体组织承担损害赔偿责任。

但是，在我国的自然资源管理实践中，对开发利用自然资源导致国家或集体自然资源损害的行为，相关行政监督管理部门往往仅对行为人实施行政处罚或追究行为人的刑事责任。但行政机关或集体组织却很少追究行为人的民事责任，要求行为人赔偿损失或者恢复原状、排除侵害。

随着1999年《海洋环境保护法》的修改，这种状况有所改变。该法第90条规定，对破坏海洋生态、海洋水产资源、海洋保护区，给国家造成重大损失的，由依照本法规定行使海洋环境监督管理权的部门代表国家对责任者提出损害赔偿要求。实践中，也出现了越来越多的国家索赔案件。

三、环境污染侵权的民事责任

（一）环境污染侵权的特征

与一般侵权行为相比，环境污染侵权具有很大的特殊性。也正是因为此，各国立法基本上都将环境污染侵权规定为一种特殊侵权。

环境污染侵权的特征可以归纳为以下四点：

第一，主体的不平等性和不可互换性。近代民法的基本原则和基本制度，如所有权绝对、私法自治、自己责任或过错责任等，均建立在民事主体具有平等性和互换性这两个基本判断的基础上。[①] 20世纪以来，随着科学技术和工商业的发达，权益侵害现象之重心已由传统个人间之主观侵害，转移到危险活动之损害事实，环境污染和生态破坏等所致权益

---

① 参见梁慧星：《从近代民法到现代民法》，载《民商法论丛》第7卷，法律出版社1997年版，第233—234页。

侵害即其典型。① 在环境污染侵权这一新型的现代社会权益侵害现象中,加害人多为经国家注册许可的具有特殊经济、科技、信息实力和法律地位的工商企业或企业集团,而受害人则多为欠缺规避能力和抵抗能力的普通农民、渔民和市民。因此,环境污染侵权的主体(加害人和受害人),往往具有不平等性、不可互换性,明显不同于其主体具有平等性、互换性的传统侵权行为,因而才会在环境污染侵权民事责任制度中出现行政救济、无过错责任、社会责任等特殊的制度安排。

第二,加害行为在价值判断上的社会妥当性、合法性。传统侵权的加害行为在道德和法律的价值判断上,均属于应予严格禁止并加以制裁的行为。而环境污染侵权的原因行为,往往是必要的经济活动或者是伴随正常的生产、生活活动而生的"副产品"。在价值判断上,属于符合社会生活常规、有价值、有意义的合法行为,甚至是国家鼓励的活动。在生态系统自身可以承受的限度内,各种开发建设和排污等原因行为,并不会造成环境污染和生态破坏,更不会造成权益侵害现象。但是,当原因行为对环境的影响超过生态系统的承受能力而发生环境污染或生态破坏时,就往往会造成环境污染侵权现象。由此可以说,环境污染侵权在性质上属于一种"合法或适法侵权",是一种在一定限度内可以容许的危险。环境污染侵权救济中的忍受限度论、利益衡量论等,其据以存在的基础即在于此。

第三,侵害状态的间接性、继续性、反复性、广阔性和累积性。环境污染侵权中的加害人通常并不是直接作用于受害人,而是通过排污或开发建设等活动首先作用于周围的环境,然后再通过"环境"这一中介物对生存于其中的自然人及其财产等造成侵害、损害,具有明显的间接性。

环境污染侵权中加害人的生产、生活活动往往具有继续性、反复性,致使加害行为也具有继续性、反复性,从而决定了侵害状态在时间上具有继续性、反复性特点。

由于污染物往往在空气、水、土壤、生物等环境介质中发生复杂的物理、化学或生物化学变化,通过迁移、扩散、接触、吸收、富集等而使人们的身体健康或财产受到损害;生态破坏则通过生态系统的失衡致人损害。因此,环境污染和生态破坏在空间上具有广阔性。

环境污染侵权的损害结果往往要通过广大空间和长久时间,甚至经由多种因素的复合、累积之后,才变得明显。环境侵害的累积性、复合性,决定了损害结果往往具有滞后性、潜伏性。

环境污染侵权的侵害状态的间接性、继续性、反复性、广阔性、累积性,导致了加害原因行为与侵害过程、损害程度、损害内容之间关系的不确定性,进而导致环境污染侵权诉讼时效和因果关系在理论、审判实践和立法中的调整,如实行较长的诉讼时效和因果关系推定等。

第四,环境污染侵权兼有私害性和公害性。环境污染侵权中不仅存在加害人和受害人均不特定的情形,而且在许多场合表现为非特定污染源的复合污染对相当区域不特定的多数人的多种权益的同时侵害。在后一种情形下,对谁是加害人、谁是受害人很难判定

---

① 王利明:《民法·侵权行为法》,中国人民大学出版社1993年版,第65页。

或根本无法判定,有时加害人和受害人甚至混为一体。因此,环境污染侵权不仅包括部分私害案型,而且多为危害范围大、程度严重的社会性权益侵害,即"公害"案型,从而兼有"私害性"和"公害性"。例如,某工厂因污水管道破裂造成某农民的农作物死亡,加害人和受害人均不难确定,属于"私害";而相当多数工厂共同向某条河流排放污水造成河水污染并因而使流域内相当多数人的健康、财产遭受侵害,则加害人、受害人和侵害过程、程度等往往难以确定,属于"公害"。

环境污染侵权兼具私害性和公害性特征决定了,环境污染侵权救济不仅在于提供事后补救性的损害赔偿以及赔偿责任的社会化,而且应注重采取事先预防性的侵害排除手段,尽量做到"防患于未然"。

(二)环境污染侵权的归责原则与构成要件

1. 归责原则

因污染环境造成他人损害的,实行无过错责任原则。在污染者因污染环境给他人造成损害时,不论污染者主观上是否存在过错,都应对其污染所造成的损害承担民事责任的归责原则。我国《侵权责任法》第65条明确规定:"因污染环境造成损害的,污染者应当承担侵权责任。"

无过错责任原则是随着资本主义社会化大生产的发展而出现的,其理论的依据主要有德国的危险说、法国的形成风险说、利益说和影响领域说等。总体看来,目前对无过失责任原则最为有力的理论解释乃是将危险说和利益说综合起来的解释。按照这种解释,特定企业、装置是危险的来源,只有其所有人、持有人能够控制这些危险源,而由获得利益者承担损害赔偿责任,不仅是公平正义的要求,而且企业能够通过商品或劳务的价格机制、责任保险乃至社会安全体制将损失分散到社会中去;其基本思想,不在于对具有"反社会性"行为的制裁,而在于对危险事故所致不幸损害的合理分配。[①]

2. 构成要件

根据我国《侵权责任法》的规定,环境污染侵权的构成要件包括损害后果、污染行为以及两者之间的因果关系。

通常情况下,污染行为表现为向大气排放污染物的行为、向水体排放污染物的行为、排放噪声的行为、排放固体废物的行为、向土壤排放污染物的行为、向海洋排放污染物的行为等。

环境污染侵权的损害后果通常表现为,侵害他人人身权、财产权、环境权益或公共财产权。传统上,各国立法仅将人身损害和财产损害视为环境污染侵权的损害后果。自20世纪九十年代以来,生态环境本身所遭受的损害作为一种新型的损害被一些国家的立法或国际条约所承认。[②] 由于我国实行社会主义公有制,对生态环境本身的损害就是对国家或集体所有的自然资源的损害。然而,生态损害的范围和界定标准较为模糊。从国外

[①] 参见王泽鉴:《侵权行为法之危机及其发展趋势》,载《民法学说与判例研究(第2册)》,中国政法大学出版社1997年版,第162页。

[②] 竺效:《论我国生态损害的立法定义模式》,载《浙江学刊》2007年第3期,第166—170页。

立法和司法实践来看,一般将治理生态破坏的费用纳入直接损失处理,而将生态价值的损害作为间接损失处理。① 由于环境污染导致公众环境权益受到损害的,不属于一般意义上的民事责任,通常是通过公益诉讼来解决的。

由于许多环境污染侵权案件中原因行为的高度科技性,环境损害发生方式的间接性、复合性、累积性,环境损害时间上的缓慢性、滞后性,空间上的广阔性等特点,以及加害人可能会以保护商业秘密为由阻止受害人进行调查,受害人对因果关系的严格举证证明极为困难,甚至根本不可能。因此,为实现侵权行为法救济受害人,强化加害人民事责任的目的,世界各国法学理论与司法实践均尝试探索如何减轻环境污染侵权受害人因果关系举证困难的有效途径。② 综合各国立法与司法实践看,因果关系举证责任倒置、因果关系推定等法律上的技术性方法,得到大量运用和肯定。

(三) 环境污染侵权的免责事由

综合相关立法与司法实践,环境污染侵权的免责事由包括不可抗力与受害人过错。

我国《侵权责任法》第29条规定"因不可抗力造成他人损害的,不承担责任。法律另有规定的,依照其规定"。而我国《环境保护法》及单项污染防治法对不可抗力问题作了有所不同的规定:《环境保护法》第41条规定"完全由不可抗拒的自然灾害,并经及时采取合理措施,仍然不能避免造成环境污染损害的,免予承担责任";《海洋环境保护法》第92条规定:"完全属于下列情形之一,经过及时采取合理措施,仍然不能避免对海洋环境造成污染损害的,造成污染损害的有关责任者免予承担责任:(一) 战争;(二) 不可抗拒的自然灾害";《大气污染防治法》第63条规定:"完全由于不可抗拒的自然灾害,并经及时采取合理措施,仍然不能避免造成大气污染损失的,免于承担责任";《水污染防治法》第85条第2款规定:"由于不可抗力造成水污染损害的,排污方不承担赔偿责任;法律另有规定的除外"。

通过对上述法律规定的分析可以得出以下两个结论:第一,不可抗力事由必须是造成损害结果发生的唯一原因时,才可以据此免责;第二,在环境污染侵权的场合,不可抗力事由发生后行为人行为人还必须及时采取了合理措施,仍不能避免损害的才予免责。

案例6.6

A矿业公司在矿山附近堆放了大量尾矿,且未按照法律规定采取防护措施。某日,A公司所在地降下了百年不遇的大暴雨,巨大的山洪把A公司随意堆放的尾矿冲到邻近的水库中,导致严重的污染事故,水库中几百万斤鱼死亡,直接经济损失超过1000万元。养殖户要求A公司赔偿损失,A公司以不可抗力为由予以拒绝。

讨论:A公司的抗辩是否成立?

在环境污染侵权中,由于实行无过错责任原则,因此不存在过失相抵的问题,仅仅根据受害人的过错大小判断加害人免责还是减轻责任。

---

① 汪劲:《环境法学》,北京大学出版社2006年版,第572页。
② 罗丽:《中日环境侵权民事责任比较研究》,吉林大学出版社2004年版,第162页。

通常情况下,损害是由受害人故意造成的,排污方不承担赔偿责任;损害是由受害人重大过失造成的,可以减轻排污方的赔偿责任。

案例 6.7

某日,A 发现自己在河里网箱养六个月的鱼大量死亡。经短暂暗自调查,A 发现死鱼与 B 化工厂违法排污有关。A 为了多获得赔偿,A 就连夜购买了几十箱鱼放入其养殖区域,几天之后,这些新买的鱼也全部死亡。

讨论:A 可以要求 B 化工厂赔偿何种损失?

一般情况下,如果损害是因第三人造成的,第三人应当承担侵权责任根据。然而,根据《侵权责任法》第68条、《水污染防治法》第85条第4款等法律的规定,因第三人的过错污染环境造成损害的,被侵权人可以向污染者请求赔偿,也可以向第三人请求赔偿;污染者赔偿后,有权向第三人追偿。这种规定尽管要求第三人承担污染损害的最终赔偿责任,但是为了保护受害人,又赋予受害人向污染者索赔的权利。就此而言,环境污染侵权中第三人原因不再是免责事由。

案例 6.8

A 化工厂的生产废水收集在废水池中待处理后排放。2010 年 9 月 5 日,B 在受托对 A 的废水池维修时损坏了防渗层,导致大量未经处理的废水渗入地下。数月后,厂区周边农作物大面积死亡,牲畜也开始大量死亡。受害人要求 A 承担赔偿责任,但 A 认为损害是由 B 造成的,自己不应承担赔偿责任。

讨论:A 的主张是否成立?

(四)环境污染侵权责任的承担方式

1. 侵害排除

环境污染侵权的损害赔偿,往往对他人活动的存立并不构成直接威胁,但侵害排除请求权的承认与否,则关系他人活动的存废。由于环境污染行为的社会妥当性、价值性和必要性,是否允许强制排除侵害,牵涉各种产业活动的社会效用和公共利益。如果仅以损害的继续性、反复性和不可恢复性作为侵害排除的要件,必然会导致大量产业活动的废止,阻碍经济、社会的发展甚至会使文明进步失去赖以存在的物质基础。因此,环境污染侵权中侵害的排除的适用需综合考虑权利不可侵原则和原因行为的社会妥当性、合法性、有用性、价值性等因素。

环境侵害排除的法律构成要件要比损害赔偿的构成要件更加严格,权利遭受实质性侵害仅是排除环境侵害的必要条件,而非充分条件。除了权利受害外,尚须同时具有侵害的不合理性,始可承认环境侵害的排除请求权。而这种权利侵害是否具有不合理性的判断过程,即是所谓的利益衡量。

利益衡量实质上是经济效率与社会公平正义之间的平衡,需就以下多个因素,斟酌个案情形分别作出判断:受害利益的性质、内容和程度;侵害行为的形态、性质和程度;侵害行为的社会价值评价,即其公共性、公益性、必要性等;加害人是否已经尽其可能采取具有经济技术可行性的最完善的损害防止措施;侵害发生时土地利用的性质、位置是否适当;是否事先经过环境影响评价及其结果如何;是否与当地受害居民协商、受害人回避侵害的可能性等。

由于各种权利在法律价值判断上具有层次性,因此法律对不同权益的保护范围、程度和次序往往也有一定的区别。在各种权益遭受环境侵害时,是否可以适用利益衡量原则考虑侵害排除,如若可以适用利益衡量原则,则适用的程度如何,均须根据不同的权利类型分别加以考察。

环境污染侵权的原因行为直接创造物质财富、公共福利,但其在法律价值判断上较生命权、身体权、健康权为低。因此只要生命权、身体权或健康权受害或有受害之虞,则无论加害人的经济利益如何,公益性、公共性如何,侵害行为的形态、性质和程度如何,地区性如何,是否遵守公法上排放标准或管制要求,是否采取了最完善的防害措施,土地利用先后关系如何,均应认定其超过了忍受限度而准许受害人排除(防止或除去)侵害的请求。

如果因环境污染造成或可能造成单纯的精神痛苦、不舒适或生活上的不方便、不利益,则有利益衡量原则的适用余地。应当就其作用程度重大小、地区性、受害人回避损害的可能性、土地利用或居住的先后关系、加害人的公益性、公共性、是否遵守公法上义务等多个因素进行衡平比较,确定是否超过忍受限度和准许排除侵害。

环境侵权原因行为在创造财产价值的同时,侵害他人农作物、渔业、房地产等财产利益的,能否排除侵害须适用利益衡量原则。虽然利益衡量的判断因素甚多,要求标准甚高,但因侵害或可能侵害农作物、渔业等而影响受害人生计的,自应认为超过忍受限度而准许排除侵害的请求。其他单纯的财产权益受害或有受害之虞者,可以依据明确而直接的实定法上的依据,例如物权请求权排除侵害。

2. 损害赔偿

财产损害包括因环境污染事故和事件直接造成的财产损毁、减少的实际价值。财产损害又可进一步分为国家财产损害、单位财产损害和个人财产损害,其中国家财产损害主要包括国有耕地、林地、湿地和草地等生产性资产的直接产品损失;单位财产损害主要包括国有和集体单位所有的固定资产和产品、半成品等其他资产的损害;个人财产损害主要包括个人所有的渔产品、农作物、畜禽和房屋等资产的损害。

人身损害包括环境污染受害人因医疗支出的各项费用、因误工减少的收入、受害人伤残所增加的必要费用、因丧失劳动能力的收入损失、残疾赔偿金、残疾者被抚养人生活费、受害人死亡的丧葬费、死亡者被抚养人生活费、死亡补偿费、办理丧葬事宜支出的其他合理费用。

环境污染侵权的损害后果往往具有广泛性,因此损害赔偿的数额也比较巨大。基于环境污染原因行为的正当性,因此完全由污染者承担损害赔偿也有失公正;而且完全由污染者承担赔偿责任,也会因为财政能力问题导致对受害人救济不力。因此,各国纷纷通过财务保证或担保、责任保险、行政补偿等方式,实现了环境侵权损害赔偿责任的社会化。

环境侵权损害赔偿责任社会化主要是指将环境侵权行为所生损害视为社会损害,使侵权损害赔偿制度与责任保险、社会安全体制等密切衔接,通过高度设计的损害填补制度,由社会上多数人承担和消化损害,从而使损害填补不再是单纯的私法救济,既可及时、充分地救助受害人,维持社会稳定,又可避免加害人因赔偿负担过重而破产,保护经济发展。

财务保证或担保主要是指由潜在的环境污染侵权责任人(主要是污染性危险企业)提供一定的资金专门用于对受害人进行及时、有效的救助,如提存金制度和企业互助基金制度等。提存金制度是指污染性危险企业在开工之前,依照有关法令向提存机关预先提存一定的保证金、担保金,或者在生产经营过程中,依照有关法令按期提存一定金额,以备损害赔偿之用。对拒不履行提存金提存义务的业者,可以依法采取吊销营业执照等行政上的强制措施,以形成强制履行提存义务的机制。

责任保险是指在被保险人依法应对第三人负损害赔偿责任时,由保险人根据保险合同的约定向该第三人支付赔偿金的财产保险类型。性质上乃是基于民事责任的一种分散和防范侵权损害的法律技术。目前,在英、美、德、法、日、瑞士等发达国家,责任保险已经在工业事故、航空器责任、核能事故、交通事故、医疗事故、产品责任、环境事故等危险活动、意外灾害领域得到广泛运用,我国也在开始进行环境污染责任保险试点。

行政补偿制度是指根据有关法律的规定,以行政手段介入环境污染侵权损害的赔偿,由政府以征收环境费(包括排污费、自然资源补偿费等)、环境税等特别的费、税作为筹资方式而设立损害补偿基金,并设定相应的救助条件,以该基金补偿环境污染侵权受害人,以保障损害赔偿获得迅速、确实、妥善的实现。与传统的民事损害赔偿不同,行政补偿依赖公权力的强制与监督来征收、管理和运用补偿基金,使"转移"损失的传统损害赔偿在相当程度上转化为"分担"损失的损害补偿,行政权力的介入深刻而全面,从而具有一定的福利行政和社会安全给付的意味。另一方面,行政补偿乃以"污染者付费原则"和民事赔偿责任作为征收、设立和支出补偿基金的基础,虽然行政色彩浓郁,但总体上仍属于对传统民事赔偿理论和制度的调整、修正和补充,是民事损害赔偿的一个特殊环节。

值得指出的是,在共同污染侵权的场合,污染者承担责任的大小,根据污染物的种类、排放量等因素确定。

(五)污染环境致国家或集体自然资源损害的民事责任

传统民法中的环境污染侵权责任,是指污染者对私人受害人的人身和财产损害所承担的民事责任。但环境污染除了会对私人受害人造成损害之外,还会对环境本身造成损害(也称生态损害)。

自20世纪80年代末以来,因污染环境所造成的生态环境本身所遭受的损害作为一种新型的损害而被一些国家立法或国际条约所公认。与传统民法上财产损害的确定性相比,生态环境损害的损害范畴和界定标准较为模糊。因此,对于环境污染造成生态环境本身的损害是否应当全部赔偿以及应当如何赔偿的问题上,目前世界各国有关立法规定与司法实践不尽相同。但是,从美国以及欧盟国家的生态损害赔偿立法与实践看,生态损害主要还是以替代成本为依据进行计算的,费用范围主要包括生态损害中的使用价值与非使用价值损失、过渡期(期间)损失以及评估与方案研究费用等。

依据我国《宪法》和相关法律的规定,几乎所有的环境要素或自然资源都属于国家所有或集体所有。因此,环境污染对生态环境本身造成的损害,可以视为对国家或集体财产权的侵害,由国家或集体向污染者主张损害赔偿责任。

我国《海洋环境保护法》第91条第2款规定:"对破坏海洋生态、海洋水产资源、海洋保护区,给国家造成重大损失的,由依照本法规定行使海洋环境监督管理权的部门代表国家对责任者提出损害赔偿要求。"这是目前我国环境与资源保护立法中唯一一处明确要求污染者对生态损害承担损害赔偿责任的规定。

案例6.9

A公司的油田作业区B平台和C平台先后发生两起溢油事故,导致大量原油泄漏在中国海域。附近的海洋部门闻讯后立即组织清除油污。在清除工作结束之后,海洋部门除了要求A公司支付清污费用及其他相关费用之外,还要求它赔偿原油泄漏造成海洋生态破坏和水产资源造成的损失。A公司同意赔偿清除及其他相关费用,但拒绝赔偿油污给海洋生态造成破坏导致的损失,认为并无法律依据。

讨论:海洋部门是否可以要求A公司赔偿其油污造成海洋生态破坏所导致的损失?

此外,最高人民法院在《关于为加快经济发展方式转变提供司法保障和服务的若干意见》(2010年6月)中明确表示将"依法受理环境保护行政部门代表国家提起的环境污染损害赔偿纠纷案件"。这表明,我国最高国家司法机关对行使国家环境保护职能的部门代表国家行使民事索赔权利持认同观点。

关于环境污染致国家生态损害的民事责任的构成要件,目前法律没有明确规定。从《侵权责任法》第65条的规定来看,只是笼统地规定"因污染环境造成损害的,污染者应当承担侵权责任",并没有对环境污染的受害人进行区别。从一般的理解来看,该条规定意味着,无论是对于一般受害人还是作为受害人的国家,污染者都应当承担侵权责任。因此,本书认为,污染环境致国家生态损害的民事责任与污染环境致一般受害人人身、财产损害的民事责任在构成要件上并无区别。

实践中,包括国家海洋局在内的多个海洋环境监督管理部门已经据此对导致海洋生态损害的污染者提起过生态损害赔偿要求。

近年来,为实现全面追究污染者的环境责任之目的,我国加快了完善环境污染损害鉴定评估工作的步伐。2011年5月25日,环境保护部发布了《关于开展环境污染损害鉴定评估工作的若干意见》,明确指出:"开展环境污染损害鉴定评估工作,对环境污染损害进行定量化评估,将污染修复与生态恢复费用纳入环境损害赔偿范围,科学、合理确定损害赔偿数额与行政罚款数额,有助于真实体现企业生产的环境成本,强化企业环境责任,增强企业的环境风险意识,从而在根本上有利于解决'违法成本低,守法成本高'的突出问题,改变以牺牲环境为代价的经济增长方式"。该《意见》还将2011—2012年定为探索试点阶段,并决定在全国重点开展案例研究和试点工作,在国家和试点地区初步形成环境污染损害鉴定评估工作能力。可见,我国的环境行政与司法实践也是将生态破坏修复与生态恢复费用纳入环境损害范围之内的。

四、环境侵权纠纷的解决方式

(一) 环境侵权纠纷的行政处理

1. 环境侵权纠纷行政处理的意义

解决侵权纠纷的传统方式包括民事诉讼这一"法律手段",也包括和解、调解等"非法律手段"以及介于"法律手段"与"非法律手段"之间的仲裁,行政权力原则上不介入当事人之间私法上的权利义务之争。

对于环境纠纷这一现代社会新问题,欧美国家虽有和解、调解等方法,但基本上仍以法律诉讼作为解决方式,并注重发挥环保团体和社会公众的作用,如法国、德国的"团体诉讼"、美国的"公民诉讼"等。而在日本、我国台湾等国家和地区,除了传统的司法诉讼外,最为突出的特点是将行政与司法两个法律领域加以混合,形成了"行政准司法"制度,如日本和我国台湾地区各自的《公害纠纷处理法》所规定的各种处理方法,具有行政法上和解、调解、仲裁和裁决的色彩。此外日本人权保护机关对于"因噪声、烟尘以及其他公害所造成的侵犯人权案件",也有权作为特别案件加以处理。

环境侵权纠纷的行政处理,本质上乃是基于福利国家、给付行政之理想和传统民事责任,通过行政权力的作用,避免诉讼程序的烦琐和迟延,尽早实现损害的赔偿,以收保护受害人之效,从而在相当程度上以行政力量之长克服司法作用之短,尽量避免或减轻传统"私法自治"原则对环境受害人产生的不利影响。

与民事诉讼程序相比,行政处理机制在解决环境侵权纠纷方面具有显著意义:第一,行政处理制度能够正视当事人间因社会的、经济的地位差异性产生的能力差异所造成的实质不平等现象,保障当事人权利的公平性。第二,纠纷行政处理程序所需费用主要由国库负担,减轻了当事人的负担。第三,行政纠纷处理程序通常较为简便,有利于迅速而妥善地解决环境侵权纠纷。

2. 我国关于环境侵权纠纷行政处理的法律规定

当前,在环境侵权纠纷的行政处理方面,我国环境与资源保护法尚未进行专门规定,有关规定分散在《环境保护法》以及单项环境与资源保护法中。

根据《环境保护法》第 41 条的规定,环境污染侵权的赔偿责任和赔偿金额的纠纷,可以根据当事人的请求,由环境保护行政主管部门或者其他依照本法律规定行使环境监督管理权的部门处理。

但是,该条并未明确"处理"的法律性质,实践中有的理解为调解、有的理解为行政裁决。根据全国人大常委会法工委于 1992 年 1 月 31 日以《关于正确理解和执行〈环境保护法〉第 41 条第 2 款的答复》,因环境污染损害引起的赔偿责任和赔偿金额的纠纷属于民事纠纷,根据当事人的请求,对因环境污染损害引起的赔偿责任和赔偿金额的纠纷所作的处理,当事人不服的,可以向人民法院提起民事诉讼,但这是民事纠纷双方当事人之间的民事诉讼,不能以作出处理决定的环境保护行政主管部门为被告提起行政诉讼。

根据这种解释,环保部门通过行政解决机制处理环境损害民事纠纷的作用明显被削弱了。① 此后,为使环保部门不因以行政裁决的方式处理赔偿纠纷而处于行政诉讼的被告地位,在立法上也出现了"缩小或者限制行政处理环境损害赔偿纠纷的有效方式"、"不将行政处理污染民事纠纷作为法定行政职责"等倾向。② 如 1995 年通过的《固体废物污染环境防治法》、1996 年通过的《环境噪声污染防治法》、2000 年修订的《大气污染防治法》、2008 年修订的《水污染防治法》中,均将相关条款的"处理"改为"调解处理"。

案例 6.10

A 果园里的果树由于受到 B 公司排放的大气污染物的污染大量死亡,按照市价计算,损失超过 100 万元。B 公司申请环保部门调解本案。环保部门经过调解后作出调解决定,要求 B 公司赔偿 A 80 万元。A 认为环保部门偏袒 B 公司,遂向人民法院提起行政诉讼要求撤销环保部门的处理决定。

讨论:A 对于环保部门的调解决定不服,是否可以提起行政诉讼?

在我国的单项自然资源法中,也有一些关于纠纷行政处理机制的规定,但大多是关于自然资源权属争议的行政处理规定。例如,《土地管理法》第 16 条和《草原法》第 16 条规定了土地与草原所有权、使用权争议的行政处理程序。与环境污染侵权纠纷的行政处理不同,此处的行政处理在法律行政上属于行政裁决,当事人对处理决定不服应当向人民法院提起行政诉讼。

此外,我国在《水法》第 57 条规定了水事纠纷的行政处理程序,即"单位之间、个人之间、单位与个人之间发生的水事纠纷,应当协商解决;当事人不愿协商或者协商不成的,可以申请县级以上地方人民政府或者其授权的部门调解,也可以直接向人民法院提起民事诉讼。县级以上地方人民政府或者其授权的部门调解不成的,当事人可以向人民法院提起民事诉讼"。

(二) 环境侵权诉讼

1. 环境侵权诉讼的一般程序

环境侵权诉讼的程序与一般民事诉讼基本相同。环境侵权受害人认为自己的人身权或财产权受到侵害的,可以以污染者为被告向侵权行为发生地或损害结果地的人民法院提起民事诉讼。在提交起诉状时,应当同时提交相应的证据材料。

人民法院对于符合起诉条件的案件,必须立案受理。立案之日起 5 日内,人民法院应当将起诉状副本送达被告,被告可以在收到起诉状副本之日起 15 日内提出答辩状。被告提出答辩状的,人民法院应当在收到之日起 5 日内将答辩状副本发送原告。被告不提出

---

① 王灿发主编:《环境纠纷处理的理论和实践》,中国政法大学出版社 2002 年版,第 14 页。
② 蔡守秋:《从我国环保部门处理环境民事纠纷的性质谈高效环境纠纷处理机制的建立》,载《政法论坛》2003 年第 5 期,第 10 页。

答辩状的,不影响人民法院审理。

法院审理后作出判决之前,可以先进行调解。调解达成协议的,人民法院应当制作调解书。调解书应当写明诉讼请求、案件的事实和调解结果。调解书送达双方之后即发生法律效力,当事人不得上诉。调解未达成协议或者调解书送达前一方反悔的,人民法院应当及时判决。一审法院作出判决后,当事人如果不服判决,可以在 15 日内向上级人民法院提起上诉。二审法院判决为终审判决。

2. 环境污染侵权诉讼的特殊规定

环境污染侵权是一种特殊侵权,其特殊性除了表现为构成要件的特殊之外,也体现为适用一些特殊的诉讼程序。

(1) 特别诉讼时效

诉讼时效是指权利人在法定期间内不行使权利即丧失请求人民法院依法保护其民事权利的法律制度。诉讼时效期间届满,权利人不再享有请求人民法院保护的权利。①

根据我国《民法通则》的规定,诉讼时效依据其时间长短和适用范围可以划分为普通诉讼时效期间和特别诉讼时效期间。

普通诉讼时效期间是指由民事基本法统一规定的,普遍适用于各种民事法律关系的时效期间。除法律另有特别规定外,所有的民事法律关系均适用普通诉讼时效期间。我国的普通诉讼时效期间为 2 年。

特别诉讼时效期间,是指由民事基本法或特别法就某些民事法律关系规定的短于或长于普通诉讼时效期间的时效期间。特别诉讼时效期间只适用于特殊的民事法律关系。考虑到环境污染损害赔偿案件中因环境污染侵权行为的间接性、潜伏性、隐蔽性、侵权人与受害人地位的不平等性等特征导致收集证据、判明责任的困难性,我国《环境保护法》第 42 条明确规定:"因环境污染损害赔偿提起诉讼的时效期间为 3 年,从当事人知道或者应当知道受到污染损害时起计算"。我国《海商法》第 265 条规定:"有关船舶发生油污损害的请求权,时效期间为 3 年,自损害发生之日起计算;但是,在任何情况下时效期间不得超过从造成损害的事故发生之日起 6 年"。

(2) 特殊的证据规则

根据一般的举证规则分配原则,原告须就其诉讼原因的事实进行举证,被告就其抗辩的事件事实进行举证。按照这个原则,在环境污染侵权诉讼中,原告应当证明被告有污染行为、自身有人身或财产损害、两者之间存在因果关系。

如果按照这一原则分配举证责任,那么环境污染受害人往往会因无法举证因果关系而败诉。一方面,造成环境污染的被告通常是企业,其通常充分地独占资料,并常以企业秘密为借口拒绝向外界提供有关资料,而且他们在技术、资金方面也处于优势地位。另一方面,因果关系的认定具有高度的科学技术性,污染受害人受文化水平、专业知识、证据收集能力等限制,往往不具备这种能力。

---

① 魏振瀛主编:《民法》,北京大学出版社、高等教育出版社 2000 年版,第 192 页。

为此,世界各国大都在因果关系举证责任方面采取了一些特殊规则减轻受害人的举证负担,如举证责任倒置、因果关系推定、证明标准降低等。

我国最早对环境污染侵权诉讼的举证责任作出特殊规定的是1992年最高人民法院的《关于适用民事诉讼法若干意见》。根据该意见第74条的规定,在因环境污染引起的损害赔偿诉讼中,对原告提出的侵权事实,被告否认的,由被告负责举证。但是由于该意见并未明确"原告提出的侵权事实"的具体范围,导致了司法实践中的不一致。

为此,2001年最高人民法院的《关于民事诉讼证据的若干规定》第4条作了进一步明确的规定:"因环境污染引起的损害赔偿诉讼,由加害人就法律规定的免责事由及其行为与损害结果之间不存在因果关系承担举证责任。"通说认为,司法解释的这条规定在环境侵权诉讼中确立了因果关系举证责任倒置。

此后,我国的单项环境与资源保护法均沿用了司法解释的规定。如《固体废物污染环境防治法》第86条规定"因固体废物污染环境引起的损害赔偿诉讼,由加害人就法律规定的免责事由及其行为与损害结果之间不存在因果关系承担举证责任";《水污染防治法》第87条规定"因水污染引起的损害赔偿诉讼,由排污方就法律规定的免责事由及其行为与损害结果之间不存在因果关系承担举证责任"。

我国2009年颁布实施的《侵权责任法》第66条也明确规定"因污染环境发生纠纷,污染者应当就法律规定的不承担责任或者减轻责任的情形及其行为与损害之间不存在因果关系承担举证责任。"

案例 6.11

A工厂的排污管道直接通往B河。某日B河下游的C养殖场鱼虾大量死亡,C养殖场认为鱼虾死亡系A工厂排放的污水所致,遂向人民法院提起诉讼,要求A工厂赔偿损失。A工厂否认C养殖场的主张,认为根据"谁主张,谁举证"的原则,应当由C养殖场举证证明养殖场鱼虾是被其排放的污水毒死的,否则就可以不用承担赔偿责任。C养殖场主张应当由A工厂承担举证责任,证明鱼虾不是A工厂排放的污水毒死的。

讨论:本案中的因果关系事项应当由哪一方当事人承担举证责任?

此外,为增强污染受害人在污染行为、损害后果方面的举证能力,我国单项污染防治法还规定了环境监测机构提供监测数据的义务,如《固体废物污染环境防治法》第87条规定"固体废物污染环境的损害赔偿责任和赔偿金额的纠纷,当事人可以委托环境监测机构提供监测数据。环境监测机构应当接受委托,如实提供有关监测数据";《水污染防治法》第89条规定"因水污染引起的损害赔偿责任和赔偿金额的纠纷,当事人可以委托环境监测机构提供监测数据。环境监测机构应当接受委托,如实提供有关监测数据"。

本章小结:

环境与资源保护法的法律责任是法律责任制度在环境与资源保护法中的具体体现,

是指因实施了违反环境与资源保护法的行为、造成生态破坏或环境污染,依据环境与资源保护法的规定,应当承担的法律责任。环境与资源保护法的法律责任包括环境与资源保护的行政责任、刑事责任和民事责任。

环境与资源保护行政责任可以分为环境与资源保护行政处分与行政处罚两大类。环境与资源保护行政处罚的种类一般包括警告,罚款,责令停产整顿,责令停产、停业、关闭,暂扣、吊销许可证或者其他具有许可性质的证件,没收违法所得、没收非法财物,行政拘留七种。罚款是环境与资源保护行政处罚中最常用的处罚方式。责令停产、停业、关闭的处罚只能由各级人民政府作出,行政拘留的处罚只能由公安机关作出,其他的行政处罚由环境与资源保护行政机关根据各自的权限范围具体实施。环境与资源保护行政处罚的程序包括简易程序、一般程序和听证程序三种。环境与资源保护行政相对人对行政机关实施的行政处罚不服的,可以通过行政复议与行政诉讼两种途径寻求救济。行政处分包括六种,即警告、记过、记大过、降级、撤职、开除。对环境与资源保护行政机关公务员给予处分,由任免机关或者监察机关按照管理权限决定。受到处分的环境与资源保护行政机关公务员对处分决定不服的,可以申请复核或者申诉。

我国《刑法》第六章第六节"破坏环境资源保护罪"及相应的修正案共设立了15个破坏环境资源保护罪的罪名,包括3个污染环境类犯罪:污染环境罪,非法处置进口的固体废物罪,擅自进口固体废物罪;12个破坏自然资源类犯罪:非法捕捞水产品罪,非法猎捕、杀害珍贵、濒危野生动物罪,非法收购、运输、出售珍贵、濒危野生动物、珍贵、濒危野生动物制品罪,非法狩猎罪,非法占用农用地罪,非法采矿罪,破坏性采矿罪,非法采伐、毁坏国家重点保护植物罪,非法收购、运输、加工、出售国家重点保护植物、国家重点保护植物制品罪,盗伐林木罪,滥伐林木罪,非法收购、运输盗伐、滥伐的林木罪。在我国,破坏环境资源保护罪的客观方面主要表现为污染环境和破坏自然资源两类行为,且通常要求以违反环境与资源保护法律的规定为前提。破坏环境资源保护罪的主体在我国包括自然人和单位两类。实践中自然人构成的多是破坏自然资源类的犯罪,单位构成的多是污染环境类的犯罪。破坏环境资源保护罪的主观方面包括故意和过失两种形态。针对破坏环境资源保护罪的自由刑包括拘役、管制、有期徒刑,其中适用最广泛的是有期徒刑。破坏环境资源保护罪的财产刑包括罚金和没收财产。若单位构成破坏环境资源保护罪,则采取双罚制,即对单位、直接负责的主管人员和其他责任人员分别定罪量刑,但对单位只能判处罚金。

环境侵权分为生态破坏侵权与环境污染侵权两大类。环境污染侵权属于特殊侵权,生态破坏侵权属于一般侵权。因污染环境造成他人损害的,实行无过错责任原则。环境污染侵权的构成要件包括损害后果、污染行为以及两者之间的因果关系。环境污染侵权的免责事由包括不可抗力、与受害人过错。在我国,环境污染对生态环境本身造成的损害,可以视为对国家财产权的侵害,由国家向污染者主张损害赔偿责任。环境污染侵权的赔偿责任和赔偿金额的纠纷的行政处理属于调解,而有关土地与草原所有权、使用权争议的行政处理属于行政裁决。因环境污染损害赔偿提起诉讼的时效期间为3年,从当事人知道或者应当知道受到污染损害时起计算。因环境污染引起的损害赔偿诉讼,由加害人就法律规定的免责事由及其行为与损害结果之间不存在因果关系承担举证责任。为增强污染受害人在污染行为、损害后果方面的举证能力,我国单项污染防治法还规定了环境监测机构提供监测数据的义务。

思考题:
1. 环境与资源保护行政处罚的种类有哪些?其具体实施程序是什么?
2. 什么是破坏环境资源保护罪?其犯罪构成要件有哪些特征?
3. 污染环境类犯罪有哪些?其构成要件及刑罚分别是什么?
4. 环境污染侵权的归责原则和构成要件是什么?
5. 环境污染侵权的免责事由有哪些?
6. 环境纠纷行政处理的性质是什么?
7. 环境侵权诉讼适用哪些特殊的程序规则?

第七章　国际环境法

学习目标：通过本章学习，理解国际环境法的定义和特点、渊源和体系、主体和客体，了解国际环境法的历史发展，理解国际环境法的基本原则，了解国际环境法实施的手段、方法和监督措施，理解国际环境损害赔偿及其争端的解决途径；了解大气环境保护、海洋与淡水、废弃物与有毒有害物质、生物多样性、贸易与环境等五个领域中重要国际条约的主要内容。

第一节　国际环境法概述

一、国际环境法的概念

（一）国际环境法的定义

国际环境法是调整国际法主体在利用、保护和改善环境与资源过程中所形成的国际关系的法律规范的总称。这一定义具有以下三方面的内涵：

第一，国际环境法是国际法的一个特殊领域，主要调整的是国际法主体之间的国际关系。国际法主体主要包括主权国家和政府间国际组织。

第二，国际环境法调整的是国际法主体在利用、保护和改善环境与资源过程中所产生的各种国际关系。根据国际法，国家有权自主开发、利用其管辖范围内的环境与资源，但在国际环境法领域这种权利受到了限制。例如，国家的开发与利用活动不得给管辖范围外的环境与资源造成损害，如果因此而产生跨界环境纠纷，应当依据国际法解决。

第三，国际环境法作为规范国际法主体行为的规则体系具有拘束力，其适用和执行主要是靠国家自己的行为来保障的。

国际环境法是一门交叉学科，与它关系最密切的是国际法和国内环境法。一方面，它属于国际法的一个分支，国际法的一般法律原则和规则都适用于这个领域，同时它又逐步发展出了一些特有的原则与规则，如可持续发展原则、共同但有区别责任原则和谨慎原则等。另一方面，它与国内环境法在内容和方法上具有一定程度上的一致性，它们在原则、制度等方面相互借鉴，共同促进了国际法和环境法的发展。

（二）国际环境法的渊源

国际环境法的渊源一般是指国际环境法的形式渊源，即它的表现形式。国际法与国内法一个重要的区别在于法律渊源。国内法的渊源通常是明确和清楚的，例如刑法、民法和环境法都有明确的法律渊源；而国际法的法律渊源却具有碎片化和零散的特点，各个领域都没有明确和清晰的国际法典。目前联合国《国际法院规约》第38条所列举的国际法院适用的法律(主要包括国际条约、国际习惯和一般法律原则等)被认为是对国际法渊源最权威的阐述。国际环境法的渊源也不例外。

1. 国际环境条约

国际环境条约是国际环境法最主要的渊源。国际环境条约是指国际法主体之间订立的,明确各主体权利和义务内容、以环境保护或生态保护为直接目的的国际协议。国际环境条约数量众多、主题事项范围广泛,组成了一个多层次的条约体系,包括全球性多边条约、区域性多边条约和双边条约。

全球性多边环境条约经常采用"框架条约+议定书+附件"的模式。框架条约通常仅进行一些原则性的规定,力争促使缔约方在短期内达成协议。随后,缔约方再通过议定书和附件规定更加具体的法律规范。

当前,国际环境条约越来越注重缔约方的履约问题。条约机构通过建设与增强履约机制,更深入地介入和渗透到了缔约方制定与实施国内环境与资源保护法律与政策的活动中。

2. 国际环境习惯

根据《国际法院规约》第38条第1款第(五)项的规定,国际习惯是作为通例之证明而经接受为法律者。据此,国际环境习惯是指国际法主体在彼此交往过程中形成、发展起来的,作为通例被各国所接受的、以环境保护或生态保护为直接目的的国际习惯。

在国际环境法的法律渊源中国际习惯不是很多,与国际条约相比处于次要的地位。其主要原因是国际环境法的历史较短,尚未积累起丰富的国家实践和法律确信。

值得注意的是,《斯德哥尔摩宣言》(也称《人类环境宣言》)和《里约宣言》等产生广泛影响的国际文件所确认的原则和规则,已经成为证明国际习惯法规则存在的强有力证据。例如,1938年和1941年"特雷尔冶炼厂仲裁案"[①]中确立的原则:任何国家都没有权利使用或允许使用其领土排放烟雾对他国的领土、财产或个人造成损害,不仅在《斯德哥尔摩宣言》和《里约宣言》里被重述,而且被嗣后的许多国际条约确认,已经成为一项国际习惯法规则。[②]

3. 一般法律原则

一般法律原则的作用在于填补相关国际法渊源(尤其是条约和习惯)的空白。虽然《国际法院规约》第38条也列明一般法律原则,但是国际法院在其司法实践中很少仅凭一般法律原则裁判,其引用主要是为了支持、强化法理论证。例如"善意的原则"在"白令海

---

① 加拿大特雷尔附近冶炼厂因释放大量硫化物,使美国华盛顿州遭受了大规模损害,两国政府最终决定将争端提交仲裁。国际仲裁庭在1938年第一次裁决中判定了损害事实,并裁决加拿大应支付赔偿金并宣布保全措施。在1941年第二次裁决中,仲裁庭作出声明,国家负有不损害国外环境的责任。

② 联合国国际法院在1996年"关于威胁使用或使用核武器的合法性的咨询意见"中承认,该项规则是国际习惯法规则。

海豹仲裁案"①、"特雷尔冶炼厂仲裁案"和"核试验案"②等案例中都曾被引用过。

4. 辅助性渊源

辅助性渊源主要包括司法判例和公法学家学说,这两者不是独立的国际法渊源,但可以作为确定某项国际法原则或规则存在的证据。

在国际环境法领域,除了几个著名的案例外,相关的国际司法和仲裁实践十分有限,而公法学家学说在国际环境条约占主导地位的今天也仅具有参考价值。

5. "软法"

在国际环境法领域,许多由国际组织和国际会议通过的书面文件的法律效力不是十分明确,有的有拘束力,有的无拘束力,通常将这些书面文件称为"软法",例如《斯德哥尔摩宣言》、《内罗毕宣言》和《里约宣言》等。

在《国际法院规约》第38条的规定之外是否有其他国际法渊源(例如软法),在国际法领域一直存在争议。从国际环境法的历史发展来看,出现了"软法"变"硬"的现象。很多重要的原则最初出现在这类"宣言"或"决议"之中,但是随着时间的推移逐步被写进了国际条约、议定书,最终变成有拘束力的原则或规则,为国际社会大多数成员所接受,经历了"宣言→条约→议定书"的发展过程。

(三) 国际环境法的主体和客体

1. 国际环境法的主体

国际环境法的主体是指能够独立参加国际环境法律关系、直接在国际环境法上享受权利、承担义务并具有独立进行国际求偿能力者。③ 目前最主要的国际法主体仍然是主权国家,国家是国际环境法的制定者和实施者。此外,政府间国际组织、非政府国际组织(尤其是国际环保组织)在国际环境法的制定和实施中发挥着越来越重要的作用。《里约宣言》和《二十一世纪议程》等文件都有扩大国际环境法主体的倾向,呼吁进一步加强政府间国际组织和非政府组织在国际环境法制定、实施和执行过程中的作用。

在国际环境法领域具有重要地位的政府间国际组织可以分为三类:一是联合国系统的全球性国际组织和其专门机构,例如联合国环境规划署等;二是联合国系统以外的区域性国际组织,例如欧洲联盟;三是根据国际条约建立的条约机构,例如《气候变化框架公约》缔约方大会(COP)等。

这些政府间国际组织在环境保护领域主要起到了平台的作用。具体表现为:第一,为各国在环境事务方面的磋商和合作提供协商的场所;第二,收集和发布环境信息,为国家

---

① 1893年,美国和英国之间因白令海捕猎行为而产生纠纷。美国主张其有权在3海里领海基线以外采取行动保护经常光顾美国岛屿的海豹。而英国基于"公海自由"的原则反对美国的主张。由美、英、法、意、瑞典组成的仲裁庭最终依据"公海自由"的原则驳回了美国的主张。

② 1966年到1972法国多次在南太平洋法国领土波利尼亚的上空进行大气层核试验。鉴于此,澳大利亚、新西兰、斐济等国认为本国权利受到了侵犯,请求国际法院命令法国停止核试验。法国于随后发表声明否认国际法院的管辖权并拒绝出庭应诉。后由于法国表示不继续进行空中核试验,国际法院在1974年作出决定认为不必对本案作进一步的判决。

③ 王铁崖主编:《国际法》,法律出版社1995年版,第64—65页。

间的环境合作提供信息服务;第三,通过召开国际会议或通过决议、宣言等方式推动和促进国际环境法原则和规则的发展;第四,协助实施和执行国际环境法和环境标准;第五,为解决环境争端提供相对独立和中立的争端解决机制和场所。需要指出的是,目前国际组织的建立和活动还缺少必要的系统安排和协调,有的领域还存在空白。目前,国际社会正在努力改变这种状况。

严格地讲,非政府间国际组织(主要包括科学团体、非营利性的环保组织、私营工商界、法律团体、学术团体和公众等)尚未被普遍、正式地接纳为国际环境法的主体。但是在国际环境法的制定、实施和发展中它们一直起着重要的作用,尤其是在信息发布、舆论导向、专业知识等方面。

2. 国际环境法的客体

国际环境法的客体是指国际环境法律关系中权利和义务所指向的对象。国际环境法的客体包括两个方面:一是环境要素,二是国际环境法主体针对环境要素所从事的各种行为。

(1) 环境要素,主要包括国家管辖内的环境与资源和国家管辖范围以外的环境与资源。

首先,国家管辖范围内的环境与资源包括领土及其领土以内的各种自然环境和资源。这部分环境与资源基本上属于国内环境法调整和规范的范围,但其中有一部分环境与资源被国际条约赋予了特殊地位。例如,一旦被《保护世界文化和自然遗产公约》确定为"世界遗产",如中国的长城、泰山、敦煌莫高窟等人文及自然遗址,则这些环境与资源不仅受国内环境法,也受国际环境法的调整和规范。

其次,国家管辖以外的环境与资源主要受国际环境法的调整和规范,可以分为三个部分:一是两个或两个以上国家分享的环境与资源,如流经多个国家的多瑙河、湄公河等跨界河流。二是人类共有物,如公海、大气层等。三是受特定国际条约规范的区域,如国际海底、南极和外层空间等。

(2) 行为,即国际环境法主体在利用、保护和改善环境与资源过程中的行为。

首先,国家在其管辖范围以外从事的开发和利用资源行为应受国际环境法的约束。

其次,国家在管辖范围内所从事的行为原则上属于该国主权范围内的事项,但是环境与资源不会因国家领土的界限而完全被人为分割开来,一国在其境内所从事的开发和利用资源的行为有时不可避免地会影响到相邻国家或更为广泛的区域,如核泄漏事故、跨界水污染问题、酸雨等。这种在管辖范围内进行但导致管辖范围外环境损害的行为,同样受国际环境法的约束。

最后,企业、公司(特别是跨国公司)等行为者在本国境内或境外从事的生产和销售活动也不可避免地会对国际环境和资源产生影响,国家对其境内的这些行为者的行为也要承担规范、约束的责任。

二、国际环境法的产生与发展

国际环境法的发展过程可以分为四个阶段：19 世纪中叶到 1945 年联合国成立；1945 年联合国成立到 1972 年斯德哥尔摩会议；1972 年斯德哥尔摩会议到 1992 年里约会议；1992 年里约会议以后。

（一）19 世纪中叶到 1945 年联合国成立

这期间签订的国际环境条约主要集中在两个方面：一是界河、国际河流及其沿海渔业资源的管理和水污染的防治；二是野生物种的保护。

20 世纪初，旨在环境保护的国际组织初见端倪。1909 年在巴黎召开的"保护自然国际大会"提议建立一个国际性的保护自然的组织，1913 年在伯尔尼签订了《关于建立保护自然国际咨询委员会的文件》，但是这方面的努力由于两次世界大战的爆发而中断。

这一阶段国际习惯法规则有很大的发展，出现了两个对国际环境法的发展产生重要影响的国际仲裁案例："白令海太平洋海豹仲裁案"（1893 年）和"特雷尔冶炼厂仲裁案"（1938 年和 1941 年）。

总之，这一阶段国际条约所涉及的环境与资源的范围有限且分散，国际环境保护组织处在酝酿阶段，但国际司法实践，特别是国际仲裁实践进行了有益的尝试和努力。因此，可以将这一阶段称为国际环境法的萌芽阶段。

（二）1945 年联合国成立到 1972 年斯德哥尔摩会议

第二次世界大战后国际法律秩序开始恢复和重建，1945 年联合国的成立对国际环境保护组织的建立起到了推动的作用，1948 年世界上第一个以环境保护为宗旨的国际组织——世界自然保护同盟（IUCN）宣告成立。此后，国际环境条约无论在数量上还是在所涉及的主题事项上都有明显的增加和拓展。

从 20 世纪 50 年代起，规范船源污染逐渐成为重点。1954 年签订的《国际防止海上油污公约》（简称《油污公约》），成为这一领域最早的多边国际条约。1958 年在第一次联合国海洋法会议上通过的四个海洋法公约对海洋生物资源的养护和海洋环境的保护进行了初步规范。1959 年的《南极条约》、1963 年的《全面禁止核试验条约》和 1967 年《关于各国探索和利用包括月球和其他天体的外层空间活动所应遵守原则的条约》（又名《外空条约》），都不同程度上涉及了国际环境与资源的保护。

这一时期国际环境法发展的特点主要表现在三个方面：第一，区域性和全球性的国际组织开始关注国际环境问题，而且出现了专门商讨和推动环境保护的国际组织。第二，国际条约当中所涉及的环境问题的范围日益扩大，但是这些条约尚缺乏系统性。第三，国际社会开始注意到经济社会发展与环境保护之间的关系。

（三）1972 年斯德哥尔摩会议到 1992 年里约会议

从 20 世纪 60 年代起，随着环保主义思潮的兴起和国内环境立法的加快，国际环境法也得到了长足的发展。

1972 年 6 月，在瑞典斯德哥尔摩召开了当时规模最大的国际会议——联合国人类环境会议。会议通过了《斯德哥尔摩宣言》、《人类环境行动计划》和其他若干建议和决议。会议促进了国际环境条约的制定,条约所规范的事项范围也进一步扩大,相关规范也变得更加具体、严格。会议还建议成立一个专门协调和处理全球环境事务的机构,同年联合国大会通过决议建立了联合国环境规划署(UNEP)。

《斯德哥尔摩宣言》反映了当时国际社会的共识,对国际环境法的发展产生了深远的影响。第一,宣言第一次阐明了国际环境保护的原则和规则,其中部分原则和规则被后来的国际环境条约所采纳,成为具有法律拘束力的原则和规则。第二,尽管宣言本身没有法律拘束力,但是它为国际环境保护提供了政治和道义依据。第三,宣言为后来各国制定和发展本国的国内环境法提供了指导和借鉴。

1982年5月,为纪念斯德哥尔摩会议,并审议会议成果的实施情况,联合国在肯尼亚内罗毕召开了人类环境特别会议,通过了《内罗毕宣言》。该宣言肯定了斯德哥尔摩会议后各国在国内环境立法方面的进展,重申了《斯德哥尔摩宣言》提出的原则和规则,督促发展中国家和发达国家合作,共同解决全球面临的迫切环境问题。同年10月,联合国大会还通过了《世界自然宪章》,更进一步强调了人与自然的依存关系。

与此同时,国际环境保护组织的数量迅速增加,包括联合国在内的国际组织更加关注环境保护事务。涉及环境与资源保护的国际司法案例也越来越多,如1974年"渔业管辖权案"[①]、1974年"核试验案"以及《关贸总协定》范围内的1982年"加拿大金枪鱼案"[②]、1988年"美国加工鲱鱼案"[③]、1991年"金枪鱼/海豚案"[④]等。

这一阶段国际环境法的发展较为活跃,一些重要的法律原则、规则开始清晰化,国际环境法的框架基本形成。

(四) 1992年里约会议以后的发展

1989年,联合国的"世界环境与发展委员会"(通称"布伦特兰委员会")发表了题为《我们共同的未来》的报告(又称《布伦特兰报告》),提出了"可持续发展"的概念和原则,为里约会议的召开奠定了基础和基调。

1992年6月,里约环境与发展大会召开,大会通过了三个文件和两个公约:《里约环

---

① 1971年,冰岛政府宣布终止其与英国关于渔业管辖权的协议,将其专属渔业管辖权扩大到50海里。英国认为冰岛所采取的措施无国际法上的根据,于1972年在国际法院起诉。法院认为,协调冰岛的优惠捕鱼权与英国的传统捕鱼权应通过双方对有关海域渔业依赖的评估,同时考虑其他国家的权利和保护渔业资源的需要。

② 因美国未经加拿大政府授权即在加拿大管辖水域捕捞金枪鱼,加拿大没收了美国渔船并逮捕了渔民。美国对加拿大政府所称的水域管辖权提出异议,并对加拿大实行报复性措施,禁止从加拿大进口长鳍金枪鱼。关贸总协定(GATT)专家认为,保护资源的措施必须与管理限制与消费该资源的措施相配合,美国的做法不符合这一要求,因而违反了关贸总协定第11条不得实施进口限制的规定。

③ 加拿大政府为了保护国内水产加工业发布禁令,禁止出口未加工的鲱鱼和鲑鱼,1988年美国向关贸总协定(GATT)提出申诉,加拿大以保护"可用竭自然资源"辩解,GATT认为加拿大的禁令仅仅是限制国外消费者和加工者的消费和捕获,并不能有效保护自然资源,因此加拿大违反了GATT的规定。

④ 海豚受到美国国内法的保护,1990年美国以墨西哥捕获金枪鱼的方式导致大量海豚死亡为由发布禁令,禁止从墨西哥进口金枪鱼,1991年墨西哥向关贸总协定(GATT)申诉。GATT认为应当对产品本身和产品生产过程对环境的损害进行区分,GATT并未对产品的生产方式引起的环境损害作出规定,美国国内法不能用来约束境外的生产过程,裁定美国败诉。

境与发展宣言》(简称《里约宣言》)、《21世纪议程》、《关于森林问题的原则声明》、《气候变化框架公约》与《生物多样性公约》。

里约会议对国际环境法的发展起到了新的推动作用,首次使可持续发展战略渗入到国际和国内政治、经济、社会和法律等各个领域,成为当今国际和国内的焦点问题:1993年世界贸易组织专门成立了研究贸易与环境问题的委员会;1993—2006年间国际法院曾专门设立了环境分庭;1996年国际法院应世界卫生组织要求发表了"关于使用核武器合法性的咨询意见";1997年国际法院就匈牙利与斯洛伐克之间的多瑙河大坝的争议①作出判决,承认在条约的执行中,应当考虑对环境的影响;2010年国际法院就阿根廷与乌拉圭之间关于乌拉圭河纸浆厂的争议②中对国际合作机制、环境影响评价、预防水污染和保护水环境等问题都进行了审议和分析,为国际环境法原则与规则的发展提供了可资借鉴的司法实践。

2012年6月,193个国家在巴西里约热内卢举行了联合国可持续发展会议(里约+20峰会),回顾和反思了1992年里约会议以来20年的成就与挑战,通过了最终成果文件——《我们憧憬的未来》,重申了共同但有区别的责任原则,决定发起全球可持续发展目标磋商进程,肯定绿色经济是实现可持续发展的重要手段,决定成立联合国高级别可持续发展政治论坛,敦促发达国家履行联合国可持续发展承诺,向发展中国家转让环境友好型技术,帮助发展中国家提高履约能力。

总之,这个阶段国际环境法又有新的发展,如可持续发展原则和共同但有区别责任原则的提出。然而,与国内环境法相比,国际环境法仍然处在发展的初级阶段,有些原则与规则尚不够清晰、明确,国际环境法的实施机制、手段、措施都十分有限。国际环境条约和国际环境保护组织的数量不少,但是缺乏协调,尚未形成一个完整、有效的体系。此外,由于国际环境法高度依赖国内实施措施,而许多国家,特别是发展中国家,面临巨大的发展压力,因此如何在环境保护与经济、社会发展中寻求平衡并最终实现可持续发展一直是国际社会必须解决的重要问题。

三、国际环境法的一般原则

(一) 国际环境法一般原则的概念

国际环境法的一般原则是指国际社会大多数成员公认的、普遍适用于国际环境法的各个领域、构成国际环境法基础的法律原则。国际环境法一般原则具有三个特点:第一,它们是大多数国家公认和普遍接受的法律原则,通常反映在具有广泛参与性的多边条约

---

① 1977年匈牙利和斯洛伐克签订协议决定共同在多瑙河上修筑大坝,1988年匈牙利出于生态利益的考虑中止该项目的建设,1991年斯洛伐克决定继续建设该项目,并单方面将近2/3的多瑙河水截引至其领土上。1992年匈牙利向国际法院起诉,法院裁定认为原协议有效,同时斯洛伐克无权实施改变多瑙河自然水流状态而造成环境灾难的方案。

② 乌拉圭河是阿根廷与乌拉圭的界河,2003年乌拉圭授权外资企业在乌拉圭边建造纸浆厂,阿根廷对此明确反对,2006年阿根廷向国际法院起诉,2010年国际法院裁定乌拉圭违反了双方于1975年签订的《乌拉圭河规约》的通知与协商等程序合作义务,但没有违反诸如预防损害和保护环境等实质义务,无需承担赔偿责任。

和国际会议通过的文件当中。第二,它们是适用于国际环境法各个领域的一般法律原则。第三,它们是国际环境法的基础性法律原则,直接体现了国际环境法的理念与价值。

国际环境法的一般原则主要包括国家主权与不损害管辖范围以外环境的原则、国际环境合作原则、防止环境损害原则、谨慎原则、污染者负担原则、共同但有区别的责任原则和可持续发展原则等。

(二) 国家主权与不损害管辖范围以外环境的原则

国家主权与不损害管辖范围以外环境的原则,是指各国享有对其管辖范围以内自然资源进行开发的权利,同时承担不得给其管辖范围以外的环境造成损害的义务。

主权原则是国际法的基础。根据国家主权原则,各国享有依据本国政策和需要对其管辖范围以内自然资源进行开发的权利。但是这样的开发活动常常会对国家管辖范围以外的环境与资源带来负面影响,甚至是损害。例如,酸性沉降、臭氧层耗损、海洋污染和全球气化变化等都与国家在其管辖范围内所从事的生产和生活活动有关。因此,在肯定国家对开发自然资源的主权的同时必须规定相应的义务,这种义务就是不得给国家管辖范围以外的环境造成损害。如果造成损害,有关国家就必须承担相应的赔偿责任。

早在1941年的"特雷尔冶炼厂仲裁案"中,仲裁庭就明确了国家管辖范围内的行为不得损害其他国家环境的原则。这一原则被《斯德哥尔摩宣言》第21项原则和《里约宣言》第2项原则所重申,已经成为国际环境法中的一项习惯法规则。

(三) 国际环境合作原则

国际环境合作原则是指国际社会所有成员应广泛开展在环境保护领域的国际合作的原则。

国际合作是国际法的一项重要原则。《联合国宪章》等众多国际条约均规定在各自范围内进行国际合作,而且这些条约本身就是国际合作的结果。在国际环境保护方面,由于环境要素的整体性、不可分割性特点,国际合作尤为重要。《斯德哥尔摩宣言》第24项原则和《里约宣言》的数项原则都强调了国际合作的重要性。

国际环境合作具有两个方面的意义:一是国际社会所有的成员都应当并且有权参与保护和改善国际环境的行动;二是国际环境问题的解决有赖于国际社会成员普遍的参与与合作。

国际环境合作的具体形式包括:增强各国(特别是发展中国家)保护和改善环境能力,防止越界环境污染和损害,对于环境突发事件要预防、通知、协商和互助,参与全球和区域环境保护措施等实体性和程序性的规定。

(四) 防止环境损害原则

防止环境损害原则是指各国应通过立法、行政或其他措施,防止和减少环境损害发生的原则。环境损害,无论是物种的灭绝还是环境污染,常常是不可恢复或不可逆转的,所以防胜于治。在许多国家的环境法中,防止环境损害都是重要的原则。

防止环境损害原则同其他的原则,诸如国家主权与不损害管辖范围以外环境的原则和谨慎原则既有联系又有区别。它与前者的区别在于,前者是国际法上主权原则在环境领域的适用,而防止环境损害原则本身是以防止或减少环境损害为目的,它要求各国在自己的管辖范围内,通过立法、行政或其他措施,防止和减少环境损害和环境恶化。它与后者的区别在于适用的前提条件不同,防止环境损害原则在适用时基本上没有科学不确定性的问题,污染与环境损害之间的因果关系是清楚明了的,而谨慎原则是针对科学不确定性的困境而提出的。

(五) 谨慎原则

由于科学发展本身的规律和人们认识水平的局限,在特定的时间段里科学可能存在不确定性。针对这种情况,环境法上出现了一个新的原则,即"谨慎原则"。这一原则源于德国法,20 世纪 80 年代中叶以后出现在国际条约之中。[①]

关于谨慎原则的内涵和外延,至今没有统一的认识。从比较宽泛的意义上讲,国家对于环境问题应该谨慎从事,在对那些可能给环境带来不利影响的行为和活动作出决定时要有预见性。从相对严格的意义上讲,国家对于那些可能对环境造成损害的行为或物质,要进行管制,如果必要的话,甚至要禁止,即使目前尚无完全确定的证据证明那些行为或物质已经或可能给环境造成损害。从更加严格的意义上讲,这一原则要求举证责任倒置,即由行为者(而不是行为的反对者)证明他所从事的那种行为不会(而不是会)对环境造成损害。

1992 年《里约宣言》中第 15 项原则通常被认为表达了谨慎原则的核心内容,即"为了保护环境,各国应按照本国的能力,广泛采用预防措施。遇有严重或不可逆转损害的威胁时,不得以缺乏科学充分确实证据为理由,延迟采取符合成本效益的措施防止环境恶化"。嗣后,一些国际条约(其中包括《生物多样性公约》在内)都直接或间接提到了这一原则。2000 年签订的《卡塔赫纳生物安全议定书》就是依据《里约宣言》第 15 项原则所确立的谨慎原则制定的,因此该议定书被称为"谨慎原则的宣言"。

(六) 污染者负担原则

污染者负担原则是指环境污染者应当为环境恶化带来的后果承担责任、负担相关环境费用的原则。

污染者负担原则是包括中国在内的许多国家的国内环境法中一项确定的法律原则。但是这一原则出现在国际环境法的时间要晚一些。1992 年《里约宣言》第 16 项原则认为"考虑到污染者原则上应承担污染费用的观点,国家当局应该努力促使内部负担环境费用,并且适当地照顾到公众利益,而不扭曲国际贸易与投资"。这里并没有明确把这一原则作为各国在国际环境合作过程中应当遵循的一项原则来对待,只是把它当做一种观点,语气缓和、模糊了许多。

(七) 共同但有区别的责任原则

共同但有区别的责任是指,各国应当共同承担保护和改善全球环境的责任,但各国承

---

① Philippe Sands, *Principles of International Environmental Law*, 2nd ed., Cambridge University Press, 2003, pp. 266—279.

担的责任份额是有区别的。

保护和改善全球环境是全人类的共同利益所在,必须依靠国际社会的共同努力,进行充分的国际合作,因此各国都应当共同承担责任。这种共同责任主要体现在三个方面:第一,各国都应当采取措施保护和改善其管辖范围内的环境,并防止对管辖范围以外环境造成损害;第二,各国都应当广泛参与有关的国际合作;第三,各国都应当在环境方面相互合作和支持。

然而,由于各国经济和社会发展水平不同,废弃物和污染物的排放的历时和共时数量不同,技术能力和工艺水平也不同,不应当也不可能要求所有的国家同时承担完全相同的责任。例如,在保护臭氧层方面,根据有关条约的规定,发达国家必须立即和率先削减臭氧层耗损物质,而发展中国家则可以享受10年的宽限期。这就是区别责任的具体体现。

有区别的责任是对共同责任的具体化和对共同责任的再分配,即发达国家对环境问题承担主要责任,而发展中国家则承担次要的责任。《气候变化框架公约》、《联合国生物多样性公约》等国际法律文件都为不同类型的国家规定了不同的法律责任,如发达国家率先削减排污量,向发展中国家提供新的、额外的资金,建立专门机构为发展中国家履约提供财政、技术和其他援助等。此外,允许发展中国家采取与发达国家不同的差别化环境标准也是区别责任的一种表现方式,而且差别标准也越来越多地出现在国际环境条约当中。

2012年6月联合国可持续发展会议重申了共同但有区别的责任原则,敦促发达国家履行联合国可持续发展承诺,向发展中国家转让环境友好型技术,帮助发展中国家提高履约能力。

案例7.1

自2012年1月1日起,欧盟正式开始将国际航空业纳入欧盟碳排放交易体系。根据欧盟的规定,全球4000多家航空公司,不管是发达国家还是发展中国家的航空公司,在欧盟境内机场起降的国际航班,都要为该航线全程的碳排放缴纳费用。例如,从北京到伦敦的航线,尽管90%的路程都不在欧盟境内,依然要向欧盟缴纳全程的碳排放费用。

讨论:欧盟征收航空碳税的决定是否合法、合理?

提示:从共同但有区别责任原则、贸易与环境关系两个角度进行分析。

(八) 可持续发展原则

可持续发展原则是指各国应以可持续的方式开发利用资源,协调环境保护与经济、社会的发展,实现代际公平与代内公平的原则。

环境与发展的关系问题一直是国际环境法上的重要问题。《我们共同的未来》首次明确提出了可持续发展的原则,后来越来越多的国际条约和国际文件反复重申了这一原则。

尽管可持续发展原则的确切的含义和范围没有统一的认识,但是从目前国际环境条约和有关国际文件来看,这一原则至少包括四个方面的内容:一是代际公平,即在满足当代人需要的同时不得妨碍和损害后代人满足其需要的能力;二是代内公平,即本代内所有的人,不论其国籍、种族、性别、经济发展水平和文化等方面的差异,都享有平等利用自然资源和享受良好和清洁环境的权利;三是要以可持续地方式开发和利用自然资源;四是环境保护与经济和其他方面的发展应相互协调、兼顾。

四、国际环境法的实施

(一) 国际环境法实施的手段与方法

国际环境条约的缔约方通常会在条约中对实施手段与方法等作出规定,但是有的条约也会仅仅作出一些原则性或目标性的规定,而赋予缔约方选择和采取适当实施措施的权利。

国际环境条约的实施手段和方法可以分为信息、贸易、环境影响评价等不同种类的措施;也可以分为实体性规则(如限制或禁止性的管制措施)和程序性规定(如事先知情同意)等。本书根据这些手段和方法的性质,将其分为"命令与控制"措施、经济刺激措施和综合措施。

命令与控制措施通常是指那些由政府通过法律或行政手段制定,并且以公权力作为后盾进行监督和强制实施的方式。这类措施包括环境标准、环境影响评价、风险评估、许可证、限制或禁止性措施、环境管理方面的措施等等。

经济刺激措施通常是指政府利用经济手段来引导或抑制市场参与者的决策和市场行为,以期达到环境保护的目的。这类措施主要包括税收、贷款、保险、补贴、弹性许可证、标志、联合履约等。在国际条约中使用比较多的是保险、弹性许可证、联合履约和标志。目前,越来越多的国际环境文件鼓励各国政府使用经济刺激措施改善国际环境法的实施情况。

综合措施是指以消除或至少减少任何可能造成污染的物质为目标的预防性措施,尤其是根据物质、产品的生命周期,从其生成、生产到最终消灭进行全程管制,有时也被称为"从摇篮到坟墓"的管制。

(二) 国际环境法实施的监督措施

国际环境法的实施必须受到监督,否则无法确认国际环境法的原则与规则是否适当、是否切实得到了遵守。

要监督国际环境法的实施,必须依赖于相关信息的收集和获得,因此,许多国际环境条约都规定了信息的报告、监督和监控机制,以确保国际环境法律的实施和遵守。

五、国际环境法律责任和争端解决

(一) 跨界环境损害的概念

国际环境法上的跨界环境损害主要是指国家或者在其管辖范围内的自然人或法人从事的行为给国家管辖范围以外的环境与资源造成的损害。

在国际法上,国家只有在实施了国际不法行为的情况下才承担国家责任。因此,一般来说国家在其境内或管辖范围内从事的生产和其他开发利用环境与资源的行为是主权范围内的事情,不属于国际不法行为,国际法不应该且也不可能加以禁止。但是上述这些行为可能或必然造成跨界环境损害,如果造成了跨界损害却不承担任何责任,那么国际法律制度就将有失公允。因此,从1972年《斯德哥尔摩宣言》开始,国际社会一直努力推动相关国际法原则与规则的建立。

但是,各国在这个问题上态度消极,相应的国际法规则的制定也进展缓慢。这方面的最新发展是联合国国际法委员会在2001年11月第53次会议上通过了题为"关于预防危险活动的越境损害的条款草案案文"。根据案文的规定,当活动是国际法不加禁止的、具有有形后果、造成重大跨界损害的危险活动时,起源国必须采取一切适当措施,防止或减少引起重大跨界损害的危险。适当的措施包括必要的立法、行政或其他措施(包括建立适当的监控机制)。应当说该草案案文对跨界环境损害责任的规则,特别是习惯法规则的发展作出了贡献。

(二) 跨界环境损害赔偿

跨界环境损害赔偿的归责原则主要包括过错责任原则和无过错责任原则。

过错责任原则是指行为人有过错才承担责任的归责原则,无过错就不承担责任。过错责任原则适用于跨界环境损害赔偿领域的缺陷是:环境损害往往是由合法行为所致,很难证明跨界环境损害行为的违法性以及加害方的过错,因此不利于对受害方的保护。

无过错责任原则是指只要存在跨界环境损害,无论行为人主观上有无过错,都应当承担赔偿责任的归责原则。根据加害方是否存在免责事由,又可以分为严格责任和绝对责任。严格责任下,加害方可以以不可抗力、第三方故意、受害方过错等作为免责事由。在绝对责任下,加害方不能诉诸任何免责事由。由于绝对责任的严厉性,其适用范围十分有限,目前仅适用于高度危险行为或活动引起的环境损害,例如外空活动和核活动。根据1972年《空间物体造成损害的国际责任公约》的规定,发射国对其空间物体对于地球表面或飞行中的航空器造成损害时要承担绝对赔偿责任。在核损害事故方面,国家和核设施的运营者共同承担责任,也有运营者单独承担责任的,主要通过国际民事赔偿的途径解决。

根据现行国际环境条约的规定,跨界环境损害赔偿的范围包括三个方面:一是人身伤亡,这是跨界环境损害赔偿的主要内容,通常由相关国家的国内法院根据本国的赔偿标准决定如何赔偿;二是财产损失,通常仅对直接的财产损失进行赔偿;三是预防措施、应急措施和恢复措施的费用与支出。

跨界环境损害赔偿的数额较大,成为加害方严重的财政负担,有的即使破产也不能给予受害方及时和有效的赔偿。分散赔偿者的财政负担,给受害方及时和有效的赔偿通常来说是非常必要的。因此,在国际环境条约中经常采取赔偿基金和赔偿限额等措施。

(三) 国际环境争端的解决

国际环境争端的解决方法通常沿用一般国际争端的解决方法。《联合国宪章》第33条规定:"任何争端之当事国,于争端之继续存在足以危及国际和平与安全之维持时,应尽先以谈判、调查、调停、和解、公断、司法解决、区域机关或区域办法之利用,或各该国自行选择之其他和平方法,求得解决。"这是现代国际法允许的争端解决方法。

国际争端的解决方法按照性质可以分为两类:一是政治方法(又称外交方法),包括谈判、协商、调查、斡旋、和解等方法。二是法律方法,包括仲裁(旧称公断)和司法解决。

在某一特定的情况下使用何种方法和手段,主要取决于争端当事方和条约的规定。例如,1992年《气候变化框架公约》第14条规定,任何两个或两个以上缔约方之间就本公约的解释和适用发生争端时,有关的缔约方应寻求通过谈判或它们自己选择的任何其他和平方式解决该争端。

第二节 环境与资源的国际法律保护

一、大气环境

大气空间(即领空)作为国家领土的一个组成部分,处于国家主权的管辖之下。但是,随着人类社会、经济、特别是科技的发展,人类对外层空间的探索和开发得以实现,外空与领空的界限以及外空的法律地位等问题也逐渐进入国际法的研究领域。根据国际法,各国有权为了和平的目的利用外空,但外空不能像领土一样被国家据为己有。尽管在国际法上没有明确划定领空与外空的界限,但是国家实践表明:飞机飞越一国领空需要得到该国的同意和批准,而在外空的卫星飞越该国上空时则不需要该国的同意和批准。对于外层空间的环境保护,目前国际社会仅仅达成了一些一般性的原则,仍处在国际法律规范发展的初级阶段。而在大气环境领域,有关跨界大气污染、臭氧层耗损和气候变化的国际法律原则、规则和制度已经比较丰富。

(一) 跨界大气污染

随着欧美国家率先进入工业化的阶段,跨界大气污染问题在20世纪初开始引起欧美国家间的国际争端。预防和治理跨界大气污染的条约最初以双边条约为主,直到1979年才制定了第一个旨在解决跨界大气污染的区域性多边条约《远程跨界大气污染公约》。[①]

该公约要求缔约方限制、尽可能逐渐减少并防止大气污染,制定有关控制大气污染物排放的政策和战略,交换有关协定污染物排放的数据、国内政策和工业发展的重大变化及其潜在的影响、科学活动和技术措施等方面的信息。从1984年到1999年间,缔约方在公约的框架下先后签订了8个议定书和2个修正案,将公约义务进一步细化,并陆续增加规定了需要严格监控和减排的大气污染物。

美国和加拿大除了参加该公约,还于1991年3月13日签订了《美加大气质量协定》,对二氧化硫和氮氧化物的排放制定了具体的减排目标。

到目前为止,除欧洲和北美洲外,其他各洲尚未建立这样严格的区域性的控制跨界大

---

① 1979年11月13日签订,1983年3月16日生效。

气污染、保护大气环境的法律体系。

其他一些全球性条约也或多或少涉及跨界大气污染问题,例如1982年的《联合国海洋法公约》第212条和第222条在保护海洋环境方面,要求缔约方防止、减少和控制来自大气层或通过大气层的海洋污染。目前保护大气环境的国际法律发展趋势是将大气环境保护、臭氧层保护和应对气候变化三者结合起来。

(二) 臭氧层

1974年,科学家首次提出氯氟烃类物质可能导致臭氧层的破坏,引起了国际社会的重视。1985年3月22日,在维也纳召开的外交大会达成了《维也纳臭氧层保护公约》(又译《保护臭氧层维也纳公约》)。[①]

该公约的宗旨是保护人类健康和生存环境,防止人类活动对臭氧层的改变或可能的改变所造成的不利影响;国际社会应采取一致的措施,控制已发现的、对臭氧层的不利影响的人类活动;鼓励合作科学研究和系统的观测;鼓励法律、科学和技术的信息交流。该公约只是一个框架性条约,没有为缔约方设定具体的行动义务和时间表,其主要目的在于建立一个进一步合作的基础与平台。

1987年9月16日在蒙特利尔举行的第一次缔约方大会通过了《关于消耗臭氧层物质的蒙特利尔议定书》(简称《蒙特利尔议定书》)。[②] 该议定书分别经1990年的《伦敦修正》[③]、1992年的《哥本哈根修正》、1997年的《蒙特利尔修正》[④]和1999年的《北京修正》[⑤]四次修正后,受控物质已增加到125种。

议定书要求缔约方在六个方面作出具体承诺:第一,采取措施减少这些物资的生产和消费;第二,控制与非缔约方间的这些物质的贸易;第三,按计划定期对控制措施进行评估和审核;第四,向公约机构报告有关数据;第五,在研究、开发、公众意识和信息方面进行合作;第六,建立财政机制和提供技术转让,帮助发展中国家履约。

《保护臭氧层维也纳公约》和《蒙特利尔议定书》是国际环境条约历史上的一个里程碑。一方面,它在义务设定及其前提、履约机制和决策程序等方面都有所创新;另一方面,其实施效果良好,有的缔约方甚至提前实现了减量和淘汰目标。2007年,第19次缔约方大会决定在2030年前停止生产氢氯氟烃。

目前在臭氧层保护领域存在的问题主要是有些用来替代消耗臭氧层物质的物质却被发现会导致气候变化,这也是为什么一些相关国际机构呼吁逐步将臭氧层保护与气候变

---

① 1985年3月22日签订,1988年9月22日生效;中国1989年9月11日交存批准书,1989年12月10日对中国生效。

② 1987年9月16日签订,1989年1月1日生效;1990年3月26日对中国生效。

③ 1990年6月29日修订,于1992年8月20日生效;中国1991年6月13日交存批准书,1992年8月20日对中国生效。

④ 1997年9月17日签订,1999年11月10日生效;中国2010年5月19日交存接受书,2010年8月17日对中国生效。

⑤ 1999年12月3日签订,2002年2月25日生效;中国2010年5月19日交存接受书,2010年8月17日对中国生效。

化应对结合起来统筹考虑的原因。

(三) 全球气候变化

全球气候变化也是大气环境恶化的表现之一,其主要原因是由于人类大量燃烧化石燃料而导致大气层中温室气体的过度排放和聚集。① 全球气候变化问题与现代社会的生产和生活方式密切相关,几乎涉及人类活动的各个方面,因此建立应对气候变化的国际法律规范与制度的过程十分艰难和复杂。

在 20 世纪 80 年代中期,国际社会在着手解决臭氧层耗损问题时,就注意到了全球气候变化的问题。联合国环境规划署和世界气象组织合作成立了"政府间气候变化专家组",主要负责研究气候变化方面的科学问题。② 从 1989 年开始,法律专家也开始参与气候变化专家组的工作。1991 年年初,根据联合国大会决议成立了政府间谈判委员会。1992 年 6 月,在里约会议上《联合国气候变化框架公约》开放签署。③

公约的宗旨是将大气温室气体的浓度稳定在不对气候系统造成危险干扰的水平上;确保粮食生产不受到威胁;使经济以可持续的方式运行。公约要求缔约方为今世和后代的利益,在公平的基础上,根据共同但有区别的责任承担保护气候系统的责任;对于发展中国家的特殊需要和特殊情况应给予充分的考虑。缔约方应采取谨慎措施以预见、防止和减少致使气候变化的原因,缓和气候变化的不利影响。尽管这是一个框架性公约,但是它为后续更加有效和具体的议定书的缔结奠定了基础。

1995 年,公约缔约方大会第一次会议通过了"柏林授权"。根据这一授权,1997 年 12 月 11 日在日本京都通过了《京都议定书》,并于 1998 年 3 月 16 日开放签署。④

议定书主要的成就是:第一,在附件 A 中明确列出了温室气体名录、产生温室气体的能源部门和类别。第二,在附件 B 中列出了承诺排放量限制或消减的 39 个公约附件一缔约方的名录。1990 年为计算的基准年,列入公约附件一的缔约方承诺在 2008—2012 年间按比例减少列入附件 A 的温室气体的排放。其中欧洲共同体承诺减排 8%,美国承诺减排 7%,俄罗斯等向市场经济过渡的国家可以维持在 1990 年的水平。⑤ 这些缔约国家承诺平均减排 5%。

附件 B 中的缔约方可以适用联合履约机制,即这些缔约方之间可以互相买卖减排单位,但是这种贸易要经议定书机构核准。发展中国家(包括中国和印度)在议定书中没有任何具体的减排义务,但原则上他们需要在发达国家的帮助下采取适当措施,控制温室气体排放。议定书第 12 条规定了适用于公约附件一和非公约附件一缔约方之间"清洁发展

---

① 根据联合国环境规划署《全球环境展望 5》的估算,全球二氧化碳的排放量从 1992 年的 220 亿吨上升到 2010 年的 306 亿吨,其中 80% 是由 19 个经济大国或人口大国排放的。UNEP: GEO5—Keeping Track of Our Changing Environment, 2012, p.21.

② 该委员会分别在 1990、1995、2001 和 2007 发表了 4 份评估报告,对应对气候变化的国际法律规范和制度的建立提供了科学依据,影响深远。预计第 5 份评估报告将在 2013—2014 年间发表。

③ 1992 年 5 月 22 日签订,1994 年 3 月 21 日生效;中国 1992 年 6 月 11 日签署,1993 年 1 月 5 日交存批准书。

④ 1997 年 12 月 11 日签订,2005 年 2 月 16 日生效;中国 1998 年 5 月 29 日签署,2002 年 8 月 30 日递交核准书。

⑤ 2001 年 2 月,美国以该条约义务不平等为由,拒绝批准《京都议定书》。

机制",即公约附件一缔约方可以选择任何非公约附件一缔约方作为合作伙伴,资助非公约附件一缔约方进行减排,减排的份额抵销公约附件一缔约方的减排额度。

由于《京都议定书》的第一承诺期于2012年年底到期,"后京都时代"的第二期(2012年底以后)减排安排成为了历次缔约方大会谈判的重点。

2007年第13次缔约方大会在印尼巴厘岛召开,会议通过了"巴厘岛路线图",要求在2009年前就应对气候变化问题的新安排举行谈判,达成一份新协议。2008年第14次缔约方大会在波兰波兹南召开,会议决定启动"适应基金",并通过了2009年气候变化谈判工作计划。2009年第15次缔约方大会丹麦哥本哈根召开,会议达成了不具有法律拘束力的《哥本哈根协议》,就发达国家实行强制减排和发展中国家采取自主减缓行动作出了安排,并就全球长期目标、资金和技术支持、透明度等焦点问题达成广泛共识。2010年第16次缔约方大会在墨西哥坎昆召开,会议达成了《坎昆协议》,基本完成了气候谈判的有关组织议程,并就设立绿色气候基金以援助发展中国家、分享清洁能源、控制全球气温升高、保护热带雨林等议题达成了共识。2011年第17次缔约方大会在南非德班召开,会议通过了"德班一揽子决议",决定实施《京都议定书》第二承诺期,并启动绿色气候基金。2012年第18次缔约方大会在卡塔尔多哈召开,会议从法律上确定了京都议定书第二期承诺,达成了推进公约实施的长期合作行动方案,坚持了共同但有区别的责任原则,维护了公约和议定书的基本制度框架。

二、海洋和淡水

有关海洋的国际法律规范的历史十分悠久,可以追溯到国际法产生的初期,而由于地域的局限性,有关淡水的国际法规范的产生要相对晚一些。到目前为止,有关保护海洋环境的国际法要比有关保护淡水的国际法更加丰富和成熟。

(一) 海洋

早在19世纪中叶欧洲就出现了保护海洋生物资源的条约。但直到20世纪中叶,海洋环境保护条约主要关注的是海洋渔业资源的养护和管理。随着经济和科技的发展,海运需求增长,海运能力加强,船舶污染特别是海上油污日益严重,迫切需要制定相关的国际法规则。

1954年的《国际防止海上油污公约》(简称《油污公约》)[①]是第一个旨在防止海洋污染的国际条约。由于该公约适用范围有限,国际社会于1973年签订了《国际防止船舶造成污染公约》,并于1978年签订了一个议定书(二者被简称为《73/78船污公约》)[②],对船舶污染进行了相对完整的规范。随后,海洋环境保护条约进入了快速发展时期,国际社会陆续签订了一系列旨在防止海洋污染的条约,对造成海洋污染的各种污染源和海洋生物资源的养护基本上都制定了相关的规则。

---

① 1958年7月26日生效;中国1980年1月30日交存接受书,1980年4月30日对中国生效。
② 公约1973年11月2日签订,议定书1978年2月17日签订,1984年9月7日生效;中国1986年1月7日默认接受,1986年1月7日对中国生效。

以1982年《联合国海洋法公约》①的签订为标志,海洋环境保护的条约体系基本建成。嗣后,又陆续签订了一些新的海洋环境保护条约并对已有的条约进行了重大修订,海洋环境保护条约体系日臻完善。

海洋环境保护条约数量众多、涉及的范围很广、内容复杂。根据其适用的范围可以分为全球性海洋环境保护条约(如1982年《联合国海洋法公约》)和区域性海洋环境保护条约(如1982年《红海及亚丁湾环境保全区域公约》)。1982年《联合国海洋法公约》被称为"海洋法典",是国际海洋法规则和制度的基础。该公约第12部分专门对海洋环境保护与保全进行了规范。

根据条约的内容,海洋环境保护条约可以分为一般性框架条约(如《联合国海洋法公约》)和针对海洋环境保护与保全的具体问题的专门性条约。后者主要包括以下六个方面:

第一,防止船舶污染的《73/78船污公约》。该公约的宗旨是预防、控制和消除船舶作业过程中可能因排放石油、液态有害物质、有包装的有害物质、污水、垃圾和空气污染物造成的海洋污染。

第二,防止海洋倾废的1972年《防止倾倒废弃物和其他物质引起海洋污染公约》(简称《伦敦倾废公约》)②及1996年《议定书》。③ 该公约的宗旨是防止和限制在海上任意处置可能对人类健康和海洋生物资源造成危害、破坏海洋环境的舒适及影响其他合法利用海洋的废弃物。公约禁止某些特定废弃物的倾倒(如放射性废物),对其他物质的倾倒适用许可证制度。

第三,防止陆源污染的法律文件。陆源污染是海洋污染的主要污染源,但由于该问题的复杂性,除《联合国海洋法公约》和其他一些条约中的原则性规定外,迄今尚无全球性的专门条约加以规范。1995年通过了《保护海洋环境免受陆源活动影响的全球行动计划》,由联合国环境规划署负责其协调工作。虽然该行动计划没有严格的法律拘束力,但是它对区域组织和各国制定有关陆源污染的规则具有指导作用。

第四,油污事故干预及应急的1969年《国际干预公海油污事故公约》④、1973年《干预公海非油类物质污染议定书》⑤和1990年《国际油污防备、反应和合作公约》。⑥ 这些条约的宗旨是以预防为原则,采取适当的措施,防止重大海上油污事故。在出现油污事故时,

---

① 1982年12月10日签订,1994年11月16日生效;中国1982年12月10日签署,1996年6月7日交存批准书,1996年7月7日对中国生效。
② 1972年12月29日签订,1975年8月30日生效;中国1985年11月14日交存加入书。
③ 1996年11月7日签订,2006年3月24日生效;中国2006年9月29日交存批准书,2006年10月29日对中国生效。
④ 1969年11月29日签订,1975年5月6日生效;中国1990年2月23日交存加入书,1990年5月24日对中国生效。
⑤ 1973年11月2日签订,1983年3月30日生效;中国1990年2月23日交存加入书,1990年5月24日对中国生效。
⑥ 1990年11月30日签订,1995年5月13日生效;中国1998年3月30日交存加入书,1998年6月30日对中国生效。

进行国际合作,采取必要应急措施,尽可能减少损失。

第五,有关损害赔偿责任的1969年《国际油污损害民事责任公约》①、1971年《关于设立油污损害赔偿基金公约》②和1996年《海上运输危险和有毒物质损害责任及赔偿的国际公约》。③ 这些条约的宗旨是建立防止、减少海上运输污染损害及其赔偿机制,使污染受害方得到及时、充分和有效的赔偿。

第六,海洋生物资源养护的条约。这类条约数量众多,历史悠久。既有关于特定物种的条约,如1946年的《国际捕鲸管制公约》和1995年《跨界鱼类种群和高度洄游鱼类种群的养护与管理协定》等;也有关于特定海域的渔业资源的条约,如1966年的《养护大西洋金枪鱼国际公约》、1980年的《保护南极海洋生物资源公约》和1988年的《亚洲—太平洋水产养殖中心网协议》等。这些条约的宗旨是通过国际合作机制,限制捕捞量和捕捞手段,保护海洋渔业资源。

海洋环境保护的条约众多,相应的条约管理机构也有很多,但是主要的包括三个:第一,国际海事组织。该组织于1948年3月6日在日内瓦成立,其宗旨主要是防止海洋作业中各种船舶造成海洋污染。该组织已经起草或促成通过了35个涉及海洋环境的公约和议定书,其中包括1972年《伦敦倾废公约》和《73/78船污公约》等。第二,联合国环境规划署。该组织的宗旨主要是评估和解决在环境领域现有的和正在出现的重大问题;促进环境方面的国际合作;促进制定国际环境法律;制定区域环境规划等。联合国"区域海洋规划"就是在联合国环境规划署的主持下制定的。到目前为止,共有140国家和地区参加了14个区域海洋环境规划,签订了9个区域海洋条约,对全球海洋环境保护起到了积极的作用。第三,联合国粮农组织。该组织主要负责制定有关渔业资源的保护与开发的规则。

(二) 淡水

国际环境法所关注的主要是跨界淡水资源的开发、利用与保护。由于淡水资源的地域性特点,其法律管制与全球气候变化、臭氧层和海洋有明显的不同。

淡水领域早期的国际法规则主要是有关船舶在跨界河流航行的规则,多见于针对具体江河湖泊的双边或区域性条约或国际文件当中。1966年在国际法协会主持下制定的《国际河流利用规则》(简称《赫尔辛基规则》)尽管不具有法律拘束力,但已经成为这方面最早、最经常被引用的国际文件。该规则第一次全面地对当时已有的相关国际法规则作了编纂,同时对国际河流的利用提出了指导性原则。1992年在联合国欧洲经济委员会的支持下,欧洲国家签订了《保护和利用跨界水道和国际湖泊的公约》(简称1992《水道公约》)。

淡水领域相关的国际习惯法规则比较分散和零散。例如,早在1929年国际常设法院

---

① 1969年11月29日签订,1975年6月19日生效;中国1980年1月30日交存接受书,1980年4月30日对中国生效。
② 1971年12月18日签订,1978年10月16日生效;中国尚未加入该公约。
③ 该公约于1996年获得通过,但是至今尚未满足生效条件;中国尚未加入该公约。

就在"奥德河国际委员会领土管辖案"①中指出：对于共享的资源，一国不能剥夺其他国家享有的权利，否则就不符合国际法原则。1957年的"拉诺湖仲裁案"②强调法国对拉诺湖开发使用的计划需要法、西两国政府共同同意后方可实施。法国有义务通知西班牙政府该计划，并且该计划要考虑下游国家的利益。1997年联合国国际法院受理的"布奇科沃—大毛罗斯计划案"③对可持续发展和公平使用河流淡水资源进行了审查，重申了共同利用、共享淡水资源的理念。1999年的"卡斯可里案"④把缔约方可航行的权利扩展到非航行方面，流域国不得排斥其他流域国对河流的使用。尽管没有明确提出污染防治方面的要求，但是流域国有义务不使水质恶化，妨碍其他国家的使用。2006—2010年"乌拉圭河纸浆厂案"对国家"不造成重大环境损害"的义务进行了进一步明确的阐述。

目前在淡水领域的多边条约是联合国主持下起草的《国际水道非航行使用法公约》。1997年联合国大会通过了国际法委员会提交的公约草案，但该公约至今尚未生效。公约的宗旨是实现国际水道的利用、开发、养护、管理和保护，为了当代和后代的利益促进国际水道的最佳和可持续的利用。该公约规定了适用于国际水道的一般性规则、实施这些规则的程序性规则、关于淡水保护、保持和管理的实体规则和水道国缔结协定的条款。这是一个框架性公约，在这个框架之下是区域性和双边的国际协定。由于该公约属于框架性条约，该公约没有建立相应的公约执行机构。此外，欧洲、非洲、美洲等都作出了相应的区域性安排。

三、危险废弃物和有毒有害物质

废弃物（特别是危险废弃物）和其他有毒有害物质从产生到处置的过程中都可能对环境和人类健康造成严重的损害，因此在这方面很早就有了国内立法。国际环境法主要关注的是废弃物的跨境转移问题。

（一）危险废弃物的国际法律管制

废弃物的国际管制方面最重要条约的是1989年签订的《控制危险废弃物越境转移及其处置的巴塞尔公约》（简称《巴塞尔公约》）。⑤

公约的宗旨是力图使危险废弃物的产生减少到最低程度，并使其越境转移减少到最

---

① 奥德河流经波兰和德国，奥德河国际委员会对该河有管辖权。奥德河支流的瓦尔塔河、内切河在波兰境内，波兰质疑委员会对上述河流的管辖权。1928年相关六国与波兰将争议提交常设国际法院裁判，常设国际法院最终判定奥德河国际委员会对瓦尔塔河、内切河位于波兰境内的部分具有管辖权。
② 拉诺湖源出法国，经西班牙流入地中海。20世纪初，法国欲将湖水分流，西班牙反对，由此产生争端。法国和西班牙把争端提交仲裁，仲裁法庭在1957年作出裁决。该案强调法国对拉诺湖开发使用的计划需要法、西两国政府共同同意后方可实施，法国有义务通知西班牙政府该计划，并且该计划要考虑下游国家的利益。
③ 1992匈牙利向国际法院起诉捷克和斯洛伐克联邦共和国的有关计划中的多瑙河改道事项。国际法院1997年作出判决，匈牙利无权建设案件中涉及的相关工程。
④ 1999年的"卡斯可里案"把缔约方可航行的权利扩展到非航行方面，流域国不得排斥其他流域国对河流的使用。尽管没有明确提出污染防治方面的要求，但是流域国有义务不使水质恶化，妨碍其他国家的使用。
⑤ 1989年12月27日签订，1992年5月5日生效；中国1991年12月17日交存批准书，1992年5月5日对中国生效。

低程度,确保对它们实施环境无害化的管理和处置,包括尽可能地在接近废弃物产生源的地方进行处置和回收,帮助发展中国家和经济转轨国家对其危险废弃物和其他废弃物进行环境无害化管理。

公约建立了危险废弃物越境转移的国际法律管制框架,规定了缔约方的一般义务、缔约方之间的越境转移、通过非缔约方的越境转移、非法运输、国际合作、资料的递送、缔约方大会及争端解决等事项。

1999年12月10日,公约缔约方签订了《危险废弃物越境转移及其处置所造成损害的责任和赔偿问题的议定书》。① 议定书的目的是确保在危险废弃物及其他废弃物越境转移和处置造成损害时,作出充分和迅速的赔偿。议定书就严格赔偿责任、过失赔偿责任、预防措施、造成损害的多重原因、追索权、赔偿限额、赔偿责任时限、保险和其他财物担保、国家责任、管辖法院以及适用法律等事项作了规定。议定书是第一个关于废弃物造成环境损害与赔偿责任的全球性国际条约。

此外,1991年《禁止对非洲出口并控制和管理非洲内部的危险废物跨界转移公约》(简称《巴马科公约》)②规定,缔约国必须保证在考虑到社会、技术和经济因素的情况下将危险废物的生产减至最低水平,鼓励清洁生产;1992年《联合国气候变化框架公约》也规定了各缔约方应当限制温室气体(废气)排放。上述条约只是对预防和减少废物的排放作出了原则性规定。

关于一般废弃物的回收利用问题,除了经济合作组织和欧盟作出了规定外,目前尚无全球性条约。

废弃物的处置方法主要包括向海洋、河流、湖泊、空气排放,焚烧和土地填埋等。一些国际条约在限制或禁止某些废物处置方法方面制定了比较具体的规则。

在海洋排放废物(包括海洋倾废、海上焚烧和通过船舶排放)方面,1972年《伦敦倾废公约》和其他有关条约虽然没有完全禁止海洋倾废,但是制定了禁止和限制性规范,例如实行倾废许可证制度。1996年《伦敦议定书》和其他的条约都明确禁止海上焚烧废物或其他物质。1973年《国际防止船舶造成污染公约》和1978年《议定书》(简称《73/78船污公约》)规定缔约国要防止由于违反公约排放有害物质或含有这种物质的废液而污染海洋环境。

在向河流、湖泊排放废物或土地填埋方面,主要由国内法进行规范,部分国际条约作了一些原则性的规定。1997年《非航行利用国际水道法公约》要求水道国在本国领土上利用国际水道时应采取一切适当措施防止该利用对其他水道国造成严重损害。

在特定地区处置废弃物方面,国际条约也有所限定,例如1959年《南极条约》等都禁止在南极处置放射性废物或在无冰区处置废物。

---

① 1999年12月10日签订,尚未生效。
② 1991年1月30日获得通过,1998年4月22日生效;中国未加入该公约。

(二) 其他有毒有害物质的国际法律管制

1. 放射性物质的国际法律管制

关于放射性物质的国际管制始于1955年联合国大会通过的设立核放射效果科学委员会的决议。1957年国际原子能机构成立，专门负责管理全球民用核活动。由于核物质和核活动的高度危险性，国际社会很早就建立了国际法律管制体系，签订了一系列的管制公约。

1979年的《核材料实物保护公约》①是国际上旨在保护核材料的合法储存、运输和使用的法律规范体系。1994年的《核安全公约》②是国际上关于实现和维持核设施安全的法律规范体系。1986年4月26日，前苏联切尔诺贝利核电站由于管理不善和操作失误，四号反应堆发生爆炸，大量放射性物质泄漏，造成重大人员和财产损失，核污染飘尘也给邻国造成严重损害，成为人类历史上最严重的一次核事故。事故发生以后，国际社会在国际原子能机构的主持下签订了两个国际公约，一个是《核事故或辐射紧急情况及早通报公约》③（简称《通报公约》），它是国际上关于核事故通报的法律规范体系；另一个是《核事故或辐射紧急援助公约》④（简称《援助公约》），它是国际上关于发生核事故或辐射紧急情况时向发生事故的国家迅速提供援助的法律规范体系。

在核损害民事赔偿责任方面，1960年7月29日在法国的巴黎签订了《核能领域第三方赔偿责任公约》（简称《巴黎公约》）⑤。该公约是国际上第一个规范核损害民事责任的国际公约，但其缔约方主要以欧洲国家为主。公约的目的是协调缔约国国内有关核损害民事责任的国内立法。1963年1月31日在比利时的布鲁塞尔又签订了《关于核能领域第三方赔偿责任巴黎公约的补充公约》（简称《布鲁塞尔公约》）⑥，目的是补充和增加民事赔偿。1963年5月又签订了《核损害民事责任的维也纳公约》（简称《维也纳公约》）⑦，建立了普遍性的、和平利用核能造成核损害的民事赔偿制度，并对"核设施"、"核事故"、"核损害"等重要概念作了明确界定。

《维也纳公约》与《巴黎公约》的宗旨与目的一致，主要的规定也基本一致；不同之处是《维也纳公约》的适用范围是普遍的。为了避免两者之间的冲突，1988年9月21日在维也纳签订了《关于适用维也纳公约与巴黎公约的联合议定书》，在两个公约之间建立了有机的联系，避免了矛盾与冲突。1997年9月8日至21日在维也纳针对1963年《维也纳公约》签订了《修改1963年核损害民事责任维也纳公约的议定书》和《核损害补充赔偿的公约》，改进了核损害民事赔偿的法律制度。

---

① 1980年3月3日签订，1987年2月8日生效；中国1988年12月2日加入该公约。
② 1994年6月17日签订，1996年10月24日生效；中国1996年4月9日提交了批准书。
③ 1986年9月26日签订，1986年10月27日生效；中国1986年9月26日签署，1987年9月14日交存核准书。
④ 同上。
⑤ 1960年7月29日签订，中国未加入该公约。
⑥ 1963年1月31日签订，中国未加入该公约。
⑦ 1963年5月21日签订，中国未加入该公约。

此外，针对核安全问题，《乏燃料管理安全与放射性废物管理安全联合公约》①和《制止核恐怖主义行为国际公约》②都在公约的内容里加强了防范措施。

2. 危险化学品和农药国际贸易的管制

20世纪80年代中期，联合国环境规划署和粮农组织对一些常用但是毒性大的化学品和农药建立了自愿性的事先知情同意制度，这些制度主要被规定在1987年联合国环境规划署的《经修正的关于化学品国际贸易资料交流的伦敦准则》和1985年粮农组织的《农药销售与使用国际行为守则》这两个国际文件之中。

1998年的《关于国际贸易中某些危险化学品和农药的事先知情同意程序的公约》(简称《鹿特丹公约》)③将自愿性质的事先知情同意制度变为强制性的制度，并取代了前述两个国际文件。

公约管制的化学品最初有27种，其中26种主要用于农药，其中包括艾氏剂、乐杀螨、氯丹、滴滴涕、狄氏剂等。1998年9月又增加了4种。随着《鹿特丹公约》的发展，管制名单还会逐步加长。

缔约方的进口禁止或限制决定应当是贸易中立的，即如果缔约方决定不同意接受某种特定的化学品进口，那么该缔约方必须在国内停止生产该化学品以及从任何其他非缔约方进口该化学品。公约还要求缔约方要在相互间交换有关可能进出口的危险化学品的信息。

3. 持久有机污染物的管制

2001年《关于持久有机污染物的斯德哥尔摩公约》④是国际上关于减少和最终消除持久有机污染物的法律规范体系。公约旨在与1989年《巴塞尔公约》、1998年《鹿特丹公约》共同建立一个对危险化学品的"从摇篮到坟墓"全程管制体系。

公约的宗旨是为了保护人类健康和环境，减少持久有机污染物的排放并最终消除持久有机污染物的排放。谨慎原则是该公约的基础和指导原则并贯穿始终。

公约缔约方承诺要通过以下方式减少或消除持久有机污染物：第一，禁止或通过必要的法律或行政措施淘汰附件A所列的持久有机污染物的生产、使用和进出口。第二，限制附件B所列持久有机污染物的生产和使用。第三，各缔约方还要承诺减少或消除附件C所列各种非有意生产的化学品所造成的持久有机污染物的排放。第四，公约还要求缔约方采取措施减少或消除储存和处置废弃物造成的持久有机污染物排放。第五，公约还就信息交流、实施计划、公众信息、教育、研究、开发和监测进行了规定。

---

① 1997年9月5日签订，1997年9月29日开放签署，2001年6月18日生效；中国2006年9月12日交存加入书，2006年12月12日对中国生效。
② 2005年4月13日通过，2007年7月7日生效；中国2010年8月批准，2010年11月8日对中国生效。
③ 1998年9月10日签订，2004年2月24日生效；中国2001年5月1日交存批准书。
④ 2001年5月22日签订，2004年5月17日生效；中国2004年8月13日交存批准书，2004年11月11日对中国生效。

四、生物多样性

国际社会经过一百多年,特别是近三十年以来的努力,已经建立并日臻完善和丰富了保护生物资源和生物多样性的国际法律规范体系。以下对生物多样性、海洋生物资源、特定物种和栖息地四个方面的内容进行简要介绍。

(一)生物多样性保护

关于生物多样性保护的国际法律体系主要是以 1992 年《生物多样性公约》[①]为基础的条约体系,其宗旨是保护生物多样性、持久使用其组成部分以及公平合理分享由利用遗传资源而产生的惠益。

根据该公约,"生物多样性"是指基因、物种和生态系统的多样性;"持久使用"(又译"可持续的使用")是指使用生物多样性组成部分的方式和速度不会导致生物多样性的长期衰落,从而保持其满足今世后代的需要和期望的潜力。

公约要求发达国家与发展中国家在生物多样性保护方面妥善处理如何公平合理地分享由利用遗传资源而产生的惠益的问题,特别是在技术转让和知识产权方面作出安排。

2000 年 1 月 29 日,公约的缔约方签订了《生物多样性公约的卡塔赫纳生物安全议定书》(简称《生物安全议定书》或《卡塔赫纳议定书》)[②]议定书的宗旨是依据谨慎原则,采取必要的保护措施,防范因改性活生物体的越境转移、处理和使用而可能对生物多样性的保护、持续使用以及对人类健康所带来的不利影响。议定书旨在解决的核心问题是科学不确定性以及如何在国际环境条约中处理科学不确定性,因此它被称为"谨慎原则的宣言"。

该议定书规定了提前知情同意程序,即出口国在第一次向进口国装运旨在向环境释放的改性活生物体(例如,种子或鱼)之前,要征得进口国的同意。

(二)海洋生物资源保护

迄今,除了《联合国海洋法公约》等一般性条约的原则性规定外,尚无全面保护海洋生物资源的条约,只有数量众多的、零散的、针对特定物种养护的条约和文件。

1946 年的《国际捕鲸管制公约》[③]是签订较早的海洋生物资源养护的一般性多边条约,宗旨是对鲸鱼资源进行有效的养护,并对缔约方的捕鲸进行有序的管制,以防止过度捕捞。

1966 年的《养护大西洋金枪鱼国际公约》[④]的宗旨是对大西洋和邻近海域的金枪鱼和与金枪鱼类似的种群进行养护,实现最大限度的可持续捕捞。

1995 年的《联合国海洋法公约关于养护和管理高度洄游鱼种的协定》(简称《鱼类种

[①] 1992 年 6 月 1 日签订,1993 年 12 月 29 日生效;中国 1992 年 6 月 11 日签署,1993 年 1 月 5 日交存批准书,1993 年 12 月 29 日对中国生效。
[②] 2000 年 1 月 29 日签订,2003 年 9 月 11 日生效;中国 2000 年 8 月 8 日签署,2005 年 6 月 28 日对中国生效。
[③] 1946 年 12 月 2 日签订,1948 年 11 月 10 日生效;中国 1980 年 9 月 24 日通知加入,并于同日对中国生效。
[④] 1966 年 5 月 4 日签订,1969 年 3 月 21 日生效;中国 1996 年 10 月 2 日交存批准书,同日对中国生效。

群协定》)①的宗旨是为了有效执行《联合国海洋法公约》有关这类资源的管理和养护的规定,确保跨界鱼类种群和高度洄游鱼类种群的可持续利用。

此外,联合国粮农组织也通过了一系列的协定和文件推动渔业资源的养护和管理。例如,1993年的《促进公海渔船遵守国际养护和管理措施的协定》和1995年的《负责任渔业行为守则》。2001年粮农组织还通过了《关于海洋生态系统中负责任渔业的雷克雅未克声明》。

(三) 对特定物种的保护

保护特定物种的国际法律是生物保护国际法的重要组成部分,存在大量的条约。以下仅介绍其中具有代表性的两方面的国际条约。

1. 濒危物种国际贸易

为了切实保护濒危动植物物种,1973年在华盛顿签订了《濒危野生动植物物种国际贸易公约》②,公约的宗旨是通过国际合作确保野生动植物物种的国际贸易不至于威胁相关物种的生存,避免对这些物种的过度开发和利用。

公约根据不同种类野生动植物的濒危程度,采取了分类控制措施:列入附录一的动植物属于受到灭绝威胁的物种,除有限的豁免外,禁止野外捕捉、采集和国际贸易;列入附录二的动植物属于如果不限制贸易就面临灭绝威胁的物种,缔约国可以通过许可证控制其贸易;列入附录三的动植物属于已经列入缔约方国家保护名录的物种,缔约方要采取适当的保护措施。

三个附录中的动植物名录可以根据其濒危状况进行适时调整。如果某个缔约国不同意将某个物种列入附录中,可以在特定的期限内提出保留。缔约方有义务保留列入附录的物种贸易的记录。

2. 迁徙物种

为了对具有迁徙特性的物种进行保护,国际社会于1979年缔结了《养护野生动物迁徙物种公约》③(简称《波恩公约》)。公约宗旨是通过国际合作,禁止捕捉濒危物种,保护其栖息地及控制其他不良影响,保护那些越境进行迁徙的动物物种。

公约对迁徙动物实行了分类保护措施。被保护的物种不仅包括鸟类,也包括陆地或海洋哺乳、爬行类动物和鱼类。

公约规定,凡处在濒危迁徙物种迁徙范围内的缔约方,都应禁止捕捉这些物种,少数特例除外。迁徙范围内缔约方应当尽力保护和恢复这些物种的栖息地,清除、防止或尽量减少这些物种迁徙中的障碍,防止、减少和控制威胁这些物种生存的因素。对于那些处在不利养护状态下的迁徙物种,应当通过国际合作进行养护和管理。

(四) 栖息地的保护

生物基因、生物物种的锐减或灭绝主要原因之一是其栖息地遭到破坏,要真正保护生

---

① 1995年8月4日签订,2001年12月11日生效;中国1996年11月6日签署。
② 1973年3月3日签订,1975年7月1日生效;中国1981年1月8日交存加入书,1981年4月8日对中国生效。
③ 1979年6月23日签订,1983年12月1日生效;中国尚未加入该公约。

物多样性,必须首先保护栖息地。这方面的国际环境法律规范很多,以下简要介绍湿地、森林、防止荒漠化、两极保护的相关条约和国际文件。

1. 湿地

为了保护湿地,国际社会1971年签订了《关于特别是作为水禽栖息地的国际重要湿地公约》①(简称《拉姆萨公约》),公约宗旨是制止目前和未来对湿地的逐渐侵占和损害,确认湿地的基本生态作用及其经济、文化、科学和娱乐的价值,通过国家行动和国际合作保护和合理地利用湿地,以此作为实现全世界可持续发展的一种途径。

公约建立了《国际重要湿地名录》,并要求缔约国至少要指定一个国立湿地列入国际重要湿地的名单中;缔约国要充分考虑他们在养护、管理和合理利用迁徙野禽方面的国际责任;缔约国应当设立湿地的自然保留区,进行国际合作,交换有关资料,训练湿地的管理人员;缔约国在需要时应召开湿地和水禽养护大会;缔约国应当合作管理共有湿地和共有湿地的物种。

2. 森林

由于森林分布具有地域性,因此一直没有国际条约来规范人类对森林的开发行为。1992年里约大会通过了《关于所有类型森林的管理、保存和可持续开发的无法律拘束力的全球协商一致意见权威性原则声明》(简称《关于森林问题的原则声明》),这是一项全球性、综合性的规范森林管理的国际文件。

声明提出了15项原则,主要包括承认各国对于森林资源的主权权利;森林资源和森林土地应当以可持续的方式进行管理;国家要制定管理、保存和可持续开发森林和林区的框架;要认识到森林在维持生态过程和平衡中的重要作用;国家的森林政策要确认和支持土著居民、地方社区和森林居民的权利和文化;国家政策和方案要考虑森林的保护、管理和可持续开发与生产、消费、再循环和最终处置之间的关系;应鼓励国家以持久和环境无害的方式发展森林;努力使全球绿化等。

1994年国际社会在日内瓦签订了《1994年国际热带木材协定》②,其宗旨是确认国家对自然资源的主权,为国际社会所有成员间关于世界木材经济一切有关的方面开展磋商、国际合作和制定政策提供框架。

协定将缔约方分为生产成员和消费成员两类,巴西、印度尼西亚、秘鲁、扎伊尔是生产成员;中国、加拿大、欧洲共同体、日本、俄罗斯是消费成员。协定要求缔约方向协定设立的行政管理账户交纳年度捐款;提供相关数据使热带木材经济更加透明;遵守理事会作出的决定。协定还设立了国际热带木材理事会。

3. 防止荒漠化

荒漠化是指由于气候变异和人类活动等因素造成的干旱、半干旱、亚湿润干旱地区的

---

① 1971年2月2日签订,1975年12月21日生效;中国1992年3月31日交存加入书,1992年7月31日对中国生效。

② 1994年1月26日签订,1997年1月1日生效;中国1996年7月31日交存核准书,1997年1月1日对中国生效。

土地退化。为解决荒漠化问题,1994年在巴黎通过了《联合国关于在发生严重干旱和/或沙漠化的国家特别是在非洲防治沙漠化的公约》(简称《联合国防治荒漠化公约》)。① 公约宗旨是在《21世纪议程》框架范围内,通过各种国际合作和伙伴关系,采取有效的行动,在遭受严重干旱和荒漠化的国家,特别是非洲,减轻干旱的影响,防治荒漠化,帮助这些国家实现可持续发展。

公约对不同的缔约方规定了不同的义务。对于受荒漠化影响的国家,优先注意防治荒漠化和减轻干旱的影响,根据其自身的条件和能力采取适当的措施,配置足够的资源,通过法律和政策手段使防治荒漠化和减轻干旱的目标得以实现。

此外,这些缔约方还要制定相应的"国家行动计划",其中主要包括制定相关长期战略、注意落实预防措施、加强国家在气候学和水文学方面的能力、促进改善政策和体制框架、鼓励公众有效参与、定期审查事实情况。

4. 南极与北极

关于南极的国际法律管制体制主要是以1959年的《南极条约》②为基础的一系列公约和议定书,统称为"南极条约体系",其中与环境相关的包括1972年的《养护南极海豹公约》③、1980年的《养护南极海洋生物资源公约》④、1988年的《管制南极矿产资源活动的公约》⑤、1991年的《南极条约环境保护议定书》(又称《马德里议定书》)⑥。

《南极条约》的宗旨是冻结和搁置所有的领土主权要求,在《南极条约》有效期内发生的一切行为或活动不得构成主张、支持或否定对南极的领土主权要求的基础;为了全人类的利益,南极永远专为和平的目的而使用,禁止建立任何军事性设施和从事军事性活动(包括核爆炸装置和处置核废料);各国有权在南极自由地进行科学调查和科学研究,并为此要促进相互间的国际合作;建立南极协商会议制度。

《养护南极海豹公约》主要的保护对象是南极海豹。《关于养护南极海洋生物资源公约》将保护范围扩展到南纬60°以南区域的南极海洋生物资源。《关于环境保护的南极条约议定书》是在《南极条约》基础上制定的关于保护南极环境的法律文件,缔约方承诺全面保护南极环境及依附于它的和与其相关的生态系统,将南极指定为自然保护区,仅用于和平和科学的目的。

北极地处北冰洋,被加拿大、丹麦(包括格林兰和法罗群岛)、芬兰、冰岛、挪威、俄国、瑞典和美国8个国家包围。20世纪80年代末,苏联解体,冷战结束,北极国家间开始进行

---

① 1994年10月14日签订,1996年9月27日生效;中国1997年2月18日交存批准书,1997年5月19日对中国生效。
② 1959年12月1日签订,1961年6月23日生效;中国1983年6月8日交存加入书,同日对中国生效。
③ 1972年6月1日签订,1978年3月11日生效。
④ 1980年5月20日签订,1982年4月7日生效;中国2006年9月19日交存加入书,2006年10月19日对中国生效。
⑤ 1988年6月2日签订,尚未生效。1988年6月通过了《南极矿物资源活动管理公约》的最后文件,该公约在向各协商国开放签字之时,由于《南极条约环境保护议定书》的通过而中止。
⑥ 1991年6月23日签订,1998年1月14日生效;中国1991年10月4日签署,1994年8月2日批准。

更紧密的合作，环境保护方面的合作被定为首选合作领域。1991年8个北极国家通过了《北极环境保护战略》，决定在环境保护领域率先进行合作。1996年9月19日，经过5年的初步合作之后，北极国家在加拿大渥太华签署了《建立北极理事会宣言》（简称《渥太华宣言》），正式设立北极理事会，授权该理事会承担包括可持续发展各个领域在内的更为广泛的合作事宜。

北极理事会的宗旨是在北极国家间尤其是在可持续发展和环境保护领域提供一种促进相互间合作、协调和互动的机制。北极理事会监督和协调《北极环境保护战略》框架内的各类项目，特别是北极监测与评价项目、北极动植物养护项目、北冰洋海洋环境保护项目和应急准备与反应项目。

到目前为止，国际社会尚未缔结有关北极及其环境保护的国际条约。

五、贸易与环境

环境保护与贸易有着密切的联系。一方面，国内环境保护法律和行政措施的实施和修改，例如环境标准的制定、实施和提高，一定会给许多行业及其商品的生产者、销售者和消费者带来相应的经济代价，也就是成本的提高。成本的提高导致价格的提高，价格的提高必然影响到商品的市场竞争及其国内和国际贸易。另一方面，以环境保护为目的的经济刺激措施，例如环境补贴和限制贸易措施，也是国家常常使用的环境保护手段。许多环境条约或国内环境法律都利用限制或者禁止贸易的手段来实现环境保护的目标。

在以世界贸易组织为中心的多边贸易体制中，环境问题一直是一个争议的焦点问题，这种争议的产生存在多边性和单边性两方面的原因。

多边性原因主要表现在两个方面：第一，多边环境协定（即国际环境条约）中的贸易限制措施对世贸组织的国际贸易原则、规则和制度的影响。世界贸易组织的宗旨是促进全球贸易自由化，而多边环境协定中限制贸易的规则必然影响或限制这种自由化。例如，对濒危物种贸易的限制、对臭氧层耗损物质贸易的限制、对改性活生物体贸易的限制等等都是这种限制贸易措施的具体表现。第二，世界贸易组织的贸易规则对环境的影响。例如《关贸总协定》第20条对环境的例外规定、世界贸易组织争端解决机制的实践对国际环境法的发展产生了影响。这两个方面的相互影响与矛盾都需要在国际法律层面研究、处理和解决。

单边性原因也主要表现为两个方面：一方面，国际贸易尤其是出口的快速增长，在给像中国这样贸易驱动型的经济体带来巨额财富的同时，也带来了巨大的环境与资源压力。因此越来越多的出口国开始采取限制原材料出口的手段，例如中国限制稀土出口等，以实现保护环境与资源的目标。另一方面，由于各国处在不同的经济和社会发展时期与阶段，发展中国家的原材料、人力成本低于发达国家，其出口的商品在国际市场上具有很强的竞争力。这使发达国家的相同或相似商品在竞争中处于不利地位，所以发达国家也通过贸易限制措施保护本国相同或相似商品。这两类单边性贸易限制措施，都可能以保护环境与资源为目标或借口，都对国际贸易产生影响，很容易导致国际纠纷。

针对多边和单边原因引发的贸易与环境间的矛盾,国际社会开始着手在国际贸易和环境保护之间建立有机的联系和协作。

一方面贸易和环境保护机构加强联系,共同研究减少矛盾、加强协同的办法。例如,2009年6月世界贸易组织和联合国环境规划署共同发表了《贸易与气候变化》的研究报告,着重分析了气候变化科学、经济、应对气候变化多边措施、国家气候变化政策及其对贸易的影响,以期使国际贸易和环境保护产生良性互动。

另一方面,直接将环境保护事项列入贸易谈判。例如,目前正在进行的世界贸易组织的"多哈回合"第一次将环境事项明确列入多边贸易谈判之中,谈判的一个重要目标就是督促成员放开对环境有益的商品和服务的贸易限制,实现贸易和环境的相互支持。世界贸易组织还呼吁其成员通过在全球范围内减少贸易障碍的方式实现资源更有效的配置,达到贸易—发展—环境三赢的理想目标,以期实现可持续发展。

第三节 中国与国际环境法的实施

一、中国法与国际法的关系

国际法与国内法的关系问题既是国内法的重要问题,也是国际法的基本问题,通常由各国宪法作出明确的规定,因为它直接影响到国际法和国内法的相互效力和有效性。但是,我国《宪法》和《立法法》对于国际法在国内法律体系中的法律地位和法律效力没有明文规定,所以有关的规定只能借助一些其他的全国性立法。例如《环境保护法》第46条规定:"中华人民共和国缔结或参加的与环境保护有关的国际条约,同中华人民共和国的法律有不同规定的,适用国际条约的规定,但中华人民共和国声明保留的条款除外"。

这样的规定可以解释为:第一,国际条约在中国直接适用。因为只有直接适用,才有可能出现国际条约与国内法存在不同的规定的情况。但是根据2002年最高人民法院发布的司法意见,中国参加的世贸协议是不能在中国法院直接适用的。中国法院在受理国际贸易行政案件时,像其他世贸成员一样,适用本国的法律与法规。因此关于条约在中国是否可以直接适用,应当具体问题具体分析,不能一概而论。第二,国际条约具有优先于中国国内法的效力。但是,既然中国宪法没有作出明确的规定,还不能说这是完全确立的原则,只能说这是含有上述规定的国内立法所承认的原则。从上述分析可以看出,中国现在非常需要明确国际法在国内法体系中的法律地位和法律效力。

自从1978年改革开放以来,中国一直努力在经济、社会等各方面努力与世界接轨。虽然在整体法治建设方面是有选择的接轨,但是在具体法律制度和法律机制的设计上主要以引进为主、接轨为辅。这一点在环境与资源保护法律方面尤为明显,例如环境影响评价等制度的引进。

到目前为止,中国签署或批准了近百个与环境与资源保护相关的多边或双边条约,其中包括了目前绝大多数重要的、生效的多边环境条约。中国的环境条约实践具有两个突出的特点:第一,中国在 20 世纪 80 年代以后参加的条约占了 90% 以上,与中国国内的环境与资源保护立法的数量呈同步上升趋势。第二,这些条约所涵盖的领域主要是海洋、生物、大气、外空、南极等,并且与中国国内环境与资源保护立法在内容上呈现出明显的互动模式。为了履行国际条约所承担的义务,中国需要颁布或修订相应的国内立法。因此,在环境与资源保护法律规范的内容和制度设计上,国际环境条约对中国国内环境与资源保护立法具有明显的驱动和影响作用。

二、国际环境条约在中国的实施

(一) 大气环境

尽管中国没有参加 1979 年《远程跨界大气污染公约》,但是这并不妨碍中国在防治大气污染方面采取法律措施。中国于 1987 年颁布了《大气污染防治法》,并于 1995 年和 2000 年进行了两次修订。与此同时,中国与周边国家还签订了双边环境合作协定,在减少跨界大气污染方面展开了合作。

在臭氧层保护方面,中国于 1989 年 12 月 10 日成为《维也纳臭氧层保护公约》的缔约方、1990 年 3 月 26 日加入了《蒙特利尔议定书》,并于 1992 年 5 月 5 日加入了《伦敦修正》,2003 年加入了《哥本哈根修正》。1993 年 1 月中国国务院批准了《中国逐步淘汰消耗臭氧层物质国家方案》。根据该方案,1999 年 12 月 3 日,国家环保总局、对外经贸部、海关总署联合颁布了《消耗臭氧层物质进出口管理办法》;2000 年 4 月 13 日,又颁布了《关于加强对消耗臭氧层物质进出口管理的规定》等一系列的行政法规,对臭氧层耗损物质的进出口进行管制。2010 年 4 月,国务院颁布了《消耗臭氧层物质管理条例》。在公约基金的支持下,中国提前完成了公约和议定书规定的淘汰臭氧层耗损物质的义务。这是中国与国际环境条约良性互动的典范。目前对于中国来说的最大挑战是根据《蒙特利尔议定书》缔约方第 19 次大会的决定,发达国家和发展中国家要分别在 2030 年和 2040 年前停止氢氯氟烃的生产和消费,而中国要将氢氯氟烃的淘汰期限提前 10 年。这一计划对中国的影响很大,中国目前正积极采取措施按计划实施。

在应对气候变化方面,中国于 1993 年 1 月 5 日成为《联合国气候变化框架公约》的缔约方,并于 2002 年 8 月 30 日加入了《京都议定书》。尽管中国不是公约附件一的国家,不承担温室气体量化减排的义务,但是中国本着负责任的态度,积极将减排纳入各级政府的目标责任制之中。2007 年中国在发展中国家当中第一个制定并实施了应对气候变化的《国家方案》,确定了到 2020 年单位国内生产总值温室气体排放比 2005 年下降 40%—50% 的行动目标。为了实现这一目标,中国采取多方面的措施减缓与适应气候变化,主要包括加快经济发展方式转变、调整产业结构和能源结构、节约能源、提高能效、增加碳汇等重要政策与措施。2008 年 8 月 27 日全国人大常委会通过了《关于积极应对气候变化的决议》,提出必须深入贯彻落实科学发展观,采取切实措施,加强法制建设,努力提高全社会的参与意识和能力,并积极参与国际合作。国务院新闻办公室又分别于 2008 年 10 月和 2011 年 11 月发表《中国应对气候变化的政策与行动》的文件和白皮书,全面阐述中国应对气候变化的政策与措施。

(二) 海洋与淡水

从 1972 年起，中国政府就参加了《联合国海洋法公约》的谈判和起草工作。考虑到该公约生效后对中国的权利、义务的影响，中国从 20 世纪 70 年代开始了国内的海洋立法工作，并陆续颁布了有关渔业、海上交通运输、海洋石油开采、海洋环境保护、水生野生动物保护、大陆架和专属经济区、海域使用、海岛保护等数十部相关法律和法规。这些法律法规的主要内容包括三个方面：维护领土主权和海洋权益，规范海洋开发秩序和行为，保护海洋生态环境。到目前为止，中国几乎参加了绝大多数有关海洋事务的四十多部多边条约，基本建立起一个国际条约和国内立法相互联系的海洋法律体系。

目前有关淡水资源的国际法律规范主要涉及国际运河、界河、多国河流、国际河流和跨界湖泊的使用与管理。早期相关的国际法规范主要关注跨界河流的航行权利，后来开始关注非航行的使用问题，例如前面提及的 1997 年《国际水道非航行使用法公约》。由于中国作为上游国家的权利在该公约中没有得到很好的保障，中国和其他许多河流的上游国家都没有签署该公约。全世界共有 200 多条多国河流，其中涉及中国有 18 条。中国与俄罗斯、朝鲜、越南等周边国家在诸如黑龙江(阿穆尔河)、鸭绿江、澜沧江—湄公河等跨界河流的利用方面都出现过矛盾与争议。如何解决好与周边国家在跨界河流开发和利用方面的问题无法回避，亟待深入研究。

(三) 危险废弃物与有毒有害物质

中国从 20 世纪 50 年代就开始对固体废物的综合利用，综合利用的比例逐年增加。中国在 1995 年颁布了《固体废物污染环境防治法》(2004 年修订)等一系列相关法律，把固体废弃物(包括工业废物、生活垃圾和危险废物)的生产、收集、贮存、运输、利用和处置全程纳入法律管制。作为《巴塞尔公约》的缔约方，中国对危险废弃物的进出口实行法律管制，于 2011 年颁布实施了《固体废物进口管理办法》。

中国从 20 世纪 60 年代开始对危险化学品的生产、储存、经营、使用、运输和防火进行管制。1987 年联合国环境规划署发布了《关于化学品国际贸易资料交流的伦敦准则》，尽管该准则没有法律拘束力，但是国际上许多国家都按此准则制定和修改本国相关法律，同年，中国国务院颁布了《化学危险品安全管理条例》，2002 年修改为《危险化学品安全管理条例》(2011 年修订)，对危险化学品的生产、经营、储存、运输、使用和处置进行了具体的规定。此外，药品管理、食品卫生、兽药管理、农药管理、化学品监管等其他法律也包含了一些相关的规定。1994 年中国公布了《化学品首次进口及有毒化学品进口的环境管理规定》，并实行《中国禁止或严格限制的有毒化学品名录》。2010 年中国颁布实施了《新化学物质环境管理办法》，并修订了《中国严格限制进出口的有毒化学品目录》。但是，化学物质排放和转移登记制度在中国尚未建立。

2004 年 12 月，中国批准了《鹿特丹公约》，对在中国禁止和严格限制使用的化学品清单进行了调整。2010 年中国共回复欧盟等国家和地区的出口通知 85 份，转香港出口通知 40 多份，开展 10 种《鹿特丹公约》拟新增危险化学品调查，并编写了调查报告。

中国还加入了《关于持久性有机污染物的斯德哥尔摩公约》。2009年,中国全面禁止和限制滴滴涕、氯丹、灭蚁灵及六氯苯的生产、流通、使用和进出口;中国还参与了联合国环境规划署主持的汞污染防治的政府间谈判;2010年10月,环保部会同发改委等8个部委发布了《关于加强二恶英污染防治的指导意见》;2011年3月,中国在全国范围内开展了汞污染排放源现状的调查评估;2011年6月,中国开始实施持久有机污染物统计报表制度。

鉴于放射性物质对人类健康和环境的影响,中国加入了《核材料实物保护公约》、《核事故及早通报公约》、《核事故或辐射紧急情况援助公约》、《核安全公约》、《乏燃料管理安全与放射性废物管理安全联合公约》、《制止核恐怖主义行为国际公约》等国际条约。为此,中国从20世纪80年代开始就对民用核设施安全进行了法律管制。1986年制定了《民用核设施安全监督管理条例》、1987年制定了《核材料管理条例》、1989年制定了《放射性同位素与射线装置放射防护条例》(2005年修改成为《放射性同位素与射线装置安全和防护条例》)、1993年制定了《核电厂核事故应急管理条例》、2003年制定了《放射性污染防治法》、2011年制定了《放射性废物安全管理条例》等。2010年,对正在运行的6个核电厂加强了重要安全改造,并颁发了10台核电机组的建造许可证。截至2010年底,全国29个省(自治区、直辖市)完成了放射性废物库的建设。目前,规范核能利用的综合性法律《原子能法》正在起草当中。

2012年3月,国家主席胡锦涛在首尔参加核安全峰会提出中国政府关于核安全的四点主张:第一,坚持科学的核安全理念,正视核能安全风险,增强核能的安全性和可靠性,推动核能源安全、可持续发展。第二,强化核安全能力建设,建立健全核安全法律和监督体系,强化核应急队伍建设。第三,深化国际交流合作,推进核安全国际法律文书的普遍性,帮助发展中国家提高核安全技术水平。第四,消除核扩散及核恐怖主义根源,坚持互信、互利、平等、协作新安全观,坚持以和平方式解决热点问题和争端。

(四)生物多样性

中国是最早批准《生物多样性公约》的国家之一。自1993年底该公约对中国生效以来,中国在生物多样性保护方面取得了重大的进展,国内相关法律、法规和各种政策措施与机制得以建立和加强。中国发表了《中国生物多样性国情研究报告》(1998),并陆续颁布了20多项法律法规,基本形成了生物多样性保护的法律体制。中国成立《生物多样性公约》履约协调组,参加的政府部门有24个,初步形成了生多样性保护国家工作机制,仅2010年中国就参加了4次《生物多样性公约》的相关会议。2010年,中国还发布了《中国生物多样性保护战略与行动计划》(2011—2030)。

针对中国遗传资源丰富的特点,中国把生物多样性的保护与遗传资源的保护结合了起来。1991年农业部制定了《种子管理条例农作物种子实施细则》,对种子资源的管理、品种选育和审定、种子生产、种子经营、检验、检疫和种子储备等作了规定。1994年国务院颁布了《种畜禽管理条例》,规定了国家对畜禽品种资源进行分级保护。1996年农业部颁布了《农业生物基因工程安全管理实施办法》。1997年国务院颁布了《植物新品种保护条例》，对品种权的内容和归宿、品种权的审查与批准、品种权的保护期限、终止等作了规定。2001年国务院颁布了《农业转基因生物安全管理条例》，农业部又陆续颁发了一系列配套的行政规章。

在生态系统的保护方面，1994年国务院颁布了《自然保护区条例》，对自然保护区的管理体制、设立程序、保护方法等进行了规定。截止到2011年底，全国共建立各种类型、各种级别的自然保护区2640个，保护区总面积达14971万公顷，占国土面积14.9%。中国加入了《湿地公约》和《防治荒漠化公约》。为履行这两个国际公约，1996年中国编制了《中国湿地保护行动计划》，并编制了《中国湿地资源调查纲要》；组织制定了《中国防治荒漠化国家行动方案》和《1991—2000年全国治沙工程规划》；2001年中国还颁布实施了《防沙治沙法》。

三、中国对全球环境问题的立场

自20世纪80年代以来，中国参加了数以百计的多边、双边国际环境条约，这些条约对中国国内环境与资源保护立法和执法起到了重要的推动作用，许多国际环境法上的原则、规则和法律制度越来越多地出现在中国国内环境与资源保护立法之中。环境外交已成为中国外交活动的重要组成部分，尤其是应对气候变化方面的环境外交是占有重要地位。2008年8月全国人大常委会通过了《关于积极应对气候变化的决议》；2009年9月，胡锦涛在出席联合国气候变化峰会上发表了《携手应对气候变化挑战》的演讲；国务院先后在2008年和2011年两次发表应对气候变化的文件。

这些政府文件和领导人讲话立足于中国国情，从人类长远的共同利益和中国及其他发展中国家的根本利益出发，全面阐述了中国对全球环境问题的立场。概括起来包括以下几点：

第一，正确处理环境保护与经济发展的关系。环境问题是人类生存和发展中出现的问题，所以问题的解决也只能在发展中实现，以促进人类共同发展。

第二，明确国际环境问题的主要责任，充分考虑发展中国家的特殊情况。考虑到发达国家和发展中国家在环境问题的形成中作用和各自能力的差异，坚持共同但有区别责任原则，拒绝承担超过发展中国家自身能力的国际义务。在该原则的前提下，实现互利共赢的目标。

第三，认真履行国际环境保护义务。要求各国应当切实履行业已作出的国际承诺与责任，维护国际法律体系的稳定。

第四，不应把保护环境作为提供发展援助的附加条件。要求确保相关的资金与技术，环境友好的技术应当更好地服务于人类共同利益。

第五，积极参与国际环境合作。坚持"协商一致"的决策机制，积极参与国际环境法律规范的制定。

本章小结：

国际环境法是调整国际法主体在利用、保护和改善环境与资源过程中所形成的国际关系的法律规范的总称。国际环境法的渊源包括国际环境条约、国际习惯法、软法等。国际环境条约通常采取"框架公约＋议定书＋附件"模式。

国家是国际环境法的制定者和实施者。政府间国际组织、非政府国际组织在国际环境法的制定和实施中发挥着越来越重要的作用。政府间国际组织可以分为联合国系统的全球性国际组织和其专门机构、联合国系统以外的区域性国际组织、根据国际条约建立的条约机构三类。国际环境法的客体包括两个方面：一是环境要素，二是国际环境法主体针对环境要素所从事的各种行为。环境要素，主要包括国家管辖内的环境与资源和国家管辖范围以外的环境与资源。

国际环境法的发展过程可以分为四个阶段：19 世纪中叶到 1945 年联合国成立，1945 年联合国成立到 1972 年斯德哥尔摩会议，1972 年斯德哥尔摩会议到 1992 年里约会议，1992 年里约会议以后。

国际环境法的一般原则主要包括国家主权与不损害管辖范围以外环境的原则、国际环境合作原则、防止环境损害原则、谨慎原则、污染者负担原则、共同但有区别的责任原则和可持续发展原则等。

国际环境条约的实施手段和方法分为"命令与控制"措施、经济刺激措施和综合措施。命令与控制措施包括环境标准、环境影响评价、风险评估、许可证、限制或禁止性措施、环境管理方面的措施等等。经济刺激措施主要包括税收、贷款、保险、补贴、弹性许可证、标志、联合履约等。

跨界环境损害赔偿的归责原则主要包括过错责任原则和无过错责任原则。跨界环境损害赔偿的数额较大，为分散赔偿者的财政负担，在国际环境条约中经常采取赔偿基金和赔偿限额等措施。

大气环境领域主要包括越界大气污染控制、臭氧层保护、气候变化应对三方面的国际条约。海洋与淡水领域除《联合国海洋法公约》外，还包括全球性海洋环境保护条约和区域性海洋环境保护公约两大类，其范围包括控制陆地来源的污染、控制来自船舶的污染及其赔偿责任、控制国家管辖的海底活动造成的污染、控制向海洋倾倒废弃物造成的污染等。危险废弃物与有毒有害物质领域主要放射性物质管制、危险废物越界转移、危险化学品和农药国际贸易管制、持久有机污染物管制等方面的国际条约。生物多样性领域包括生物多样性保护、海洋生物资源保护、濒危物种国际贸易管制、迁徙物种保护、湿地保护、森林保护、防止荒漠化、南极与北极保护等方面的国际条约。

中国政府应对全球环境问题的原则立场包括环境问题的解决只能在发展中实现，促进人类共同发展；坚持共同但有区别责任原则，拒绝承担超过发展中国家自身能力的国际义务；要求各国应当切实履行业已作出的国际承诺与责任，维护国际法律体系的稳定；要求确保相关的资金与技术，环境友好的技术应当更好地服务于人类共同利益；坚持"协商一致"的决策机制，积极参与国际环境法律规范的制定。

思考题：

1. 什么是国际环境法？国际环境法与国内环境法的关系是什么？
2. 国际环境法的渊源有哪些？
3. 国际环境法的发展可以分为哪几个阶段？每个阶段的主要特点是什么？
4. 国际环境法的基本原则有哪些？
5. 谨慎原则的主要内容是什么？
6. 共同但有区别责任原则的主要内容是什么？
7. 大气环境保护的主要国际条约有哪些？其主要内容是什么？
8. 海洋环境保护的主要国际条约有哪些？其主要内容是什么？
9. 危险废弃物与有毒有害物质管制的主要国际条约有哪些？其主要内容是什么？
10. 生物多样性保护的主要国际条约有哪些？其主要内容是什么？
11. 贸易与环境的关系是什么？如何处理两者的关系？
12. 中国应对全球环境问题的基本立场是什么？

参 考 文 献

1. 韩德培主编:《环境保护法教程》(第六版),法律出版社,2012年。
2. 汪劲:《环境法学》(第二版),北京大学出版社,2011年。
3. 蔡守秋主编:《环境资源法教程》(第二版),高等教育出版社,2010年。
4. 吕忠梅:《环境法学》(第二版),法律出版社,2009年。
5. 金瑞林主编:《环境法学》(第二版),北京大学出版社,2007年。
6. 赵秉志、王秀梅、杜澎:《环境犯罪比较研究》,法律出版社,2004年。
7. 肖国兴、肖乾刚:《自然资源法》,法律出版社,1999年。
8. 〔日〕大塚直:《环境法(第三版)》(日文版),有斐阁,2010年。
9. Philippe Sands, *Principles of international environmental law*, 3rd ed., Cambridge University Press, 2012.
10. Plater, Zygmunt J. B., *Environmental law and policy: nature, law, and society*, 4th ed., Aspen Publishers, 2010.

后 记

经全国高等教育自学考试指导委员会同意,由法学类专业委员会负责高等教育自学考试法律专业教材的组稿工作。

《环境与资源保护法学》自学考试教材由汪劲教授主编。具体分工如下:第一章,第二章第三节,第三章第一节、第三节由汪劲教授撰写;第二章第一节、第二节、第三章第二节由李艳芳教授撰写;第四章、第六章第一节、第二节、第三节由王社坤博士撰写;第五章由杜群教授撰写;第六章第四节由王明远教授撰写;第七章由宋英副教授撰写。初稿由王社坤博士进行统稿修改,经与各章节撰稿人讨论后由汪劲教授统一修改定稿。

本书由湖北经济学院吕忠梅教授、北京师范大学冷罗生教授和北京理工大学罗丽教授担任审稿人,谨向他们表示诚挚的谢意。

全国高等教育自学考试指导委员会
法学类专业委员会
2012 年 9 月